국립국어원 민족생활어 자료 총서 6

해녀·어부·민속주

제주도의 민족생활어

국립국어원 민족생활어 조사

기　　　획 : 김덕호(담당 연구원)
조사위원 : 김순자(제주대)　　안귀남(안동대)
　　　　　　김란기(홍익대)　　김지숙(영남대)
　　　　　　홍기옥(경북대)　　조숙정(서울대)
　　　　　　정성미(강원대)　　정진영(부산대)
　　　　　　김민영(한남대)　　위　진(전남대)

국립국어원 민족생활어 자료 총서 6
해녀·어부·민속주——제주도의 민족생활어

초판 인쇄 2009년 3월 20일
초판 발행 2009년 3월 30일

지 은 이 김순자
엮 은 이 국립국어원
펴 낸 이 최종숙
펴 낸 곳 글누림출판사 / 서울 서초구 반포4동 577-25 문창빌딩 2층
전　　화 02-3409-2055 FAX 02-3409-2059
이 메 일 nurim3888@hanmail.net
등　　록 2005년 10월 5일 제303-2005-000038호

ⓒ 국립국어원 2009

정　　가 27,700원

I S B N 978-89-6327-004-3 (세트)
I S B N 978-89-6327-010-4 04710

국립국어원 민족생활어 자료 총서 6

해녀·어부·민속주

제주도의 민족생활어

김순자

글누림

책머리에

국립국어원은 국어를 표준화하고, 국민의 풍요로운 언어생활을 돕기 위해 1991년에 설립되었다. 설립된 다음 해부터 1999년까지 8년간의 표준국어대사전 편찬 사업과 더불어 방언 조사 사업, 음성 자료 디지털화 사업, 기본 어휘 사용 실태 조사 사업 등과 같은 국가적 조사 연구 사업들을 수행해 왔다. 민족생활어 조사 사업도 이와 같은 국가적 조사 연구 사업의 일환으로 2007년에 시작되었다.

민족생활어 조사 사업은 국어 기본법 제2조(기본 이념)와 제9조(실태조사 등)에 근거하고 있다. 또한 다양한 입장에 대해 열린 자세를 갖게 하고, 차이를 인정하는 열린 마음으로 사회 통합을 이끌어내고자 하는 사회적 분위기와 이를 통해 사회적 관용(la tolérance sociale)을 모색하고자 하는 의식을 반영한 사업이다.

편리함과 윤택함이라는 이름 아래 진행되어 온 고속 성장의 이면에 우리의 언어와 문화, 생태계는 그 다양성이 훼손될 우려가 점차 커지고 있다. 그러므로 인류 미래의 운명이 걸린 언어, 문화, 생태계의 다양성을 존

중하고 절멸 위기에 있는 그들의 생명력을 유지하고 복원하기 위해 함께 행동해야 할 것이다.

유네스코에서는 1992년 '생물 다양성 협약'을 체결하고 2001년 세계 문화 다양성 선언을 채택하여 언어와 문화의 다양성을 지키기 위해 노력하고 있다. 왜 생태주의자들은 종의 다양성을 옹호하고 있는가? 그것은 바로 순조로운 진화의 길을 모색하고자 함에 있다. 진화라고 하는 발전과 변화가 종의 다양성을 기반으로 하여 가능하듯이 언어의 진화도 언어의 다양함을 바탕으로 이루어지는 과정이라고 할 수 있다. 언어의 대표 단수만 옹호하는 일은 언어의 다양성 자체를 무너뜨리는 일이고, 이는 곧 진화에 역행하는 일이다.

현재 삶의 편의성을 위해 모든 것을 거시적인 관점에서 표준화하려는 경향이 뚜렷해서 비표준적이고 미시적인 것들은 소멸의 위기에 처하게 되었다. 하지만 이제는 잃어버린 지난날의 다양하고 미시적인 삶의 유산을 복원하기 위한 노력이 시작되고 있다. 이러한 분위기는 중심 언어에서 멀어진 변방의 언어라고 방치했거나 정화의 대상으로까지 여겼던 비표준적인 말을 보존하려는 노력에서도 엿볼 수 있다. 영국이 낳은 뛰어난 언어학자 데이비드 크리스털(David Crystal)은 자신의 저서인 '언어의 죽음(Language Death)'에서 어떤 소수의 언어든, 언어라는 이름을 갖고 있는 존재가 힘센 언어에 의해 사라져 가는 것은 '비극'을 넘어 '재앙'으로 간주하고 있다. 인류의 삶에는 다양성이 필요하고, 다양성을 바탕으로 이루어진 언어는 나름의 정체성을 가져야 자연스럽다. 언어는 역사의 저장고일 뿐만 아니라, 인류의 지식 총량에 기여하고, 그 자체로 흥미의 대상이 되기 때문에 그의 주장은 타당하다. 어떠한 언어든 사라진다는 것은 인류에게는 돌이킬 수 없는 손실을 의미한다. 따라서 아직까지 연구되지 않았거나 충분히 기록되지 않은, 소멸 위기에 처하거나 죽어가는 언어들을 문법 사전 및 구전 자료의 기록을 포함하는 문서 형태로 기록하는 것은 아주 중요한 사명이다.

크리스털을 비롯하여 뜻있는 언어학자들이 소멸 위기에 놓인 언어를 지켜내려고 안간힘을 쓰고 있는 것처럼, 국립국어원에서도 민족생활어 조사 사업을 통해 사라질 운명에 처해 있는 한민족의 생활어를 수집하고, 더 나아가서 그것을 지켜가는 방안을 모색하기 위해 힘을 모으고 싶다. 이를 통해서 우리 민족의 생활 언어가 한민족의 위대한 '문화유산'으로 다음 세대에게 계승하여 상속할 만한 가치를 지닌 문화적 소산임을 명심하게 하는 계기를 삼고자 한다.

민족생활어 조사 사업은 2007년부터 시작하여 2016년까지 10년간 수행할 예정이다. 국어 기본법 제2조 기본이념에서 밝히고 있듯이 국어가 민족 제일의 문화유산이며 문화 창조의 원동력임을 깊이 인식하여 이를 조사하고 보존함으로써 민족문화의 정체성을 확립하고 나아가 후손에게 계승할 수 있도록 하여야 하겠다.

2009년 3월

국립국어원 원장

차례

제4장 어부의 말 • 165

제5장 민속주 기능인 말 · 348

제3부 연구 결과

사업 개요

제1장 민족생활어란 무엇인가?

　인간은 다양하고 역동적인 생활 모형을 창조하기도 하며 다른 사람이 이미 만든 생활 모형을 따르며 살아가기도 한다. 그러한 생활 모형이 다수에 의해 집단화되거나 후손에게 영속적으로 이어지면 문화가 된다. 이러한 문화 속에서 관계를 맺고 소통하기 위해 사용하는 매개체를 가지게 되는데 그것이 바로 언어이다.

　민족생활어란 민족이라는 말에 생활과 언어가 결합되어 이루어진 말이다. 민족은 일정한 지역에서 오랜 세월 동안 공동생활을 하면서 언어와 문화상의 공통성에 기초하여 역사적으로 형성된 사회집단을 말한다. 생활은 사람들의 일상적인 정서, 인식, 행동으로 이루어지며 이것의 대부분은 언어를 매개로 구체화된다.

　일정한 지역에서 언어, 풍습, 종교, 정치, 경제 등을 공유하면서 장기적으로 집단적 생활을 지속적으로 반복하게 되면, 공속적인 사고체계와 문화체계를 형성하게 된다. 곧 이러한 사고체계와 문화체계는 그 민족의 생활 모습을 통해 알 수 있는데, 이들 생활의 대부분은 민족이 사용하는 언어를 통하여 드러나게 된다.

그러므로 한 민족이 살아 온 삶의 모습, 사고체계, 정체성 등을 파악하기 위해서는 동일 민족의 범주에 속하는 다양한 사람들의 생활어를 살펴보아야 한다. 이것은 생활 속에서 이루어지는 언어의 어휘, 형식, 의미, 용례, 담화 등의 조사와 재발견을 통해 구체화시킬 수 있다.

민족생활어를 조사하기 위해서는 우선 그 언어를 담고 있는 민족문화를 알아야 한다. 이를 위해 한국 민족문화의 개념과 범위를 살펴보면 다음과 같다(한국 민족문화대백과사전).

○ 한국 민족문화에는 외국에서 우리나라로 귀화한 사람과 우리나라에서 외국으로 이주한 사람의 문화도 포함된다.

○ 한민족이 아닌 다른 민족이 이룩한 문화는 한민족 구성원에 의하여 연구 변용된 구체적인 사실이 있는 경우에 한국 민족문화에 포함된다.

○ 한민족이 우리 강역 안에서 이룩한 문화 외에도 외국으로 일시 진출하거나 항구적으로 이주하여 이룩한 문화도 한국 민족문화에 포함된다.

○ 선사시대의 생활양상도 한국 민족문화에 포함된다.

○ 자연 그 자체는 문화가 아니지만 한민족에 의하여 이용되고 의미를 부여한 자취가 있을 때는 한국 민족문화로 다룬다.

○ 현대 문화의 양상은 전통 문화와의 연관이 파악되고 광범위한 영향을 끼치며, 우리나라에서의 독자성 또는 특수성이 보편성과 함께 인정되어야 한국 민족문화이다.

○ 민족문화는 민족·강역·역사·자연·생활·사회·사고·언어·예술 등 아홉 가지로 크게 분류된다.

이상과 같은 한국 민족문화의 개념과 범위 규정은 앞으로 수행할 이 사업의 조사 대상과 영역을 선정하는 데 중요한 기준으로 삼을 수 있다.

사피어 워프의 가설(Sapir Whorf 가설, 언어의 상대주의 이론)에 보면 언어구조나 실제 사용하는 언어 형식이 사용자의 사고에 영향을 미치는 것으로 되어 있다. 언어 사용자는 필요에 따라 많은 언어 형식을 창조한다. 사용자가 그만큼 사고를 많이 한다는 말이다. 북극의 이누이트족은 눈, 얼음, 바람을 아주 세분된, 수십 개의 말로 표현한다. 필리핀 민도르의 하우누족은 450종 이상의 동물과 1,500종 이상의 식물을 구분한다. 실제 공인된 공식 도감의 분류보다 400여 종이 더 많다.

어떤 언어 사용자의 죽음은 그가 가진 독특한 생활어도 함께 사라짐을 의미한다. 언젠가 아프리카에서 들려오는 소식으로 다음과 같은 이야기가 있었다. "한 사람의 노인이 사망할 때마다 하나의 박물관이 사라지고, 하나의 도서관이 사라진다." 문자가 아닌 구전으로 지식과 지혜가 전수되는 아프리카의 문화 전통에서 오래도록 살아 온 한 노인은 그 사람 자체가 박물관이고 도서관이었다(강신표, 인제대).

이러한 관점은 조사 대상과 조사 영역에 대한 중요한 기준을 제시해 준다. 누구를 조사해야 하고, 무엇을 조사해야 하는지에 대한 해답을 이 관점을 토대로 찾아낼 수 있을 것이다.

민족생활어란 한국 민족이 그들의 문화 속에 담고 있는 생활 어휘, 형식, 의미, 용례, 담화 등을 모두 포함한 용어라고 정의할 수 있다. 그리고 민족생활어 조사란 바로 그러한 한국 민족문화 모형을 가진 인간을 대상으로 다양한 생활 어휘들을 조사해야 하는 것이다.

한 민족 내에서 사용한 언어는 그 민족의 사고와 행동양식과 불가분의 관계에 있으며, 이것은 사람들의 일상적 활동과 연계된 생활어에 구체적으로 나타나고 있다. 실제로 음운이나 문법과는 달리 어휘, 의미, 용례, 담화에는 그 시대의 다양한 특징적 상황이 반영된다. 사회구조가 복잡해지고 새로운 사물과 행동이 나타나면서 그에 합당한 어휘가 생겨나게 된다. 이러한 어휘 부족 현상을 충족시키기 위해서 기존 언어의 의미가 더 확대

되거나 기존 어휘가 새로운 의미로 변화하거나 새로운 어휘로 대체되는 현상이 나타날 수 있다.

새로운 사실이나 관념의 형성, 사물에 대한 새로운 지식이 생겨날 때 나타나는 새말이나 기존 의미의 변화, 문화변동에 직접적으로 가장 민감하게 반응하는 것이 어휘이므로 어휘의 변화가 가장 심하다. 따라서 우리말의 어휘가 변화해 온 양상을 살펴보면 우리나라에서 이루어진 사회적·정치적·문화적인 변화양상까지도 읽을 수 있다. 이와 같이 다양한 계층, 성, 지역, 연령 등에서 사용하고 있는 광범위한 생활어의 음성, 어휘, 의미, 용례, 담론, 사진, 동영상 등을 종합적이고 체계적으로 수집·정리하고 활용함으로써 우리 민족의 독창적인 사고력 증진과 민족 문화를 발전시킬 수 있다.

광범위한 민족생활어를 지속적이고 체계적으로 조사·정리하고, 이에 기초하여 민족 제일의 문화유산인 국어와 한민족의 고유한 사유체계와 행동 양식의 역동성을 연구할 필요가 있다. 사회·경제 구조와 활동이 급속히 변화함에 따라 오랜 시간에 걸쳐 형성, 유지, 발전되어 온 국어의 어휘, 의미, 용례, 소통양식 등이 사라지고 있다. 이에 대한 체계적이고 지속적인 자료 수집, 정리, 보관, 활용에 관해 연구를 한다.

한 민족의 삶 속에 내재한 생생한 생활어를 조사함으로써 그와 연관된 생활 자료를 보존할 수 있고, 그동안 간과되어 온 민족의 역사를 복원할 수 있다. 이를 통해 당대의 올바른 시대상을 파악할 수 있고 국가발전의 가시적 성과도 제시할 수 있다.

지난 100년 동안 한국의 사회·경제 활동이 급격하게 변화하면서 다양한 직업들이 소멸·쇠퇴하는 반면 다른 많은 직업들이 창출됨에 따라 국어의 기반을 이루고 있는 생활 양식이 바뀌고 있다. 빠르게 소멸되어 가는 전통 사회·경제·문화 활동과 연계된 민족생활어를 수집·정리하고 활용하여 민족문화의 정체성을 확립하고 국어 어휘, 의미, 용례의 다양성을 보존하여 후손에게 물려주어야 한다. 이와 동시에 탈근대 혹은 지식·정보 사회·경제·문화 활동과 연계되어 새롭게 만들어지고 있는 생활어를 지속적으로 수집·정리하고 활용하여 민족 제일의 문화유산인 국어를 변화하는 시대정신에 맞추어 창조적으로 계승·발전시킬 필요가 있다.

그런데 20세기 민족생활어의 조사 대상이 되는 민중들은 소수의 예를 제외하면 대개 고령자일 경우가 많다. 민족생활어 조사의 시급성은 바로 이러한 사실로부터 제기된다. 그러므로 지난 세기를 살면서 일상의 온갖 생활어를 생생히 사용해 왔던 고령자들로부터 하루라도 빨리 생활어를 발굴·조사하지 않으면 참으로 귀중한 지난 세기 우리 민족의 생활어가 사라져 버릴지도 모르는 위기에 처하게 될 것이다.

이처럼 지난 세기의 급격한 사회변동에 따라 곧 사라질 위기에 처해 있는 우리 민족의 생활어휘를 조사하기 위해서는 고령자들의 구술에 크게 의존할 수밖에 없는데, 이를 통해 노년세대들의 소외의식을 줄이고 그들의 자존감도 회복시킨다. 또한 소외계층의 생활어나 해외에 거주하는 한민족의 생활어도 조사하여 그들의 자존감을 회복시키고 소외감을 해소한다. 아울러 당대의 고령층과 소외계층 사람들의 의식을 파악하고, 그들이 국가발전에 기여한 생생한 증거를 확보할 수 있다. 이러한 과정을 통해 우리 민족이 이룩한 문화유산과 업적을 정리·집대성하여 새로운 한국 민족문화를 창조하는 기반을 구축할 수 있을 것이다.

김 덕 호(국립국어원)

제2장 제주의 민족생활어

1. 해녀

　제주에서 해녀는 제주 문화를 이루는 고갱이다. 해녀는 강인한 제주 여성을 웅변하는 동시에 제주 역사와 사회, 문화, 경제를 망라한 제주생활사를 기술하는 데 간과할 수 없는 존재이다. 바다와 육지를 넘나들며 삶을 꾸려온 제주 해녀들의 삶과 문화는 제주 생활사의 핵심 요소이다. 그 가운데 제주 사람들의 정서가 깃든 언어는 제주문화를 이루는 바탕이 된다.

　그러나 시대 변화의 흐름에 따라서 해녀 수가 급감하고, 해녀들의 삶의 터전인 바다 환경이 달라져 해녀어도 변모하고 있다. 따라서 해녀어 조사는 사라져 가는 언어문화를 복원하고, 기록하는 데 의미가 있다. 또 바다 일을 천직으로 삼아온 해녀들의 생애구술을 기록하여 전파하는 것은 제주 사람들의 삶의 역사를 복원한다는 의미도 있다. 제주 생활어 조사의 중심에 해녀 관련어를 놓은 것도 이 때문이다.

　조사는 다음과 같은 내용으로 이루어졌다.

○ 해녀 명칭 : 해녀, 잠녀, 잠수, 줌녜, 애기잠수, 돌파리잠수, 상군, 중군, 하군, 대상군 등.

○ 물질 도구 : 테왁, 망시리, 굴각지, 호멩이, 까꾸리, 호미, 소살, 비창, 본조겡이, 눈 등.

○ 해녀복 : 소중이, 물수건, 물적삼, 까부리, 고무옷, 오리발, 연철 등.

○ 채취물 : 바다 동물－전복, 구살, 구젱이, 보말, 뭉게, 미, 붉바리, 웽이, 감은돔, 졸락, 깅이 등.

바다 식물－듬북, 톳, 몸, 우미, 메역, 메역새, 퍼레, 주충 등.

○ 물질 방법

○ 조류의 흐름과 세기

○ 바다 이름

○ 해녀 관련 민속어

○ 해산물 관련 음식 이름

○ 물질 방법과 물질 행위 관련 어휘

○ 해녀의 생애구술

제주에서 해녀들은 지역에 따라 차이가 나지만 대개 10월부터 이듬해 6월까지 물질을 한다. 봄에 우뭇가사리와 톳 등 해초류 채취와 성게 등 해산물을 잡고, 여름 물질을 쉰 후에 가을에서 겨울까지 소라와 전복 등을 잡는다. 해녀들은 금채기 이후에는 보통 10월 1일부터 물질을 재개하는데, 조사 기간에는 바다에 '물건'이 없어서 11월 들어서야 작업을 시작하였다. 물때를 맞춰서 작업하기 때문에 현장조사는 쉽지 않다. 따라서 4월 19일부터 5월 31일까지는 문헌자료 조사를, 6월과 11월 이후에는 물질 현장, 해녀탈의장, 박물관 등에서 총 20여 차례 조사하였다.

해녀 관련 어휘는, 지역에 따라 해녀들의 채취물이 다르고, 용어도 달리 나타나기 때문에 조사 지점을 다양화했다. 제주시 이호동, 애월읍 애월리, 하귀2리, 구좌읍 하도리, 성산읍 고성리 등 5개 지역에서 6명의 제보자와 2개의 잠수회를 대상으로 풍부한 어휘 조사가 될 수 있게 하였다.

조사 지역을 오래 떠나보지 않고, 물질을 평생의 업으로 삼아온 이들로서, 조사 어휘의 순도를 높였다. 그러나 제한된 시간으로 인하여 서귀포와 대정읍 지역은 조사를 못해 제주 전역의 해녀 관련어를 체계화하지 못한 아쉬움이 남는다. 조사는 구술 채록 방법을 활용하였으며, 사진 자료를 활용해 수집한 어휘의 뜻풀이와 어휘 조사의 신뢰성을 높였다.

이번 해녀어 조사에는 많은 분들의 도움이 있었다. 여기에 그들의 이름을 밝혀 고마움을 대신하려고 한다. <표1 참조>

〈표1〉 제보자 정보

연번	이름	성별	출생연도	거주지	조사 내용
1	김정순	여	1932년	제주시 애월읍 하귀2리	하귀리 해녀어, 생애구술
2	고순여	여	1926년	제주시 이호1동	이호동 해녀어
3	김일선	여	1933년	제주시 구좌읍 하도리	하도리 해녀어
4	안용옥	여	1933년	제주시 애월읍 하귀2리	하귀리 해녀어
5	백응관	여	1927년	제주시 애월읍 애월리	애월리 해녀어
6	이옥춘	여	1932년	제주시 한경면 조수2리	한경 용당리 해녀어
7	하귀2리 잠수회·고성리 잠수회				애월 하귀2리·성산 고성리 해녀어

제보자 김정순은 1932년 제주시 애월읍 하귀2리 가문동 마을에서 태어나 이 마을을 떠나보지 않은 토박이다. 가문동은 전형적인 바닷가 마을로, 지금은 펜션 등이 들어서면서 전형적인 어촌 마을의 모습을 잃어가고 있다. 김정순은 어렸을 때 물질을 배워 현재까지도 바다와 밭을 오가며 바지런한 삶을 꾸리고 있다. 일제강점기에 강제 노역에 동원됐던 일, 공출과 관련한 이야기, 출생과 육아, 결혼, 장례, 세시풍속, 농사와 해산물 채취 등 생업에 얽힌 다양한 이야기를 들려주었다. 해녀어는 물론 김정순의 구술 자료를 정리하면서 느낀 것은 제주 사람들의 정신 속에 담겨있던 민족 생활어들이 빠르게 잊혀지고 소멸되고 있어 체계적인 조사가 시급하다는

점이다.

제보자 고순여는 1926년 제주시 이호동에서 태어나 고향을 떠나보지 않았던 해녀다. 열다섯 살에 물질을 배운 고순여는 80세까지 60년간 물질을 한 제주 물질계의 산증인이다. 그는 또 물질을 하며 밭농사를 지어 생계를 꾸려왔다. 1년 전에 물질을 그만두어 바다 현장에서 조사는 이루어지지 않았지만 해녀들의 채취물, 도구, 물옷 등과 관련한 생생한 어휘를 수집할 수 있었다. 고무옷 이전에 해녀들이 물질할 때 입었던 속곳과 물수건 등을 직접 제작해 보여줌으로써 물옷에 대한 부분 명칭을 조사할 수 있었다. 물질 경험이 풍부하고 기억력이 뛰어나 해녀어 조사에 많은 도움을 주었다.

김일선은 1933년 제주시 구좌읍 하도리 어촌마을에서 태어나 어렸을 때 물질을 배워 현재까지도 바다 밭에서 해녀로 살아가고 있다. 김일선은 풍부한 물질 경험과 출가(出稼) 경험이 있어 해녀 관련어 제보에 적극적이었다. 바다 동물과 식물 등 해녀들의 채취물, 해녀 신앙, 해산물 관련 음식, 물때 등과 관련한 어휘를 제보해 주었다.

제보자 안용옥은 1933년 제주시 애월읍 하귀2리 가문동에서 출생하여 이 마을을 한번도 떠나보지 않은 토박이 해녀다. 어렸을 때 물질을 배워 지금도 물질을 하고 있으며, 제보자 김정순을 도와 바다 동물과 식물 등과 관련한 어휘를 조사하는데 협력을 아끼지 않았다.

백응관은 1927년 제주시 애월읍 애월리에서 태어나 50년 동안 해녀생활을 한 경험을 갖고 있어 애월 지역의 해녀어를 조사할 수 있었다.

이옥춘은 1932년 제주시 한경면 용당리에서 출생하여 유년시절을 일본에서 보냈으나 해방 이후 고향에 돌아와 물질을 했던 경험이 있다. 기억력이 뛰어나 바다 식물과 동물, 물때, 해산물 관련 음식 등에 대한 정보를 얻을 수 있었다.

이밖에도 애월읍 하귀리 가문동 잠수회와 성산읍 고성리 잠수회 회원들의 물질 현장을 직접 조사했다. 이들의 도움으로 물질 도구와 채취물 등을 생생하게 조사하고, 기존의 조사 자료를 검증할 수 있었다.

2. 어부

  어부는 해녀와 함께 바다를 터전으로 살아온 사람들이다. 따라서 어부 관련어 조사는 해녀와 함께 바다를 터전으로 삶을 꾸려온 사람들의 생생한 입말을 채취하는 계기가 되었다. 어업인들의 바다 생활을 통해 생성, 발전시킨 언어의 흐름을 조사하는 한편, 어부들의 어로 작업, 어로 활동에 필요한 운반 수단인 배(풍선)와 '테우'(떼배)의 명칭, 어로 생활에 필요한 낚시, 제보자가 잡았던 자리돔과 멸치, 갈치, 오징어잡이 등과 관련한 어휘를 조사하였다. 또 어로생활에 큰 영향을 끼치는 바람과 관련한 어휘도 조사함으로써 어부들의 생활어를 집적할 수 있었다.

  어부 관련어는 평생을 어부로 살고 있는 이보연의 말의 모음이다. 제보자 이보연은 1929년 제주시 이호동 현사마을에서 태어나 현재도 현사마을에서 살고 있다. 어려서 서당을 다닌 경험이 있는 이보연은 일제강점기에 초등학교 3년을 다니다 부모 일을 도와 어로 작업을 익혔다. 4·3사건의 소용돌이 속에서 형 2명, 남동생 1명, 첫 부인과 처가 식구 등이 사망하는 아픔을 겪었으며, 본인 자신도 4·3 사건으로 무고하게 옥고를 치르는 등 고난의 역사를 살아왔다. 그는 5년 전 사별한 부인과의 사이에서 8남매를 두었다. 지금은 혼자 생활하면서 어로작업을 하고 있다. 어렸을 때부터 배 목수인 아버지를 도와 바다 일을 한 이보연은 평생을 배를 부리면서 멸치잡이, 자리돔잡이, 오징어잡이, 갈치잡이 등을 했다. 또 '테우'(떼배)를 직접 제작할 수 있어 지금도 탐라문화제 때 '테우' 모형 제작 시연회를 갖는 등 사회 참여에도 적극적이다. 풍선과 '테우'를 이용하여 고기잡이를 한 경험이 풍부해 배의 부분 명칭을 잘 알고 있다. 그는 이번 조사에서 '테우'와 풍선의 그림을 직접 그려 설명해 주어 배의 부분 명칭을 세세하게 조사할 수 있었다.

어부어 관련 조사는 당초 이보연이 '테우'를 제작한다고 해서 '테우' 관련어를 조사하기로 했다가 조사 과정에서 '테우' 제작만이 아니라 풍선을 이용한 고기잡이 경험이 풍부하고 현재까지 어부 생활을 하고 있어 조사의 폭을 넓혀 내실을 기했다. 풍선의 부분명칭, 어로 활동과 관련한 어휘를 조사하였는데, 조사 내용은 다음과 같다.

○ 어로 생활과 운반 수단인 '테우'와 풍선의 세부 명칭

○ 어로 수단의 '테우' 제작 행위와 관련한 어휘

○ '테우'를 이용한 자리돔 잡이와 듬북 채취 관련 어휘

○ 풍선과 동력선을 이용한 갈치잡이·오징어잡이·고등어잡이·멸치잡이 관련 어휘

○ 바람의 명칭

○ 어로 활동과 관련한 민속

○ 어부의 생애구술

조사는 9월 6일부터 10월 30일까지 진행되었다. 먼저 생애구술을 조사하면서 '테우'와 풍선 등의 부분 명칭을 조사한 후, 자리돔잡이, 갈치잡이, 멸치후리기, 오징어잡이 등과 관련한 어휘, 도구 이름, 바람 명칭의 조사가 이루어졌다. '한치' 잡이가 한창인 여름철에는 직접 이보연의 배에 동승하여 어장 체험도 했다. 파도가 거세서 '한치잡이' 모습은 지켜보지 못했지만, 어부들의 생업 현장을 직접 다녀와 어부들의 생활을 이해하는 계기가 되었다. 일정 문제로 조사 지점을 한 군데밖에 할 수 없어서 어부 관련 어휘를 체계화하지 못한 것은 과제로 남겨 두었다.

3. 민속주

술은 인간이 살아가면서 절대적으로 필요하다. 제사는 물론 인간관계 유지를 위해서도 우리 민족들은 술을 빚어왔다. 따라서 제주민속주 조사는 제주 사람들의 생활어를 조사하는데 빼놓을 수 없는 소재이다. 제주민속주(오메기술, 고소리술, 오합주 등)와 관련한 어휘, 술 빚는 과정에서 양산된 어휘, 민속주 기능 보유자의 구술 자료를 확보하는 것이 본 조사·연구의 목적이다.

제주민속주 관련 어휘는 제주도무형문화재 제3호 '오메기술'과 11호 '고소리술' 기능보유자인 김을정을 제보자로 하여 오메기술·고소리술·오합주·감주·순달이 등 제주 민속주 명칭, 민속주와 관련한 재료, 도구, 만드는 법 등에 대해서 자세히 조사하였다. 시연 행사를 통해 직접 술 빚는 과정, 도구, 재료 등과 관련한 어휘 조사를 하였다. 보조제보자 이옥춘을 통하여 주제보자가 놓친 민속주 어휘를 보강하였다.

제주 민속주 관련 어휘 조사는 다음 사항에 중점을 두고 이루어졌다.

○ 제주민속주 관련 어휘(오메기술, 고소리술, 오합주, 기주, 감주 등)

○ 술 빚는 재료와 도구

○ 술 빚는 과정과 빚는 법

○ 누룩, 엿, 순달이 등 민속주 관련 어휘

○ 민속주 기능 보유자의 술 빚는 과정 구술 채록

제보자 김을정은 1925년 서귀포시 남원읍 의귀리에서 태어나 제주전통 민속마을인 서귀포시 표선면·성읍리로 시집을 왔다. 친정어머니에게 술 빚는 법을 배운 그녀는 민속주를 빚어 가계에 보탰으나 밀주 단속반에 걸려 술 빚는 일을 그만두었다. 교사를 하는 남편을 따라 육지에서 잠깐 생활한 적도 있지만 주로 성읍리에서 농사를 지으면서 살아왔다.

1990년 5월 30일 성읍민속마을 오메기술로 제주도무형문화재 제3호 기능보유자로, 1995년 4월 20일 제주도무형문화재 제11호 고소리술 기능보유자로 지정되어 제주민속주 전승에 힘쓰고 있다. 오메기술과 고소리술 기능 보유자로 인정된 이후에는 제주 대표 축제인 탐라문화제, 성읍리 정의골 민속한마당 등에 참가하여 제주민속주의 우수성을 적극적으로 알리고 있다. 김을정은 술을 빚을 재료인 좁쌀을 마련하기 위하여 손수 조 농사를 짓고 있다. 딸 강경순이 오메기술 전수자, 며느리 김희숙이 고소리술 전수자로 대를 잇고 있다. 이번 조사에서는 민속주 관련 어휘 외에도 엿고는 법, 누룩 만드는 법과 관련한 어휘도 조사하였다.

이옥춘은 1932년 한경면 용당리에서 태어나 이웃마을인 조수2리로 시집가서 남편과 함께 농업인으로 살아오다 2006년부터 거주지를 제주시로 옮겨 생활하고 있다. 고향에서 물질했던 경험이 있을 뿐만 아니라 직접 오메기술과 오합주 등을 자주 담그고, 엿을 고았던 경험이 많아 제주민속주 관련 어휘 채집에 많은 도움이 되었다.

조사는 2007년 7월 15일부터 10월 30일까지 오메기술(제주도지정 무형문화재 제3호)과 고소리술(제주도 지정 무형문화재 제11호) 기능보유자 김을정의 집, 이옥춘의 집, 그리고 오메기술 시연이 이루어진 제주민속박물관에서 4차례 이루어졌다. 고소리술 제조 과정은 제보자들의 구술 내용에 의지하여 조사하였다. 민속주 관련 말은 앞의 해녀와 어부 관련어와 달리 짧은 조사 일정으로 인하여 조사자의 생애구술을 체계화하지 못해 안타까울 뿐이다.

연구 내용

제3장 해녀의 말

이 장은 제주시 애월읍 하귀2리 '가문동'에서 물질을 하는 해녀 김정순의 생애구술 자료와 제주시 이호·애월·하귀·용당·하도, 서귀포시 성산읍 고성리에서 수집한 해녀 관련 어휘를 종합해서 정리한 것이다. 본 연구 자료는 기존에 보고된 어휘들도 있지만 『표준국어대사전』 등 사전에 등재되지 않은 귀중한 어휘늘도 상당수 있어 민속생활어 조사 복적의 하나인 민중들이 썼던 생생한 어휘 수집이라는 소기의 성과도 올릴 수 있었다. 또 김정순의 삶을 통하여 제주사람들이 나고, 자라고, 생활하면서 겪었던 삶의 경험과 그 속에서 배태된 제주의 기층문화를 들여다 볼 수 있도록 다양하게 조사하였다.

조사, 채록된 자료들은 제주 현지의 언어 환경을 고려하여 『제주어 사전』(제주도, 1995)에 수록된, 제주방언연구회 제정 '제주어 표기법'(1991)을 따라 표기한 후 뜻풀이와 상황 설명을 덧붙였다. 구술 자료는 독자들의 이해를 돕기 위하여 구술 내용 다음에 { }안에 표준어 대역을 해 놓았고, 표준어로 바꿀 수 없는 어휘는 작은따옴표('')를 해서 방언형 그대로를 실었

다. 청취가 불가능한 부분은 ***처리를 했고, 발음이 필요한 부분은 [ ]에
발음을 적어놓았다. 문장의 앞뒤가 연결되지 않은 부분은 필자가 ( )안에
알맞은 말을 써 넣음으로써 문맥의 흐름을 원활하게 하였다.

1. 김정순의 생애 이야기

1.1. 나 일곱 설부터 밥 헤서

문 지금까지 태어낭은네예. 살아온
내력들을 이제 곧는 건데.{지금
까지 태어나서요 살아온 내력
들을 말하는 것인데.}

탑 나 어린 때부터 살아온 역사?
{나 어릴 때부터 살아온 역사?}

문 예. 이제까지. {예. 이제까지.}.

탑 아이고, 기가 멕힐 거여.{아이
고, 기가 막힐 거야.}

문 예. 그거를 쭉 굴아줍서?{예. 그
거를 쭉 말씀해 주십시오?}

탑 나가 오 남매에서이 질 몰이로
난. 아바진 각시 얻언 뎅가불고
어머니허고 나만. 나가 장남으

[사진 1]
해녀 김정순. 물질 갈 채비를 하고 있다.

로 살앗주기. 계난 어머닌 밭에 넹 일어낭 밥허렌 허민, 어머닌 아기 두
랑 뒈불민 일어낭 그 세벽이 아옵 술에부터이, 일곱 설에부터 춤 밥허영.

어머니는 세벡이 (밧듸) 가불믄 그 아기 업곡 그 밥허곡 허영 밧듸 정 가. 경 허멍 이내낭 사는 게 고생이라. 이제. 경 허영 또 이젠 흐끔 흔 열, 열으덥 나난 스삼사건 난 거 아니?{내가 오 남매에서 가장 맏이로 나서. 아버진 각시 얻어서 다녀버리니까. 어머니하고 나만. 내가 일꾼으로 살았지. 그러니까 어머니께서 발치에 누워서 일어나서 밥하라고 하면, 어머니는 아기 데려서 자버리면 일어나서 그 새벽에 아홉 살부터, 일곱 살부터 참 밥을 해서. 어머니는 새벽에 (밭에) 가버리면 그 아기 업고 그 밥을 하고 해서 밭에 지고 가. 그러면서 이제까지 사는 것이 고생이야. 지금. 그렇게 해서 또 이제는 조금 한 열, 열여덟 되니까 사삼사건 난 거 아니?}

 열여덜에?{열여덟에?}

 으. 엘일곱, 엘으덥이 나난 사삼사건 낭근에. 그 스삼사건 나기 전에 웨정시대 나난에, 아침 그땐 시계 어스난이 세벨. 세벨 트민 '다카하시' '가네모도' '오까야마' 허멍 일본말로 막 불르멍 훈련 강, 훈련 강 허당 이젠 낮인 집의 오믄 이젠 그 군인, 일본 벵정영 굴 파레 저 남또리꼬장 강. 감저 청 싸곡. 경 허멍 살아서. 에이고 기가 멕(혀). 아이고, 곧지 다, 문 못 골아. 못 골아.{그래. 열일곱, 열여덟 되니까 사삼사건 나서. 그 사삼사건 나기 전에 왜정시대 나니까, 아침 그때는 시계 없으니까 샛별. 샛별 뜨면 '다카하시' '가네모도' '오까야마' 하면서 일본말로 막 부르면서 훈련 가서, 훈련 가서 하다가 이제는 낮에 집에 오면 이제는 그 군인, 일본 병정하고 굴 파리 저 남또리[1]까지 가서. 고구마 쪄서 싸고 그렇게 하면서 살았어. 아이고, 기가 막(혀.). 아이고, 말하지 다, 모두 못 말해. 못 말해.}

 게난 태어난 디는 어디 마씨? 태어난 디? {그러니까 태어난 곳은 어딥니까? 태어난 곳?}

---

1) 제주시 고내리의 지명 이름.

탑 태어난 디, 이디서 태어낫주.{태어난 곳, 여기서 태어났지.}

문 이 동네 이름이 뭐우꽈?{이 동네 이름이 뭡니까?}

탑 가문동.{가문동.}

문 가문동?{가문동?}

탑 으.{그래.}

문 가문동도 뭐 웃동네 알동네 영허지 아녀마씨?{가문동도 뭐 윗동네 아랫
동네 이렇게 하지 않습니까?}

[사진 2]
해녀 김정순이 평생을 살
면서 물질을 하고 있는
하귀2리 바닷가와 가문동
전경.

탑 저 웃동넨 웃동네고 이건 알동네.{저 윗동네는 윗동네고 이것은 아랫동
네?}

문 아, 알동네?{아, 아랫동네?}

탑 으. {그래.}

문 그러믄 나이가?{그러면 나이가?}

탑 일흔으섯.{일흔여섯.}

문 우리 나이로 이른으섯. 무슨 띠마씨?{우리 나이로 일흔여섯. 무슨 띠입니
까?}

탑 준나비띠.{원숭이띠.}

문 준나비띠? 혹시 그 태어나서 어디 학교 다녀보거나 영은 아녀봣수가?{잔

나비띠? 혹시 그 태어나서 어디 학교 다녀보거나 그렇게 하지는 않았습니까?}

🈳 아이고, 학교랑마랑. 학교가 어디 시난. 밤의 뒈믄 그 웨정시댄 그 공출 허영 바찌렌. 막 보리*** 막 집의 쌀 하나토 엇이 다 바찌렌 허믄 그거 바쩌 뒁. 놈의 (집) 강근에 검질매영 쌀 흔 뒈 받아당 밥헹 먹곡. 쌀 흔 뒈 받아오믄 무신. ᄂᆞ물은 하영 헤여당 놓곡 좁썰은 헤끔 낭 죽 쑤멍 먹엇주기. 경 허멍 불르멍 살안. 애고, 이젠 대통령 삶이주기. 곤썰이 어디셔? (웃음) 식게 때나 곤밥 요만히 허영 먹엇주기. 경 허연 살아서.{아이고, 학교는커녕. 학교가 어디 있어. 밤 되면 그 왜정시대에는 그 공출해서 바치라고 막 보리 *** 막 집에 쌀 하나도 없이 다 바치라고 하면 그것 바쳐 두고 남의 (집) 가서 김매고 쌀 한 되 받아다가 밥해서 먹고 쌀 한 되 받아오면 무슨. 나물은 많이 해다 넣고 좁쌀은 조금 넣어서 죽 쑤면서 먹었지. 그렇게 하면서 배불리며 살았지. 아이고, 이제는 대통령 삶이지. 쌀이 어디 있어? (웃음) 제사 때나 쌀밥 요만큼 해서 먹었지. 그렇게 해서 살았어.}

🈳 게믄 그때 아까 일곱 설부터 밥헨마씨?{그러면 그때 아까 일곱 살부터 밥했습니까?}

🈳 ᄋᆞ게. 일곱 설에부터. 저 요만헌 대바지로 물 져 오고{그래. 일곱 살부터. 저 요만한 작은 허벅으로 물을 져 오고}

🈳 물 져 오곡?{물 져 오고?}

🈳 기여. (웃음) {그래.}

1.2. 애기구덕 졍 춫 비레 가곡

🈳 또 결혼은 허난 애기구덕 지곡. 저 웃한질로이 춫왓디 가곡. 춫 비레. {또

결혼은 하니까 '아기구덕' 지고 저 위 큰길로 꼴밭에 가고 꼴 베러.}

문 촐 비레? {꼴 베러?}

답 에고, 아기 강근에 그디 놔뒁 벌 쒜우카부덴 그 무신 저 모기장 닮은 거 씌와뒁근에 촐 비영 올 땐 아기구덕 지곡. 아고, 아고, 징그러워. 이제 굴 으믄 그짓말이라. 그짓말. 이제 마흔둘 난 아덜 날 때엔 두 번차 물에 드난 막 물에서 아깃뼈 맞추완. 게난 눅이믄 들어가곡 꼬주문 테왁 우틔영 엎더졋당 나오난 막 알로 구진물 손아지는 거 아니? 겨난 집의 와랑 와랑 완 보난 하르방은 저디 앚아선게. 아이고, 시월에. "아이고, 강 물이나 흐끔 데와줍서?" 허연 굴아뒨 화장실에 간 영 완 잘 앚젠 허난이 팍 소리난게 다락 털어져부런. 아기게.{아이고, 아기 가서 거기 놔두고 벌 쏠까봐서 그 무슨 저 모기장 같은 것으로 씌워두고 꼴 베어서 올 때는 '아기구덕' 지고 아이고, 아이고, 징그러워서. 지금 말하면 거짓말이야. 거짓말. 이제 마흔둘 된 아들 낳을 때에는 두 번째 물에 드니까 막 물에서 '아깃뼈' 맞춰서. 그러니까 눅이면 물에 들고 찌르듯이 아프면 테왁 위에 이렇게 엎디었다가 나오니까 막 아래로 구정물 쏟아지는 거 아니? 그러니까 집에 와랑와랑 와서 보니 남편은 저 곳에 앉았던데. 아이고, 시월에. "아이고, 가서 물이나 조금 데워주세요?" 하고 말해 두고 화장실에 가서 이렇게 와서 잘 앉으려고 하니까 팍 소리가 나더니 더럭 떨어져버렸어. 아기가.} (웃음)

문 게연 애기 나불언?{그렇게 해서 아기 낳았어요?}

답 으. (웃음) 이제 마흔둘 난 아덜 경 헷저. 나, 우린 아깃뼈 마추민 어딜 가지 못허여. 금방.{그래. (웃음) 이제 마흔둘 된 아들 그렇게 했지. 나, 우리는 '아깃뼈' 맞추면 어디를 가지 못해. 금방.}

문 아아, 경 힘들게는 안 낫저예? 에기를예?{아아, 그렇게 힘들게는 안 낳았네요? 아기를?}

답 으.{그래.}

閔 힘들게 나진 안헷다예?{힘들게 낳지는 않았네요?}

答 아이. 게난 앚지도 눅지도 못허어. 그냥 막 병 ㄱ리치당 나불어.{아니. 그러니까 앉지도 눕지도 못해. 그냥 막 병 가리키다가 낳아 버렸어.}

1.3. 열아옵에 결혼허연 쓰물싯에 아기 난

閔 경 헹, 게믄 결혼은 멧 설에 헤서마씨?{그렇게 해서, 그러면 결혼을 몇 살에 했어요?}

答 결혼, 열아옵에.{결혼, 열아홉에.}

閔 열아옵 설에?{열아홉 살에?}

答 으. 열아옵에 허영 쓰물싯 나난 이제 쉰닛 난 뚤 난.{그래. 열아홉에 하니까 스물셋 나니까 이제 쉰넷 된 딸 낳았어.}

閔 결혼을?{결혼을?}

答 쓰물싯에 (뚤) 난.{스물셋에 (딸을) 낳았어.}

閔 게믄 결혼헐 때 그 남편은 어디 분이라낫수가?{그러면 결혼할 때 그 남편은 어디 분이셨습니까?}

答 이 동네.{이 동네.}

閔 아, 이 동네. 이 동네서 나고 이 동네서 결혼헷구나?{아, 이 동네. 이 동네서 낳고 이 동네서 결혼했군요?}

答 이 동네서 난 군인 간 완 뭣헤(이혼헤)부런. 아이그{이 동네서 낳아서 군대 다녀와서 뭐해(이혼해) 버렸어. 아이고}

閔 게믄 이 동네, 멧 술 차이마씨? 멧 설? 남편은?{그러면 이 동네, 몇 살 차이입니까. 몇 살? 남편은?}

答 흔 설 우의.{한 살 위.}

閔 흔 설 우의?{한 살 위?}

답 으게. 흔 설 우의.{그래. 한 살 위.}

문 남편은 그때 뭐 헤난마씨?{남편은 그때 뭐 했었습니까?}

답 군인.{군인.}

문 군인이라난?{군인이었어요?}

답 으. 원래 군인이라근에. 아아, 그때사게 군인 안 간 사름 이서게. 조쟁이 돋은 사름은 다 국군 씰어 가부난게.{그래. 원래 군인이어서. 아아, 그때야 군대 안 간 사람 있었나. 자지 돋은 사람은 다 군대 쓸어 가버리니까.}

문 게연, 겡은에 멧 명을 난 거라? 자식을?{그래서, 그래서 몇 명을 낳은 거예요? 자식을?}

답 아옵 난 늿.{아홉 낳아서 넷.}

문 아옵이난 난. 하영도 나낫수다. {아홉이나 낳았어요 많이도 낳았네요}
(웃음)

답 나문 죽어불곡, 나문 죽어불곡게. 죽언.{낳으면 죽어버리고, 낳으면 죽어버리고 죽었어.}

문 게믄 그때는 애기를?{그러면 그때는 아기를?}

답 막 이 베 안네서 유산뒈고이. 일 너미 헤부난 유산뒈고 아덜은 난에 일 주일만이 죽어불곡. 이제 마흔둘 우에 거 살아시믄 이제 마은늿이나 뒈어실 거여.{막 이 배 안에서 유산되고 일 너무 해버리니까 유산되고 아들은 낳아서 일주일 만에 죽어버리고 이제 마흔둘 위에 것 살았으면 이제 마흔넷이나 됐을 거야.}

문 게믄 삼춘네는 형제가 멧이라난마씨?{그렇다면 삼촌네는 형제가 몇이었습니까?}

답 우리?{우리?}

문 예.{예.}

답 우리 어멍 난 거만 오 남매. 죽은어멍 삼 남매. 또 죽은어멍 드라온 똘끼

지 허영, 게난 구 남매.{우리 어머니 낳은 것만 오 남매. 작은어머니 삼
남매. 또 작은어머니 데려온 딸까지 해서, 그러니까 구 남매.}

문 아, 게연 다 이제 살앗수가?{아, 그래서 다 이제 살았습니까?}

답 다 살아신디, 오라방 둘 허고 오래비 하나 죽어부런. 게난 서의 죽어부난
이제 육 남매.{다 살았는데, 오라버니 둘 하고 오라비 하나 죽어버렸어.
그러니까 셋 죽어버리니까 이제 육 남매.}

문 육 남매?{육 남매?}

답 아니, 칠 남매 싯구나. 칠 남매.{아니, 칠 남매 있구나. 칠 남매.}

문 부모님도 다 이 고향 여기?{부모님도 다 이 고향 여기?}

답 으.{그래.}

문 게믄 이 가문동을 떠나보질 안 헷구나예?{그러면 이 가문동을 떠나보지
를 않았군요?}

답 으.{그래.}

문 게믄 부모님은 어떤 일 헷수가?{그러면 부모님께서는 어떤 일을 하셨습
니까?}

답 우리 아부지?{우리 아버지?}

문 예. 아버지영 어머니영?{예. 아버지하고 어머니하고?}

답 우리 어머님은 쉰다섯 나던 헤에 죽어불곡. 막 일찍 죽어부런. 화로 홧
빙으로{우리 어머님은 쉰다섯 나던 해에 돌아가시고 막 일찍 돌아가셨
어. 화로 울화병으로.}

문 예에.{예에.}.

답 우리 아버진 흔 칠십일곱이나 난 죽어불곡.{우리 아버지는 한 일흔일곱
이나 되어서 돌아가시고}

문 게믄 무슨 일을 헤서마씨? 어머니랑 아버지랑은.{그러면 무슨 일을 하셨
습니까? 어머니하고 아버지께서는.}

답 우리 아버진 농사 안 져. 우리 아버진 이 저 무신 거 옛날 산 보난에 제주

삼읍 다 돌안. 경 허난에 집을 안 산 거주기. 게난 어머니만 홀어멍으로
세상을 산 거라. 그 공출허곡 막 경. 경 허연 살곡. 아버진 제주 삼읍 다
돌아뎅이멍 막.{우리 아버지께서는 농사 안 지었지. 우리 아버지는 이 저
무슨 옛날 산터를 보니까 제주 삼읍 다 돌아다녀. 그러니까 집에 안 산
거지. 그러니까 어머니만 홀어머니로 세상을 살았어. 그 공출하고 막 그
렇게. 그렇게 해서 살고 아버지는 제주 삼읍 다 돌아다니면서 마구.

🔲 어머니가?{어머니께서?}

🔲 으. 우리 아버지가 칠 남매서 막둥인디.{그래. 우리 아버지께서 칠 남매
가운데 막둥이인데.}

🔲 예에.{예에.}

🔲 우리 아버지 시 설에 어멍 죽엉, 할망 죽어부난에 저 형수광 살앗젠. 우
리 큰어멍영, 큰집의 큰어멍영 살안에 장게간 헨에 그냥 한문 선생으로
쭈욱 돌아뎅기멍. 아버지가 공부 경 허난이 여잔 가냐오냐만 안덴 허멍
이 애기만 보렌 허멍 무신 학교 시겨져사? 게고 학교 헐 시간도 엇언. 그
땐 웨정시대 낫지. 흑끔 시난 스삼사건 나불엇지. 허난 시간이 셔사주기
게. 이디도 무습고 저디도 무습고게. 우리, 우리 연거렌 학교 헌 사름 멧
개 엇다.{우리 아버지 세 살에 어머니 죽고, 할머니 돌아가시니까 저 형
수하고 살았다고 우리 큰어머니하고, 큰집의 큰어머니하고 살아서 장가
가서 해서 그냥 한문 선생으로 쭉 돌아다니면서. 아버지가 공부 그렇게
하니까 여자는 '가냐오냐만 안다고 하면서 아기만 보라고 하면서 무슨
학교는 시켜졌니? 그러고 학교 할 시간도 없었어. 그때는 왜정시대 났지.
조금 있으니 사삼사건 나버렸지. 하니까 시간이 있어야지. 여기도 무섭
고 저기도 무섭고 우리, 우리 또래는 학교 다닌 사람 몇 명 없다.}

🔲 으 맞아.{예. 맞아요}

🔲 아이고, 지독헌 사름덜. 아이고, 경헨 스삼사건 나난 그 문딱 군인덜 가
부난 이젠 망우대 직허엿지. 몬딱. 느네 망우대엔 헤도 몰란게이. 초소?

{아이고, 지독한 사람들. 아이고, 그렇게 해서 사삼사건 나니까 그 몽땅 군대들 가버리니까 이젠 초소 지켰지. 몽땅. 너의 ‘망우대’라고 해도 모르던데. 초소?}

[문] 예.{예.}

[답] 초소덜 직헌 거라. 이디 밋밋 성 다우난에 막 ‘오박전달’, ‘오박전달’ 허멍덜. 경 헨 살아서.{초소들 지킨 거야. 여기 잇따라 성을 쌓으니까 막 ‘오박전달’, ‘오박전달’ 하면서. 그렇게 해서 살았어.}

1.4. 두에서 펭풍 들르믄 사진만 첫주기

[문] 결혼헐 때 그 삼춘네 남편?{결혼할 때 그 삼촌네 남편?}

[답] 으. {그래.}

[문] 어떵 만낭은에 결혼헷수가? 그땐 뭐 중매?{어떻게 만나서 결혼했습니까? 그때는 뭐 중매?}

[답] 중매게 이제 여예덜 허영. 그땐 중매벳긔 몰랏주기게.{중매지. 이제는 연예들 해서. 그때는 중매밖에 몰랐지.}

[문] 누게가 씨집가렌 허난 간?{누구가 시집가라고 하니까 갔어요?}

[답] 어디 이 동네, 요디 사름 중매헨에. 군인 간 오래 살아부난 몰랏주게. 얼굴도 몰라. 우알 동네라도 저 웃동네고 우린 이디난. 게난 씨집가렌 허는 것사 가는 거라렌 가고 얼굴 흔 번 봐봐시카이. 이제 그트믄 으(웃음). 이거 가난 이거 새서방인가 헷주기. 이제 사름덜이사 아이고, 씨집가보기 전에 말도 골아보곡, 만나도 보고 헴주마는. 그땐 만나 보지도 아녀곡 그냥.{어디 이 동네, 여기 사람 중매해서. 군대 가서 오래 살아버리니까 몰랐지. 얼굴도 몰라. 위아래 동네라도 저 윗동네고 우리는 여기니까. 그러니까 시집가라고 하는 것이야 가는 것이라고 해서 갔고 얼굴 한번

봐봤을까. 이제 같으면 아. (웃음) 이거 가니까 이거 새서방인가 했지. 이
제 사람들이야 아이고, 시집가기 전에 말도 해보고, 만나도 보고 하고 있
지만. 그때는 만나 보지도 않고 그냥.}

問 그냥 집에서 가렌 허난에?{그냥 집에서 가라고 하니까?}

答 으. 가렌 허믄 그자 이불 서너 개 허여놓고 그자. 가메 타곡 강. 가메 탄
우리.{그래. 가라고 하면 그저 이불 서너 개 해놓고 그저. 가마 타고 갔
어. 가마 타서 우리.}

問 아, 그때 가메 탕 가낫수가?{아, 그때 가마 타고 갔었습니까?}

答 으. 가메 타고{그래. 가마 타고}

問 가메, 게믄 여기에서 그 알동네?{가마, 그러면 여기에서 그 아랫동네?}

答 으, 이디서 가메 탄.{그래. 여기에서 가마 타서.}

問 게믄 가메 탕 갈 때 어떤 가메마씨? 그때.{그러면 가마 타고 갈 때 어떤
가마예요? 그때.}

答 가마게. 영 이 조롬으로 둘 들르고, 앞으로 둘 들르곡게.{가마지. 이렇게
이 꽁무니로 두 명 들고, 앞으로 두 명 들고}

問 아아.{아아.}

答 경 헹게.{그렇게 해서.}

問 아, 게믄 앞에서도 사람 둘, 두에도 사람 둘 허연에?{아, 그러면 앞에서도
사람 둘 뒤에서도 사람 둘 해서요?}

答 으.{그래.}

問 그 가메 이름은 뭐렌 헤마씨?{그 가마 이름은 뭐라고 합니까?}

答 가마게, 가마. {가마야, 가마.}

問 그냥 가마렌 굴아?{그냥 가마라고 말해요?}

答 가마엔 허믄 알주기.{가마라고 하면 알지.}

問 거기 헹으네?{거기에 해서?}

答 족두리 쓰곡, 장옷 입엉 가마 타.{족두리 쓰고, 장옷 입어서 가마 타.}

문 게믄 그때 그 결혼헐 때 입엇던, 결혼식은 어디서 헙니까? {그러면 그때 그 결혼할 때 입었던, 결혼식은 어디서 하나요?}

답 마당에서.{마당에서.}

문 마당에서 결혼헨?{마당에서 결혼했어?}

답 으.{그래.}

문 그때 결혼식 헷던 그 풍경 좀 굴아줍서? 어떤 식으로 허영 어떵 헨?{그때 결혼식 했던 그 풍경 좀 말씀해 주십시오? 어떤 식으로 해서 어떻게 했는지?}

답 펭풍 허영근에, 펭풍 두에서 들르믄 사진만 첫주기게.{병풍 해서, 병풍 뒤에서 들면 사진만 찍었지.}

문 아아.{아아.}

답 그거주기.{그것이지.}

문 사진 첫수가? 그때.{사진 찍었습니까? 그때.}

답 예식장이 엇어. 그냥 누게라도 마당에서.{예식장이 없어. 그냥 누구라도 마당에서.}

문 게믄 이제 삼춘은 7때 입엇던 옷이?{그러면 이제 삼촌은 그때 입었던 옷이?}

답 장옷.{장옷.}

문 장옷예?{장옷요?}

답 으.{그래.}

문 장옷 입고?{장옷 입고?}

답 족두리 쓰곡.{족두리 쓰고}

문 족두리 쓰고 장옷 안에는 무슨 옷 입어난?{족두리 쓰고 장옷 안에는 무슨 옷 입었어요?}

답 그냥 치마저고리. 치마저고리.{그냥 치마저고리. 치마저고리.}

문 멩지 치마저고리?{명주 치마저고리?}

답 으게. 치마저고리 입곡 그 위에 장옷 입곡. 무사 요새 장옷덜 안 나오라? 그거. 옛날 거 그거라. {그래. 치마저고리 입고 그 위에 장옷 입고. 왜 요새 장옷들 안 나오니? 그거. 옛날 거 그거야.}

문 족두리 썼으면 이런 디 연지 곤지도 헤낫수가? 옛날?{족두리 썼으면 이런 데 연지 곤지도 했었습니까? 옛날?}

답 몰라. 볼라신디 말아신디.{몰라. 발랐는지 말았는지.}

문 그건 모르고?{그것은 모르고?}

답 몰라.{몰라.}

문 그때 결혼헐 때, 그 요즘도 예단허고 허지 아넘니까? 예물예?{그때 결혼할 때, 그 요즘도 예단하고 하지 않습니까? 예물요?}

답 으.{그래.}

문 그때 헹 간 거 뭐 뭐 이서난마씨? 씨집갈 때 가져간 거?{그때 준비해 간 것 무엇 무엇 있었습니까? 시집갈 때 가져갔던 것?}

답 씨집의 가져간 거 보선덜.{시집에 가져간 거 버선들.}

문 아아.{아아.}

답 그땐 보선, 양말 그거주. 이젠 겨곡 이불게.{그때는 버선, 양말 그것이지. 이제는 그러고 이불이지.}

문 이불 멧 채 헹 간?{이불 몇 채 해서 갔습니까?}

답 이불 싯, 요 싯게. 그땐 하영 헹 간 때라. 거 이불 싯, 요 싯.{이불 셋, 요 셋. 그때는 많이 해서 간 때야. 그거 이불 셋, 요 셋.}

문 세 개씩?{세 개씩?}

답 으. 그거 헨 간.{그래. 그것 해 갔어.}

문 뭐?{뭐?}

답 경대.{경대.}

문 경대도 허고?{경대도 하고?}

답 경대. 그땐 경대.{경대. 그때는 경대.}

문 쪼꼬만헌 거예?{자그마한 거지요?}

답 으.{그래.}

문 경대허곡?{경대하고?}

답 경대허곡. 그 이불허영근에 그 이불 영 옲이 치는 거. 거 무신 뜨개질 헨이.{경대하고 그 이불해서 그 이불 이렇게 옆에 치는 거. 거 무슨 뜨개질 해서.}

문 예에.{예에.}

답 그, 그거 헤낫저. 우리.{그, 그거 했었다. 우리.}

문 아아.{아아.}

답 밥상포도 잘 짜나고{밥상보도 잘 짰었고}

문 아, 직접 짱은에 그거 헷구나?{아, 직접 짜서 그것을 했구나?}

답 으. 이녁냥으로 짜. 이녁냥으로 짜네 ㅂ싹 풀허영 싹 다령 강 치믄 곱주기게. 베롱 베롱 베롱 베롱. 이젠.{그래. 자기대로 짜. 자기대로 짜서 바싹 풀해서 싹 다려서 가서 치면 곱지. 베롱 베롱 베롱 베롱. 이제는.}

문 손으로 헹은에?{손으로 해서?}

답 막 꼿무늬 짜 우리 막 벨거 다 짜낫저. 겐디 이젠.{막 꽃무늬 짜. 우리 막 별것 다 짰었다. 그런데 이제는.}

문 겡 그거 짱 가정가고 그 다음에 뭐 저기 밥그릇?{그렇게 해서 그거 짜서 가져가고 그 다음에 뭐 저기 밥그릇?}

답 아, 그런 거.{아, 그런 것.}

문 그런 건 안 가져갓수과? 궤 이런 건?{그런 것은 안 갖고 갔습니까? 궤 이런 것은?}

답 어?{뭐라고?}

문 궤.{궤.}

답 으, 궨 하나 가정가곡.{그래, 궤는 하나 가져가고.}

문 궤 가져가고?{궤 가져가고?}

답 그것이 큰 거랏주기. 궤가.{그것이 큰 것이었지. 궤가.}

문 그때 가져가는, 그런 예물 허는 거는 어머니가 헤줫수가? 아니면 삼춘이 번 걸로?{그때 가져가는, 그런 예물 하는 것은 어머니가 해 줬습니까? 아니면 삼촌이 번 것으로?}

답 아이고, 어디 시난. 어멍이, 어멍이 허여줫주기. 어디 강 벌어게? 매날 아기만 봐신디 어떵 허연. 어디 이제 ᄀ트믄, 어디 무신 일 뎅겨서? 뭣 헤서? 집읫 일만 그냥 똥 싸게 헷주기.{아이고, 어디 있으니까. 어머니가, 어머니가 해줬지. 어디 가서 벌어? 만날 아기만 봤는데 어떻게 해서. 어디 이제 같으면, 어디 무슨 일 다녔나? 무엇 했나? 집에 일만 그냥 똥 싸게 했지.}

문 경 허영 하고 그때 왜 결혼허젠 허믄 또 남자 집에서 여자 집에 가정오는 것도 잇자녓수가? 옛날에예?{그렇게 해서 하고 그때 왜 결혼하려고 하면 또 남자 집에서 여자 집으로 가져오는 것도 있잖습니까? 옛날에요?}

답 그땐 둑새기 멧 개.{그때는 달걀 몇 개.}

문 멧 개 가정완?{몇 개 가져왔습니까?}

답 몰라. 멧 개산디. 도새기 가져와신가 몰라. 경 헤낫저. 그땐. 돗 흔 머리 가정와낫젠 허주기. 옛날은.{몰라. 몇 개인지. 돼지 가져왔는지 몰라. 그렇게 했었지. 그때는 돼지 한 마리 가져왔었다고 하지. 옛날은.}

문 옛날엔?{옛날에는?}

답 겐디 이젠 몰라. 가져와신가 안 가져온 거 몰라. 하도 오래여 노난.{그런데 지금은 몰라. 가져왔는지 아니 가져왔는 것 몰라. 매우 오래 되어서.}

문 이거 둑새기 허곡?{이거 달걀 하고?}

답 으.{그래.}

문 돗 흔 머리 그 생각은 나고예? 으으{돼지 한 마리 그 생각은 나고요. 아아.}

답 경 헤낫주기. 그때.{그렇게 했었지. 그때.}

문 이제 결혼식 허젠 허면 그 새각시상허고 새시방상 게도 특별허게 헤주지
아넘니까예?{이제 결혼식 하려고 하면 그 신부상하고 신랑상 그래도 특
별하게 해주지 않습니까?}

답 으.{그래.}

문 뭐 뭐 올라와난? 거기에?{뭐 뭐 올라왔었습니까? 거기에?}

답 몰르커게. 그때 둑세기 쇠 개 허곡 둑, 둑 허여신가 몰라. 거벳긘 안 헤실
거라. 아이고, 이제ㄱ찌 허여시냐? 그자 둣궤기 석 점 허곡 둠비나 석 점
놧주기.{모르겠어. 그때 달걀 세 개 하고 닭, 닭 했었는가 몰라. 그것밖엔
안 했을 거야. 아이고, 지금처럼 했나? 그저 돼지고기 석 점 하고 두부나
석 점 놓았지.}

문 으{아.}

답 이제ㄱ찌 경 하간 거 출령?{지금처럼 그렇게 이것저것 차려서?}

문 그때도, 게니까 도새기는 잡는 거 아니라예? 잔치허젠 허믄예?{그때도,
그러니까 돼지는 잡는 거 아니에요? 잔치하려고 하면요?}

답 아이고, 잡곡말고 잡앙은에이.{아이고, 잡고말고 잡아서.}

문 예.{예.}

답 아침인 보리밥 멕이고{아침에는 보리밥 먹이고}

문 예.{예.}

답 또 가문잔치엔 허여. 가문잔친 보리밥 멕이곡, 이제 저 새각씨 나가게 돼
믄 쏠밥 멕이고 경 헤낫서. 세난 초ᄌ낙이 보리밥 허여뒹 보리, 보리쏠에
풋 서껑 허여뒹 다음엔 이젠 곤밥허영근에 멕에덜 담아.{또 가문잔치라
고 해. 가문잔치에는 보리밥 먹이고, 이제 저 새색시 나가게 되면 쌀밥
먹이고 그렇게 했었지. 그러니까 초저녁에 보리밥 해두고 보리, 보리쌀
에 팥 섞어서 해두고 다음에는 이제는 쌀밥해서 멱서리에들 담아.}

문 멕에?{멱서리에?}

답 ○. 멕에 비니루 끌앙 멕에덜 담아. 경 헤근에 밥 거리멍 멕여낫주게. 경 헤낫저 우리.{그래. 멱서리에 비닐 깔아서 멱서리에들 담아. 그렇게 해서 밥 뜨면서 먹었었지. 그렇게 했었다 우리.}

문 게믄 이제 온 사름들?{그러면 이제 온 사람들?}

답 ○.{그래.}

문 손님들안티는. 아까 가문잔치렌 골아신디 가문잔치는 어떤 잔치를 말허는 거우꽈?{손님들한테는. 아까 가문잔치라고 말씀하셨는데 가문잔치는 어떤 잔치를 말하는 겁니까?}

답 가문잔치엔 헌 건 아침이 멕이는 것이 가문잔친가 막 막쩨가 가문잔친가 몰라게. 아침인 하여튼 보리밥 멕이곡. 새각씨 나갈 무렵에는 쏠밥 멕이곡 경 헤나서. 조반은 보리밥 멕여. 이젠 뭣 헤나도 그땐 겨곡 부지엔 헌 건 근대구덕에 쏠 흔 말. 보리쏠 흔 말.{가문잔치라고 한 것은 아침에 먹이는 것이 가문잔치인가 맨 나중이 가문잔치인지 몰라. 아침에는 하여튼 보리밥 먹이고 새색시 나갈 무렵에는 쌀밥 먹이고 그렇게 했었어. 조반은 보리밥 먹여. 지금은 무엇 했어도 그때는 그렇고 부조라고 한 것은 가는대바구니에 쌀 한 말. 보리쌀 한 말.}

문 보리쏠로?{보리쌀로?}

답 ○. 보리쏠 흔 말. 막 크게 생각헤사 보리쏠 흔 말. 경 아녀믄 두 뒈. 경 헤낫저. 경 허믄 그 잔치 부주 온 디 주는 건 그 이제, 이제 ᄀ뜨믄 조, 조이.{그래. 보리쌀 한 말. 막 크게 생각해야 보리쌀 한 말. 그렇지 않으면 두 되. 그렇게 했었지. 그렇게 하면 그 잔치 부조 온 데 주는 것은 그 지금, 지금 같으면 조, 조}

문 예. {예.}

답 조 그 모가지 대 그거 끊엉근에 궤기 석 점 꿰영 사발에 꿰근에, 밥에 꿰영. 경 헹 줘낫저.(웃음){조 그 목 대 그것 끊어서 고기 석 점 꿰서 사발에 꿰서, 밥에 꿰서 그렇게 해서 줬었다.(웃음)}

문 아, 그 보리밥 우에 영 꿰영은에?{아, 그 보리밥 위에 이렇게 꿰어서?}

답 으. 으.{그래. 그래.}

문 아아, 그 꼬지를 조 헤여난 걸로 헷수가?{아아, 그 꼬치를 조 했었던 것
으로 했습니까?}

답 으게. 대로 아녕 조 으{그래. 대로 안 해서 조 그래.}

문 아아.{아아.}

답 조에, 조코고리 톤아난 거 그것에 궤기 석 점 꿰영. 게영근에 그 밥에 질
렁 쒀나서.{조에, 조이삭 땄던 것 그것에 고기 석 점 꿰서. 그렇게 해서
그 밥에 찔러서 줬었어.}

문 이런 식으로 딱 허영. 아아.{이런 식으로 딱 해서. 아아.}

답 으게. 아이덜토 경 허영 주곡. 이제사 경 헹 주느냐?{그래. 아이들도 그렇
게 해서 주고. 이제야 그렇게 해서 주니?}

문 그때 큰일 헐 때 국 같은 거는 어떤 국 허연마씨? 그때?{그때 큰일 할 때
국 같은 것은 어떤 국 했습니까? 그때?}

답 그때 돗궤기국 허여실 거여. 돗국물국.{그때 돼지고깃국 했을 거야. 돼지
고기삶은국.}

문 아아.{아아.}

답 돗국물국.{돼지고기삶은국.}

문 거기에 뭠 놩은에?{거기에 모자반 놔서?}

답 으. 돗국물국. 돗국물국.{그래. 돼지고기삶은국. 돼지고기삶은국.}

문 옛날 곤밥들 안 먹을 때난 무사?{옛날 쌀밥들 안 먹을 때니까 왜?}

답 곤밥이 시냐. 새각시 오믄이.{쌀밥이 있니. 새색시 오면은.}

문 으{아.}

답 아이고, 우리 애기 업엉 그 좁은 딜로 들어강 손 내물랑근에 허믄 그 하
인이 밥 흔 수까락썩 끊엉 손드레 탁탁 부쳐주믄 흐믓 그거 할라먹젠덜.
아이고, 겡 헤낫저게.{아이고, 우리 아기 업어서 그 좁은 데로 들어가서

손 내밀어서 하면 그 하인이 밥 한 숟가락씩 끊어서 손에 탁탁 붙여주면 사뭇 그거 핥아먹으려고들. 아이고, 그렇게 했었어.}

문 그치룩, 삼춘도 그치룩 허영 강 먹어나고?{그렇게, 삼촌도 그렇게 해서 가서 먹었었고?}

답 으, 영 허영게. 손. 아기 업엉 막 아기 젭져불멍 흐뭇 강 손 내물민 그 하인 여자가 잇주기게.{그래. 이렇게 해서. 손. 아기 업어서 막 아기 끼게 하면서 사뭇 가서 손 내밀면 그 하인 여자가 있지.}

문 예에.{예에.}

답 밥 흔 수까락썩 끊엉 사발에 춤, 손바닥에 착착 놓믄 그거 왕 흐뭇 영 할 라먹으믄. 이제 굴으믄 거짓말. 아이덜이.{밥 한 숟가락씩 떠서 사발에 참, 손바닥에 착착 놓으면 그거 와서 사뭇 이렇게 핥아먹으면. 이제 말하면 거짓말. 아이들이.}

문 그러니까?{그러니까?}

답 느네 거 봐나지도 아녀실 거여. 그런 거.{너희들 그것 봐보지도 않았을 거야. 그런 것.}

문 안 봐낫지 그때는?{안 봤었지, 그때는?}

답 어떵 헹 봐.{어떻게 해서 봐.}

문 큰 게 독새기고예?{큰 것이 달걀이고요?}

답 으게. 우리 흔 엘예실곱에 그자 잔치집이엔 허믄 그자 그 애기 또꼬망 비작허영 업곡 그냥 강 그거 얻어먹젠덜. 아이고, 그때 삶가?{그래. 우리 한 열예닐곱에 그저 잔칫집이라고 하면 그저 그 아기 똥구멍에 똥묻은채 업고 그냥 가서 그거 얻어먹으려고들. 아이고, 그때 삶인가?}

문 게믄 삼춘네 그 결혼헐 때도 그치룩.{그러면 삼촌네 그 결혼할 때도 그처럼.}

답 으게.{그래.}

문 무뚱에 사람들 이서낫수가?{문 앞에 사람들 있었습니까?}

답 마찬가지. 흐뭇 창 무뚱에 그냥 흐뭇 대가리가 빈주룽케 막 박아지주게.
{마찬가지. 사뭇 창문 앞에 그냥 사뭇 머리가 줄줄이 마구 박아지지.}

문 으음. 그치룩 허영은에 이제 결혼 헷잖아예? 게도 결혼헐 때 그때 뭐 가
정가지 아넘니까? 신부 포따리에 영 쌍. 그건 뭐렌 험니까? 아침에 가져
가야 뒐 때?{으음. 그렇게 해서 이제 결혼 했잖아요? 그래도 결혼할 때
그때 뭐 가져가지 않습니까? 신부 보자기에 이렇게 싸서. 그것은 뭐라고
합니까? 아침에 가져가야 될 때?}

답 요강단지.{요강.}

문 아아.{아아.}

답 요강단지에이 쓸 흔 뒈 놔. 거 포따리 쌍 가는 거. 건, 건, 원 어떤 방법산
디 건 아정가.{요강에 쌀 한 되 놔. 그것 보자기에 싸서 가는 것. 그것은,
그것은, 아 어떤 방법인지 그것은 가져가.}

문 으{아.}

답 포따리 싸.{보자기에 싸서.}

문 포따리 쌍예?{보자기 싸서요?}

답 요강단지 허곡 세숫대 하나{요강 하고 세숫대야 하나.}

문 세숫대 하나를?{세숫대야 하나를?}

답 으.{그래.}

문 아.{아.}

답 그거 얼레기 허곡?{그것 얼레빗 하고?}

문 얼레기 허곡.{얼레빗 하고}

답 으.{그래.}

문 게믄 그 요강, 건 새각씨가 가정가는 거?{그러면 그 요강, 그것은 새색시
가 가져가는 거예요?}

답 으게.{그래.}

문 아아.{아아.}

답 새각씨가 가정가는 거.{새색시가 가져가는 거.}

문 요강단지에?{요강에?}

답 세숫대 하나 허곡{세숫대야 하나 하고.}

문 세숫대 하나에?{세숫대야 하나에?}

답 빗 허곡.{빗 하고.}

문 빗 허곡?{빗 하고?}

답 쳉빗 허고, 빗.{참빗하고, 빗.}

문 으{아.}

답 그거.{그것.}

문 얼레기 허영은에 이제 가정가고 다음에 그, 그 당시 첫날밤 기억 남수
  가? 결혼헌 다음에?{얼레빗 해서 이제 가져가고 그 다음에 그, 그 당시
  첫날밤 기억나세요? 결혼한 다음에?}

답 아이고, 쳇날밤은 붉도록 놀아부난 무신 아느냐? 막 놀앗주기.{아이고,
  첫날밤은 밝을 때까지 놀아버리니 어찌 알겠느냐? 마구 놀았지.}

문 아, 그땐 결혼헌 다음에?{아, 그때는 결혼한 다음에?}

답 아이고{아이고}

문 어떵 놀아마씨?{어떻게 노나요?}

답 놈의 집의 강 똘 들러 왓젠 허멍 흐뭇 새시방 심엉 무껑 두들곡 허멍 붉
  도록 논다. 붉도록.{남의 집에 가서 딸 데려 왔다고 하면서 사뭇 신랑 잡
  아다 묶어서 두드리고 하면서 밝도록 놀아. 밝도록.}

문 으{아.}

답 요 중간꼬지도 놀앗지마는 이젠 그런 식이 엇어이.{요 중간까지도 놀았
  지마는 이제는 그런 식이 없어.}

문 게난 어떤 식으로, 뭐 허멍 놀안? 그땐?{그러니까 어떤 식으로, 무엇 하
  면서 놀았어요? 그때는?}

답 북 두들멍게.(북 두드리면서.}

문 으.{아.}

답 새스방 돌아매영 막 발창 두들멍.{신랑 달아매서 마구 발바닥 두드리면서.}

문 아, 경 헷수가?{아, 그렇게 했습니까?}

답 으. 놈의 집의 강 똘 돌아왓젠, 똘 도둑질헤 왓젠 그축 허멍 놀앗저.{그래. 남의 집에 가서 딸 데려왔다고, 딸 도둑질해 왔다고 그처럼 하면서 놀았지.}

문 삼춘네 헐 때도 그치룩 헨?{삼촌네 할 때도 그렇게 했어요?}

답 으게. 그것이, 그것이 보통.{그래. 그것이, 그것이 보통.}

문 으{아.}

답 그것이 큰 거세기라나서.{그것이 큰 거시기였지.}

문 게믄 그 새시방은 어디 돌아매는 거라? 돌아매기는? {그러면 그 신랑은 어디 달아매는 거야? 달아매기는?}

답 영 무껑. 영 헹게. 사름덜이 막 영. 그 무신 질빵으로 무껑게 경 헤라게. 에그, 나 원.{이렇게 묶어서. 이렇게 해서. 사람들이 마구 이렇게. 그 무슨 질빵으로 묶이서 그렇게 했어. 아이고, 나 참.}

문 그 새시방 돌아매부니까 어떵 헤붑디가? 그때?(웃음){그 신랑 달아매니까 어떻게 했어요? 그때?(웃음)}

답 어떵사 헤신디. 그때 무신 분시 안 때가? 이제, 이제 열여듭이믄 옛날 스물댓보단도 더 옥나.{어떻게야 했는지. 그때 무슨 분수 알 때니? 이제, 이제 열여덟이면 옛날 스물다섯보다도 더 야무지지.}

문 으{아.}

답 경 아녀냐? 이젠 다 벱곡 허난. 그땐 두령청허난 무신 뭐. 새서방이믄, 이거 새서방인가 헷주기.{그렇지 않니? 이제는 다 배우고 하니까. 그때는 분수 모르니 무슨 뭐. 신랑이면, 이것 신랑인가 했지.}

문 게믄 그 결혼허면서 가장 기억에 남는 거는 뭐마씨? 결혼헐 때 가장 기

억에, 이제까지 잊어불지 아녕 기억나는 거?{그러면 그 결혼하면서 가장
기억에 남는 것은 무엇입니까? 결혼할 때 가장 기억에, 이제까지 잊혀버
리지 않고 기억나는 것?}

탑 기억나는 건이?{기억에 나는 것은?}

문 예.{예.}

탑 그 어디 메칠 살당은에 강근에 노름허영 들어오지 아녀는 거. 들어오지
아녕 애간장 타난 거 그거. 그거벳긔 원.{그 어디 며칠 살다가 가서 노름
해서 들어오지 않는 거. 들어오지 않아서 애간장 탔던 것 그거. 그것밖에
원.}

문 어디 막 놀레 가는 걸 좋아헤낫구나에?{어디 막 놀러 가는 것을 좋아했
었군요.}

탑 가믄 붉도록 그 노름허영 안 들어오난. 아이, 게난 그것이 아니꼽안이.
{가면 밝도록 그 노름하면서 안 들어오니까. 아니, 그러니까 그것이 아
니꼬워서.}

문 으{아.}

탑 못 살커라라게. 에그, 경 허멍도 살아.{못 살겠더라고 아이고, 그렇게 하
면서도 살아.}

문 경 허멍도 애기도 하영 낭은에 키우고?{그렇게 하면서도 아기도 많이 낳
아서 키우고?}

탑 게난 그디 살아샤? 못 살아세게.{그러니까 거기 살았냐? 못 살았어.}

문 무사?{왜요?}

탑 나 못 살아부런. 집의 들어오지 아녕. 게난 살아시냐게?{나 못 살았어. 집
에 들어오지 않아서. 그러니까 살았겠니?}

문 게믄 내쫓안 내불언?{그러면 내쫓아서 내버렸어요?}

탑 게난 난, 나만 와불엇주기. 나만 이디 와부런.{그러니까 나는, 나만 와버
렸지. 나만 여기 와버렸지.}

문 게믄 그 아이들은? {그러면 그 아이들은?}

답 아이 안 난 때주기게.{아이 안 낳은 때지.}

문 아, 아이 안 난 때?{아, 아이 안 낳은 때?}

답 으게. 안 난 때.{그래. 안 낳은 때.}

문 게믄 지금 난 아이들은? 어, 게믄 두번 결혼헤낫수가?{그러면 지금 낳은 아이들은? 아, 그러면 두번 결혼했었습니까?}

답 으게.{그래.}

문 아아.{아아.}

답 살암시난 또 고칩이 간 거라. 또{살고 있으니까 또 고집에 간 거야. 또}

문 음.{음.}

답 경 허영 살단 보난 아긴이 죽으멍 살멍 난 허난 경. 이제 산 건 늬 개.{그렇게 해서 살다보니까 아기는 죽으면서 살면서 낳아서 하니까 그렇게. 이제 산 것이 네 명.}

문 게믄 처음 결혼헐 때는 강은에 메 칠 살단 그냥 와분 거?{그러면 처음 결혼할 때는 가서 며칠 살다가 그냥 와버린 거예요?}

답 으게. 아이, 결혼헨에 흔 석 들도 안 살아실 거라. 집을 안 부떤 못 살아 부런. 집을 안 부떤.{그래. 아니, 결혼해서 한 석 달도 안 살았을 거야. 집에 안 붙어 있어서 못 살았지. 집에 안 붙어서.}

문 으{아.}

답 집 안 부뜬디 어떵 사느니?{집에 안 붙었는데 어떻게 살겠니?}

문 그렇지. 두 번째 결혼헐 땐 멧 설에 헨마씨?{그렇지. 두 번째 결혼할 때는 몇 살에 했어요?}

답 그때 쓰물으덥에 가실 거라.{그때 스물여덟에 갔을 거야.}

문 아.{아.}

답 쓰물으덥에.{스물여덟에.}

문 겡은에 왕 여기서 이제 물질허곡 허당은에?{그렇게 해서 와서 여기서 이

제 물질하고 하다가?}

탑 으. 이디 완 살안. 이디 오난 아무 것도, 요 우리 하르방 원 재산엔 헌 건 하나토 엇언. 막 아판 병원에서, 저 도립병원에 간 입원헤연 갈릿대 두 개 끊엉 바로 병원 그디 텝지 아녓젠 허난 바로 이디 오란 이 집 빌언 살안. 안거리 빌엉 살단에 이거 산 살앗주기마는.{그래. 여기 와서 살았어. 여기 오니까 아무 것도, 요 우리 남편 원 재산이라고 한 것은 하나도 없었어. 막 아파서 병원에서, 저 도립병원에 가서 입원해서 갈비뼈 두 개 잘라내서 바로 병원 거기 인연이 없다고 하니까 바로 여기 와서 이 집 빌려서 살았어. 안집 빌려서 살다가 이거 사서 살았지만.}

문 으.{아.}

탑 경 헤노난에 제우 그 물, 둥생이 두 설 난 거 하나.{그렇게 하니까 겨우 그 말, 망아지 두 살 된 거 하나.}

문 예.{예.}

탑 재산엔 헌 거 그거. 그거 하나 헨 오란에 이디 완 살기 시작헨에 아무 것도 엇어낫저. 우리 게난 이디 오란 밧 두 개 사고 이 집 사고 애기덜 나멍 살고 허난 손에서 멩들앗주기. 손에서.{재산이라고 한 것은 그거. 그거 하나 해서 와서 여기 와서 살기 시작해서 아무 것도 없었어. 우리 그러니까 여기 와서 밭 두 개 사고 이 집 사고 아기들 낳으면서 살고 하니까 손에서 만들었지. 손에서.}

문 그렇지. 일만 허멍?{그렇지. 일만 하면서?}

탑 으. 기가 멕혀. 아이고, 우리 산 말 허믄이 거짓말이여. 거짓말.{그래. 기가 막혀. 아이고, 우리 살았던 말 하면 거짓말이야. 거짓말.}

문 게난, 게믄 삼춘은 이제 농사짓고 물질허멍?{그러니까, 그러면 삼촌은 이제 농사짓고 물질하면서?}

탑 물질허곡. 하르방은 구루마. 그이 두 설 난 둥생이 끗어 완 구루마 헤연에 보리 시끄고{물질하고 남편은 마차. 그 두 살 난 망아지 끌고 와서

마차 해서 보리 싱고.}

문 보리 시끄고?{보리 싣고?}

답 가을엔 감저 시끄곡.{가을에는 고구마 싣고.}

문 직접 여기서?{직접 여기서?}

답 이디서. 이 동네서. 경 헤연 살안. 아무 것도 게도 막 춤 잘 뒈엇젠. 이거 집이엔 게도 왕 멩들앙 살앗젠 허멍 허주기게. 겨난 춤 ** 만난 살앗저. 아이구, 게믄 여름 나믄 그 바당에 고직뭄.{여기서. 이 동네서. 그렇게 해서 살았어. 아무 것도 그래도 막 참 잘 되었다고 이것 집이라고 그래도 와서 만들어서 살았다고 하면서 하지. 그러니까 참 ** 만나서 살았지. 아이고, 그러면 여름 되면 그 바다에 '고직뭄'.}

문 예.{예.}

답 고직뭄 헤당근에, 옛날 그 도새기 질룰 때난, 도새기 질루믄 그 보리낭 낭 그레 걸. 뭄 헤당 흔징 낭 보리낭 흔 징 놓곡 뭄 혼 징 놓곡 허영. 막 걸름 어시믄 밧 벵작도 안 줘. 경 헤연 그 걸름 허멍 살안. 에이그, 이제사.{'고직뭄' 해다가, 옛날 그 돼지 키울 때니까, 돼지 키우면 그 보릿대 넣어서 거기에 그것을. 모자반 해다가 한 켜 넣고 보릿대 한 켜 넣고 모자반 한 켜 넣고 해서. 막 거름 없으면 밭 병작도 안 줘. 그렇게 해서 그 거름 하면서 살았어. 아이고, 이제야.}

1.5. 우리 하르방은 놈 주는 것만 좋아허연

문 그 이제 결혼헐 때, 남편은 어떤 분이라난마씨?{그 이제 결혼할 때, 남편은 어떤 분이셨습니까?}

답 이제 하르방.{이제 남편.}

문 으, 그 성격이라든가 이런 거?{아, 그 성격이라든가 이런, 거?}

답 막 성격도 좋고이. 이녁만 먹젠도 아녀곡. 놈의 주렌만. 주렌만. 우리 하르방은 놈 주는 것만 좋아허연. 주는 것만. 경 허연 난 급급허연 살안. 하시라도이 씨동싱이라도 누게 저 이녁 처가 펜이라도 오믄이 생각허멍 무신 거 고망에, 거 파녱 주렌만. 경 주는 성격만. 경 막 주는 거벳긴 좋아 아녀. 경 헤낫저게.{막 성격도 좋고 이녁만 먹으려고도 않고 남을 주라고만. 주라고만. 우리 남편은 남 주는 것만 좋아해서. 주는 것만. 그렇게 해서 난 갑갑하게 살았어. 조금이라도 시동생이라도 누구 저 이녁 처가 속이라도 오면 생각하면서 무엇 구멍에 것 파내서 주라고만, 그렇게 주는 성격만. 그렇게 마구 주는 것 밖에는 좋아하지 않아. 그렇게 했었지.}

문 아이들안테는 어떵 헤낫수가?{아이들한테는 어떻게 했었습니까?}

답 으?{뭐?}

문 아이들안테 아버지로서?{아이들한테 아버지로서?}

답 아이고, 아버지로서이 흐꼼 영 쿼왕근에 뭣 협센 허믄 부모가 딱 쿼믄 아이덜 어시믄 강 도둑질벳긴 더 허느녠게. 경 허멍이, 재산도 경 헹근에 이제 주지 맙센 헤도 이왕에 줄 거 다 줘불렌 몬딱 줘부러세게. 몬딱 줘부런. 게난 죽은아덜녠 저디 천이백 평짜리 밧 주난 그디 이층 짓언 살단에 콤바인 트럭타 허멍 뒈진 아녀고 그냥 그거 허연 빗 제완 이젠 그 집 그거 폴안 허여두고 이젠 아무 것도 읏다. 이젠 몬딱 아덜네 다 줘부난. 나 이거 사는 거 이거. 이것도, 이거 아덜네 줘부난 이거 나 살당 죽어불믄 말 거.{아이고, 아버지로서 조금 이렇게 줘어서 무엇 하시라고 하면 부모가 딱 쥐면 아이들 없으면 가서 도둑질밖엔 더 하느냐고 그렇게 하면서, 재산도 그렇게 해서 이제 주지 마시라고 해도 이왕에 줄 것 다 줘버리라고 몽땅 줘버렸어. 몽땅 줘버렸어. 그러니까 작은아들네는 저기 천이백 평짜리 밭 주니까 거기 이층 지어서 살다가 콤바인 트랙터 하면서 되지는 않고 그냥 그것 해서 빚 겨워서 이제는 그 집 그것 팔아서 해두고 이제는 아무 것도 없다. 이제는 몽땅 아들네 다 줘버리니까.

나 이거 사는 것 이거. 이것도, 이거 아들네 줘버리니까 이거 나 살다가 죽어버리면 말 것.}

문 그 이제는 결혼 애기로 돌아가갖고 맨 처음 결혼행 하나토 어실 때 헨 시작헷잖아예?{그 이제는 결혼 얘기로 돌아가서 맨 처음 결혼해서 하나도 없을 때 해서 시작했잖아요?}

답 으.{그래.}

문 경 허멍도 살림 하나씩 하나씩 허멍?{그렇게 하면서도 살림 하나씩 하나씩 하면서?}

답 으게. 물질허멍게.{그래. 물질하면서.}

문 물질허멍. 어, 게믄?{물질하면서. 아, 그러면?}

답 그 동지섯둘에는 눈 팡팡 오는 디 강 물에 들엉근에, 경 헤근에 시에 강 풀곡. 또 허단 이제 나대영 이제 그 삼년을 마탄 헌 거라이. 저, 소라, 점복 그거 받는 거 헤연에 삼년 허연에 요디 구백십팔 평짜리 밧, 그때 삼벡이십만 원 줸 사난 아이고, 지꺼젼. 재산이 이 집. 이 집은 웨상에 그때 쏠, 곤쏠 훈 말에 칠벡 원 헐 때.{그 동지섣달에는 눈 팡팡 오는 데 가서 물에 들어시, 그렇게 해서 제주시에 가서 팔고 또 하다가 이제 나다니면서 이제 그 삼년을 맡아서 한 거야. 저, 소라, 전복 그것 받는 것 해서 삼년 해서 요기 구백십팔 평짜리 밭 그때 삼백이십만 원 줘서 사니까 아이고, 기뻐서. 재산이 이 집. 이 집은 외상에 그때 쌀, 흰쌀 한 말에 칠백 원 할 때.}

문 예.{예.}

답 칠벡 원 헐 때 오만ᄉ천원 줸 사난 오죽 빗난 집가? 이거 웨상에 산.{칠백 원 할 때 오만사천 원 줘서 사니까 오죽 비싼 집이니? 이것 외상에 사서.}

문 으{아.}

답 웨상에 사네 '송넹이' 씨삼춘네 그 감저 헤연 이 전분공장 사장이난 전분공장에 그 감저 삼년을 허여들이멍 허연이 나 빚 물엇저.{외상에 사서 '송냉이' (현 용흥리) 시삼촌네 그 고구마 해서 이 전분공장 사장이니까 전분공장에 그 고구마 삼년을 해들이면서 해서 나 빚 물었어.}

그건 나중에 다시 허고 그 결혼헤갖고 애기 낳을 때예? 맨 첫아이 가졋을 때 혹시 막 꿈꾸고 영 헤낫수가?{그것은 나중에 다시 하고 그 결혼해서 애기 낳을 때요? 맨 첫아이 가졌을 때 혹시 마구 꿈꾸고 이렇게 했었습니까?}

아, 꿈도 무신 것도, 것도 삶이 펜안헤사 뭣허주기. 원. 그자 살단보난 배 불언 아기 나부난 원 몰라.{아, 꿈도 무엇도, 그것도 삶이 편안해야 무엇하지. 원. 그저 살다가보니까 배 불어서 아기 낳아버리니까 전혀 몰라.}

입덧허는 것도?{입덧하는 것도?}

에, 입덧이랑마랑 것도 삶이 한글헤사 입덧허곡 고래꽝허곡 허주기.{아, 입덧은커녕 그것도 삶이 한가해야 입덧하고 '고래꽝'하고 하지.}

경 헤도 애기 낫을 때, 저기 미역국은 먹어실 거 아니라예?{그렇게 해도 아기 낳았을 때, 저기 미역국은 먹었을 것 아닙니까?}

아이고, 미역국사 먹어신디 뭣사 헤신디. 씨어멍 엇곡 허난. 누게? 이디 친정 어멍 이디 살단에 우리 이제 마흔둘 난 아덜 난에 더글더글 걸을 때 우리 어머님 죽어부난에 무신 거. 게난 우리 이제 마흔둘 난 아덜이 이제 저 쓰물, 춤, 이제 서른ㅇ답 난 아덜, 똘신디 놈의 집인 할망 하나, 두 개 다 신디 우린 할망도 하나 웃덴 허난. 요 앞집의 놈의 할망 살아낫주기. 허난, 앞집의 할망 시녜게 허멍 허난, "무사 경 헴신디?" 허난, "놈의 아이덜은 대운동 때 할망덜 시난 가난 돈덜 주는디 우린 할망 하나토 엇덴." 경 헤낫저.{아이고, 미역국이야 먹었는지 무엇을 했는지. 시어머니 없고 하니까. 누구? 여기 친정 어머니 여기 살다가 우리 이제 마흔둘 된 아들 낳아서 더글더글 걸을 때 우리 어머님 돌아가셔버리니까 무슨 것. 그러니까 우리 이제 마흔둘 된 아들이 참, 이제 서른여덟 된 아들, 딸한테 놈의 집에는 할머니가 하나, 둘 있는데 우리는 할머니도 하나 없다고 하니까. 요 앞집에 놈의 할머니 살았었지. 하니까, 앞집에 할머니 있잖니 하면서 하니까, "왜 그렇게 하니?" 하니까, "놈의 아이들은 대운동회 때 할머니들 있으니까 가니까 돈들 주는데 우리는 할머니 하나도 없다고" 그렇게 했었지.}

문 으, 양쪽 다 아무도 어시난?{아, 양쪽 다 아무도 없으니까?}

답 으게. 아무도 어시난 경 허연.{그래. 아무도 없으니까 그렇게 했어.}

문 경 허여도 그때 애기 낳을 땐 뭐 먹어난마씨? 맨 처음에 애기 나믄 뭐 해 줍니까? 금방 애기 날 때?{그렇게 해도 그때 아기 낳았을 때는 무엇 먹었었습니까? 맨 처음에 아기 낳으면 무엇을 해주나요? 금방 아기 낳을 때?}

답 금방 난 땐게 미역국게. 미역국도 허믄 이녁냥으로 물질허난 모멀ᄀᆞᆯ를 ᄀᆞ뜬 거 받아당 놔뒀주게.{금방 낳을 때는 미역국. 미역국도 하면 이녁대로 물질하니까 메밀가루 같은 것 사다가 놔두었지.}

문 미리?{미리?}

답 으게.{그래.}

문 게민 애기 처음 나면 모멀ᄀᆞ르 먹어마씨?{그러면 아기 처음 낳으면 메밀가루 드십니까?}

답 으게. 모멀ᄀᆞ르{그래. 메밀가루.}

문 건 어떵허영 먹는 거라?{그것은 어떻게 해서 먹는 거예요?}

답 우리 저 창오, 큰아덜은 칠월 열나흘 날 나난 아이구, 미역국사 졸바로 먹어져신디. 경 허멍 아이고, 밧듸 검질메레. 칠월이난 조팟듸 가난 이슬은 발락 지고 영 앚앙 메젠 허난 베가 ᄭᅮᆨ작ᄭᅮᆨ작 아판. 아이고, 이젠 안 뒐로구나 허연. 우리 아깃빼 맞추믄 금방 난. 그냥 페렝이로 베 막앙 눅이믄 와랑와랑와랑 들곡, 꼬주그믄 ᄒᆞᆨ꼼 샀당 또 와랑와랑 들고 곧 집의 들어완, 문 곧 올안 들어앚젠 허난 그때도 그냥 나불곡. 우리 엇어.{우리

저 창호, 큰아들은 칠월 열나흘 날 낳으니까 아이고, 미역국이야 제대로 먹어졌는지. 그렇게 하면서 아이고, 밭에 김매러. 칠월이니까 조밭에 가니까 이슬은 흠뻑 지고 이렇게 앉아서 매려고 하니까 배가 꾸작꾸작 아파서. 아이고, 이제는 안 되겠구나 해서. 우리 '아깃뼈' 맞추면 금방 낳았어. 그냥 밀짚모자로 배 막아서 가라앉으면 화닥화닥화닥 달리고, 쑤시면 조금 섰다가 또 화닥화닥 달리고, 곧 집에 들어와서, 문 곧 열어서 들어앉으려고 하니까 그때도 그냥 낳아버리고. 우리 없어.}

문 게믄 애기는 다른 사름 도움 안 받안마씨?{그러면 아기는 다른 사람 도움 아니 받았나요?}

답 아이구, 도움이랑마랑.{아이고, 도움은커녕.}

문 아.{아.}

답 저 하르방.{저 남편.}

문 게믄 탯줄도 영 끊고 헤야헐 거 아니우과? 애기?{그러면 탯줄도 이렇게 자르고 해야할 것 아닙니까? 아기?}

답 하르방 시난게. 하르방 막 허난. 막 못 전디난 쳇에기 난 때 못 전뎅 나난. 게난 그자 베똥줄 끊어뒌 허난에. 그때사 놈의 사름 완. 우린 사름 아니주.{남편 있으니까. 남편이 마구 하니까. 막 못 견디니까 첫아기 낳을 때 못 견뎌서 낳으니까. 그러니까 그저 탯줄 잘라두고 하니까. 그때야 남의 사람 왔어. 우리는 사람 아니지.}

문 (웃음)

답 아이구, 징그러.{아이고, 징그러워.}

문 그치룩허영 네 명?그 처음에 아옵 명을 낫던 헷자녀과?{그렇게 해서 네 명. 그 처음에 아홉 명을 낳았다고 했잖습니까?}

답 건 막 낙태 허멍.{그것은 마구 유산되면서.}

문 으{아.}

답 배 안에서. 그 여름에 막 보리 훌탄에 막 마당에, 이 마당에 막 데며논디

이 비 오란에 막 그거 헤싸가난에 기냥 알로 구진물 솟아전게 기냥 솟아
져불고 매해 동짓들에 늬 번을 경헤라. 동짓들만 나믄.{배 안에서. 그 여
름에 마구 보리 훑어서 마구 마당에, 이 마당에 마구 쌓아놓았는데 비
내려서 마구 그것 헤집어가니까 그냥 아래로 궂은물 쏟아지더니 그냥 쏟
아져버리고 매해 동짓달에 네 번을 그렇게 했어. 동짓달만 되면.}

문 아.{아.}

답 해마다 동짓들만 나믄. 경 허난 버릇 뒈언. 해마다 동짓들 나믄 늬 번을
경 허연.{해마다 동짓달만 되면. 그렇게 하니까 습관 돼서. 해마다 동짓
달 되면 네 번을 그렇게 했어.}

문 그치룩 허멍은에 이제. 어쨋든 살아야 뒐 거니까, 먹고 살젠허니까?{그렇
게 하면서 이제. 어쨌든 살아야 될 것이니까, 먹고 살려고 하니까?}

답 으게. 먹고 살젠 허난 홀 수가 엇는 거라. 식게 멩질은 열쉬 번. 나 혼자.
{그래. 먹고 살려고 하니까 할 수가 없는 거야. 제사 명절은 열세 번. 나
혼자.}

문 혼자가?{혼자가?}

답 으. 혼자라부난.{그래. 혼자이니까.}

문 으으으.{아아아.}

답 씨아주방더른 우리 씨어머님 이제 우리 족은씨아주방 열 설에 죽어부럿
져. 게난 그 씨아주방 게는게는. 오난 영 헌 이짝이 산 거 보난이 까망헌
저 양복 입곡. 손이 이거주기게. 이제도 ᄀ늘다마는 경 허난, 그걸 보난
씨어멍 죽은 거 보단 더 기가 멕현 울어전. 그 씨아주방에 또 그 아래 씨
아주방, 셋씨아주방에 허난 그 씨아주방덜 다 컨덜 몬딱 이디서 다 폴아
시네. 이 집의서 씨누이 둘, 씨아주방 둘 다 폴안 허난. 이제 그 씨아주방
덜 이젠 몬딱 식게 멩질 갈랑 메끼고 허난. 이제 다 지제 헤부난. 이젠
씨아주방네 흔 번썩 우리 큰아덜 두 번, 세 번 춤. 우리 족은아덜 흔 번
경 헌다. 나 흔 번. 난 하르방 식게.{시아주버니들은 우리 시어머님, 이제

우리 작은시아주버니 열 살에 죽어버렸지. 그러니까 그 시아주버니 가는 가는. 오니까 이렇게 한 이쪽에 선 것 보니까 까만 저 양복 입고 손이 이것이야. 이제도 가늘다마는 그렇게 하니까, 그것을 보니까 시어머니 죽은 것보다는 더 기가 막혀서 울었어. 그 시아주버니에 또 그 아래 시아주버니, 둘째시아주버니에 하니까 그 시아주버니들 다 커서들 몽땅 여기서 다 팔았잖니. 이 집에서 시누이 둘, 시아주버니 둘 다 팔아서 하니까. 이제 그 시아주버니들 이제는 몽땅 제사 명절 갈라서 맡기고 하니까. 이제 다 지제 해버리니까. 이제는 시아주버니네 한 번씩, 우리 큰아들 두 번, 세 번 참. 우리 작은아들 한 번 그렇게 하지. 나 한 번. 나는 남편 제사.}

문 아, 하르버지 식겐 헴수과?{아, 할아버지 제사는 하나요?}

답 하르방 식겐 나 죽도록은 나가 헐 거주. 죽을 때끄장.{남편 제사는 나 죽도록 내가 할 것이지. 죽을 때까지.}

문 게믄 옛날 열세 번 식게 헤 먹젠 허면 난리가 아니라시쿠다예?{그러면 옛날 열세 번 제사 해 먹으려고 하면 난리가 아니었겠네요?}

답 아이고, 또 겨곡 씨어멍 상이 우녁 구들에 백장 우의 낭 허난 초호루, 보름 허곡. 그땐 삼년 헤시녜. 삼년.{아이고, 또 그러하고 시어머니 상이 북쪽 방에 벽장 위에 놓아서 하니까 초하루, 보름 하고 그때는 삼년 했잖니. 삼년.}

문 삼년예?{삼년요?}

답 으. 반 테우멍. 아이고, 경 헨 살앗저게. 겨곡 천리 두 번 허고 또 하르방 세 번. 흔번은 간장임 걸련 갈릿대 두 개 끊고 게난 벵원살인 해마다 헷주기. 해마다. 술 먹어부난 해마다. 늑막임, 간장임 그치록 허연 살앗저게. 흔번은 또 페농 걸련 모 죽언 간에 메칠 안 남앗젠 헌 거 게도 어떵 허연 저 옛날, 그 고석찬의 아덜 고의원.{그래. 반기 나눠주면서. 아이고, 그렇게 해서 살았지. 그러하고 이장 두 번 하고 또 할아버지 세 번. 한번은 간장염 걸려서 갈비뼈 두 개 자르고 그러니까 병원살이는 해마다 했지. 해마다. 술 먹어버리니까 해마다. 늑막염, 간장염 그렇게 해서 살았어. 한번은 또 폐농 앉아서 거의 죽어서 가서 며칠 안 남았다고 한 것 그래도 어떻게 해서 저 옛날, 그 고석찬의 아들 고의원.}

🔲 예?{예?}

🔲 그디 이젠 고석찬의 아덜 죽어부리신가 병원 아녀이?{거기 이제는 고석찬의 아들 죽어버렸는지 병원 아니 하지?}

🔲 고택수 의원?{고택수 의원?}

🔲 아니, 아니. 고택수 말곡 고석찬의 아덜 셔. 이 듬북개 고석찬의 아덜. 우리 궨당. 경 허연 그디 간에 경 또 아이고, 하르방 벵원살인 헤마다 허곡. 또 이번 산소 호흡도 정월에 늬 돗, 늬 돗 넘언에 삼월에 죽엇저. 산소 호흡 집의서 허연. 저 어디서 불런. 화북서 불런. 아니, 함덕, 함덕, 함덕. 함덕이엔 허느냐? 저 먼 디.{아니, 아니. 고택수 말고 고석찬의 아들 있어. 이 '듬북개' 고석찬의 아들. 우리 권당. 그렇게 해서 거기 가서 그렇게 또 아이고, 할아버지 병원살이는 해마다 하고 또 이번 산소 호흡도 정월에 네 돌, 네 돌 넘어서 삼월에 죽었다. 산소 호흡 집에서 해서. 저 어디서 불렀어. 화북서 불렀어. 아니, 화북인가. 함덕, 함덕, 함덕. 함덕이라고 하는가? 저 먼 데.}

🔲 저, 저쪽 동쪽에?{저, 저쪽 동쪽에?}

🔲 으. 동쪽. 함덕. 함덕. 함덕서이 불르믄 베달. 저 똑 이 가스 베달 오듯 와라게. 게난 그 가스 두 통으로 그, 그거 두 통으로 헹근에 호흡 시기멍 죽는 날꼬장은 이력냥으로 걸언. 이거 화장실이난 이디서 그자 걸엉 허곡. 원 똥오줌 흔번 안 치와봔.{그래. 동쪽. 함덕. 함덕. 함덕서 부르면 배달. 저 꼭 이 가스 배달 오듯이 오던데. 그러니까 그 가스 두 통으로 그, 그것 두 통으로 해서 호흡 시키면서 죽는 날까지는 이력대로 걸었어. 이것 화장실이니까 여기서 그저 걸어서 하고 전혀 똥오줌 한번 아니 치워

봤어.}

문 으, 병수발?{아, 병수발?}

답 으.{그래.}

문 다 허셧구나예?{다 하셨군요?}

답 경 허연. 숨 바쁜 병이라. 호흡 바빠노난.{그렇게 했어. 숨 가쁜 병이야. 호흡 가빠놓으니까.}

문 으.{아.}

답 게연 산소 호흡 허단 죽언. 이른다섯에 죽언.{그래서 산소 호흡 하다가 죽었어. 일흔다섯에 죽었어.}

문 이른다섯에? 경 헤도 그 식게, 멩질 그치룩 하영 허고, 천리 허고, 병수발 허고 허여도 이치룩 집이영 남앙 이시난 돈 하영 벌엇수다?{일흔다섯에 그렇게 해도 그 제사, 명절 그처럼 많이 하고, 이장(移葬) 하고, 병수발 하고 해도 이렇게 집이랑 남아 있으니까 돈 많이 벌었네요?}

답 으게. 이젠 집 하나 남앗저게. 경 헤도 하영 번 거주게. {그래. 이제는 집 하나 남았지. 그래도 많이 번 것이지.}

문 자식덜 다 나눠주고?{자식들 다 나누어 주고?}

답 아이고, 동네 사름덜 곤나. 그 작산 일, 먹쉬 일 허곡. 게난 이녁 아기 넷 폴곡, 씨누이 둘, 씨아주방 둘 허난 잔치 읏덥 번 허곡.{아이고, 동네 사람들 말하지. 그 많은 일, 먹을 일 하고 그러니까 이녁 아기 넷 결혼시키고, 시누이 둘, 시아주버니 둘 하니까 잔치 여덟 번 하고}

문 경 허니까, 경 헤도 이치록 남아 이신게.{그러니까, 그렇게 해도 이렇게 남아 있네요.}

답 으.{그래.}

문 보통 살림 아니우다게.{보통 살림이 아니네요.}

답 저, 조상전덜 물린 사름 보믄, 나, 못산덴 헤가믄 웃어진다. 무사 조상전 물렴덜 못살아. 집 안 물린 사름 무사 못사느니? 이녁냥으로 다 허영도

사는디. 이젠, 게난 그자 죽도록 살당 그자 원, 빗만 엇이 살당 죽어져시
믄 좋키여. 이제랑.{저, 조상전들 물려받은 사람 보면, 나, 못산다고 해가
면 웃어진다. 왜 조상전 물려받고 못살아. 집 안 물려받은 사람 왜 못사
느냐? 이녁대로 다 해서도 사는데. 이제는, 그러니까 그저 죽도록 살다가
그저 원, 빚만 없이 살다가 죽어졌으면 좋겠다. 이제는.}

문 무사 빗 이수과?{왜 빚 있습니까?}

답 이제 하르방 죽어분 후에이. 아이고, 이 멧 년을 빙나시? 게난게 하르방
죽어분 후에, 흔 천오벡 나 물엇저. 하르방 죽던 헤 보리, 보리에 나 허연
눠두난에 게도 벡으덥 가마니 허연 육벡오십만 원 받안 그거 허연 물고
이젠 매미 대풍 때에 무신 피해 헌 거 융자 받안 쓴 거, 하르방 아프난
융자 받안 쓴 거, 그거 오벡팔십만 원 요 어느 제 물고 이제 흔 칠벡만
물믄 다 물엇저마는 어떵 헹 물코게. 나 그것에 아득허다. 이젠 아프곡
허난 아이그, 진짜.{이제 할아버지(남편) 죽어버린 후에, 아이고, 이 몇 년
을 병났니? 그러니까 할아버지 죽어버린 후에 한 천오백만 원 나 갚았다.
할아버지 죽던 해 보리, 보리에 나 해서 놔두니까 그래도 백여덟 가마니
해서 육백오십만 원 받아서 그것 해서 갚고 이제는 매미 태풍 때 무슨
피해 난 것 융자 받아서 쓴 거, 할아버지 아프니까 융자 받아서 쓴 거,
그것 오백팔십만 원 요 얼마 전에 갚고 이제 한 칠백만 원만 갚으면 다
갚았다마는 어떻게 물까. 나 그것이 아득하다. 이제는 아프고 하니까 아
이고, 진짜.}

문 아, 못 물믄게 아덜안티 물렌허믄 뒈는 거주게?{아 못 갚으면 아들한테
갚으라고 하면 되는 것이지?}

답 아이고, 아덜넨 어떵 말고? 이제 고등흑교, 남녕고 하나, 중앙여고 하나.
이젠 아침이믄, 오널 아침이도 저 남녕고 가는 거 시꺼다뒌 왓저. 오도바
로 하귀(꺼지). 매날 아침 오도바로 두 번 시꺼감세. 나가. 이제 팔십 난
할망 빌엉 시꺼 가는 년이 어디 시니? (웃음) 막 손지ㄱ라 경 허여.{아이

고, 아들네는 어떻게? 이제 고등학교 남녕고 하나, 중앙여고 하나. 이제
는 아침이면, 오늘 아침에도 저 남녕고 가는 것 태워다두고 왔다. 오토바
이로 하귀(까지). 만날 아침 오토바이로 두 번 태워가고 있잖니. 내가. 이
제 팔십 된 할머니 빌려서 타고 가는 년이 어디 있니? (웃음) 막 손자보
고 그렇게 해.}

■ 겡 오도바이 탕 다념수가?{그래서 오토바이 타고 다니고 있습니까?}

団 오도바. 저게 오도바. 아이고, 다리여.{오토바이. 저것이 오토바이. 아이
고, 다리야.}

■ 게믄 씨집에도 어른 엇고 여기 친정도 엇고 허민 씨집살이는 안 헷겟다
예? 씨어멍이 막?{그러면 시집에도 어른 없고 여기 친정도 없고 하면 시
집살이는 안 했겠네요? 시어머니가 마구?}

団 으, 씨어멍 흑끔 살단 죽어불엇주게. 흑끔 살단.{그래. 시어머니 조금 살
다가 죽어버렸지. 조금 살다가.}

■ 게난 씨집살이 엇고, 씨누이, 씨동셍 거념허는 거?{그러니까 시집살이 없
고, 시누이, 시동생 돌보는 것?}

団 아이고, 우리 씨누이덜 보통 아니. 게도 난이, 나 놈광ㄱ찌 사람 아니주
기. 실게 끊엉 저기 들아매부난 나 살앗젠 헌다.{아이고, 우리 시누이들
보통 아냐. 그래도 나는, 나 남과 같은 사람 아니지. 쓸개 끊어서 저기 매
달아버리니까 나 살았다고 한다.}

■ 으{아.}

団 그거 다 겪으믄 못살아. 우리 씨누이들이 저 대통령 아니가?{그것 다 겪
으면 못살아. 우리 시누이들 저 대통령 아니냐?}

■ 아아, 씨집살이 헷구나? 그 씨어멍 엇어도?{아아, 시집살이 했군요? 그
시어머니 없어도?}

団 아이고{아이고}

■ 어떵?{어떻게?}

圖 이제 우리 큰씨누이 나보다 호나 아랜더 글나. "우리 큰아주망 닮은 사름
엇덴". 대구 흔번 아녀곡. 저 아래 오래비 각시덜코라 큰아주망ㄱ찌 살렌
헤시민 잇날 다 도망가실 거렌. 우리 씨아주방도게 가인택시덜 몬딱 허
난, 몬딱 벌어다 주는 걸로 살곡게. 우리 죽은씨아주방이 제일 잘산다.
이제 저 서문파출소, 요, 저 동데레 나가믄 내창 잇지 아녀나이?{이제 우
리 큰시누이 나보다 하나 아래인데 말한다. "우리 큰올케 같은 사람 없
다."고 대꾸 한번 않고 저 아래 오라비 각시들한테 큰올케처럼 살라고
했으면 옛날 다 도망갔을 거라고 우리 시아주버니도 개인택시들 몽땅
하니까, 몽땅 벌어다 주는 것으로 살고 우리 작은시아주버니가 가장 잘
산다. 이제 저 서문파출소, 요, 저 동으로 나가면 내 있지 않니?}

圖 예예예.{예예예.}

圖 그디 집 크게 두 개 짓엉 하난 아덜 주곡. 서 오누인디. 아덜 주곡, 지네
살고 일본 간 벌어오고 가인택시 허고 우리 죽은씨아주방이 일절 술도
안 먹곡 허난 어디 헛돈도 안 들곡. 경 뿌드뜩허게 산다. 우리 씨누이덜
이, 게난 우리 큰씨누이네 집의 잘 안 가진다. 무산고 허민 너미 차이 나
게 살아놓난이.{거기 집 크게 두 개 지어서 하나는 아들 주고 세 오누이
인데. 아들 주고, 자기네 살고 일본 가서 벌어오고 개인택시 하고 우리
작은시아주버니가 일절 술도 안 먹고 하니까 어디 헛돈도 안 들고 그렇
게 밭게 산다. 우리 시누이들이, 그러니까 우리 큰시누이네 집에 잘 안
가져. 왜냐 하면 너무 차이 나게 사니까.}

圖 아아.{아아.}

圖 어색허연. 가믄.{어색해. 가면.}

圖 아아.{아아.}

圖 어색허여. 집도 가믄 '오두룩헌' 게 기냥.{어색해. 집도 가면 '오두룩한'
것이 그냥.}

圖 막 잘살안?{막 잘살아서?}

답 으. 도남 사는디 경. 꺼면 벡돌집 허영근에 경. 우알 층 허영 그냥. 우리 큰씨누인 아덜 시 개, 똘 하나. (셋)씨누인 아덜 둘, 똘 둘. 말젯씨누인 아덜 둘. 족은씨누인 아덜 하나. 우리 족은씨누인이 남편 잘 만나놓난 막 잘 산다. 씨누이덜은 다 잘살아.{그래. 도남 사는데 그렇게. 꺼면 벽돌집 해서 그렇게. 위아래 층 해서 그냥. 우리 큰시누이는 아들 세 개, 딸 하나. (둘째)시누이는 아들 둘, 딸 둘. 셋째시누이는 아들 둘. 작은시누이는 하들 하나. 우리 작은시누이는 남편 잘 만나놓으니까 막 잘산다. 시누이들은 다 잘살아.}

문 게믄 그 씨누이덜하고 사이 안 좋덴 헐 땐 어떤 식으로 안 좋안마씨?{그러면 그 시누이들하고 사이 안 좋다고 할 때는 어떤 식으로 안 좋았었나요?}

답 아아, 우리 사이 좋곡. 나빠 보진 아년.{아아. 우리 사이 좋고 나빠 보지는 안했어.}

문 아, 그러진 안 허곡.{아, 그렇지는 안 하고}

답 원 안 헤봔. 우린.{전혀 안 해봤어. 우리는.}

문 아, 게난 막 힘들게 살아놓니까 그 소리구나.{아, 그러니까 힘들게 사니까 그 소리구나.}

답 으. 나가.{그래. 내가.}

문 에.{에.}

답 너무 차이 나게 살아놓난.{너무 차이 나게 사니까.}

문 예에. 난?{예에. 나는?}

답 가믄 나가 주저헤전게. 어섹헤여정. 영 어반당 헤여사주기이. 가믄이 이런 디가 우리 춤, 그 신 벗는 디가 이디보단 더 깨끗허영 살주기게. 게여노난 식모 돌고게, 게여노난게 어섹허연. 이제도 그, 저, 우리 씨누이가 흐루 강, 복덕방 흐루 가믄 돈 흔 포따리썩 쌍 와나ㄱ렌 헌다.{가면 내가 주저해져서. 어색해서. 이렇게 '엇비슷' 해야지. 가면 이런 데가 우리 참,

그 신 벗는 데가 여기보다는 더 깨끗하게 해서 살지. 그래놓으니까 식모 데리고 그래놓으니까 어색해서. 이제도 그, 저, 우리 시누이가 하루 가서, 복덕방 하루 가면 돈 한 보자기씩 싸서 왔었다고 말해.}

⊡ 으으.{아아.}

⊡ 게난.{그러니까.}

⊡ 부동산 헤낫구나예?{부동산 했었군요?}

⊡ 으. 막 남준, 남준 저레 앉아시렌 허곡. 우리 큰씨누이가 경. 우리 씨누이덜은 모두 경 잘난게. 잘나난에 셋씨누인 아덜 둘, 똘 둘인디 똘 두 갠 풀안에 다 서울 살고 아덜도 서울 다 사난. 이딘 서사라 집 싯고, 저 고세진이 그 아파트 헌 디 어디고? 그 어디엔 헌다마는. 인화동.{그래. 막 남자는, 남자는 저리로 앉아 있으라고 하고 우리 큰시누이가 그렇게. 우리 시누이들은 모두 그렇게 잘났어. 잘 나니까 둘째시누이는 아들 둘, 딸 둘인데 딸 두 개는 팔아서 다 서울 살고, 아들도 서울 다 사니까. 여기는 서사라 집 있고, 저 고세진 그 아파트 지은 데 어디니? 그 어디라고 한다마는 인화동.}

⊡ 아, 예. 서해아파트 {아, 예. 서해아파트.}

⊡ 그디도 집 싯고 집, 이제 번대동도 큰집 두 개 싯곡 허영헤도 몬딱 집세 들이멍 펜안히 앚앙 산다. 난 영 허멍 흐믓.{거기도 집 있고 집, 이제 번대동도 큰집 두 개 있고 해서 해도 몽땅 집세 받으면서 편안히 앉아서 산다. 나는 이렇게 하면서 사뭇.}

⊡ 게믄 제일 큰 아들이라낫수가?{그러면 제일 큰 아들이었었나요?}

⊡ 우리 집의.{우리 집에.}

⊡ 으{아.}

⊡ 으게.{그래.}

⊡ 경 허여놓니까?{그렇게 해 놓으니까.}

⊡ 고칩의 주손. 동가지 주손이라노난. 산 멩질은 멧 번허곡. 아이고, 이제

우리 큰아들 산 멩질 헴시네. 주손이라부난.{고집에 주손. 동가지 주손이
니까. 산 명절은 몇 번하고 아이고, 이제 우리 큰아들 산 명절 하고 있잖
니. 주손이니까.}

🈷 아아.{아아.}

1.6. 떡치젠 허민 불저르저

🈷 그 식게, 옛날 식게 멩질을 하영 헷뎬 허니까 그거 물어보쿠다. 식게헐
때는 어떤 식으로 헙니까? 뭐, 뭐?{그 제사, 옛날 제사 명절을 많이 했다
고 하니까 그것 여쭤보겠습니다. 제사할 때는 어떤 식으로 하나요? 무엇,
무엇?}

🈳 우리 하르방은이 사 왕은 허지 못허게 헌다.{우리 남편은 사 와서는 하
지 못하게 한다.}

🈷 건 무슨 말이우꽈?{그것은 무슨 말입니까?}

🈳 떡이라도 사당 허지 못허게.{떡이라도 사다가 하지 못하게.}

🈷 아아, 집에서 다 만들앙?{아아, 집에서 다 만들어서?}

🈳 으. 집의서 허라고 실픈 건 허지 말렌. 사 온 건 성의 아니엔 허멍.{그래.
집에서 하라고 싫은 것은 하지 말라고 사 온 것은 성의 아니라고 하면
서.}

🈷 아아.{아아.}

🈳 아이고, 경 헨 집의서 다 헤영 헷주기.{아이고, 그렇게 해서 집에서 다 해
서 했지.}

🈷 게믄 어떤 떡, 어떤 떡 만들아마씨?{그러면 어떤 떡, 어떤 떡 만들었습니
까?}

🈳 모멀떡, 모멀세미, 인절미.{메밀떡, '메밀세미', 인절미.}

문 옛날?{옛날?}

답 으. 우리 이제도 그거.{그래. 우리 이제도 그것.}

문 아, 이제도 그거 헤마씨?{아, 이제도 그것 하나요?}

문 모멀세미. 떡 이름 쭉 골아붑서? 저기 식겟날 만드는 거.{'메밀세미'. 떡 이름 쭉 말해주십시오? 저기 제삿날 만드는 것.}

답 으. 식겟날 허는 거이. 절벤, 솔벤, 침떡, 모멀세미, 인절미 허곡. 또 여름은 나믄 밀크를 흔 포썩 헹근에 것도 세미, 인절미. 저 기주, 기주 헹은에 그거 허고. 흐뭇 그거. 그거 허젠 허믄 흐뭇 불저르지게 헷저. 우리 무슨 거. 그 바나 가스 것도 두 개썩 싯저. 그 떡 치젠 허난 허여다 낫.{그래. 제삿날 하는 것. 절편, '솔편', 시루떡, '메밀세미', 인절미 하고 또 여름은 나면 밀가루 한 포씩 해서 그것도 '세미', 인절미. 저 기주, 기주 해서 그것 하고 사뭇 그것. 그것 하려고 하면 사뭇 쉴 새 없이 했지. 우리 무슨 것. 그 버너 가스 그것도 두 개씩 있어. 그 떡 찌려고 하니까 해다 놨어.}

문 아아.{아아.}

답 이제도 저디 낫 이거.{이제도 저기 놓아서 이것.}

문 옛닐은 불 솜으멍 다 찐 거 아니라예?{옛날은 불 때면서 다 찐 것 아닌가요?}

답 으. 불 솜으멍 저디 이제 도라무깡 반착짜리 끊은 것에 큰솟 헹근에 경 헤나신디 이젠 바나, 바나 두 개 허영근에 기자 여름 나믄, 팔월 멩질 나믄 이제 그것에 또 떡 처야.{그래. 불 때면서 저기 이제 드럼통 반쪽짜리 자른 것에 큰솥 해서 그렇게 했었는데 이제는 버너 두 개 해서 그저 여름 되면, 팔월 명절 되면 이제 그것에 또 떡 쪄야.}

문 아, 지, 지금도 집에서예?{아, 지, 지금도 집에서요?}

답 으. 집의서. 원 사와보지 아녓저.{그래. 집에서. 전혀 사와보지 않았지.}

문 아.{아.}

답 아, 이제 허여오는 건 침떡.{아, 이제 해 오는 것은 시루떡.}

문 으.{아.}

답 침떡은 맞촤당 헤여도.{시루떡은 맞추어다 해도.}

문 게믄 그 떡 올릴 때 뭐 뭐 올려마씨? 그 상에 올리는 게?{그러면 그 떡 올릴 때 무엇 무엇 올리나요? 그 상에 올리는 것이?}

답 상에 올릴 때?{상에 올릴 때?}

문 예.{예.}

답 침떡 아래 낭.{시루떡 아래 놓아서.}

문 예.{예.}

답 그 다음은 세미, 인절미, 절벤, 솔벤, 그 다음 송펜 경.{그 다음은 '세미', 인절미, 절편, '솔편', 그 다음 송편 그렇게.}

문 잠깐만예? 침떡 올린 우에 세미를 올리는 거라마씨?{잠깐만요? 시루떡 올린 위에 '세미'를 올리는 건가요?}

답 아니, 인절미.{아니, 인절미.}

문 아, 인절미를.{아, 인절미를.}

답 으. 인절미 올려. 그 다음 이젠 세미 올려. 그 다음 절벤, 솔변 올려.{그래. 인절미 올려. 그 다음 이제는 '세미' 올려. 그 다음 절편, '솔편' 올려.}

문 절벤부터 먼저?{절편부터 먼저?}

답 으 절벤, 솔벤 올려.{그래. 절편, '솔편' 올려.}

문 예.{예.}

답 그 다음은 고장떡 영 험으로 이젠 계란으로 지짐이.{그 다음은 '고장떡' 이렇게 함으로 이제는 계란으로 지지미.}

문 예에.{예에.}

답 그거 딱 우 씰어 경 헌다.{그것 딱 위 쓸어서 그렇게 한다.}

문 으음. 고장떡은 뭐우과?{으음. '고장떡'은 뭐우과?}

답 그 영게, 별떡, 별떡.{그 이렇게, 기름떡, 기름떡.}

문 걸 고장떡이렌 헤?{그것을 '고장떡'이라고 해?}

답 으.{그래.}

문 아아{아아.}

답 그거 꼭 헤여사. 건 헤여사 허는 거.{그것 꼭 해야. 그것은 해야 하는 것.}

문 건 지름에 영 지지는 거예? 별?{그것은 기름에 이렇게 지지는 거요? 별?}

답 으.{그래.}

문 지름에, 기름에 허는 거?{기름에, 기름에 하는 것?}

답 아, 기름에도 튀기곡, 그냥 맵쌀로 허믄 튀기지 아녕 그대로도 허곡.{아, 기름에도 튀기고, 그냥 맵쌀로 하면 튀기지 않고 그대로도 하고}

문 아, 경 헙니까?{아, 그렇게 합니까?}

답 으.{그래.}

문 옛날부터 허던 식?{옛날부터 하던 식?}

답 으게. (옛날부터) 오는 그거. 옛날부터 원 건 떨어지진 아녕 그거.{그래. (옛날부터) 오는 그것. 옛날부터 원 그것은 떨어지지는 않아서 그것.}

문 게믄 침떡은 뭘로 만들암마씨? 침떡은?{그러면 시루떡은 무엇으로 만드니요? 시루떡은?}

답 곤쌀로게.{흰쌀로.}

문 침떡을 어떤 식으로 만듭니까? 집에서 만들 때 옛날?{시루떡은 어떤 식으로 만듭니까? 집에서 만들 때 옛날?}

답 아, 집의서. 건 이젠 처 오메.{아, 집에서. 그것은 이제는 쪄 와.}

문 아, 옛날 허던 식?{아, 옛날 하던 식?}

답 아, 옛날 허는 식은 이디서 저 시리 싯주기. 시리, 시리 시난에 막 북삭 밀엉 체로 청 곤쌀ㄱ를로 허영 낭 푹 치믄 질근질근 헌다. 그축 헨.{아, 옛날 하는 식은 여기서 저 시루 있지. 시루, 시루 있으니까 막 '복삭' 밀어서 체로 쳐서 흰쌀가루로 해놓아서 푹 찌면 쫄깃쫄깃 한다. 그렇게 했어.}

문 풋도 놔?{팥도 넣어?}

답 으게. 풋 낭.{그래. 팥 넣어서.}

문 풋 낭은네?{팥 넣어서?}

답 으, 풋 낭 그축 헨.{그래, 팥 넣어서 그렇게 했어.}

문 경 헤근에 이제. 그 침떡, 침떡을 제펜이렌도 금니까?{그렇게 해서 이제.
그 시루떡. 시루떡을 '제편'이라고도 말합니까?}

답 으게. 영 이제 이만은 젱반 잇주기. 우린 이런 젱반인디 일곱 개라.{그래.
이렇게 이제 이만큼한 쟁반 있지. 우리는 이런 쟁반인데 일곱 개야.}

문 예에.{예에.}

답 게난 이런 젱반에 지물 올리곡, 또 적갈도 이런 진 것에 쿳등허게 올리곡
경 헌다.{그러니까 이런 쟁반에 제물 올리고, 또 산적도 이런 긴 것에 가
지런하게 올리고 그렇게 한다.}

문 으으, 경 허영 허믄 떡을 다섯 가지 올리는 거네예? 떡은예?{아아, 그렇
게 해서 하면 떡을 다섯 가지 올리는 거네요? 떡은요?}

답 으.{그래.}

문 또 과일 가튼 거는 어떤 거 올려마씨?{또 과일 같은 것은 어떤 것 올리
나요?}

답 과일은 유지 처음 허지이.{과일은 유자 처음 하지.}

문 예.{예.}

답 유지, 미깡, 배, 사과, 또 감헐 땐, 어떤 땐 다섯 가지.{유자, 귤, 배, 사과,
또 감할 때는, 어떤 때는 다섯 가지.}

문 으음.{아아.}

답 다섯 가지.{다섯 가지.}

문 옛날에는 댕유지 그 유지로 하영 헷지예?{옛날에는 당유자 그 유자로 많
이 했지요?}

답 으. 유지가 대중이랏주기게. 유지.{그래. 유자가 대중이었지. 유자.}

問 경 허곡 고기도 올렷잖아예? 고기는 뭐 뭐 올려? 게니까 제사상 허게 뒈면 제사상에 올라가는 거 뭐 뭐 허는 거 굴아줍서? 제사상에?{그렇게 하고 고기도 올렸잖아요? 고기는 무엇 무엇 올려? 그러니까 제사상 하게 되면 제사상에 올라가는 것 무엇 무엇 하는 것 말해주십시오? 제사상에?}

答 아이고, 올라가젠 허믄 하영 올라가지. 고기도게 소고기적, 뒈야지고기적. 이제 이딘 허난이, 바당고기. 바당에서 나는 거 막 헌다. 오징어, 문어, 상어. 이, 우리 아덜네 상어 대목 허주기. 상어, 오징어, 문어, 흔 댓 가지 허여.{아이고, 올라가려고 하면 많이 올라가지. 고기도 소고기산적, 돼지고기산적. 이제 여기는 하니까, 바닷고기. 바다에서 나는 것 마구 한다. 오징어, 문어, 상어. 이, 우리 아들네 상어 대목 하지. 상어, 오징어, 문어, 한 다섯 가지 해.}

問 아, 하영 헌다예?{아, 많이 하네요?}

答 댓 가지 허믄 이 바로 소고기적, 뒈야지고기적덜은 벨로 먹지 아년다. 그 바다 것덜만.{다섯 가지 하면 이 바로 소고기산적, 돼지고기산적들은 별로 먹지 않는다. 그 바다 것들만.}

問 바다 걸로만?{바다 것으로만?}

答 저 이녁 배에서덜 나난. 상어도 허영 낫당 허고 문어도 허영 낫당 허곡 냉동덜 허영 낫당 경 허여.{저 이녁 배에서들 나니까. 상어도 해두었다가 하고 문어도 해두었다가 하고 냉동들 해서 놔두었다가 그렇게 해.}

問 옛날에 그 제사도 허고, 제사 말고 헷던 게 아까 멩질?{옛날에 그 제사도 하고, 제사 말고 했던 것 아까 명절?}

答 멩질.{명절.}

問 멩질은 무슨 멩질, 무슨 멩질 헤마씨?{명절은 무슨 명절, 무슨 명절 하나요?}

答 팔월. 아이고, 옛날은 팔월2) 단오 한식 추석 네 번 헤세게.{팔월. 아이고,

옛날은 팔월, 단오, 한식, 추석 네 번 했어.}

밀 네 번?{네 번?}

답 으. 게난이. 단오 떨어불고 추석 저, 저, 저, 한식 떨어불고 게난 이제 팔
월 허고 정월 허는 거라.{그래. 그러니까, 단오 떨어버리고 추석 저, 저,
저, 한식 떨어버리고 그러니까 이제 팔월 하고 정월 하는 거야.}

밀 으, 멩질만?{아, 명절만?}

답 으.{그래.}

밀 게믄 멩질 허는 거는 똑ᄀ타마씨? 뭐뭐 올리는 거, 이런 거?{그러면 명절
하는 것은 똑같은가요? 무엇 무엇 올리는 거, 이런 것?}

답 으게. 꼭ᄀ타. 제사나 똑(ᄀ타).{그래. 똑 같아. 제사나 똑(같아).}

밀 제사음식은 똑ᄀ타? 그 여기엔 그 셍선도 구지 아넘니까? 바당에 거?{제
사음식은 똑같아? 그 여기에는 그 생선도 굽지 않습니까? 바다에 것?}

답 으.{그래.}

밀 주로 뭘로, 뭘로, 무슨 궤기 올려마씨? 바당궤기는?{주로 무엇으로, 무엇
으로, 무슨 고기 올리나요? 바닷고기는?}

답 셍성.{옥돔.}

밀 셍성으로?{옥돔으로?}

답 으. 셍성이 대목이주기.{그래. 옥돔이 대목이지.}

밀 영 어펀에 올림니까? 상에 영?{이렇게 엎어서 올립니까? 상에 이렇게?}

답 우리 어펑 올린다.{우리 엎어서 올린다.}

밀 여긴 어펑 올려예?{여기는 엎어서 올린다고요?}

답 어펑.{엎어서.}

밀 맨 우에 올리는 거지예?{맨 위에 올리는 것이지요?}

답 질 우에, 질 우에 올리고{젤 위에. 젤 위에 올리고}

---

2) 정월을 팔월로 잘못 구술함.

1.7. 열두 매에 무꺼야 춘말 헌다

🔲 그치룩 이제 허고 그 다음에 이제 그 사람 죽으면 장례 허잖아예?{그렇게 이제 하고 그 다음에 이제 그 사람 죽으면 장례 치르잖아요?}

🔲 으.{그래.}

🔲 그 장례 절차 쭉 굴아줍서? 이제 그 돌아가시면?{그 장례 절차 쭉 말해 주십시오? 이제 그 돌아가시면?}

🔲 돌아갈 때?{돌아갈 때?}

🔲 예.{예.}

🔲 돌아가시믄게 일포{돌아가시면 일포}

🔲 으, 게니까 맨 처음에 사람이 딱 돌아가시면 제일 처음에 허는 게 뭐라마씨?{아, 그러니까 맨 처음에 사람이 딱 돌아가시면 젤 처음에 하는 것이 무엇이어요?}

🔲 일포{예.}

🔲 아, 일포 먼저예?{아, 일포 먼저요?}

🔲 으. 아, 초수렴.{그래. 아, 수렴.}

🔲 초수렴. 그 초수렴은 언제 허는 거?{소렴. 그 소렴은 언제 하는 것?}

🔲 초수렴은 곧 죽으믄 무끄는 거 초수렴이쭈.{소렴은 곧 죽으면 묶는 게 소렴이지.}

🔲 아, 무끄는 게 초수렴이우꽈?{아, 묶는 것이 소렴입니까?}

🔲 으.{그래.}

🔲 으{아.}

🔲 초수렴.{소렴.}

🔲 초수렴?{소렴?}

🔲 초수렴 해낭, 다음엔 초수렴부터 헤낭 말쩬 이제 장의사덜 왕 그 초수렴 헌 거 클러뒁 다 옷 입지는 거. 경헹근에 이젠 질 처음 허는 건 성복제.

{소렴 해놓아서, 다음에는 소렴부터 해놓아서 나중에는 이제 장의사들 와서 그 소렴한 것 끌러두고 다 옷 입히는 것. 그렇게 해서 이제는 젤 처음 하는 것은 성복제.}

문 으, 성복제?{아, 성복제?}

답 그 다음 이젠 묻는 아시날 허는 건 일포{그 다음 이제는 묻는 전날 하는 것은 일포.}

문 예.{예.}

답 일폰딘 옛날은 묻어뒁 오민 삼우제꼬지 헤서이.{일포인데 옛날은 묻어두고 오면 삼우제까지 했어.}

문 예에.{예에.}

답 겐디 이젠 산에서 헤영 오기로 삼우젠 엇어. 산에서 제 시 번 지내여뒁 와부난. 게난 이젠 죽으믄 초상 헤나믄 이젠 야제로 허난 헤도 우린 야제로 아녕 이번 소상 막 크게 허영 헷주기마는. 경 헤 나믄, 이젠 소상 끗나믄 담제.{그런데 이제는 산에서 해서 오기 때문에 삼우제 없어. 산에서 제 세 번 지내두고 와버리니까. 그러니까 이제는 죽으면 장례 해나면 이제는 야제로 하니까 해도 우리는 야제로 안 해서 이번 소상 막 크게 해서 했지만. 그렇게 해 나면, 이제는 소상 끝나면 담제.}

문 으, 담제는?{아, 담제는?}

답 담제 넘엉.{담제 넘어서.}

문 소상 다음에 메칠 허는 게 담제우과? 메칠?{소상 다음에 며칠 하는 것이 담제입니까? 며칠?}

답 석 둘 벡 일.{석 달 백 일.}

문 아, 벡 일 만에 허는 거?{아, 백 일 만에 하는 것?}

답 으. 석 둘 벡 일. 난 소상에 흠치 축 고헤불렌 허난 우리 아덜 느시 말안. 석 둘 벡 일 뒈난에 유월 쓰무 날 뒈난 벡 일 저, 저 담제 헷주기. 담제. 또로 그 다음은 쳇식게. 경 헨 헨.{그래. 석 달 백 일. 나는 소상에 한꺼

번에 축 고해버리라고 하니까 우리 아들 도무지 말았어. 석 달 백 일 되니까 유월 스무날 되니까 백 일 저, 저 담제 했지. 담제. 따로 그 다음은 첫제사. 그렇게 해서 했어.}

문 게난 그 돌아가신 다음에 저기 일 년, 소상 돌아오기 전에도 허지 아녑니까예. 초ᄒ루허고 보름?{그러니까 그 돌아가신 다음에 저기 일 년, 소상 돌아오기 전에도 하지 않습니까? 초하루하고 보름?}

답 으.{그래.}

문 그건 뭐렌 헙니까?{그것은 무엇이라고 하나요?}

답 건 섹일.{그것은 삭일.}

문 섹일?{삭일?}

답 으. 건 우린 게난에 너 오누이난이 아덜이고 ᄯᅩᆯ이고 헐 거 엇이 ᄒᆞᆫ 사름이 싀 번썩 딱.{그래. 그것은 우리는 그러니까 네 오누이니까, 아들이고 딸이고 할 것 없이 한 사람이 세 번씩 딱.}

문 으으{아아.}

답 게난 열두 번 다 뒈연.{그러니까 열두 번 다 됐어.}

문 으{아.}

답 게난 난 아녀보고{그러니까 나는 안 해보고}

문 ᄒᆞᆫ 달에 ᄒᆞᆫ 번만 헷구나?{한 달에 한 번만 했군요?}

답 ᄒᆞᆫ 달에 ᄒᆞᆫ 번.{한 달에 한 번.}

문 옛날에는 ᄒᆞᆫ 들에 ᄒᆞᆫ 번 아니(지예)?{옛날에는 한 달에 한 번 아니(죠)?}

답 두 빈.{두 빈.}

문 두 번 헷잖아예?{두 번 했잖아요?}

답 이젠 ᄒᆞᆫ 들에 ᄒᆞᆫ 번. ᄒᆞᆫ 들에 ᄒᆞᆫ 번.{이제는 한 달에 한 번. 한 달에 한 번.}

문 게믄 그 섹일헐 때도 똑같이 식게ᄀᆞ치 꼭ᄀᆞ치 거 올라가는 건 꼭ᄀᆞ타?{그러면 그 삭일할 때도 똑같이 제사처럼 똑같이 그것 올라가는 것은 똑

같아?}

탑 식게나 마찬가지.{제사나 마찬가지.}

문 저기 성복헐 때도 똑ㄱ치?{저기 성복할 때도 똑같이?}

탑 으. ㄱ타. 지물이고 뭣이고 꼭ㄱ타.{그래. 같아. 제물이고 무엇이고 똑같아.}

문 지물은, 뭘 지물이렌 허는 거우과?{제물은, 무엇을 제물이라고 하는 겁니까?}

탑 떡게. 떡 허는 것이 지물이주기.{떡이지. 떡 하는 것이 제물이지.}

문 떡을 지물이렌 글아마씨? 게믄 떡 말고 고기나 이런, 그런 건 뭐렌 글아?{떡을 제물이라고 말합니까? 그러면 떡 말고 고기나 이런, 그런 것은 무엇이라고 말해?}

탑 것ㄱ라 무신 제찬이엔 헤냐? 뭣엔 허냐? 제찬이엔 허여, 제찬. 경 허영 허곡. 채소도 똑ㄱ트고게.{그것보고 무슨 제찬이라고 했나? 무엇이라고 하나? 제찬이라고 해, 제찬. 그렇게 해서 하고 채소도 똑같고}

문 채소는 뭐 뭐 올라갑니까?{채소는 무엇 무엇 올라갑니까?}

탑 콩ㄴ물, 고사리, 뭐 야채. 뭣 당멘, 막 그런 거 다 올라가주기. 신 가지 지물로게 다 올라.{콩나물, 고사리, 뭐 야채. 무엇 당면, 막 그런 것 다 올라가지. 있는 가지 제물로 다 올라.}

문 잇는 것들 이렇게 이제 올리고 그, 이제 사람이 돌아가시면 옷을 허지 아넘니까예?{있는 것들 이렇게 올리고 그, 이제 사람이 돌아가시면 옷을 하지 않습니까?}

탑 으.{그래.}

문 죽은 사람안테 입지는 옷 잇고, 상제들이 입는 옷이 잇지예? 죽은 사람안티 입지는 옷은 뭐렌 헤마씨?{죽은 사람한테 입히는 옷 있고, 상제들이 입는 옷이 있지요? 죽은 사람한테 입히는 옷은 무엇이라고 합니까?}

탑 호상.{수의.}

문 호상?{수의?}

답 으.{그래.}

문 호상 종류도 으라 가지 잇지예?{수의 종류도 여러 가지 있지요?}

답 으.{그래.}

문 뭐, 뭐 잇어마씨?{무엇, 무엇 있나요?}

답 멩지. 우린 멩지로 다 입젓저. 하르방.{명주. 우리는 명주로 다 입혔다. 남편.}

문 멩지로?{명주로?}

답 으.{그래.}

문 멩지도, 우리 산 사람치룩 우에옷도 잇고, 아래옷도 잇고, 뭐 이불도 잇고, 막 다 잇지 아념니까예?{명주도, 우리 산 사람처럼 윗옷도 있고, 아래옷도 있고, 무엇 이불도 있고, 막 다 있지 않나요?}

답 으게. 다 잇어.{그래. 다 있어.}

문 그 이름들 기억나는 대로 굴아줍서? 뭐, 뭐 이신지?{그 이름들 기억나는 대로 말해주십시오? 무엇, 무엇 있는지?}

답 천금, 지금. 이불ㄱ란 천금, 지금. 천금이엔 헌 건 우의 더끄는 거. 아랜 검은 거 끌고, 우의 더끄는 건 붉은 거 더끄고{천금, 지금. 이불보고는 천금, 지금. 천금이라고 한 것은 위에 덮는 것. 아래는 검은 것 깔고, 위에 덮는 것은 붉은 것 덮고}

문 아, 경 험니까? 이불도?{아, 그렇게 하나요? 이불도?}

답 으.{그래.}

문 아, 아래 거는 꺼멍헌 걸로 만들어?{아, 아래 것은 검은 것으로 만들어?}

답 우엔 벌겅헌 거.{위에는 벌건 것.}

문 예에.{예에.}

답 또 그 다음 우린 하르방 죽으난에 멩지솜 중국 간에 사단 낫단 멩지솜 헨에 관에 영 끌 안 호상 다 입전에 몬딱 매장 헌 후에 관 안티레 그거 끌

안에, 그 이젠 하르방 그 안티렌 난 그 멩지솜 알로 꼭꼭꼭꼭 누르떤에, 이젠 그 위 멩전덜 춤, 저 관 더껀 우의 멩전 더꺼불엇주기. 경 헌다.{또 그 다음 우리는 남편 죽으니까 명주솜 중국 가서 사다가 두었다가 명주솜 해서 관에 이렇게 깔아서 수의 다 입혀서 몽땅 매장 한 후에 관 안으로 그것 깔아서, 그 이제는 남편 그 안으로 놓아서 그 명주솜 아래로 꼭꼭꼭꼭 눌러서, 이제는 그 위 명정들 참, 저 관 덮어서 위에 명정 덮어버렸지. 그렇게 한다.}

문 게난, 왜냐면 이렇게 허게 뒈믄 옷을 입히지 아념니까예? 옷도 이제, 저고리는 저고리렌 굴아?{그러니까, 왜냐면 이렇게 하게 되면 옷을 입히지 않는가요? 옷도 이제, 저고리는 저고리라고 말해?}

답 으. 저고린 저고리로 우테레 입지곡게, 아래는 아래대로 입지곡게.{그래. 저고리는 저고리로 위에 입히고, 아래는 아래대로 입히고}

문 손에 허는 건 뭐마씨?{손에 하는 것은 무엇이에요?}

답 손에도 장갑.{손에도 장갑.}

문 손 장갑. 머리에 쓰는 건?{손 장갑. 머리에 쓰는 것은?}

답 머리, 머리, 건 저 무신 거고? 엄듸?{머리. 머리, 그것은 저 무슨 것이지? '엄두'?}

문 머리에 쓰는 게 엄듸?{머리에 쓰는 것이 엄두?}

답 으.{그래.}

문 그 다음에 발에 쓰는 건?{그 다음에 발에 쓰는 것은?}

답 보선.{버선.}

문 아, 보선 하곡?{아, 버선 하고?}

답 신.{신.}

문 신도 따로 허고예?{신도 따로 하고요?}

답 으게. 신도 몬딱 멘든 신.{그래. 신도 몽땅 만든 신.}

문 엄듸 한 다음에도 또 꺼멍헌 거 입히지 아념니까?{엄두 한 다음에도 또

꺼먼 거 입히지 않습니까?}

탑 어, 그건 저, 것ㄱ라 뭣엔 헤라마는. 검은호상.{아, 그것은 저, 그것보고 무엇이라고 하더라마는. '검은호상'.}

문 건 검은호상?{그것은 '검은호상'?}

탑 으, 검은호상. 건 씌와부는 거.{그래, 검은호상. 그것은 씌워버리는 것.}

문 건 씌우는 거? 거 허지예?{그것은 씌우는 것? 그것 하지요?}

탑 거 씌왕근에, 그거 씌와난 다음은 이젠 베로 영 탁 싸부러. 게믄 검은 것도 못 봐.{그것 씌워서, 그것 씌워난 다음에는 이제는 베로 이렇게 탁 싸버려. 그러면 검은 것도 못 봐.}

문 맨 마지막에? 아?{맨 마지막에? 아?}

탑 딱딱 무꺼불믄 어디 손 하나 ㄲ딱허여.{딱딱 묶어버리면 어디 손 하나 까딱해.}

문 그 다음은?{그 다음은?}

탑 관 안네 들여놓믄 그, 영 딱딱 무껏단 거 이젠 상제덜이 강 몬딱 흔 메작 흔 메작 클러. 열두 ㅁ작을 다 클러부는 거라.{관 안에 들여놓으면 그, 이렇게 딱딱 묶었던 것 이제는 상제들이 가서 몽땅 한 매듭 한 매듭 끌러. 열두 매듭을 다 끌러버리는 거야.}

문 아, 열두 매를 무끕니까?{아, 열두 매듭을 묶습니까?}

탑 으. 게난에 사름이 춤말 못허영그네 열두 매에 무꺼야 춤말 헌덴 허는 거 아이가?{그래. 그러니까 사람이 참말 못해서 열두 매듭에 묶어야 참말 한다고 하는 것 아니가?}

문 으으.{아아.}

탑 사름이 ㄱ리칠 말을 다 굴앙 못산다 허는 거라. 열두 매에 무꺼야 춤말을 헌다 허는 거주기. 사름이 잘살아점젠 거 큰소리 치지 말렌 허는 것이 그거대로 나온 말이여. 게난 그 열두 ㅁ작을 다, 그 관 안네 들여논 다음엔 다 클러분다.{사람이 가르칠 말을 다 말해서 못산다 하는 거야. 열두

매듭에 묶어야 참말을 한다 하는 것이지. 사람이 잘살아진다고 그것 큰
소리 치지 말라고 하는 것이 그것대로 나온 말이야. 그러니까 그 열두
매듭을 다, 그 관 안에 들여놓은 다음에는 다 끌러버리지.}

문 묶기 전에는?{묶기 전에는?}

답 으. 경 다 클러뒹 이젠 상제덜 무신 거, 저, 저 다라니라도 놩 허믄 이젠
관 더꺼불믄 이젠 그걸로 끗이라.{그래. 그렇게 다 끌러두고 이제는 상
제들 무슨 것, 저, 저 다라니라도 넣어서 하면 이제는 관 덮어버리면 이
제는 그것으로 끝이야.}

문 경 헹 이젠 묻엉, 묻엉 오면 거기에서 이제 제를 지내는 거예?{그렇게 해
서 이제는 묻어서, 묻어서 오면 거기에서 이제 제를 지내는 것이지요?}

답 묻엉 오민 성주풀이[3]게. 사름 죽으민 원 고향 신풀이헌덴게. 게영 어떵
허영 거 가는 거, 그거 알아보는 거주기게. 것뿐.{묻어서 오면 성주풀이.
사람 죽으면 원래 고향 신풀이한다고 그렇게 해서 어떻게 해서 그것 가
는 것, 그것 알아보는 것이지. 그것뿐.}

문 갓당 온 다음엔 이제 귀양풀이허는 거? 다 귀양풀이 헷수과?{갔다 온 다
음에는 이제 귀양풀이하는 것? 다 귀양풀이 했습니까?}

답 으.{그래.}

문 여기 이 동네 심방 잇어?{여기 이 동네 무당 있어?}

답 아이, 저 시에 간 빌어단 허연. 시에 간 빌어단 이디서 헷저. 아이고,{아
니, 저 제주시에 가서 빌려다가 했어. 제주시에 가서 빌려다가 여기서 했
지. 아이고,}

문 그거는 돌아가신 분 입는 거. 산 사람이 입는 거는?{그것은 돌아가신 분
입는 것. 산 사람이 입는 것은?}

답 상복.{상복.}

---

3) 구술자가 귀양풀이를 성주풀이로 잘못 구술함.

문 상복도 틀리지예?{상복도 다르지요?}

답 상복도게, 아덜 상제 거 틋나고 사위 거 뜨나주게.{상복도, 아들 상제 것 다르고 사위 것 다르지.}

문 기지예. 어떵 틋나마씨?{그렇죠. 어떻게 다른가요?}

답 아덜 건이, 없는 것이 웃어. 이디이 굴룬 거 든, 늘게 들리고{아들 것은, 없는 것이 없어. 여기 군 것 단, 날개 달리고}

문 예에.{예에.}

답 상둿칩의 원 상제는. 사위허곡 조케덜은. 아신. 우리 이젠 씨아주방 둘이 난 씨아주방 둘 허고 사우 둘 허고 허난 네 개. 이제 상복이 〇섯이라이. 〇섯 헌디 아덜 두 갠 이디 늘개 돋지고, 사우허곡 그 아시 입는 건 그 냥.{상가에 원래 상제는. 사위하고 조카들은. 아우는. 우리 이제는 시아 주버니 둘이니까 시아주버니 둘 하고 사위 둘 하고 하니까 네 개. 이제 상복이 여섯이지. 여섯 했는데 아들 두 개는 여기 날개 돋치고, 사위하고 그 아우 입는 것은 그냥.}

문 그냥?{그냥?}

답 ㄱ 장사만 부쪙 늘개 엇어. 것이 틀린 거.{그 '장사'만 붙여서 날개 없어. 그것이 다른 것.}

문 아, 머리에 쓰는 것도 틀리지 안 헙니까?{아, 머리에 쓰는 것도 다르지 않습니까? }

답 〇게. 머리 틀리는 것도 사운 건대가 엇고{그래. 머리 다른 것도 사위는 건대가 없고}

답 아시도 건대 엇고, 아덜허고, 아덜 성젠 건대가 셔. 사우도 건대 엇어. 그 거주기.{아우도 건대 없고, 아들하고, 아들 형제는 건대가 있어. 사위도 건대 없어. 그것이지.}

문 그거 하고 똘도?{그것 하고 딸도?}

답 똘은 건대 싯고 메느리도 건대 싯고 그거.{딸은 건대 있고 며느리도 건

대 있고 그것.}

문 건대는 이렇게 영 찍 닮은 걸로 영 허는 게 그거지예?{건대는 이렇게 이렇게 짚 같은 것으로 이렇게 하는 것이 그것이지요?}

답 거 건대.{그것 건대.}

문 경 하고 그 저기 방장대도 틀리지 안헙니까?{그렇게 하고, 그 저기 상장(喪杖)도 다르지 않습니까?}

답 방장대 어멍 죽으믄 머귀낭. 머귀낭이 그냥 고망 툭 터져 싯고 아방은 죽으믄 댓ᄆ작. 어떵 허난 댓ᄆ작 헤신곤 허난 아방은, 아덜이 어디 간 와네 "어떵 나 셍각납디겐?" 허난. "무디무디 셍각나라." 어멍은 "훈시도 잊어분 시가 엇어라." 게난 그 머귀낭에 고망이 툭 터진 거라이. 게난 머귀낭. 아방은 죽으믄 무디무디 셍각나라 허난, ᄆ작ᄆ작 셍각나라 허난 ᄆ작 그거여. {상장 어머니 죽으면 머귀나무. 머귀나무가 그냥 구멍 툭 터져 있고 아버지는 죽으면 왕대 어떻게 하니까 왕대 했는가 하니까 아버지는, 아들이 어디 가 와서 "어찌 나 생각나던가요?" 하니까 "마디마디 생각나더라." 어머니는 "한시도 잊어버린 때가 없더라." 그러니까 그 머귀나무에 구멍이 툭 터진 거야. 그러니까 머귀나무. 아버지는 죽으면 마디마디 생각나더라 하니까, 마디마디 생각나더라 하니까 마디 그거야.}

문 으으.{아아.}

답 알안디야? 이젠.{알겠느냐? 이제는.}

문 네. 게난 그것도 그 저기 ᄆ디ᄆ디 생각난덴 헨에 그 왕대를 지퍼낫잖아예?{예. 그러니까 그것도 그 저기 마디마디 생각난다고 해서 그 왕대를 짚었잖아요?}

답 으.{그래.}

문 왕대예? 왕대, 옛날 제주도에 경 왕대 하낫수과?{왕대요? 왕대, 옛날 제주도에 그렇게 왕대 많았었습니까?}

답 왕대게. 이제도 왕대 헴세게.{왕대. 이제도 왕대 하잖아.}

문 그 멧 무작짜리를?{그 몇 마디짜리를?}

답 멧 무작 허는 건 몰르고 영 키에 맞창 헴실거여게.{몇 마디 하는 것은 모르고 이렇게 키에 맞춰서 하고 있을 거야.}

문 아아.{아아.}

답 아, 그건 키, 키에 따라 헴실거여게.{아, 그것은 키, 키에 따라 하고 있을 거야.}

문 사위도 지풉니까?{사위도 짚나요?}

답 사위도 거 지픈다. 사위도 거 다. 저 사위도 그, 그냥 그는 거 지펌실 거여. 그는 거 지편.{사위도 그것 짚어. 사위도 그것 다. 저 사위도 그, 그냥 가는 것 짚고 있을 거야. 가는 것 짚어.}

문 그는 거?{가는 것?}

답 으.{그래.}

문 그 다음에, 그거는 이제 이렇게 하고 무사 그 상제들 잠자지 말라고 헤 갖고 그 상 앞에 보며는 영 찝으로 만든 뭐 잇지예? 베영도 눕곡 허는 거.{그 다음에, 그것은 이제 이렇게 하고 왜 그 상제들 잠자지 말라고 해서 그 상 앞에 보면 이렇게 짚으로 만든 뭐 있죠? 베서도 눕고 하는 것.}

답 아하, 찝덩.{아하, '짚덩'.}

문 거 이름이 뭐마씨?{그것 이름이 뭐라구요?}

답 것그라 뭣엔, 찝덩엔 헌다. 찝덩.{그것보고 무엇이라고, '짚덩'이라고 한다. '짚덩'.}

문 찝덩?{'짚덩'?}

답 으. 찝덩.{그래. '짚덩'.}

문 그거 상제덜 베영 누렌 헌 (거)?{그것 상제들 베서 누라고 한 (것)?}

답 베영 누렌 헌 것이 아니고 아, 맞아. 베영사 누렌 헌 것산디 그거 찝덩. 찝덩.{베어서 누우라고 한 것이 아니고 아, 맞아. 베어서 누우라고 한 것

인지 그것 '짚덩'. '짚덩'.}

문 아, 그거 꼭 허잖아예? 상 앞에예?{아, 그것 꼭 하잖아요? 상 앞에요?}

탑 건 꼭 이서야.{그것은 꼭 있어야.}

문 으음.{으음.}

탑 건 이서야. 찝덩.{그것은 있어야. 짚덩.}

2. 김정순의 생계 이야기

2.1. 예실곱 설 나난 바당물에서 히기 시작헷주

문 물질 헌 얘기를 이제는 헤얄 건데, 멧 살에 물질 베완마씨?{물질 한 얘기를 이제는 해야 할 것인데, 몇 살에 물질 배웠습니까?}

탑 아이고, 물질은게. 예실곱 슬 나난 히기 시작헷주기게. 보뎅이 내영게. 이 바당물에 강 히영게.{아이고, 물질은. 예닐곱 살 되니까 헤기 시작했지. 보지 내여서. 이 바닷물에 가서 헤어서.}

[사진 3]
해녀 김정순이 성게를 주물기 위하여 물에 들고 있다.

문 멧 살부터?{몇 살부터?}

답 흔, 그자이 이디 걸어뎅길 충 아난. 이제 그자, 이제 구트믄 예실곱 설 나
난 바당물에 간 히기 시작허난 이네낭이주기게.{한, 그저 여기 걸어다닐
줄 아니까. 이제 그저, 이제 같으면 예닐곱 살 되니까 바닷물에 가서 헤
기 시작하니까 지금까지지.}

문 누게가, 영 히는 거는 누게가 베와준 거?{누구가, 이렇게 헤는 거는 누구
가 배워준 거?}

답 아이고, 베와주지 아년게. 이디 강, 가믄 아이덜이영 フ찌 그냥 가믄. 애
기 업엉 강이 주작벳디 녹정 빌레에 부령 데껴뒁, 아긴 바삭바삭 지져왕
울고시고 그냥 바당물에 히당 오민 어멍안티 매 맞고 헷주기게. 아긴 더
웡 울곡게. 어떵 말고?{아이고, 배워주지 않았어. 여기 가서, 가면 아이들
이랑 같이 그냥 가면. 아기 업어서 가서 땡볕에 눕혀서 너럭바위에 부려
서 던져두고 아기는 바삭바삭 뜨거워서 울든말든. 그냥 바닷물에서 헤
다 오면 어머니한테 매 맞고 했지. 아기는 더워서 울고 어떻게 말이니?}

문 그때부터 이제까지 쭉 물질을 육십 년 넘게 허는 거 잖아예?{그때부터
이제까지 쭉 물질을 육십 년 넘게 하는 거 잖아요?}

답 아이고, 그때부터 물질허영근에 흐뭇. 미역 헤당근에 흐끔 허영 폴앙근
에 흐뭇. 에그, 옷 허영 입곡 용돈 쓰곡 헷주기. 경 허멍 살앗저.{아이고,

[사진 4]
물질을 끝내고 나온
김정순이 채취해온
'구살알'을 까고 있다.

그때부터 물질해서 사뭇. 미역 해다가 조금 해서 팔아서 사뭇. 아이고, 옷 해서 입고 용돈 쓰고 했지. 그렇게 하면서 살았지.}

문 경 헤근에 옛날에는 바당 일도 헷주마는 밧듸 일도 헷자녀과?{그렇게 해서 옛날에는 바다 일도 했지만 밭에 일도 했잖습니까?}

답 아이고, 밧듸. 게난이 우린이.{아이고, 밭에. 그러니까 우리는.}

문 그때 막 일헐 때 그 애길 골아줘 봅서? 일헐 때 애기를. 어떤 식으로 살아와신고, 그 일허멍 헌 애기를?{그때 마구 일할 때 그 이야기를 말해 보십시오? 일할 때 이야기를. 어떤 식으로 살아왔는지, 그 일하면서 한 이야기를? }

답 일 허멍이.{일 하면서.}

문 예.{예.}

답 이젠 밧듸 강근에 일허당근에 물 영 봐려봥. 물 싸가믄이, 테왁 아져갓당근에 그, 저, 바당 에염이난. 뚤덜쿠란 "야, 흔저 검질멤시라." 허여뒁 물에들엉 왕근에. 물에 들엉 왕 그거 이젠 할망신디 폴아뒁. 그거 허멍 이젠 허영 쏠도 받앙 먹고, 아이덜 훼비도 주곡 허멍 헷주기게. 그축 허멍 살앗저게. 경 허멍 틈만 보멍 어의 보멍 이건 원. 경 허믄 우리 뚤덜은 부에 난. 어멍 어디 가신고 허당 보민 물에 들레 가불고 경 허연 부에 낭 이젠. 경 허멍 살안. 아이그, 밤의 이제 우리 족은뚤 물아긴 때, 밤의 강은에 밧고량에 눅져뒁 밤의 보리 무끄곡. 둘에.{이제는 밭에 가서 일 하다가 물 이렇게 봐서. 물 써가면, 테왁 가져갔다가 그, 저, 바다 옆이니까. 딸들보고는 "야, 어서 김매고 있어라." 해두고 물에 들었다 와서. 물에 들었다가 와서 그거 이제는 할머니한테 팔아두고 그거 하면서 이제는 해서 쌀도 받아서 먹고, 아이들 회비도 주고 하면서 했지. 그렇게 하면서 살았지. 그렇게 하면서 틈만 보면서 어간 보면서 이것은 원. 그렇게 하면 우리 딸들은 부아 나서. 어머니 어디 갔는가 하다 보면 물에 들러 가버리고 그렇게 해서 부아 나서 이제는. 그렇게 하면서 살았어. 아이고,

밤에 이제 우리 작은딸 갓난아기일 때, 밤에 가서 밭고랑에 눕혀두고 밤
에 보리 묶고 달에.}

문 으으.{아아.}

답 어떵 말고? 경 허멍 살앗주기. 낮의만 일허영 살아지느냐? 그 일을 다.
경 허멍 허단 베려보난 이 정체. 나.{어떻게 말이니? 그렇게 하면서 살았
지. 낮에만 일해서 살아지는가? 그 일을 다. 그렇게 하면서 하다가 보니
까 이 정체. 나.}

문 거난 그 바당에 갈 때 어렷을 때야, 어렷을 때도 강 메역 주물앗수가?{그
러니까 그 바다에 갈 때 어렸을 때야, 어렸을 때도 가서 미역 채취했습
니까?}

답 기여게. 어려도 난 악착구치 헤엿저. 어려도 우리 셋아신 나보다 둥친
으덥 곱은 커도이 원 물질 아녕 경 허곡. 저 우리 족은아신이 바당에 강
들러먹어분데 셍전 힐 충도 모른다.{그래. 어려도 나는 악착같이 했지.
어려도 우리 둘째아우는 나보다 덩치는 여덟 곱은 커도 전혀 물질 아니
해서 그렇게 하고 저 우리 작은아우는 바다에 가서 들이먹어버린다고
셍진 헬 줄도 모른다.}

문 어, 다 이 동네서 허여도?{아, 다 이 동네서 해도?}

답 으. 저 우리 족은아시가 질 복 좋게 살암저. 아덜 늿, 뚤 성제. 몬딱 대학
교 나완 이젠 몬딱 서울덜 간 살곡. 이제 큰뚤은 이디서 저 부영아파트
살멍 외도 학교 선생이고{그래. 저 우리 작은아우가 젤 복 좋게 살고 있
다. 아들 넷, 딸 자매. 몽땅 대학교 나와서 이제는 몽땅 서울들 가서 살
고 이제 큰딸은 여기서 저 부영아파트 살면서 외도 학교 선생이고}

문 게영 그 바당에 강 헷던 그 물건들 잇자녀과예? 그걸 여깃 말로, 이 동녯
말로 골아줍서?{그렇게 해서 그 바다에 가서 했던 그 물건들 있잖아요?
그것을 여기 말로, 이 동네 말로 말해주십시오?}

답 이 동네 게메게. 점복게. 구젱이, 구젱이엔 헷저. 구젱이.{이 동네 그러게.

전복. 소라, 소라라고 했지. 소라.}

문 그 메역헐 때 그 메역철 얘기부터?{그 미역할 때 그 미역철 이야기부터?}

답 미역 허믄 막 닷 지둘랑 낫당근에, 미역 어느 날 판매헌다 허믄 정 강은에 흐뭇 층으로 떵근에 풀곡 헷주.{미역 하면 마구 닻 지질러서 놔두었다가, 미역 어느 날 판매한다 하면 져 가서 사뭇 칭으로 떠서 팔고 했지.}

문 닷 지둘럿젠 허는디 닷이 뭐우꽈?{닻 지질렀다고 하는데 닻이 무엇인가요?}

답 아, 저 큰 널짝이나이 뭣 헹근에 무거운 돌이라도 탁 지둘랑. 막 이런 거 더껑. 이런 거 더껑. 미역 우의 더껑 낫당 지둘랑 그 미역에 헤양케 시설 올르주기게.{아, 저 큰 널빤지나 무엇 해서 무거운 돌이라도 탁 지질러서. 마구 이런 것 덮어서. 이런 것 덮어서. 미역 위에 덮어서 두었다가 지질러서 그 미역에 하얗게 '시설' 오르지.}

문 예에.{예에.}

답 겨믄 헤야케 시설 잘 올르믄 아, 미역 시세 좋은 셍이어 헹은에. 그땐 미역 주장이주. 미역 허멍 돈을 벌엇주기게. 이젠 미역 아무 것도 아니라도 그땐 미역에. 미역 어느 날 해경헌다 허믄 그냥 흐뭇 이 동네 줌녀가 이 아래 헤양케델 강근에 미역허믄 풍중덜 허영. 그 미역 풍중 간 사름덜 흐뭇 져내곡 허영 오믄 널곡 난리가 나주게.{그러면 하얗게 시설 잘 오르면 아, 미역 시세 좋은 모양이다 해서, 그때는 미역 주장이지. 미역 하면서 돈을 벌었지. 이제는 미역 아무 것도 아니라도 그때는 미역에. 미역 어느 날 '해경(海警)'한다 하면 그냥 사뭇 이 동네 잠녀가 이 아래 하얗게 들 가서 미역하면 마중들 해서. 그 미역 마중 간 사람들 사뭇 져내고 해서 오면 널고 난리가 나지.}

문 그 미역 풍중헌덴 헌 말은 무슨 말이라마씨?{그 미역 '풍중한다'고 한 말

은 무슨 말인가요?}

📑 아, 풍중은게 뒤에 뒤꾼 강근에 허여줨. 거들어줘사.{아, 마중은 뒤에 뒤꾼 가서 해줘. 거들어줘야.}

📖 거들어주는 거를 풍중헌덴 헙니까?{거들어주는 것을 풍중한다고 합니까?}

📑 으, 풍중.{그래, 풍중.}

📖 뒤꾼은 바당에 간 사람 말고 여기 마중 간 사람이 뒤꾼이렌 헤?{뒤꾼은 바다에 간 사람 말고 여기 마중 간 사람이 뒤꾼이라고 해?}

📑 으. 뒤꾼, 풍중. 경.{그래. 뒤꾼, '풍중'. 그렇게.}

📖 경 헹은에 이제 하고 게믄 ᄒ루에 메역헐 때는 멧 번을 물에 들어마씨?{그렇게 해서 이제 하고 그러면 하루에 미역할 때는 몇 번을 물에 드나요?}

📑 아이고, 세 번도 들곡 네 번도 들곡이. 미역 널어뒁 들곡, 널어뒁 들곡 헌다. 경 허믄 ᄌ물아 가믄 이젠 미역 ᄒ뭇 강근에 돌에 부튼 거 믄 떼영덜, 자갈에 넌 건 떼영덜 ᄒ뭇 쌍덜 져오곡. 것에 막 메달리주기게.{아이고, 세 번도 들고 네 번도 들고 미역 널어두고 들고, 널어두고 들고 한다. 그렇게 하면 저물어 가면 이제는 미역 사뭇 가서 돌에 붙은 거 몽땅 떼서들, 자갈에 넌 것은 떼서들 사뭇 싸서들 져오고 그것에 마구 매달리지.}

📖 주로 메역은 봄에 허는 거 아니라예? 봄 나믄?{주로 미역은 봄에 하는 것 아닌가요? 봄 되면?}

📑 으. 스월 나도록.{그래. 사월 되도록.}

📖 봄 나믄 스월 나도록.{봄 되면 사월 되도록.}

📑 으. 보리, 보리 헐 때꼬지. 보리낭에덜 널곡.{그래. 보리, 보리 할 때까지. 보릿대에들 널고.}

📖 보리낭 낄 앙?{보릿대 깔아서?}

📑 보리낭 허영 널곡.{보릿대 해서 널고.}

問 그치룩 이제 메역 허고 메역 끗나머는 뭐헤마씨?{그렇게 이제 미역 하고 미역 끝나면 무엇합니까?}

答 메역 끗나믄 구젱이 주물앗주기.{미역 끝나면 소라 채취했지.}

問 구젱이?{소라?}

答 으. 구젱이 주물믄이 받아가는 사름이 잇어.{그래. 소라 채취하면 받아가는 사람이 있어.}

問 예에. 게믄 그 할망안티 폴앙?{예에. 그러면 그 할머니한테 팔아서?}

答 겨울엔 눈 팡팡 올 땐, 이젠 히솜구라 미엔 허주기. 미 주물곡.{겨울에는 눈 청청 올 때는, 이제는 해삼보고 '미'라고 하지. 해삼 채취하고}

問 미?{해삼?}

答 또 섣들 나믄 뭄 주물곡. 이젠 뭄 오염뒈부난 엇어도{또 섣달 되면 모자반 캐고 이제는 모자반 오염되어버리니까 없어도}

問 그럼 뭄도 종류가 으라 가지 아니라나서예?{그럼 모자반도 종류가 여러 가지 아니었습니까?}

答 춤뭄. 춤뭄, 먹는 뭄.{참모자반. 참모자반, 먹는 모자반.}

問 먹는 뭄은 춤뭄?{먹는 모자반은 참모자반?}

答 춤뭄.{참모자반.}

問 예에.{예에.}

答 이제 춤뭄 엇어.{이제 참모자반 없어.}

問 그치룩 허영 주물앙 푸는 것들이 그런 거?{그렇게 해서 채취해서 파는 것들이 그런 것?}

答 으.{그래.}

問 톳은 언제 헤마씨?{톳은 언제 합니까?}

答 이월 둘 나믄.{이월달 되면.}

問 뭄은?{모자반은?}

答 섣들에.{섣달에.}

문 설둘에 허고, 밧듸 허는, 검질허는 몸들은 언제 헤마씨?{섣달에 하고, 밭에 하는, 퇴비하는 모자반들은 언제 하나요?}

답 그건 이월에. 고즉몸은 칠월에.{그것은 이월에, '고즉모자반'은 칠월에.}

문 아, 것도 계절마다 다 틀리다예? 몸이라도예?{아, 그것도 계절마다 다 다르네요? 모자반이어도?}

답 고즉몸엔 헌 건 이제 보리낭에 낭 쎅이는 게 고즉몸.{'고즉모자반이라고 한 것은 이제 보릿대에 넣어서 썩히는 것이 '고즉모자반.'}

문 으으, 그 다음에 다른 몸은 이름이 어떤 거 잇어마씨?{아아, 그 다음에 다른 모자반은 이름이 어떤 것 있습니까?}

답 다른 몸은 즈물지 아녀난 내불엇주기.{다른 모자반은 캐지 않으니까 내버렸지.}

문 아, 즈물지 아녕은에. 그 다음에 바당에 강, 돌에 강은에 떼어당 먹엉 반찬허고 허영 허는 이런 것도 하잖아예?{아, 캐지 않아서. 그 다음에 바다에 가서, 돌에 가서 떼다 먹어서 반찬 하고 해서 하는 이런 것도 많잖아요?}

답 굴.{따개비.}

문 굴?{따개비요?}

[사진 5]
해안가에 살고 있는
노랑몸.

탑 베체기. 베체기엔 헌 건 납작납작헌 거.{거북손. 거북손이라고 한 것은 납작납작한 것.}

문 예에.{예에.}

탑 굴.{따개비.}

문 그 다음엔?{그 다음에는?}

탑 그 다음엔 엇다게. 무신 거 셔?{그 다음에는 없다. 무슨 것이 있어?}

문 군벗?{군부?}

탑 군벗은 무신 매 사름 먹엄샤?{군부는 무슨 매 사람 먹고 있니?}

문 아, 매 사람 건 안 먹엇수가?{아, 매 사람 그것은 안 먹었습니까?}

탑 으게.{그래.}

문 굴은 하영 먹엇수과?{따개비는 많이 먹었습니까?}

탑 굴은게 이제, 이제 막 음 앗저.{굴은 이제, 이제 마구 여물었지.}

문 아아.{아아.}

탑 이제 낭근에, 강근에 일 어슨 사름들 강근에 골겡이 가정강 뭇앙근에 허영 오랑 밥솟듸 치믄 틀막틀막 경 맛 좋주기게.{이제 나와서, 가서 일 없는 사람들 가서 호미 가져가서 마서 해 와서 밥솥에 찌면 틀막틀막 그렇게 맛 좋지.}

문 아아.{아아.}

탑 겐디 이젠 그거 먹을 거로 알암샤? 허레 감샤?{그런데 이제는 그것 먹을 것으로 알고 있니? 하러 가고 있니?}

문 게난 그 굴은, 우리가 요즘 먹는 굴 허곡 틀린 거지예?{그러니까 그 굴은, 우리가 요즘 먹는 굴 하고 다른 거지요?}

탑 아이고, 틀리곡 말곡게.{아이고, 다르고 말고}

문 아아.{아아.}

탑 자갈, 자갈. 이건 작지 신 거 껍데기. 껍데기 신 거난 손으로 뽈아 먹어사. 손으로 줴영, 손으로 줴영 먹어.{자갈, 자갈. 이것은 자갈 있는 거 껍

데기. 껍데기 있는 것이니까 손으로 빨아 먹어야. 손으로 쥐어서, 손으로
쥐어서 먹어.}

문 껍질째 밥솟디 낭 쪄마씨?{껍질째 밥솥에 넣어서 쪄요?}

답 으게. 껍데기 쪼짝쪼작헌 거 신 거난.{그래. 껍데기 우뚝우뚝한 것 있는
것이니까.}

문 으{아.}

답 그거차 허여당 뻘아 먹는 거.{그것째 해다가 빨아 먹는 것.}

문 밥솟디 낭 청은에?{밥솥에 넣어서 쪄서?}

답 응게.{응.}

문 그게 굴이고, 그 다음에 보말 종류는?{그것이 따개비이고, 그 다음에 고
둥 종류는?}

답 수두리, 굼셍이.{팽이고둥, 개울타리고둥.}

문 그 다음?{그 다음?}

답 먹보말, 문다두리 그거.{밤고둥, 눈알고둥 그것.}

문 지난 번에도 굴앗주마는 그 구젱이도 종류가 오라 개 잇지예?{지난 번에
도 말했지만 그 소라도 종류가 여러 개 있지요?}

답 훌근 건 민둥구젱이, 쌀 돋은 건 쌀구젱이, 즌 건 조쿠젱이 경헌다.{굵은
것은 '민둥소라', 살 돋은 것은 '살소라', 잔 것은 '조소라' 그렇게 한다.}

문 점복은?{전복은?}

답 점복은 즌 거 조겡이, 큰 건 줌복, 또 오분제기.{전복은 잔 것 '조갱이',
큰 것은 전복, 또 오분재기.}

문 점복도 암커허고 수커허고 틀리지 안 헙니까?{전복도 암컷하고 수컷하
고 다르지 않습니까?}

답 으게. 암컨 베짝헹도 암커엔 헌다마는 베짝헌 것이 암컷이 아니고 것도
베짝헤도 수컷도 싯곡.{그래. 암컷은 납작해도 암컷이라고 한다만 납작
한 것이 암컷이 아니고 그것도 납작해도 수컷도 있고}

問 그렇게 해서 이제 점복도 이제 종류? 밧듸 갈 때 무사 점복에 그 멜첫 이런 것도 지정 먹어봅디가?{그렇게 해서 이제 전복도 이제 종류? 밭에 갈 때 왜 전복에 그 멸치젓 이런 것도 지져서 먹어봤습니까?}

答 응.{그래.}

問 점복 껍데기에. 뭐 겁펑?{전복 껍데기에. 뭐 겁펑?}

答 응.{그래.}

問 그거에 멜첫 낭 밧듸 강 지져 먹고 헷덴?{그것에 멸치젓 넣어서 밭에 가서 지져서 먹고 했다고?}

答 응게. 거 큰 건 경 헷주기게. 좀팍만썩 헌 거. 그것에 자리젓 지젼 먹엇주기. 자리 지정 먹어.{그래. 그것 큰 것은 그렇게 했지. '좀팍'만큼씩 한 것. 그것에 자리돔젓 지져서 먹었지. 자리돔 지져서 먹어.}

問 아아, 자리젓 헌 거를?{아아, 자리돔젓 한 것을?}

答 응, 아이고{그래, 아이고}

問 게메. 다른 데 가니까 그런 거 이제.{그러게. 다른 데 가니까 그런 것 이제.}

答 응게. 겁펑이.{그래. 전복껍데기가.}

問 예에.{예에.}

答 눈 베롱베롱헌 거, 거세기로 고망 꼭꼭 막아뒹근에 것에 낭 지젼 먹어낫저게. 우리도{눈 '베롱베롱'한 것, 거시기로 구멍 꼭꼭 막아두고서 그것에 넣어서 지져서 먹었었지. 우리도}

問 경 허고 그 바당에 나는 검질덜 잇지 아녀우꽈예? 바당에 나는 풀이름 지난번에 글앗지만 그 풀이름 다시 한번 드시려봅서?{그렇게 하고 그 바다에 나는 김들 있지 않습니까? 바다에 나는 풀이름 지난번에 말했지만 그 풀이름 다시 한번 말해보십시오?}

答 풀일름 톳이영 ᄀ찌 난 건 주충. 또 그 아래 저 뭣헤난 건 소레기촐리, 나박듬북. 아이고, 일름 오죽 하. 나박듬북. 또 장ᄆᆞ. 갑씰ᄆᆞ. 고즉ᄆᆞ 그거

주게.{풀이름 톳이랑 같이 나는 것 지충. 또 그 아래 저 무엇했던 것은 '소레기촐리', '나박듬북'. 아이고, 이름 오죽 많아. '나박듬북', 또 '장모자반', '갑씰모자반', '고즉모자반' 그것이지.}

문 국 헤 먹는 건? 뒌장국 끌령 먹는 것도 잇지 아녀우과?{국 해서 먹는 것은? 된장국 끓여서 먹는 것도 있지 않습니까?}

답 거 춤몸게.{그것 참모자반.}

문 메역새?{미역쇠?}

답 아아, 넘피.{아아, '넓패'.}

문 넘피도 잇고 미역새도 잇수가? 메역새도 잇수가?{넓패도 있고 미역쇠도 있습니까? 미역쇠도 있습니까?}

답 으. 넘핀 뜬난 거.{그래. 넓패는 다른 것.}

문 넘피도 먹는 거예?{넓패도 먹는 거지요?}

답 으, 넘피가 보깡뒁근에 뒌장 낭 국 끌리믄 맛 좋는 거.{그래, 넓패가 볶아 두고 된장 넣어서 국 끓이면 맛 좋은 것.}

문 메역새는 어떵 먹는 거라?{미역쇠는 어떻게 먹는 거야?}

답 미역센 미역ㄱ찌 영 허울허울헌 거고{미역쇠는 미역처럼 이렇게 '허울 허울'한 것이고}

문 예에.{예에.}

답 넘핀 까릿까릿허영근에 술이 흐끔 두꺼와.{넓패는 '까릿까릿해서' 살이 조금 두터워.}

문 소살로 고기도 쏘아뽠마씨?{작살로 고기도 쐈습니까?}

답 으. 옛날은 아고, 소살로 헹 저. 아이고, 물에 요 도근내 강 보믄 붉바리도 터럭이 북삭허게 돋앙 벌겅케 나왕. 이젠 무사 붉바리 하나 구경헤지느니? 고즉몸 트멍에 우럭도 톡톡 앚곡 헤선게.{그래. 옛날은 아이고, 작살로 해서 저. 아이고, 물에 요 도근내 가서 보면 붉바리도 터럭이 빽빽이 돋아서 벌겋게 나와서. 이제는 왜 붉바리 하나 구경해지니? '고즉모자

반 틈에 우럭도 톡톡 앉고 했었는데.}

圄 경 헹은에 또 바당에 나는 저 궤기 이름들 굴아봅서?{그렇게 해서 또 바다에 나는 저 고기 이름들 말해보십시오?}

圉 궤기 일름 다 알아지느냐? 예펜이.{고기 이름 다 알아지는가? 여자가.}

圄 알아지는 거만?{알아지는 것만?}

圉 알아지는 거게, 우리 이디서 알아지는 건게 붉바리, 웽이, 우럭, 볼락 거주기. 이 줌녀덜 잘 쏘는 거 우럭, 웽이, 붉바리, 볼락 그거.{알아지는 것, 우리 여기서 알아지는 것은 붉바리, 혹돔, 우럭, 볼락 그것이지. 이 잠녀들 잘 쏘는 것 우럭, 혹돔, 붉바리, 볼락 그것.}

圄 여기도 자리도 하고 멜도 하나신가?{여기도 자리돔도 많고 멸치도 많았는가?}

圉 ᄋ. 하나신디 이젠 안 해 와.{그래. 많았었는데 이제는 안 해 와.}

圄 옛날에는 자리 거리레도 갑니까?{옛날에는 자리돔 뜨러도 갑니까?}

圉 ᄋ, 테우로.{그래, 떼배로.}

圄 테우로?{떼배로?}

圉 테우로 가낫저. 옛날 가신디 이젠 테우도 웃고 사름덜도 웃고{떼배로 갔었지. 옛날 갔는데 이제는 떼배도 없고 사람들도 없고}

圄 그 테우에 자리 거리젠 허믄 뭐 이런 그물 그건 뭐렌 헤마씨?{그 떼배에 자리돔 뜨려고 하면 뭐 이런 그물 그것은 무엇이라고 합니까?}

圉 사둘.{사둘.}

圄 사둘이고, 멜 거리는 건 또 틀린 거지예? 여기도 멜도 하영 이서난?{사둘이고, 멸치 뜨는 것은 또 다른 것이지요? 여기도 멸치도 많이 있었나요?}

圉 멜, 멜 허는 건 후리. 후리친가 무신 거엔 허연. 멜은 사둘로 못허주기.{멸치, 멸치 하는 것은 후리. 후리치긴가 무슨 것이라고 했어. 멸치는 사둘로 못하지.}

2.2. 허벅으로 물 주멍 검질메엇지

☐ 그 저기 뭐냐? 농사, 농사는 어떤 농사덜 지어나난마씨?{그 저기 뭐야? 농사, 농사는 어떤 농사들 지었었습니까?}

☐ 보리, 조, 콩 그거주기게. 보리, 콩이 대목이주게.{보리, 조, 콩 그것이지. 보리, 콩이 대목이지.}

☐ 여기서는?{여기서는?}

☐ 농사엔 헌 건.{농사라고 한 것은.}

☐ 옛날 그 보리 갈 때?{옛날 그 보리 갈 때?}

☐ 걸름 낭.{거름 넣어서.}

☐ 어떤 식으로 갈아수과? 보리 갈젠 허믄 겨울이니까 힘들어나실 거 아니예?{어떤 식으로 갈았었습니까? 보리 갈려고 하면 겨울이니까 힘들었을 것 아닙니까?}

☐ 에이고, 걸름 막 허영 낫당 흐믓 놉 빌엉 사름 으나믄썩 허영 지게로 져 날랑. 멕 허영 밧듸 강 끌 앙 보리 갈젠 허믄 뿌렁. 걸름 유이믄 밧 벵작도 안 줘나서. 걸름 놔야.{아이고, 거름 마구 해서 두었다가 사뭇 놉 빌려서 사람 여남은썩 해서 지게로 져 날라서. 멱서리 해서 밭에 가서 깔아서 보리 갈려고 하면 뿌려서. 거름 없으면 밭 병작도 안 줬었어. 거름 넣어야.}

☐ 걸름 놔아예? 게난 그 농사질 때 촐 비레도 가곡 헷덴 허지 아녓마씨?{거름 넣어요? 그러니까 그 농사지을 때 꼴 베러도 가고 했다고 하지 않았습니까?}

☐ 팔월 나믄 촐 비곡.{팔월 되면 꼴 베고}

☐ 겨니까 농사 지엇던 거 그 계절별로 봄부터 허영은에 겨울까지 어떤 일 헷던 거를예 쭉 굴아줍서?{그러니까 농사 지었던 것 그 계절별로 봄부터 해서 겨울까지 어떤 일 했던 것을 쭉 말해주십시오?}

답 팔월 낭 촐 비어뒁 이젠 フ실 나믄 조 허영, 콩 허영 다 들어놔뒁 보리 갈아. 경 헷주기게.{팔월 되어서 꼴 베어두고 이제는 가을 되면 조 해서, 콩 해서 다 들여두고 보리 갈아. 그렇게 했지.}

문 게난 그 보리 갈 때도 이제야 기계로 확 헤불믄 헷주마는 옛날은?{그러니까 그 보리 갈 때도 이제야 기계로 확 해버리면 했지만 옛날은?}

답 아이고, 그땐.{아이고, 그때는.}

문 옛날 허는 거?{옛날 하는 것?}

답 옛날은게 보리 갈앙 보리 비게 뒈믄 사름 손 빌엉근에, 사름 흐뭇 으나믄 썩 저 쓰무나믄썩. 난 송넹이 놉덜 빌엉 허영. 난 아무 제도 떡 잘허난. 떡 허영근에 저런 질구덕으로 하나 허영 밧두둑에 강 내불믄 보리 비는 사름덜 멍에질에 오믄 옾 둥이에덜 하나 냥근에 먹으멍덜 보리 비곡. 아이고, 이제도 저 송넹이 사름덜 골아. 아이구, 떡 잘허여낫젠.{옛날은 보리 갈아서 보리 베게 되면 사람 손 빌려서, 사람 사뭇 여남은썩 저 스무 남은썩. 나는 '용흥리' 놉들 빌려서 해서. 나는 아무 때도 떡 잘하니까 떡 해서 저런 '질구덕'으로 하나 해서 밭둑에 가서 내버리면 보리 베는 사람들 밭머리에 오면 옆구리에 하나 넣어서 먹으면서들 보리 베고 아이고, 이제도 저 '용흥리' 사람들 말해. 아이고, 떡 잘했었다고.}

문 게믄 그땐 무슨 떡을 허여 가는 거라마씨?{그러면 그때는 무슨 떡을 해 가는 거예요?}

답 빵. 나 춤, 빵 잘헷저. 저 밀フ르빵.{빵. 나 참, 빵 잘했다. 저 밀가루빵.}

문 밀フ르빵. 그 밀フ르빵도 이름 이서낫수가? 아까 저기 제사헐 때는 그 밀フ르도 뭐?{밀가루빵. 그 밀가루빵도 이름 있었습니까? 아까 저기 제사할 때는 그 밀가루도 뭐?}

답 으게. 그치록. 요디 우리 동네, 요 석호 각씬 다른 디 보리 비레 가켄 허당 "아이고, 나 보리 비어줍서?" 허믄 "아이고, 정순이네 거 가젠. 나 떡 빌어당 아기 주젠, 아기 주젠." 허멍 헹 와불민 흐뭇 나신디레 흐뭇 놈

잘헹 처멕연 허난 그 밧디만 감젠 허멍 경 헤나서.{그래. 그렇게. 여기 우리 동네, 요 석호 각시는 다른 데 보리 베러 가겠다고 하다가 "아이고, 나 보리 베어 주십시오?" 하면 "아이고, 정순이네 것 가려고 나 떡 빌려다가 아기 주려고, 아기 주려고" 하면서 와버리면 사뭇 나한테 사뭇 놈 잘해서 처먹어서 하니까 그 밭에만 간다고 하면서 그렇게 했었어.}

⬛문 으, 보리 빌 때 그치룩 허고{아, 보리 벨 때 그렇게 하고}

⬛답 으, 보리 빌 때. 아이고, 잘허영 안 주믄 빌지 못허여. 놉.{아, 보리 벨 때. 아이고, 잘해서 안 주면 빌리지 못해. 놉.}

⬛문 경 허곡 그 다음에 보리 끗나며는 무슨 농사지어마씨?{그렇게 하고 그 다음에 보리 끝나면 무슨 농사지었습니까?}

⬛답 보리 끗마믄게 콩 갈고, 조 허곡게. 이제 막 검질덜 맬 거주게. 조컴질덜. 이제 애씨게 헴저. 매날.{보리 끝나면 콩 갈고, 조 하고 이제 마구 김들 맬 거지. 조의 김들. 이제 애쓰게 하고 있어. 만날.}

⬛문 콩은 무슨 콩 갈앗수가?{콩은 무슨 콩 갈았습니까?}

⬛답 메주콩덜게.{장콩들.}

⬛문 요즘 콩나물콩 허염잖아예?{요즘 '콩나물콩' 하고 있지요?}

⬛답 으게.{그래.}

⬛문 옛날에는?{옛날에는?}

⬛답 '준자리'여, 무신 이젠 일름 벨 이름 나난 '준자리'여, 무신 '벡철'이여, '나이롱콩'이여 뭣헤도 이젠.{'준자리'다, 무슨 이제는 별 이름 나니까 '준자리'다, 무슨 '백철'이다, '나일론콩'이다 무엇해도 이제는.}

⬛문 그 다음에 콩 헌 다음에 조 허잖아예? 옛날에 조 컴질메젠 허면 완전 힘든덴 허멍마씨?{그 다음에 콩 한 다음에 조 하잖아요? 옛날에 조 김매려고 하면 완전 힘들다고 하면서요?}

⬛답 조 검질 이제 막 맬 거. 이제 앞으로 아이고, 조 컴질메젠 허믄 흐뭇.{조 김 이제 마구 맬 거. 이제 앞으로 아이고, 조 김매려고 하면 사뭇.}

문 게난 힘들엇던 얘기를 굴아줘. 힘들엇던 애기를?{그러니까 힘들었던 이야기를 말해줘. 힘들었던 이야기를?}

답 에구, 굴앙 몰른다게. 힘든 말은게.{아이고, 말해서 모른다. 힘든 말은.}

문 게난 몰라도 굴아 봐마씨? 어떵 힘들어신가 들어보게?{그러니까 몰라도 말해 봐요? 어떻게 힘들었는지 들어보게?}

답 게, 여름에 앚앙 막 땅 쎄믄이 물허벅으로 져당 물 주멍 그 메어 가는디 영영 물 지치멍 메어서. 우리 알밧, 저 우리 사지 안 헌 때 길홍이 각씨 벌 땐 하도 쎄난 자귀로 메어낫저. 자귀로 조팟듸 자귀로.{그래, 여름에 앉아서 마구 땅 단단하면 '물허벅'으로 져다가 물 주면서 그 매 가는데 이렇게 이렇게 물 뿌리면서 맸어. 우리 아래밭, 저 우리 사지 아니 한 때 길홍이 각시 벌 때는 매우 세니까 자귀로 맸었다. 자귀로 조밭에 자귀로.}

문 자귀로, 검질을 자귀로 메마씨?{자귀로, 김을 자귀로 매나요?}

답 으게. 굴겡이 땅에 안 들어가난.{그래. 호미 땅에 안 들어가니까.}

문 으으, 게난 그런 말을, 그런 재미진 말을 굴아줘마씨? 그때 헷던 말을?{아아, 그러니까 그런 말을, 그런 재미있는 말을 말해주십시오? 그때 했던 말을?}

답 거 다 굴앙 뭣허느니게?{그것 다 말해서 무엇하니?}

문 아게, 그거 조사허는 거 아니우꽈?{아 그러니, 그것 조사하는 것 아닙니까?}

답 에에, 거 다 안 굴아도 다 안다.{아아, 그것 다 안 말해도 다 안다.}

문 몰라마씨. 알아도 기록헤야 뒈니까 다 굴아줘야 뒈마씨. 게영은에 조 여기는 감저는 안 싱거낫수가?{몰라요 알아도 기록해야 되니까 다 말해줘야 돼요 그렇게 해서 조 여기서는 고구마는 안 심었었습니까?}

답 무사 감저 안 싱거? 아이고, 감저가 주장이랏주기.{왜 고구마 안 심나? 아이고, 고구마가 주장이었지.}

問 감저는 싱그젠 허면 메도 놓고 하영 헤야힐 거 아니라예?{고구마는 심으려고 하면 모도 놓고 많이 해야할 것 아닌가요?}

答 아이고, 감저 싱그젠 허믄 ㅇ나믄썩 빌엉.{아이고, 고구마 심으려고 하면 여남은씩 빌려서.}

問 게난 감저 싱그젠 허민 메 놓을 때부터 헤갓고 쭉 한번 굴아줍서?{그러니까 고구마 심으려고 하면 모 놓을 때부터 해서 쭉 한번 말해주십시오?}

答 메 놓을 때. 이월 나믄 메 낭. 이젠 보리 끗낭근에 이젠 뭣허믄, 비 와나믄 그거 줄 키왓당 갈앙 ᄒᆞ뭇 놉 멧 개썩 빌엉 싱겅. ᄀᆞ실 나믄 이젠 그 줄 다 비어 낭. 이젠 파믄 공장에 이젠 또 시꺼가야 뒐 거 아니? 그축 허연 살앗주기게.{모종 놓을 때. 이월 되면 모 놓아서. 이제는 보리 끝나서 이제는 무엇하면, 비 와나면 그것 줄 키웠다가 갈아서 사뭇 놉 몇 개씩 빌려서 심어서. 가을 되면 이제는 그 줄 다 베 놓아서. 이제 파면 공장에 이제는 실어가야 될 것 아니? 그렇게 해서 살았지.}

問 아까 감저 장시도 헷던 헷잖아예?{아까 고구마 장사도 했다고 했잖아요?}

答 ㅇ. 감저 경 허영근에 공장에 시꺼당 폴앙. 경 아녀민 옛날엔 기계로 썰엉 촐왓디 강 널엉. 비 오라가믄 글겡이로 막 글겅. 이젠 먼지차 올 거 아니가? 새영 ᄒᆞ뭇 검질 오믄 이젠 하늬 불문, 감저 어느 날 바찐다 허믄 ᄇᆞ름에 막 불렁. 겡 이젠 멧 가망이썩 헹은에 강 푸는 거라.{그래. 고구마 그렇게 해서 공장에 실어다가 팔아서. 그렇게 않으면 옛날에는 기계로 썰어서 꼴밭에 가서 널어서. 비 와가면 갈퀴로 마구 긁어. 이제는 먼지째 올 것 아니니? 따랑 사뭇 검불 오면 이제는 하늬 불면, 고구마 어느 날 바친다 하면 바람에 마구 불려서. 그래서 이제는 몇 가마니씩 해서 가서 파는 거야.}

問 그 감저 헌 거를 그 밧듸 너는 게 아니라 촐왓디 강은에 널어마씨?{그 고구마 한 것을 그 밭에 너는 게 아니라 꼴밭에 가서 널어요?}

답 ᄋ게. 출왓디 널엉.{그래. 꼴밭에 널어서.}

문 아아.{아아.}

답 아이고, 그 작산 거를 출왓디 널어사주기 어디 강 너느니?{아이고, 그 많은 것을 꼴밭에 널어야지 어디 가서 널겠니?}

문 그런 감저는 언제까지 저기 헨마씨?{그런 고구마는 언제까지 저기 했나요?}

답 싱그는 거?{심는 것?}

문 예.{예.}

답 아이, 싱그게 돼믄게 메칠에 다 싱거불주게. 언제ᄁᆞ지가 시냐?{아니, 심게 되면 며칠에 다 심어버리지. 언제까지가 있니?}

문 아니, 아니. 언제까지 그 감저 농사를 지엇수가?{아니, 아니. 언제까지 그 고구마 농사를 지었습니까?}

답 아, 우리?{아, 우리?}

문 예. 요즘은 안 허잖아예?{예. 요즘은 안 하잖아요?}

답 아, 요즘은 아녀주마는 이 웨정시대 끗날 때ᄁᆞ지. 아, 웨정시대 끗난 후에. 웨정시대 끗나고 저, 이 주정공장 헐 때ᄁᆞ지.{아, 요즘은 안 하지만 이 왜정시대 끝날 때까지. 아, 왜정시대 끝난 후에. 왜정시대 끝나고 저, 이 주정공장 할 때까지.}

문 주정공장? 여기 주정공장 이서낫수가?{주정공장? 여기 주정공장 있었습니까?}

답 그 술 멘드는 공장?{그 술 만드는 공장?}

문 예.{예.}

답 그거 헐 때ᄁᆞ진 허연. 우리.{그것 할 때까지는 했어. 우리.}

문 그것도 하영 헌 거구나예? 게믄 돈 뒈는 곡석은 보리하고 조허고?{그것도 많이 한 것이군요? 그러면 돈 되는 곡식은 보리하고 조하고?}

답 감저.{고구마.}

問 감저허고 그거구나예?{고구마하고 그것이군요?}

答 감저가 대목이랏주기. 감저. 존 경 받아가지 아녀고{고구마가 대목이었지. 고구마. 조는 그렇게 받아가지 않고}

問 예.{예.}

答 감저는 이제 그 일반 계통이 뒈니까. 이제 요새 저 보리 풀듯 그치룩 허연 푸난게 그것이 대목이랏주기.{고구마는 이제 그 일반 계통이 되니까. 이제 요새 저 보리 팔듯 그렇게 해서 파니까 그것이 대목이었지.}

3. 조사된 어휘

해녀 관련 조사어는 해녀의 명칭, 해녀들의 물질 공간과 방법, 조류의 흐름과 세기, 해녀복, 해녀 도구, 채취물, 바다밭 이름, 관련 민속, 해산물 관련 음식, 기타 물질 행위와 관련한 어휘 등에 대해서 상세하게 조사하였다. 구술 자료를 포함시켜 생생한 어휘 조사가 될 수 있도록 하였다.

조사 어휘 가운데는 감성돔을 뜻하는 '물토새기', 색깔이 붉은 해삼을 가리키는 '대죽미', 해녀들이 머리에 썼던 광목으로 만든 모자 '히오리'처럼 『표준국어대사전』 등 사전에 올라 있지 않은 어휘도 부지기수다. 또 하나의 물건을 두고 지역에 따라서 이름을 달리 부르는 경우도 많았다. 제주의 명물 옥돔을 '오토미, 오테미, 솅성, 솔나니, 솔래기' 등으로 부르고, 눈알고동도 '문다드리, 문다닥지. 씬데기, 문데기, 돌포말, 남뎅이보말' 등 다양한 이름이 나타나 조사의 중요성을 확인할 수 있었다.

3.1. 해녀 명칭

해녀[4]는 바다에서 물질하는 여성을 말한다. 달리 '줌수'와 '줌녀', '줌네', '잠수', '잠녀' 등 부르는 이름이 지역과 사람에 따라서 가지가지다. 기량에 따라서도 이름이 다양하게 나타난다. 기량이 뛰어난 해녀를 가리켜 '상군', '상줌수', '상줌녀'라고 부르고, 기량이 중간쯤 되는 해녀는 '중줌수', '중군', '중해녀', '중줌녀', 기량이 떨어지는 해녀를 '하군', '하줌수', '하줌녀'라 부른다. 기량이 아주 떨어지는 해녀를 가리켜서는 '돌파레', '돌파리잠수'라고 칭하고, 처음 물질을 배운 잠수는 '새줌수', '애기줌수'라고 한다.

상군 가운데서도 기량이 아주 뛰어난 해녀를 가리켜서는 '대상군'이라는 이름을 붙였으며, 배운 지 얼마 되지 않은 아이들이라도 물질을 잘하면 '애기상군'이라는 호칭을 붙여 칭찬을 아끼지 않았다. 그런가 하면 먼 바다로 물질을 나가지 않고, '곳바당' 즉 가까운 조간대에서만 해산물을 캐는 해녀는 '곳줌수'라 부른다. 같은 배를 타고 함께 물질하러 어장으로 나간 해녀는 '호벳잠수'라고 한다.

[사진 7]
가문동 해녀들이 물에 들고 있다. 해녀도 기량에 따라 상군, 중군, 하군, 돌파레 등으로 구분해 부른다.

---

4) 조사자는 개인적으로 '해녀'라는 명칭 대신 '잠녀'로 쓰고 있으나 조사 과제명이 '해녀 관련어'여서 해녀로 쓴다.

이처럼 해녀는 기량에 따라, 지역에 따라, 부르는 사람에 따라 그 이름이 다양하다.

3.1.1. 해녀

바다에서 물질하는 여성을 일컫는 일반적인 용어다. 예전에는 지역에 따라서 줌수, 줌네'로 부르다가 차차 '잠수, 잠녀, 해녀'로 혼용해 부르고 있다. 제주도 등 행정기관의 통계자료에서조차 잠수와 해녀를 혼용해 사용하고 있다.

3.1.2. 대상군

대상군은 물질 기량이 아주 뛰어난 해녀를 말한다.

3.1.3. 상군

상군은 물질 기량이 뛰어난 해녀를 말한다. 지역에 따라서 상군 대신 '상줌수, 상줌네'라고 하기도 한다.

3.1.4. 중군

중군은 기량이 중간 쯤 되는 해녀를 말한다. 지역에 따라서 '중줌수, 중

해녀, 중줌네' 등으로 부른다.

3.1.5. 하군

하군은 기량이 떨어지는 해녀를 말한다. 지역과 부르는 사람에 따라서 '하줌수, 하줌네'라고도 한다.

3.1.6. 돌파리잠수

'돌파리잠수'는 기량이 아주 떨어지는 해녀를 말한다. 지역과 부르는 사람에 따라서 잠수라는 글자를 빼고 '돌프레'라고도 한다.

3.1.7. 애기상군

'애기상군'은 물질을 배운 지 얼마 되지 않은 아이들 가운데 기량이 뛰어난 해녀를 말한다.

3.1.8. ᄀᆞᆺ줌수

'ᄀᆞᆺ줌수'는 가까운 조간대에서만 해산물을 캐는 해녀를 말한다. 'ᄀᆞᆺ'은 '가[邊]'의 제주어이고, 줌수는 해녀를 가리키기 때문에 기량이 떨어져 주로 바닷가 근처에서 물질하는 해녀를 말한다.

3.1.9. 혼벳잠수

'혼벳잠수'는 같은 배를 타고 함께 물질하러 어장으로 나간 해녀를 말한다. '혼 베'는 '한 배', 잠수는 해녀의 다른 말로 같은 배에 동아리를 이루어 물질 가는 해녀를 '혼벳잠수'라고 한다.

3.2. 마중꾼

미역 양식을 하지 않았을 때 제주 바다는 해녀들의 황금바다였다. 금채기가 끝난 3월 보름이면 제주 바다에서는 미역을 채취하기 위한 해녀들과 그 가족들로 인산인해를 이루었다. 이때가 되면 해녀들은 하루 몇 차례씩 바다를 드나들며 미역을 채취했다. 그렇게 채취한 미역은 해녀들이 뭍으로 져 나르기가 버거웠다. 그래서 해녀들이 채취한 미역을 뭍으로 나르기 위하여 가족이나 이웃들이 바다로 나간다. 이를 제주에서는 '마중하다', '풍중하다'라고 한다. '마중꾼'은 즉, 해녀가 채취한 미역이나 우뭇가사리, 톳 등을 뭍으로 져 나르기 위해 마중하는 사람들을 말한다. '풍중꾼', 또는 '뒤꾼'이라고도 한다.

3.3. 바다밭

바다는 해녀들의 또 다른 밭이다. 그 밭을 해녀들은 '갯것듸', '갯것이', '개ㅈ듸'라고 부른다. 수심이 깊은 바다를 '지픈바당'이라 하고, 육지에서 멀리 떨어진 바다를 '먼바당', 또는 '웃밧'이라 부른다. 해녀들은 '먼바당'을 상군이나 대상군이 물질하는 바다로 인식하고 있다. '중군'이 물질하는 바다를 '중바당', '중간바당'이라 부르고, 하군이나 'ᄌᆞ줌수'가 물질하는 바다를 '알밧'이라 하였다. 개흙이 있는 바다를 '펄바당', 모래가 많은 바다를 '몰래바당' 또는 '모살밧·몰래판'이라 불렀다. 바다 환경에 따라서 '엉덕'이나 '지미', '굴헝지'라는 이름도 붙었다. 또 해산물에 따라서 '해숨밧', '톳밧(톨밧)', '몸바당', '고지기왓'이라는 이름도 붙었다.

3.3.1. 엉덕

'엉덕'은 바닷가나 바다 속의 큰 바위의 비탈진 곳을 말한다. 엉덕에는 해초는 물론 전복과 소라, 바닷고기 등 해산물이 풍부하다.

> "엉덕은 이거 엿등이면은 굴헝지가 잇지 아녀? 게믄 이것보고 엉덕이렌 허여. 옛날에 이런 엉덕에 가믄 점복도 잇곡 춤, 고기도 잇지마는 지금은 고기도 없어지고 점복도 없어지고 경 뒈연."{'엉덕'은 이것 여의 등이면 구릉이 있지 않은가? 그러면 이것보고 언덕이라고 해. 옛날에 이런 '엉덕'에 가면 전복도 있고 참, 고기도 있지만 지금은 고기도 없어지고 전복도 없어지고 그렇게 됐어.}
>
> —하도리 해녀 김일선 증언.

3.3.2. 지미와 굴헝지

'지미'와 '굴헝지'는 바다 속 바위가 있는 곳의 구렁진 데를 말한다. 바다 속 깊은 곳이다.

> "바당 속에 굴헝진 디를 지미엔 허주. 지미는 막 지퍼."{바다 속에 구릉진 곳을 지미라고 하지. 지미는 막 깊어.}
>
> —하도리 해녀 김일선 증언.

"바당에도게 엿동산도 잇곡게, 몰래판도 잇고 또 굴형지도 잇고 여도 크면은 큰여, 족은 건 족은여, 막끗듸 이시민 막여. 일름들이 다 잇어."{바다에도 엿동산이 있고, 모래판도 있고, 구릉지도 있고 여도 크면 '큰여', 작은 것은 '족은여' 마지막 끝에 있으면 '막여'. 이름들이 다 있어.}

—하도리 해녀 김일선 증언.

3.3.3. 히슴밧

'히슴밧은 해삼이 많이 나는 바다 이름을 말한다. '히슴'은 해삼의 제주어로, 달리 '미'라고도 부른다. '밧은 '밭의 제주어인데, 합성어에서는 '왓, 팟 등으로 실현되기도 한다.

3.3.4. 톳밧/톨밧

'돗밧과 '톨밧'은 톳이 많이 나는 바다 이름을 말한다. 제주에서는 톳을 '톳' 또는 '톨'이라 부른다. '밧은 밭의 제주어이다.

3.3.5. 몸바당

'몸바당은 모자반이 많이 나는 바다 이름이다. '몸'을 지역에 따라서 '몰망이라고도 하는데 표준어 모자반에 해당한다. '바당'은 바다의 제주어이다.

3.3.6. 고지기왓

'고지기왓'은 듬북의 일종인 '고지기'가 많이 나는 바다 이름이다. 지역과 부르는 사람에 따라서 '고지기'를 '고즉몸', 'ᄀ직몸', '고지기듬북', '고제기'라고 한다. '고지기'는 식용하지 않고 주로 밭의 거름으로 사용하였는데, 음력 칠월경에 채취한다.

3.4. 해녀 김일선의 바다밭

김일선은 제주시 구좌읍 하도리 섯동네 해녀이다. 이 마을 해녀들은 대개 '큰여', '족은여', '막여', '물천여', '조각여', '상콧', '진빌레', '한개창', '코지', '머흘', '머흘팟', '옷벗는여' 등지에서 물질을 한다.

3.4.1. 큰여

'큰여'는 제주시 구좌읍 하도리 섯동네 바다에 위치한 여 이름으로, 여가 크다는 데서 붙여진 이름이다.

3.4.2. 족은여

'족은여'는 제주시 구좌읍 하도리 섯동네 바다에 위치한 여 이름으로 여가 작다는 데서 붙여진 이름이다. '족은'은 '작은'의 제주어이다.

3.4.3. 물천여

'물천여'는 제주시 구좌읍 하도리 섯동네 바다에 위치한 여 이름으로, 물이 써나 미나 항상 물 속에 잠겨 있는 바위이다. 제보자 김일선은 물이 항상 차 있는 데서 붙여진 이름으로 판단하고 있다. 즉 '물이 차있는 여'라는 것이다.

3.4.4. 조각여

'조각여'는 제주시 구좌읍 하도리 섯동네 바다에 위치한 여 이름으로, 그 의미는 정확하지 않겠다.

3.4.5. 상콧

'상콧'은 제주시 구좌읍 하도리 섯동네 바다에 위치해 있는 곳 이름이다. '상콧'의 '콧'은 곳의 제주어이다. 제주에서는 곳을 '콧, 코지' 등으로 부른다. 쭉 벋은 곳이라는 데서 붙여진 바다 이름이다.

3.4.6. 진빌레

제주시 구좌읍 하도리 바다에 위치해 있는 바닷가 너럭바위를 말한다. 바닷가 너럭바위가 기다랗다는 데서 붙여진 이름으로, '진+빌레'의 구조로 이루어진 어휘다. '진'은 '긴', '빌레'는 '너럭바위'를 뜻하는 제주어이다.

3.4.7. 한개창

한개창은 '한+개창'의 구조로 이루어진 어휘로, 구좌읍 하도리 섯동네의 포구를 말한다. '한'은 크다는 의미이고, '개창'은 포구의 제주어이다. '개창'을 '성창', '개', '개맛듸'라고도 한다. '개'는 포구 또는 바다를 뜻하는 제주어이다.

3.4.8. 코지

제주시 구좌읍 하도리에 있는 곳이름이다. '코지'는 곶을 뜻하는 제주어이다.

3.4.9. 머흘과 머흘팟

'머흘'과 '머흘팟'은 바닷 속에 돌무더기가 넓게 깔려 있는 곳이다. '머흘'은 자갈이 많이 깔려 있는 돌바닥을 의미하는 제주어이고, '팟'은 '밭'을 의미하는 '밧'의 이형태이다.

3.4.10. 옷벗는여

'옷벗는여'에 대한 정확한 의미는 모르나, '옷을 벗는 여'라는 뜻에서 해녀들이 물질할 때 그곳에서 옷을 갈아입고 갔다는 데서 유래한 것 같다.

"옷벗는여는 안네 섬이, 뚠 섬이 잇어서 그디 톨7튼 거 허레 갈 때는 거기서 옷 벗엉 들어가부니까 옛날 할망덜 여기는 옷벗는여다."{"'옷벗는여'는 안에 섬이, 다른 섬이 있어서 거기 톳같은 거 하러 갈 때는 거기서 옷 벗어서 들어가버리니까 옛날 할머니들 여기는 옷벗는여다."}

―하도리 김일선 증언.

3.5. 쉼터

3.5.1. 불턱과 탈의장

'불턱'과 탈의장은 해녀들만의 공간이다. 이곳에서 해녀들은 세상 살아가는 이야기를 했으며, 바다 일은 물론 집안의 대소사를 의논하기도 했다. 지금은 마을마다 현대식 탈의장이 말끔하게 지어져 있지만, 예전에는 돌을 둘러싸서 '불턱'이라고 이름하였다. 불턱은 '해녀들이 작업복인 물옷으로 갈아입거나 물질하다 뭍으로 나와 언 몸을 녹이기 위해 불을 쬐면서 쉬는 곳으로, 돌로 둘러쌓아 만든 시설물'이다 돌을 둘러싸지 않고 바닷가에서 불을 지펴 언몸을 녹였던 곳을 지역에 따라서는 '봉덕'이라고도 한다.

[사진 8]
불턱 : 불턱은 물질 갔던 해녀들이 몸을 녹이고 쉬는 공간이다.
1. 물수건 2. 족쉐눈 3. 물적삼 4. 소중이 5. 뚜데기(제주해녀박물관에서 촬영).

3.6. 물질 행위와 방법

해녀들이 바다에 해산물을 캐러 가는 것을 '물에 들다'라고 한다. '물에 들어' 해산물을 따거나 채취하는 작업을 '물질'이라고 한다. 반대로 작업을 끝내고 바다에서 나오는 것을 '나다'라고 한다. 그런가 하면 소라나 전복 등 바다에서 해녀들이 캐내는 바다 식물과 동물을 일컬어 '물건'이라고 한다. 이처럼 해녀들이 바다에서 물질하면서 생산해낸 어휘도 무궁무진하다.

가령, 해산물을 보호하기 위하여 일정 기간 바다 것의 채취를 금하는 것을 '금채'라 하고, 그러한 시기를 '금채기'라 한다. 반대로 '합의된 날짜에 그 금지를 풀고 해산물을 캐기 시작하는 일'을 '허채' 또는 '대ᄌᆞ문', '해경'이라고 한다.

'숨비다', 'ᄌᆞ물다', '무레질', '트다', '바릇 잡다', '쟁역허다', '몃다', '돌 일리다', '그치다', '헛물에(헛물, 헛무레)', '벳물질', '초용', '전중살다', '난바르', '숨바쁘다', '숨비소리', '메역 ᄌᆞ물다', '메역 부찌다', '전복 트다', '바르 트다' 등도 다 해녀사회에서 만들어낸 노다지 같은 어휘들이다.

2.6.1. 숨비다

'숨비다'는 '해산물을 따거나 캐기 위해 숨을 죽이고 물 속으로 들어가다'는 뜻이다.

3.6.2. 무레질

'무레질'은 해녀들이 바다 속에 들어가서 해산물을 따는 행위를 일컫는 말이다.

3.6.3. ᄌᆞ물다

‘ᄌᆞ물다’는 해녀들이 바닷 속에 들어가 미역이나 소라 따위를 베거나 캐는 일을 말한다. 채취물에 따라 ‘천초 ᄌᆞ물다’, ‘우미 ᄌᆞ물다’, ‘메역 ᄌᆞ물다’, ‘고동(소라) ᄌᆞ물다’, ‘미 ᄌᆞ물다’처럼 활용된다.

3.6.4. 트다

‘트다’는 전복이나 오분자기, 군부처럼 돌에 붙어 있는 것을 떼어내다는 뜻이다. ‘트다’는 ‘떼다’의 제주어로, ‘전복 트다’, ‘오분작 트다’, ‘바르 트다’, ‘군벗 트다’ 등으로 실현된다.

3.6.5. 메다

‘메다’는 톳이나 우뭇가사리, 파래 따위 해초를 바다 바위 등에서 캐내는 행위를 말한다. ‘메다’ 대신 ‘ᄌᆞ물다’라고도 하는데, 바다 바위에서 해산물을 채취하는 것을 ‘메다’라고 한다면, ‘ᄌᆞ물다’는 해녀들이 물 속에서 해산물을 캐어 올릴 때 쓰는 어휘이다.

3.6.6. 바릇 잡다

'바릇 잡다'는 바닷가에서 고둥이나 게 따위를 잡는 것을 말한다. 바닷가 조간대에서 고둥을 잡기 위해서 돌을 뒤집는 것을 '돌 일리다'라고 말한다. '바르'는 바다를 뜻하기도 하고 바다에서 잡아올리는 해산물을 총칭하는 어휘이기도 하다. 오분자기의 별칭으로 쓰이기도 한다. '잡다'는 표준어 '잡다'에 해당한다. '일리다'는 돌을 뒤집다는 뜻이다.

3.6.7. 뭇다

'뭇다'는 돌에 붙어 있는 따개비와 굴 따위의 알맹이를 꺼내기 위해서 돌 따위로 부수다는 뜻이다. '뭇다'는 표준어 '마다'에 대응하는 제주어이다.

3.6.8. 헛물에

'헛물에'는 바다 속에 들어가 해삼, 전복, 소라 따위를 잡는 일을 말한다. 헛물에는 지역과 부르는 사람에 따라 '헛물' 또는 '헛무레'라 하기도 한다.

3.6.9. 뱃물질

'뱃물질'은 배를 타고 나가서 하는 물질을 말한다. 한 배를 타고 가서 물질하는 해녀 동아리를 '혼뱃줌수'라고 한다. 해녀들이 '뱃물질'을 나갈 때 노를 저으며 부르는 노래를 가리켜서는 '네 젓는 소리'라 한다.

3.6.10. 초용과 전중살다

제주 해녀들은 제주 이외 타 지역으로 물질을 나갔다. 이렇게 다른 지역으로 나가는 물질을 '바깥물질'이라 하고, 처음 나가는 바깥물질을 가리켜 '초용'이라고 한다. '전중살다'는 해녀들이 육지부로 물질 나갔다가 빌린 돈을 다 갚을 때까지 돌아오지 못하고 그곳에 살면서 물질할 때 쓰는 말이다.

3.6.11. 난바르

'난바르'는 선상에서 해녀동아리와 함께 먹고 자면서, 자기가 사는 곳이 아니라 다른 섬에 가서 물질할 때 쓰는 말이다. '바르'는 바다의 제주어이다.

3.6.12. 숨 바쁘다와 숨비소리

해녀들이 물질을 하기 위해 바닷속에 들어가서 숨이 찰 때는 '숨 바쁘다'라 한다. 즉 물속에서 '숨이 가빠서 숨을 쉬기가 어려울 때'를 '숨 바쁘다'라고 표현한다. '해산물을 따거나 캐기 위해 숨을 죽이고 물 속으로 들어가는 것'을 '숨비다', 바닷속에서 해산물을 캐고 나온 해녀들이 물 위에서 내뱉는 숨소리를 '숨비소리'라고 한다.

3.6.13. 메역 부찌다

'메역 부찌다'는 날미역을 말리기 위하여 조짚이나 보릿짚, 바위 위에 너는 행위를 말한다. 이 때 길이가 짧은 미역은 서로 포개면서 붙여서 생긴 용어가 '미역 부찌다'이다. '메역'은 표준어 미역에 대응하는 제주어이다. '메역 부찌다'는 부르는 사람과 지역에 따라서는 '메역 부치다'라고도 한다.

3.7. 조류의 흐름과 세기

해녀들이 물질할 때 가장 중요하게 여기는 것은 조류의 흐름과 세기이다. 물이 들고 나는 것에 따라 물질을 할 것인지 조간대에서 '바릇잡이'를 할 것인지 결정해야 하기 때문이다. 조류의 흐름, 즉 무수기와 조류의 세기 '미세기'를 잘 알아야 한다. 조류의 흐름인 무수기와 관련된 어휘로는 '싼물', '든물', '물들다'(들다) '물싸다'(싸다), '물때', '물찌' 등이 있다.

또 미세기는 '물때'는 가리키는 말이다. '물때'는 보름 단위로 한 달에 두 번 반복된다. 지역에 따라서 물때를 세는 기준이나 이름이 약간씩 차이를 보이나 대체적으로 비슷하다. '흔물'(한무날)은 무수기로 볼 때 음력 10일과 24일경을 말하고, '두물'은 음력 11일과 26일의 미세기를 말한다. 물때는 보통 '흔물'부터 '열너물'까지 세는데, 지역에 따라서는 '조금', '초조금', '장조금', '한조금', '아끈조금', '웨살' 따위의 이름을 무날에 따로 붙이기도 한다.

3.7.1. 싼물과 물싸다

‘싼물’은 바닷물이 밀려 나가서 해면이 낮아지는 현상을 말하는데, 그러한 현상을 ‘물싸다’ 또는 ‘싸다’라고 말한다. ‘싼물’은 표준어 ‘썰물’에 대응하고, ‘물싸다’는 ‘물써다’, ‘싸다’는 ‘써다’는 뜻의 제주어이다.

3.7.2. 든물과 물들다

‘든물’은 조수의 간만으로 해면이 상승하는 현상을 말하고 그러한 현상을 ‘물들다’라고 표현한다. ‘든물’은 표준어 ‘밀물’에 해당하고, ‘물들다’는 표준어 ‘물밀다’에 대응하는 제주어다.

3.7.3. 물때와 물찌

물때는 아침저녁으로 밀물과 썰물이 들어오고 나가고 하는 때를 말한다. 이런 물때의 변화는 15일 단위로 되풀이되는데 그 조수의 주기를 ‘물찌’라고 한다. ‘물찌’는 ‘무수기’에 해당하는 제주어이다. ‘물찌’는 지역에 따라 조류의 세기로 표현하는 사람도 있다. 즉 ‘물 흐름이 센 때를 일컫는 말로써 너무날, 다섯무날, 여섯무날 정도를 말한다. 그러나 제주에서 ‘물찌’라고 말할 때는 보통 ‘한물, 두물, 서물, 너물’ 하는 무수기를 뜻하는 경우가 많다.

3.7.4. 흔물

한무날을 말한다. 조수 간만의 차를 헤아려 볼 때에 음력 9, 10일과 24, 25일의 미세기이다.

3.7.5. 두물

두무날을 말한다. 조수 간만의 차를 헤아려 볼 때에 음력 11일과 26일의 미세기이다.

3.7.6. 서물

서무날을 말한다. 조수 간만의 차를 헤아려 볼 때에 음력 12일과 27일의 미세기이다.

3.7.7. 너물

너무날을 말한다. 조수 간만의 차를 헤아려 볼 때에 음력 13일과 28일의 미세기이다.

3.7.8. 다섯물

다섯무날을 말한다. 조수 간만의 차를 헤아려 볼 때에 음력 14일과 29일의 미세기이다.

3.7.9. ᄋᆞ섯물

여섯무날을 말한다. 음력 15일과 30일의 미세기이다.

3.7.10. 일곱물

일곱무날을 말한다. 조수 간만의 차를 헤아려 볼 때에 음력 1일과 16일의 미세기이다.

3.7.11. ᄋᆞ덥물

여덟무날을 말한다. 조수 간만의 차를 헤아려 볼 때에 음력 2일과 17일의 미세기이다. 'ᄋᆞ덥'은 여덟의 제주어이다.

3.7.12.아옵물

아홉무날을 말한다. 조수 간만의 차를 헤아려 볼 때에 음력 3일과 18일의 미세기이다. 아홉의 제주어는 '아옵', '아홉'으로 실현된다.

3.7.13. 열물

열무날을 말한다. 조수 간만의 차를 헤아려 볼 때에 음력 4일과 19일의 미세기이다.

3.7.14. 열훈물

열한무날을 말한다. 조수 간만의 차를 헤아려 볼 때에 음력 5일과 20일의 미세기이다. '열훈물'의 '훈'은 하나를 뜻하는 '한'의 제주어이다.

3.7.15. 열두물

열두무날을 말한다. 조수 간만의 차를 헤아려 볼 때에 음력 6일과 21일의 미세기이다.

3.7.16. 열서물

열서무날을 말한다. 조수 간만의 차를 헤아려 볼 때에 음력 7일과 22일의 미세기이다.

3.7.17. 열너물

열너무날을 말한다. 조수 간만의 차를 헤아려 볼 때에 음력 8일과 23일의 미세기이다.

3.7.18. 조금

조금은 조수(潮水)가 가장 낮은 때를 이르는 말이다. 대개 매월 음력 7, 8일과 22, 23일을 말한다. ‘조기’. ‘쮀기’라고도 한다.

3.7.19. 아끈조금

‘아끈조금’은 ‘아끈쮀기’라고도 부르는데 표준어 아츠조금에 해당한다. 음력 7, 22일경의 무수기이다. ‘아끈’은 ‘작은, 버금’의 뜻을 나타내는 말이다. 제주에는 다랑쉬오름이라고 있는데, 인근의 작은 오름을 ‘아끈다랑쉬’라 한다.

3.7.20. 한조금

무날을 셀 때 음력으로 여드레와 스무사흘을 이르는 말이다. 밀물이 가장 적게 들어오는 때다. 열너무날을 한조금이라고도 한다.

3.7.21. 초조금

무수기의 초기에 드는 조금이다. 한무날, 두무날, 서무날 때를 말한다.

3.7.22. 장조금

무수기의 후기에 드는 조금이다. 열무날, 열한무날, 열두무날 때의 막물과 아츠조금, 한조금 때의 무수기를 말한다.

3.7.23. 물찌

물찌는 물 흐름이 센 때를 일컫는 말이다. 보통 너무날, 다섯무날, 여섯무날 때의 무수기를 일컫는다.

3.7.24. 웨살

‘웨살’은 밀물과 썰물의 차이가 심한 데서 일어나는 세찬 물살을 말한다. 주로 일곱무날, 여덟무날, 아홉무날 때의 무수기를 말한다.

3.7.25. 막물

‘막물’은 무수기 가운데 끝에 드는 열무날, 열한무날, 열두무날을 통틀어서 일컫는다.

구좌읍 하도리의 물때는 〈표2〉처럼 구분한다.

〈표 2〉 구좌읍 하도리 물때   (제보자 : 김일선)

물때	무수기	날 짜	
혼물	한무날	9일, 24일	조금
두물	두무날	10일, 25일	
서물	서무날	11일, 26일	
너물	너무날	12일, 27일	물찌
다섯물	다섯무날	13일, 28일	
여섯물	여섯무날	14일, 29일	
일곱물	일곱무날	1일, 15일	웨살
여덟물	여덟무날	2일, 16일	
아홉물	아홉무날	3일, 17일	
열물	열무날	4일, 18일	막물, 장조금
열한물	열한무날	5일, 19일	
열두물	열두무날	6일, 20일	
열서물	열서무날	7일, 21일	아끈조금
열너물	열너무날	8일, 22일	한조금

3.8. 해녀복

해녀복은 해녀들이 물질을 할 때 입는 옷이다. 지금과 같은 고무옷이 나온 것은 1970년대 이후다. 고무옷이 나오기 전까지는 '물옷', '소중기', '소중이', '속곳', '물속곳'이라 부르는 물옷을 입고 머리에 '물수건'(수건)을 쓰고 물질을 하였다. '미녕'(무명)이나 광목으로 만든 물옷은 시대의 흐름에 따라서 '속곳' 위에 '물적삼'을 껴입게 하였고, '물수건' 대신 '까부리', '히오리모자'를 쓰기도 하였다. 하얀 '물옷'은 쉬 더러워지기 때문에 '검정

물'을 들여 입기도 하였다. 고무옷이 나오면서 천으로 된 물옷은 사진 자료나 박물관에서만 볼 수 있는 유물이 되었다. 고무옷은 따로 '잠수복'이라 부르기도 한다.

3.8.1. 물옷

'물옷'은 물질을 할 때 입는 옷이다. 무명천으로 만든 물옷은 지금은 사라진 유물이다. 생존을 위해 목숨 걸고 물질하던 해녀들은 천으로 된 '속곳' 한 장만 입고 겨울철에도 바다에서 해산물을 따야 했다. 천으로 된 물옷은 지역과 부르는 사람에 따라서 '속곳', '소중이', '소중기', '소징이' 등으로 불린다. 물옷의 부분 명칭을 보자.

1) 허리

허리는 천으로 된 물옷인 '소중이'의 상의 부문을 말한다. '미친' 아래 네모난 부분이다.

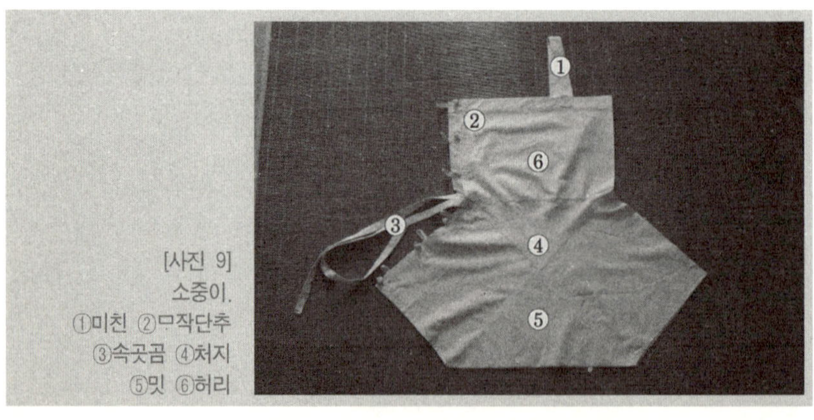

[사진 9]
소중이.
①미친 ②ㅁ작단추
③속곳곰 ④처지
⑤밋 ⑥허리

2) 바대

바대는 홑적삼이나 고의 따위의 잘 해지는 곳에 안으로 덧대는 헝겊 조각이다. 물옷에는 '밑'과 단추 다는 곳 등 잘 헤지는 곳에 바대를 대었다.

3) 미친

'미친'은 광목으로 만든 '속곳'의 왼쪽 어깨에 단 끈이다. 이를 두고 지역에 따라서는 '매친', '매큰' 이라고 부른다.

4) 밋

'밋'은 속곳의 밑 부분이다. 처지와 밑은 두 겹으로 만들었다.

5) 속곳곰

'속곳곰'은 물옷인 '속곳'의 오른쪽 허리에 달린 고름이다. '곰'은 표준어 '고름'에 대응하는 제주어 이름이다.

6) 목고대기

'목고대기'는 '적삼'의 목 뒷분분을 말한다.

7) 소미

'소미'는 소매의 제주어이다. '속곳'을 입고 물질을 했던 해녀들은 추위에 견디는 방법으로 '물사쓰' 또는 '물적삼'이라고 부르는 저고리 비슷한 물옷을 만들어 속곳 위에 덧입어 물질을 하였다. 여기에서의 '소미'는 물적삼의 소매를 말한다.

8) ᄆ작단추·벌ᄆ작·둘마기

'속곳'은 왼쪽 허리와 다리 부분
이 터져 있다. 그 터진 부분을 'ᄆ
작단추' 또는 '벌ᄆ작'·'둘마기'라
불리는 매듭단추가 담당한다. 해
녀들은 일이 없을 때 매듭단추를
많이 만들어 두었다고 한다. 지역
에 따라 'ᄆ작단추'와 '벌ᄆ작'을
'둘메기'·'둘마기'라 부른다.

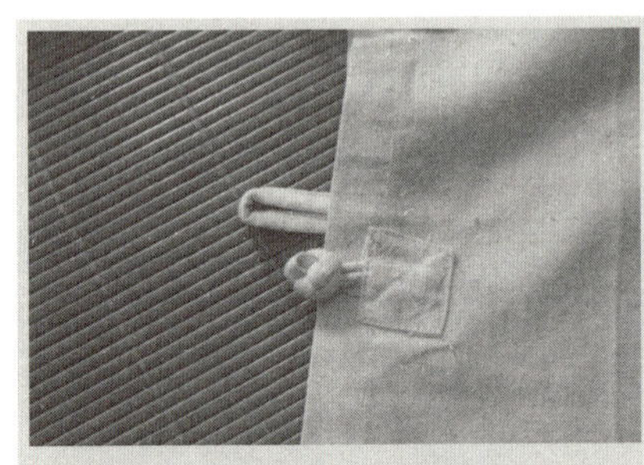

[사진 10]
ᄆ작단추와 단추구멍. 모작단추를 연결하는
곳에 덧댄 헝겊 조각은 단추바대라고 한다.

3.8.2. 물옷의 보조용품

1) 물수건

'물수건'은 해녀들이 물질을 할 때 머리에 썼던, 광목이나 '미녕'(무명)으
로 만든 수건이다. '물수건' 또는 '수건'이라 부른다.

[사진 11] 물수건

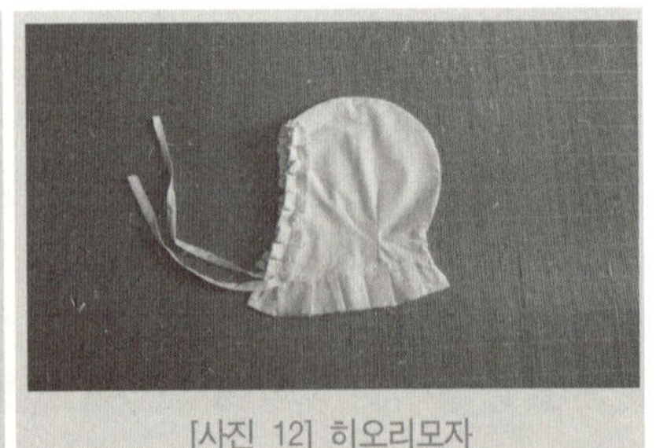

[사진 12] 히오리모자

2) 히오리모자, 풍뎅이모자, 까부리

해녀들이 물수건 대신 물질할 때 썼던 광목으로 만든 모자를 말한다. 지역에 따라 '히오리모자', '풍뎅이모자', '까부리'라고 하는데 정확한 어원은 알 수 없다. 모자 끝에 '프릴'처럼 달린 장식은 '수세' 또는 '수세미'라고 한다.

3) 뚜데기(뜨데기)

'뚜데기'는 해녀들이 바다에서 물질하고 나와 '불턱'에서 언 몸을 녹일 때 어깨에 둘러쓰는 포대기로, 누벼서 만든다. 아기를 업을 때 사용하는 '뚜데기'에 긴 끈이 달려있다면 해녀들이 보온용으로 썼던 '뚜데기'에는 짧은 끈이 달렸을 뿐이다. 부르는 사람에 따라서 [뜨데기]라 발음하기도 한다.

3.8.3. 고무옷과 보조용품

1) 고무옷

고무옷은 1970년대 이후에 나온 물옷으로 '잠수복'이라고 부른다. 고무옷이 나오면서 제주 해녀들은 겨울철에도 긴 시간 바다에서 물질을 할 수 있게 되었다.

[사진 13] 고무옷

2) 모자와 오리발

'모자'는 해녀들이 물질할 때 머리에 쓰는 모자이다. 고무옷이 나오기 전까지 해녀들은 머리를 보호하기 위하여 물수건을 썼다. 물수건 이후에 는 히오리모자를 만들어 쓰고 물질을 했다. 고무옷이 나오면서는 '히오리 모자' 대신 고무 모자를 쓰고 물질을 하고 있다. 오리발은 고무로 만들어 진 물갈퀴로서, 오리발을 신으면 한결 헤엄치기가 쉬워진다.

3) 연철

'연철'은 해녀들이 고무옷을 입어 물질할 때 물 속에 들어가기 쉽도록 하는 허리에 차는 납덩이를 말한다. 사람과 지역에 따라서 '뽕돌'(봉돌)이라 고 부르기도 하는데, 고무옷을 입은 위에 찬다. 나이 든 사람일수록 무거 운 '봉돌'을 허리에 차야 물 속으로 쉽게 들어갈 수 있다.

[사진 14] 고무모자

[사진 15] 오리발

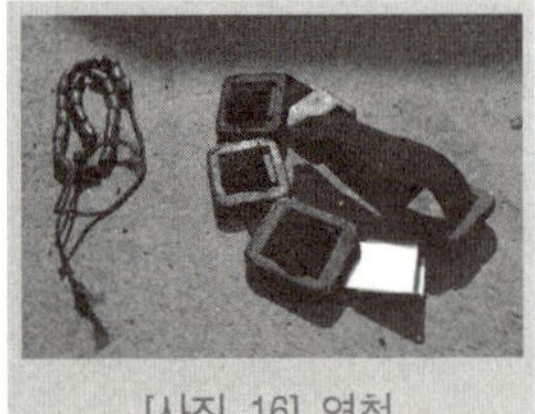
[사진 16] 연철

4) 눈

'눈'은 해녀들이 물질할 때 눈에 쓰는 물안경이다. '눈'은 크기에 따라서 '큰눈'과 '족은눈'으로 나누는데, 큰눈은 '대봔' 또는 '왕눈'이라 부른다. '족 은눈'은 '족쉐눈', '종짓눈'이라고 한다. 눈의 둘레의 재료에 따라서 '쒜눈' 과 '고무눈'으로 나누기도 한다. 고무눈은 큰눈, 쒜눈은 보통 작은 눈을 말한다. '종짓눈'은 눈알 모양이 종지와 같이 작다는데서 붙여진 이름으로 판단된다. '눈'이 제작되는 지역명을 따서 '궤눈' 또는 '엄젱이 눈'이라고 한 다. '궤눈'은 '궤(구다읍 한동리의 옛지명)'에서 생산한 '눈', '엄젱이 눈'은 애월읍 구엄리와 심엄리를 가리키는 '엄젱이'에서 생산한 '눈'이라는 뜻이다. '눈'을 보관하는 상자는 '눈갑'이라 하고, '눈'에 핀 기름때는 '개지름'이라 하는데, 이 '개지름'은 '속'(쑥)이나 담뱃재 따위로 닦으면 잘 닦인다고 한다. 해녀들이 물질하러 갈 때 물안경 속에 쑥 등을 담고 가는 것을 심심찮게 볼 수 있는데, 이는 물질하러 바닷물 속에 들어가기 직전에 물안경을 닦기 위한 것이다.

[사진 17] 고무눈

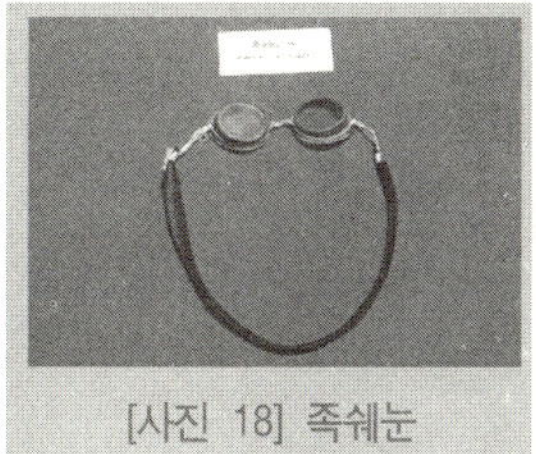
[사진 18] 족쉐눈

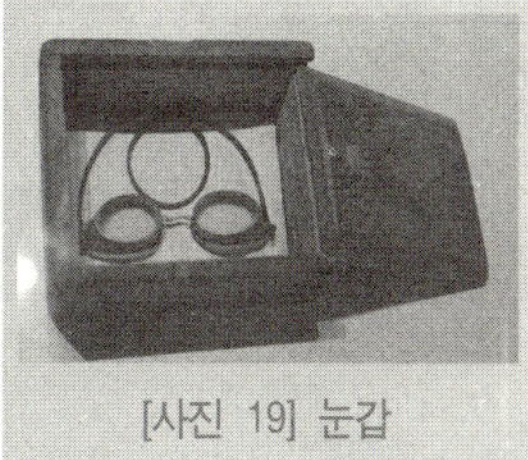
[사진 19] 눈갑

5) 귀마개

  '귀마개'는 해녀들이 물질할 때 귀에 물이 들어가지 않게 막는 귀마개이다. 예전에는 '청'(꿀)의 찌꺼기인 '밀'을 끓여서 만들었는데, 지금은 고무찰흙으로 만들어 사용한다. 껌을 씹어서 단물을 뺀 것을 사용하기도 한다. 귀마개를 넣는 주머니는 '귀마개 주멩기'(귀마개 주머니)라 부른다.

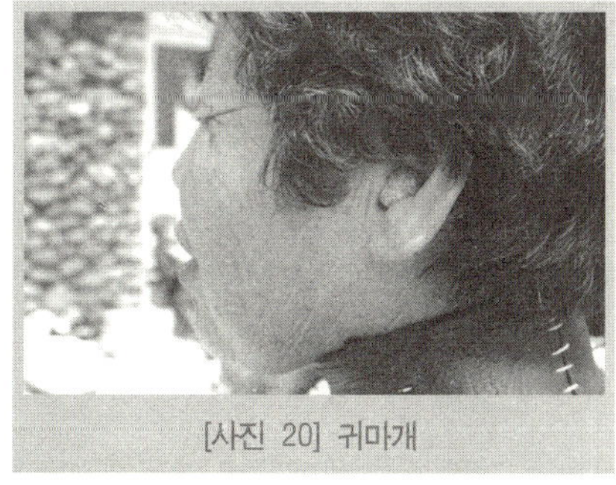
[사진 20] 귀마개

3.9. 물질 도구

3.9.1. 테왁과 망사리와 조락

'테왁'과 '망사리'는 해녀들이 물질할 때 없어서는 안 되는 도구이다. '테왁'은 해녀들이 작업할 때 바다에 가지고 가서 타는 물건이며, '망사리'는 해녀들이 채취한 물건을 담는 도구이다.

1) 테왁

'테왁'은 '쿡'을 파서 만들다가 요즘은 스티로폼으로 만들어 쓴다. '테왁'도 '두렁박', '두름박', '쿡테왁', '테왁박세기', '버국테왁' 따위의 이름으로 불린다. '쿡'은 표준어 '박'에 대응하는 제주어이다. '버국테왁'은 스티로폼으로 만든 '테왁'을 말한다. '테왁'과 '망사리'를 연결하는 둥그런 나무는 '에움' 또는 '어움'이라 불리는데, '에움'·'어움'은 '둘레'를 뜻하는 고어 '어음'의 이형태이다. '어움'은 '드레줄', 즉 다래나무로 만드는데 요즘은 플라스틱으로 만들어 쓴다. '테왁'을 얽는 줄은 '녹대' 또는 '관재'라고 부른다.

[사진 21] 테왁과 망사리. ① 스티로폼으로 된 '버국테왁', ② 전복을 따는 비창, ③ 에움, ④ 소라나 전복을 따는 까꾸리, ⑤ 오분자기를 담는 조락, ⑥ 소라나 우뭇가사리 등 채취물을 담는 망사리

2) 망사리

 '망사리'는 해산물을 채취에 넣는 그물망이다. '망시리', '망아리', '홍사리', '홍아리' 등의 이름으로 불리는데 해녀들이 채취한 물건에 따라, 크기와 모양을 달리해 만들어 사용했다. 억새의 속잎인 '미'를 꼬아 만든 망사리를 '미망사리'라 부르고, '찍(짚)'을 엮어서 만든 망사리는 '찍망사리', 나일론 줄로 만든 망사리는 '나일롱망사리'라 부른다.

[사진 21-1]
큭테왁과 미망시리

3) 조락

 '조락은 오분자기와 같이 작은 해산물을 넣기 위해 만든 작은 '망사리'다. '조락', '조레기' 등으로 불린다. 서귀포시 호근동에서는 작은바구니를 '조레기'라 부르는데, 어린 아이들이 해산물을 캐러 가거나 들에 나물 캐러 다닐 때 들고 다녔다고 한다.

3.9.2. 비창과 호미와 호멩이

1) 비창(빗창)

 비창은 전복을 뗄 때 사용하는 도구이다. '빗'은 전복을 뜻하는 순우리

말이다. 『鷄林類事』의 '鰒曰必'에서 '비/빗'이 전복을 뜻하는 말이므로 '비창'은 '전복을 따는 창'이라고 할 수 있다. 전복을 뜻하는 '빗'은 새끼전복을 일컫는 '빗제기, 설피역, 셈페', 수전복인 '수핏', 암전복인 '암핏'에서도 확인된다.

2) 호미

'호미'는 미역이나 모자반, 듬북 따위를 캘 때 사용하는 도구로 표준어 '낫'에 해당한다. 육지의 밭에서 쓰는 '호미'(낫)를 '비호미' 또는 '돌호미'라고 하고, 바다에서 쓰는 호미를 따로 '정게호미', '중게호미'라고 부른다. '정게호미'(중게호미)와 '비호미'는 만드는 법부터 다르다. 육지에서 쓰는 '비호미'는 날을 자루 속에 박아서 연결하는데 반해 '정게호미'는 날을 자루 바깥에 박고는 철사로 단단하게 동여서 고정시켜 만들었다. '메역'(미역)을 주로 벨 때 쓰는 호미를 따로 '메역호미'라고도 한다.

[사진 22] 비창.

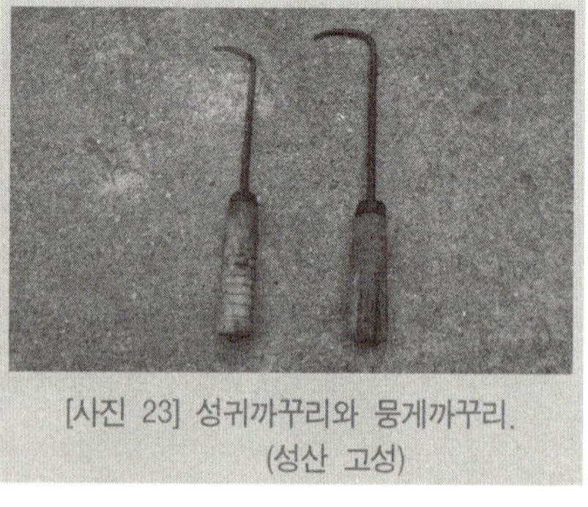

[사진 23] 성귀까꾸리와 뭉게까꾸리. (성산 고성)

3) 호멩이

'호멩이'는 소라, 성게, 문어 등을 잡을 때 사용하는 도구로 '호미'의 일종이다. 지역에 따라서 '호멩이, 굴겡이, 굴각지, 까꾸리' 따위로 부르는데 채취물에 따라 모양과 크기·이름을 달리한다. 예를 들어 문어를 잡을 때

주로 쓰는 까꾸리를 '뭉게까꾸리', 성게 잡을 때 사용하는 것은 '성게까꾸리'라고 한다.

4) 본조갱이

'본조갱이'는 '작은 전복 껍데기'를 말하는데, 해녀들이 물질할 때 가지고 가는 표지도구이다. 물에 들어서 전복을 발견하고도 숨이 짧아 전복을 떼지 못할 때는 전복 있는 곳에 표시물을 두고 오는데, 이때 사용하는 것이 '본조갱이'다. '본조갱이'는 '본'이라고도 하는데, 지역에 따라서는 상황에 따라 해산물이나 해초 등을 갖고 표시를 했다고 한다.

5) 공젱이

'공젱이'는 바닷가에서 바다 위로 떠오는 미역 등을 끄집어 올릴 때 쓰는 도구이다. 긴 손잡이를 만들고 끝에 나무 살을 여러 개 박아 미역 따위를 건져 올리기 쉽게 만든 나무로 된 도구이다.

6) 소살

'소살'은 해녀들이 물질을 하면서 고기를 쏠 때 쓰는 작살을 말한다. 작살 끝에 창처럼 생긴 부분은 '비늘'이라 하는데 '비늘'은 표준어 '미늘'에 대응하는 제주어다. '비늘'이 하나 달린 '소살'을 '웨소살', 두 개 달린 것은 '두소살', 세 개 달린 것은 '세소살'이라 부른다.

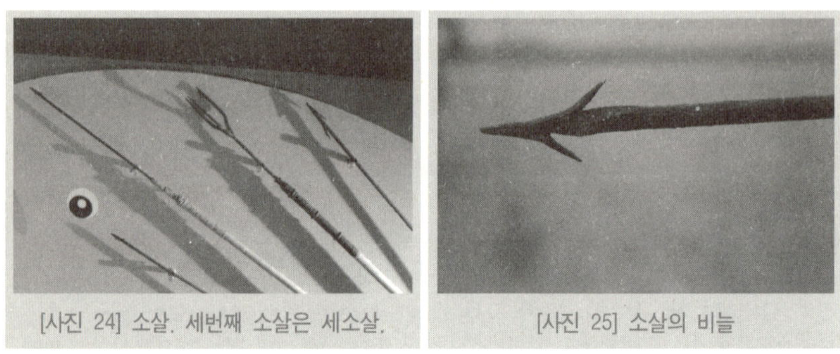

[사진 24] 소살. 세번째 소살은 세소살.　　　　[사진 25] 소살의 비늘

7) 칼

'칼'은 성게를 까거나 생선을 손질할 때 쓰는 도구이다.

3.9.3. 질구덕과 해녀배

1) 질구덕

해녀들은 물질하러 갈 때 '질구덕'에 '테왁'과 '망시리', '빗창' 등의 물질 도구와 땔감 등을 넣고 등에 지고 다녔다. 물질도구를 넣고 등에 지고 다니는 바구니를 '질구덕'이라고 하는데, 질구덕은 '등에 지는 바구니'라는 뜻이다. '질구덕'은 물질도구를 넣어 다니는 도구인 동시에 해녀들이 물질하고 돌아올 때는 캐낸 해산물을 넣어서 지고 왔다. 보통 질구덕은 대나무를 엮어서 만들기도 하지만, 산에 가서 '정당줄'(댕댕이덩굴)이나 '멀리줄'(머루줄) 따위의 덩굴을 걷어다가 짜기도 한다. '정당줄'로 짠 구덕을 '정당구덕', '멀리줄'로 짠 구덕을 '너던구덕'이라고 한다. '너던'은 덩굴을 의미하기도 하지만, 지역에 따라서는 다래나무의 뿌리를 일컫기도 한다. '구덕'을 지역에 따라서는 '바구리'·'바굼지'라고 부르기도 한다. 지금은 '구덕' 대신 '컨테이너'를, 등짐 대신 '오토바이'를 이용한다.

2) 해녀배

해녀배는 해녀들이 먼바다나 육지물질을 갈 때 타고 가는 배를 말한다. 배를 타고 물질 나갈 때는 직접 배의 '노'를 저어서 가는데 이때 부르는 노동요가 '네젓는 소리'이다. '네'는 표준어 '노'에 대응하는 제주어다. 해녀배를 '느리선'이라고 부르기도 한다.

3.9.4. 기타

1) 지들커

해녀들은 지금은 현대식 탈의장이 있어 땔감이 필요 없지만, 불턱에 의지하여 물질을 할 때는 '지들커'(땔감)를 마련하는 일에도 퍽이나 많은 신경을 써야 했다. '지들커'는 해녀들이 물질 한 후에 나와서 언 몸을 녹이고 말리기 위해서 필요한 필수품이었다. 이 때 사용하는 '지들커'로는 주로 '보리낭'이나 '촐', '조칩', '낭' 등을 갖고 간다. 땔감을 준비 못한 해녀들은 동료 해녀들의 따기운 눈총을 받을 각오를 해야 했다. 그처럼 현대시 탈의장이 없을 때 해녀들은 노천 탈의장에서 몸을 말리어서 물질을 해야 했기에 '지들커'는 물질할 때 없어서는 안 되는 준비물 가운데 하나였다.

2) 뇌선과 이지롱

'뇌선'은 해녀들이 물질할 때 먹는 두통약이다. 약 이름이 뇌선인데, 해녀들이 물질할 때 으레 먹어야 하는 약으로 '보통명사'가 되어 버렸다. 지금은 뇌선 외에도 멀미를 방지한다는 약인 '이지롱'을 먹는 이도 있다. 제보자의 한 사람인 하귀리 가문동 해녀 김정순도 '뇌선'과 '이지롱' 없이는 물질을 한시도 못한다고 구술했다.

[사진 26] 해녀들이 물질하기 전에 먹는 약 '뇌선'

[사진 27] 멀미약 '이지롱'

3.10. 채취물

해녀들이 채취하는 '물건'은 크게 식물과 동물로 나눌 수 있다. 해녀들이 바다에서 잡는 해산물을 통칭해서 '물건', 또는 '물천'이라고 한다. 해산물에 따라서는 '바릇'이라고도 하는데, 조간대에서 소라나 고둥, 게 따위를 잡는 일을 '바릇참다'라고 한다. 채취물 관련 어휘는 해녀들이 직접 채취했던 식물과 동물도 있지만, 해녀들이 물질하면서 봐왔던 식물과 동물 이름도 포함되었다.

3.10.1. 식물

1) 메역

'메역'은 갈조류 식물로 표준어 '미역'의 제주어이다. 바다에서 자라는 미역을 '바당 메역'이라고 하고, 양식미역을 '줄메역'이라고 부른다. 건조된 미역은 '장곽'과 '소곽'으로 나누는데, '장곽'은 미역을 여러 개 붙여서 일정

한 크기로 말린 미역, '소곽'은 미역을 한 줄기 한 줄기씩 말린 미역을 일
컫는다. '소곽'은 지역에 따라서는 '난메역'이라고도 한다. '메역'은 '메역귀'
(미역귀), '메역썹'(잎) '몰그리'(줄기)로 나누기도 한다.

  '메역'을 캐는 것을 '메역ᄌ물다'라고 하고, 미역 말리는 것을 '메역 부친
다', '메역 부찐다' 또는 '메역 널다'라고 한다. 마른 미역 서른 개를 '한 단,
미역 한 묶음을 '흔 주지'라고 말한다.

2) 메역새

  '메역새'는 '미역쇠'를 말한다. 갈조류 식물로서, 된장을 풀어 국을 해먹
으면 구수하니 맛이 있다고 한다.

3) 넘피, 넘패, 넓패, 패, ᄆ작패

  바다 식물인 갈조류의 한 가지로 '패'의 종류이다. '넘피, 넘패, 넓패'는
'넓패'의 제주어 이름이다.

4) 몸과 듬북

  '몸'은 갈조류 식물로 모자반을 뜻하는 제주어이다. 모자반 종류로는
'주몸'(쥐몸), '춤몸', '고지기몸'(고직몸, 고즉몸, 고제기, 고지기), 건몸, 장몸, 깝
실몸, 노랑몸·노랑쟁이(표준어 괭생이모자반을 말한다) 등이 있고, 듬북으로
는 구실듬북, 쥐듬북, 패듬북, 실겡이듬북 등이 있다. '몸'과 '듬북'의 공기
주머니를 '부글레기, 뿌글레기'라고 부른다. '몸'은 식용하거나 밭의 거름으
로 쓰이는데, 식용하는 '몸'은 '춤몸'과 '쥐몸'이다. 밭의 거름으로 많이 사
용하는 '몸'은 '고즉몸'과 듬북이다.

[사진 28] 노랑몸

[사진 29] 톳

5) 톳

'톳'은 바다 식물인 갈조류의 한가지로 표준어 톳을 말한다. 톳을 제주 동부지역에서는 '톨'이라고 한다. 식용한다.

6) 감태

감태는 갈조류 식물로서 전복과 오분자기 등의 먹이와 밭의 거름으로 사용되었다. 비료의 원료이기도 하다.

7) 청각

청각은 홍조류 바다 식물로서, 제주에서는 '정각' 또는 '청각'이라고 한다. 정각은 종류에 따라서 '물청각', '조청각', '돌청각' 등으로 구분한다. 표준어 청각채에 해당한다.

8) 우미

'우미'는 표준어 '우뭇가사리'에 대응하는 제주어이다. 우미는 색깔과 서식 장소 등에 따라서 이름을 달리 붙인다. 푸른빛을 띠는 것은 '청우미', 붉은 색을 띠는 것은 '붉은우미', 먹는 우미는 '춤우미', 돌에 나는 것은 '돌우미'라고 부른다. 한자로는 '천초'라고 한다. '우미' 캐는 일을 일컬어 '우미 ᄌ물다' 또는 '우미 메다'라고 한다.

9) 가시리

'가시리'는 풀가사리과의 해조류로 삶은 물로는 명주, 비단 따위의 옷감에 풀을 한다. '가시리'는 또 된장을 풀어 국을 끓여 먹기도 하였다. 표준어 풀가사리를 말한다.

10) 구두리

'구두리'는 홍조류 바다 식물의 한 가지로 풀의 원료로 쓴다.

11) 고장풀

'고장풀'은 홍조류의 한 가지로 '고성초'라고도 한다. 표준어 '벗붉은잎'에 해당하는 제주어이다. 식용한다.

12) 독고달

'독고달'은 한자어로 '계관초'라고 하는 '갈래곰보'를 말한다. '독'은 닭, '고달'은 '볏'을 말하는데, 닭의 볏 모양이라는 데서 붙여진 이름이다. 식용한다.

13) 프레

'프레'는 바다 식물 가운데 대표적인 녹조류 해초이다. '프레'는 지역과 부르는 사람에 따라 '퍼레'로 발음되기도 하는데, 파래의 제주어 이름이다.

[사진 30] 개퍼레

[사진 31] 지충

식용하는 '퍼레'는 '춤퍼레'라고 하고, 먹지 못하는 잎이 넓은 파래는 '기퍼레' 또는 '개퍼레'라고 한다.

14) 기타 바다풀

바다에 나는 식물로는, 이외에도 풀의 원료로 쓰는 '진두발(또는 개깃도리)', '꼬막살이', '주충'(지충), '소레기촐리', '지넹이발', '소웽이풀' 등이 있다. 바다에서 나는 잡풀을 통틀어 '헙눈이'라 하기도 한다.

15) 근피다와 시설 올르다

미역이나 '몸', '톳'은 날 것으로 먹기도 하지만 말렸다가 국을 끓여서 먹거나 무쳐서 먹기도 한다. 미역이나 '몸' 등의 해초류를 말리는 과정에서 나오는 하얀 가루를 '근' 또는 '시설'이라 하는데, 하얀 가루가 생기는 것을 '근피다', '시설 올르다'라 말한다. 제보자들에 따르면 '근'이 피거나 '시설 오른' 해조류를 상품으로 쳐서 값을 많이 줬다고 한다.

3.10.2. 동물

바다동물은 바닷물고기와 물고기 이외의 동물로 나눠 어휘를 정리하였다. 바닷물고기는 해녀들이 '소살(작살)'로 잡았던 어류와 기타 알고 있는 어류 이름을 한 묶음으로 나열하는 식으로 정리하였다. 바닷물고기를 제주에서는 '바릇궤기' 또는 '궤기'라고 부른다.

표준어로 대응되는 것은 표준어를 밝히고, 그렇지 않은 것은 제주어 이름만 수록하였다. 어류 이외의 동물은 절지동물, 극피동물, 연체동물, 원생동물, 강장동물로 나눠 분류했는데 해녀들이 채취했거나 해녀들의 기억 속의 이름들을 수집하여 정리하였다.

1) 바닷물고기

이번 해녀어 조사에서 수집된 어류 이름은 40여 개다. '상어, 쐐기, 붉바리, 감은돔, 물톳, 따치, 갓돔, 돗돔, 숭어, 우럭, 볼락, 검은우럭, 솔치우럭, 졸락, 객주리, 벵어돔, 귀릿, 딱돔, 검팍, 논젱이, 황우럭, 웽이, 어렝이, 솔치, 붉은우럭, 구릿, 벤자리, 다찌, 망치, 구문쟁이, 바낭우럭, 가이우럭, 밍청우럭, 누루시볼락, 조기, 오토미, 셍성, 물토새기, 납세미, 자리, 멜' 등이다. 바닷물고기를 손질하기 위해서 창자 등을 꺼내는 것을 '베카다, 베타다, 베칼르다'라고 한다.

(1) 상어

상어이다. 상어도 '모도리'(돌묵상어), '비근다리'(두톱상어) 등 종류에 따라 이름이 많은데 이번 조사에서는 나오지 않았다.

(2) 졸락

'졸락은 쥐노래밋과의 바닷물고기로 누런빛이 도는 갈색에 어두운 갈

색의 불규칙한 무늬가 있다. 표준어 '노래미'에 대응하는 제주어이다.

(3) 망치

'망치'는 망상엇과의 바닷물고기 '망상어'의 제주어이다.

(4) 감은돔

'감은돔'은 감성돔의 제주어 이름이다. '감은돔'을 지역에 따라서는 '물톳' 또는 '물토새기'라고 부른다. 고급 어종에 속한다.

(5) 우럭

우럭은 양볼락과의 바닷물고기로 우럭볼락의 준말이다. 색깔과 모양에 따라 이름이 다르다. 색깔이 검은 우럭은 '검은우럭', 붉은 색깔은 '붉은우럭'이라고 한다. '붉은우럭'은 '황우럭'이라고도 한다. '솔치우럭', '가이우럭', '멍청우럭'도 있다. '검꽉'은 '검펑우럭'의 다른 말로 보이는데, 표준어 '쏨뱅이'에 해당한다.

(6) 볼락

양볼락과의 바닷물고기다. 모양과 색깔에 따라 이름을 달리한다. '볼락', '누루시볼락'(누루시볼락) 등이 있다.

[사진 32] 볼락(츰볼락)

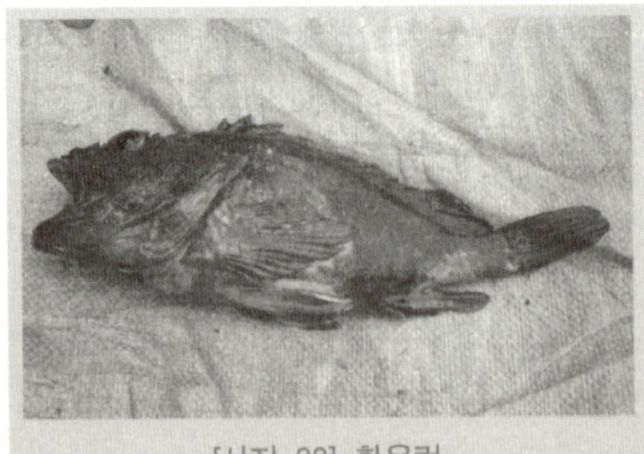

[사진 33] 황우럭

(7) 따치

‘따치’는 지느러미의 가시에 독이 있는 바닷물고기의 하나로, ‘독가시치’의 제주어 이름이다.

(8) 어렝이

‘황놀레기’의 제주어 이름이다.

(9) 웽이

‘혹돔’의 제주어 이름이다.

(10) 솔치

‘솔치’는 ‘솔치우럭’이라고 부르는데 ‘쑤기미’의 제주어 이름이다.

(11) 오토미

‘오토미’는 옥돔의 제주어 이름이다. 지역에 따라서 ‘셍성’, ‘오토미’, ‘오테미’, ‘솔라니’, ‘솔래기’ 등으로 부른다.

(12) 구릿

표준어 ‘벵에돔’에 해당하는 제주어 이름이다. 지역에 따라서 ‘귀릿’이라고도 부른다.

(13) 납세미

‘가자미’의 제주어 이름이다.

(14) 구문쟁이

‘능성어’의 제주어 이름이다.

2) 절지동물

이번에 조사된 절지동물은 게와 관련한 이름들이 많이 조사되었다. 게를 제주에서는 '깅이, 긍이, 겡이, 게' 등으로 부르는데 종류에 따라서 '똥깅이', '덕깅이', '뭄킹이', '식킹이', '식깅이', '식케', '지름깅이', 'ᄋ파리깅이', '뭄킹이', '돌킹이', '풋깅이', '베락깅이', '돌팟깅이', '넙파리깅이', '거드락지', '거드레기', '눔의집살이' 등이 그것이다. 또 갯강구의 제주어 이름 '밥게'와 거북손의 제주어 이름 '베체기'와 '대오살'도 수집되었다.

[사진 34] 식깅이

[사진 35] 거드레기

(1) 거드레기

'거드레기'는 '게드레기', '거드락지', '눔의집살이'라고도 불린다. 표준어 '집게' 또는 '소라게'의 제주어 이름이다. '눔의집살이'는 '남의 집에 들어가 산다'는 의미에서 붙여진 이름이다.

(2) 식킹이

'식킹이'는 '식깅이[식낑이]', '식케' 등으로 불리는 게의 한 종류로, 갈색 몸에 드문드문 갈색 무늬를 띤 게를 말한다. '식킹이'는 제주어 '식'(살쾡이), '슥쉐', '슥돼야지'의 '식'과 '슥'과 관련된 어휘가 아닌가 한다. '슥'이나 '식'은 검정색 바탕에 갈색 무늬가 있다는 뜻이다.

(3) 밥게

갯강구의 제주어 이름이다.

(4) 베체기와 대오살

'베체기'와 '대오살'은 표준어 거
북손에 대응하는 제주어 이름이
다. 이호와 하귀, 애월 지역에서는
'베체기', 구좌읍 하도에서는 '대오
살'이라고 부른다.

[사진 36] 베체기

3) 극피동물

극피동물은 성게와 해삼, 불가사리 따위의 동물을 말한다.

(1)성게와 솜

성게는 봄철 해녀들의 수확물 가운데 하나이다. 성게는 지역에 따라서
'구살', '퀴', '성귀', '성기', '성게' 등으로 부르는데 색깔과 모양에 따라서
다양한 이름을 갖고 있다. 색깔이 붉은 것은 '붉은성게', '붉은구살', '붉은
성기', 보라색은 '보라성게', 검은 것은 '검은성기, 검은구살'이라 부른다.
성게의 외피에 뾰족뾰족하게 나 있는 돌기를 '살, 또는 '쌀'이라고 하는데
'쌀'이 한쪽으로 몰려 있는 성게는 '하이끼라성기'이다.

'성게알은 '알 또는 '퀴알'이라 부르고, 알맹이 하나하나를 '갑'이라고
한다. 하귀2리 해녀 김정순의 "붉은구살 먼바당에 셔 낫주게. 이거 깡 보
믄 갑이 훌근훌근허여."라는 증언은 성게의 알 하나하나가 해녀 사회에서
는 갑이라고 하고 있음을 알 수 있다. '갑'은 귤이나 성게알 따위의 알맹이
로, 따로따로 싸인 낱개를 칭하는 제주어이다.

‘솜’은 말똥성게의 제주어 이름으로, 성게와 함께 봄철에 채취하는 해산물이다. 성게알이 노랗고 단맛이 나는데 반해 ‘솜’은 주황빛이 감돌고 약간 쓴맛이 있다.

[사진 37] 구살(붉은구살)

[사진 38] 솜

(2) 해삼

해삼을 제주에서는 ‘희솜’ 또는 ‘미’라고 한다. 색깔이 붉은 것을 ‘붉은희솜’, ‘대죽미’, ‘대죽희솜’, ‘홍삼이라 부르고, 색깔이 거무스름한 것을 ‘펄미’, ‘펄헤솜’, ‘검은희솜’이라 한다. ‘대죽미’는 ‘대죽’＋‘미’가 합성된 이름인데, ‘대죽’은

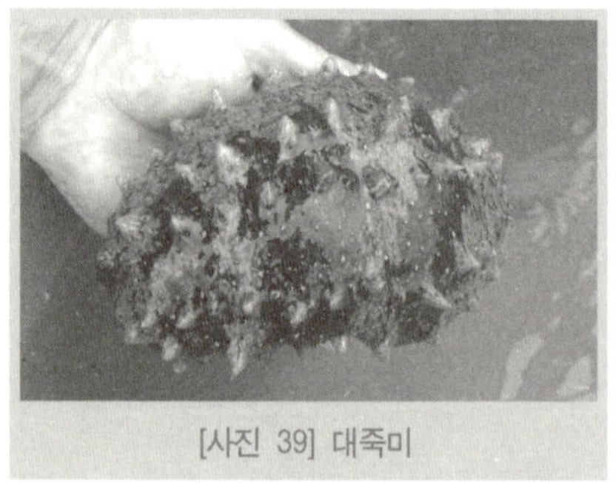

[사진 39] 대죽미

수수를 가리키는 제주어이다. 수수의 색깔이 붉다는 데서 색깔이 붉은 해삼을 ‘대죽미’라고 한 듯하다. ‘펄미’, ‘펄희솜’은 개흙을 뜻하는 ‘뻘’에서 나는 해삼이고, ‘검은해삼’은 색깔이 검다는 데서 붙여진 이름으로 보인다.

(3) 불가사리

불가사리는 색과 모양에 따라 이름이 붙여진다. 종류가 다양하다.

4) 연체동물

연체동물에는 전복과 오분자기, 소라, 고동, 군부, 오징어, 조개 등의 패류가 주종을 이룬다.

(1) 전복

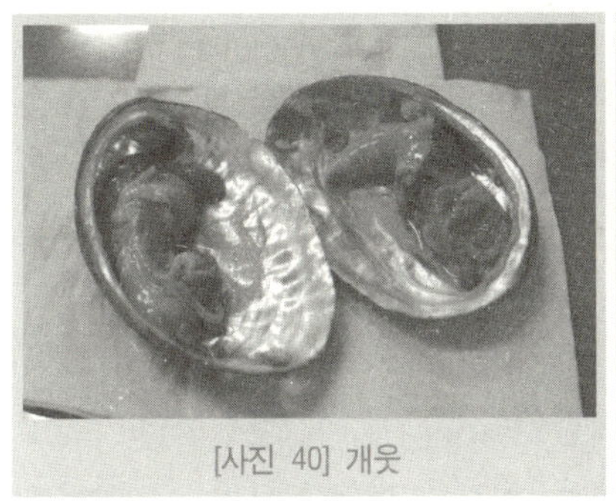

[사진 40] 개웃

[사진 41] 점복(수첨복)

전복의 제주어 이름은 '줌복', '점복', '첨복'이 있다. 크기에 따라서 '대점복', '소점복' 등으로 나누고, 암컷은 '암첨복', '암핏', 수컷은 '수첨복', '수핏'이라 부른다. 모양에 따라 전복의 암수를 구별하는데 '베짝헌' 모양은 암전복, '움탕허거나 옴막한 것'은 수전복으로 관념한다. 모양이 둥글면서 뭉툭한 전복을 '마드레'라는 이름으로 불리기도 하는데, 구좌읍 하도리에서는 '마드레'를 암전복의 다른 말로 해석한다. 전복의 창자는 '개웃, 개우, 개옷'이라고 하고, 전복 껍데기는 '껍펑', 또는 '껍닝'이라고 한다. 전복의 새끼는 지역에 따라서 '조겡이'(하귀), '셈페'(한경), '설피역'(태흥), '빗제기'(동복) 등으로 불린다. 해녀들이 물질을 하면서 해산물을 한번에 캐지 못하고 물 속에서 나올 때 표시해 두는 도구를 '본조겡이'·'본' 이라 하는데 표시물로 사용하는 도구가 작은 전복껍데기여서 붙여진 이름이 아닌가 한다.

(2) 소라

소라는 지역과 사람에 따라서 '구제기, 구젱기, 구젱이, 고동, 소라' 따위로 불린다. 이호동에서는 '구젱기', 하귀 지역은 '구젱이', 애월은 '구제기'와 '구젱이', 하도는 '고동'과 '구젱이'라 발음한다. 구젱이도 크기와 모양에 따라 이름이 다르게 나타난다. '민둥구젱기, 문둥구젱이, 대소라'는 '껍데기의 뿔 같은 돌기가 닳은, 아주 크고 성숙한 소라'이며, '쌀고동, 쌀구젱이, 쌀구제기, 중엣구젱이, 중고동, 중소라'는 '껍데기의 뿔 같은 돌기가 왕성한 중간 크기의 소라'를 말한다. '조쿠젱이, 존고동, 좁썰구젱기, 좁썰고동, 존소라'는 '크기가 작은 덜 성숙한 소라'이다. 소라의 알맹이를 덮는 두껑을 '닥살'이라고 하고, 창자를 '똥', 알맹이에 붙어 있는 부분으로서 먹었을 때 쓴맛이 나는 부분을 '속곳' 또는 '소중이'라고 한다.

(3) 보말

'보말'은 고둥을 총칭하는 제주어 이름인데, 크기와 모양에 따라 부르는 이름도 가지가지다. '문다드리, 오갈다갈, 먹보말, 수두리보말, 웨보말, 꼿보말, 곰셍이, 웬보말, 코틋데기, 지름보말, ᄀ메기, 돌포말, 듬북보말, 남뎅이보말, 문데기, 씬데기' 등이 그것이다. 이 가운데 밤고둥에 해당하는 '먹보말과 팽이고둥에 해당하는 '수두리' 또는 '수두리보말'은 제주 전 지역에서 고루 불리는데 반해 눈알고둥은 지역에 따라서 '문다드리, 문다닥지, 씬대기, 문대기, 돌포말, 남뎅이보말, 개울타리고둥은 '코틋데기, 곰셍이, ᄀ메기, 춤ᄀ메기' 등으로 불린다. '웨보말'은 방석고둥, '웬보말'은 대롱고둥, '꼿보말'은 '비쿼고둥'이다. 이밖에 '오갈다갈', '듬북보말', '지름보말'은 대응 표준어를 찾지 못하였다.

(4) 메옹이(메홍이)와 마타슬(마타실)

'메옹이'와 '메홍이', '마타슬', '마타실'은 두드럭고둥의 제주어 이름이다. '메옹이'와 '마타슬'은 모양이 조금 비슷한데, '마타슬'이 자잘한 게 특징이다. '마타슬', '마타실'이란 이름은 장마에 모아진다는 뜻에서 붙여진 이름

[사진 42] 문다드리

[사진 43] 코트데기

[사진 44] 먹보말

[사진 45] 수두리보말

이라고 한다. '—타슬, —타살'은 '다사리'의 제주식 발음인 것으로 보인다. '가마귀메옹이, 가메기수꾸락, 검은메옹이, 가메기보말, 가마귀보말'은 두드럭모양과 비슷하나 껍데기가 검고 미끈한 게 특징이다. '소리고동'은 소라고동의 제주어로, 껍질로 악기를 만들어 불었던 데서 그 이름이 유래한 것으로 판단된다.

(5) 오분자기

오분자기는 지역에 따라서 '오분자기', '오분작', '오분제기', '떡조겡이', '바르' 등으로 불린다. 전복과 비슷하나 크기가 전복보다 작고 껍데기에 뚫린 숨구멍이 전복보다 많다.

[사진 46] 오분자기

(6) 군벗

'군벗'과 '굼벗'은 '군부'의 제주어 이름이다. 바다에 사는 군부를 '바당군벗', 바위에 붙어사는 군벗을 '돌쿤벗' 또는 '쒜군벗'이라고 한다. '해르비군벗'은 털군부의 제주어 이름이다.

(7) 군수

'군수'는 군소의 제주어 이름이다. '군수'는 지역에 따라서 '굴멩이', 또는 '물토새기'라고 하는데, '물토새기'는 모양과 색깔이 검은 돼지와 비슷하다는데서 붙여진 이름 같다.

(8) 물꾸럭, 무꾸럭, 뭉게

문어의 제주어 이름이다. '물꾸럭'과 '무꾸럭'은 제주시를 중심으로 서쪽지역에서, '뭉게'는 동쪽지역에서 주로 불리는 이름이다.

(9) 오징에

오징어의 제주어 이름이다. 제주에서는 오징어를 '한치'라 부르는데, 육지 오징어가 붉은 색을 띠는데 반해 제주의 오징어는 투명하고 흰빛이 나는 게 특징이다. '한치'는 화살오징어의 제주어 이름이다. 갑오징어는 '멩마구리'라고 한다.

(10) 꿀적과 꿀

'꿀적'과 '꿀'은 굴의 제주어 이름이다. 굴껍데기를 '적'이라고 한다.

(11) 굴

'따개비'의 제주어 이름이다.

[사진 47] 굴(따개비)

(12) 합저와 합ᄌ

'합저'와 '합ᄌ'는 홍합의 제주어 이름이다.

(13) 비말과 베말

'비말과 '베말'은 애기삿갓조개를 말한다. 제주시 서쪽 지역에서는 '베말, 동쪽지역에서는 '베말'이라고 말한다. '베망', '젱베름'이라고도 한다.

5) 원생동물

원생동물로 조사된 바다동물은 멍게가 있다. 제주에서 멍게를 '멍기'라고 하는데 껍데기가 단단한 멍게를 '돌멍기', 횟집에 가면 쉽게 볼 수 있는 주황빛 나는 멍게를 '꽃멍기'라고 한다.

[사진 48] 몰미줄

6) 강장동물

강장동물로는 말미잘이 조사되었다. 말미잘을 제주에서는 '몰미줄', '말미줄'이라고 한다.

3.11. 관련 민속

해녀들은 해상의 안전과 해산물의 풍요를 기원하기 위하여 영등굿을 하거나 해녀굿을 한다. 이러한 의식을 '요왕맞이' 또는 '영등맞이'라고 한다. 지역에 따라서는 '줌녀굿, 줌수굿, 줌녜굿, 해녀굿'을 하기도 한다. 해녀굿은 대개 음력 2월에서 3월 사이에 치러진다. 해녀들은 해산물을 관장하는 신을 '영등할망' 또는 '영등하르방'이라 하고, 이 '영등할망'과 '영등하르방'은 '미역씨', '우미씨', '전복씨' 따위를 뿌려준다고 믿고 있다. 또 바다의 신 '요왕'을 잘 모셔야 탈 없이 물질을 할 수 있다고 믿어서 '요왕신'을 위한 의식도 갖는다. 이를 두고 '요왕 멕임'이라고 한다. '요왕을 멕이기' 위해서는 '지'를 싸는데 식구 수에 맞추어 '몸지'와 '요왕지' 두 개씩 싼다. 가령, 다섯 식구이면 열 개의 지를 싸서 가족의 안녕과 해산물의 풍성함을 기원하며 바다에 가서 던진다. 이렇게 '지'를 던지는 행위를 '지들이다'라 한다.

3.11.1. 영등하르방과 영등할망

'영등하르방'은 음력 2월에 제주에 들어와 바다에 미역, 전복, 소라 등의 씨를 넣어준다는 남자 신이다. '영등하르방'이 남자 신이라면 '영등할망'은 미역과 전복 씨 등을 뿌려주는 여자신이다.

3.11.2. 지들이다

'지들이다'는 쌀이나 계란 등을 백지에 싸고 이름을 적어 바닷속으로 던지면서 바다의 신인 용왕에게 물질의 안전과 해산물의 등풍 등을 비는 행위를 말한다.

1) 지

'지'는 해녀들이 바다 신인 용왕에게 해상의 안전과 해산물의 풍성함을 기원하기 위해 바다에 던져 넣을 밥과 계란 등의 제물을 백지에 싼 물건을 말한다.

2) 몸지

'몸지'는 해녀들이 바다 신인 용왕에게, 자신의 안녕과 해산물의 풍성함을 기원하기 위해 바다에 던져 넣을 밥과 계란 등의 제물을 백지에 싼 물건을 말한다.

3) 요왕지

'요왕지'는 해녀들이 바다 신인 용왕 몫으로 바다에 던져 넣을 밥과 계란 등의 제물을 백지에 싼 물건을 말한다.

3.12. 해산물 관련 음식 이름

3.12.1. 주식

1) 밥류

해산물을 넣고 만든 밥으로는 '패밥, 프레밥, 톨밥'이 있다. '패밥'은 바다 식물의 하나인 '패'를 보리쌀이나 좁쌀에 섞어서 지은 밥이고, '프레밥'은 파래에 좁쌀이나 보리쌀을 섞어 지은 밥이다. '톨밥'은 바다식물인 톳을 섞어 지은 밥이다. 이들 해초밥은 먹을거리가 넉넉지 않았을 때 구황

음식으로 해 먹었던 음식들이다. 구황음식으로는 또 메밀가루 등을 섞어 만든 '푸레범벅', '톳범벅' 등도 있다.

2) 죽류

해산물을 넣고 끓인 죽류로는 '점복죽, 소라죽(고동죽), 오분작죽, 성기죽, 깅이죽' 등이 있다. 해산물 명을 따서 붙인 죽 이름들이다.

1.12.2. 부식

1) 국류

해산물을 넣고 끓인 국으로는 '몸국, 메역국, 가시리국, 메역새국, 넘패국' 등이 있다. '몸국'은 모자반, '메역국'은 미역, '가시리국'은 풀가사리, '메역세국'은 미역쇠를 주재료로 해서 끓인 국이다.

2) 냉국류

해산물을 이용하여 만든 냉국으로는, '메역냉국, 굼벗촛국, 톳냉국' 등이 있다. 냉국에 해산물 따위를 넣고 만든 음식을 물회라고도 하는데 대표적인 물회가 '자리물회'이다. 주로 식초를 넣어 새콤하게 해서 먹는 촛국이 이에 해당한다.

3) 무침류

해산물을 넣고 만드는 무침류로는 '몸차반, 톳무침, 메역무침' 등이 있다. '몸차반'은 '몸'에 갖은 양념을 해서 무친 반찬이며, '톳무침'은 톳, '메

[사진 49] 몸차반

[그림 50] 톳무침

역무침'은 미역을 무쳐낸 음식이다.

4) 장아찌류

해산물로 만든 장아찌류는 '몸치'가 있다. 몸지이, 몸지시, 물망지시 등으로 불리는데, 즉 모자반을 간장이나 된장 등에 담갔다가 먹는 모자반 장아찌가 있다.

5) 젓갈류

해산물로 만든 젓갈류로는 '자리젓, 멜젓(멜첫), 굼벗젓, 고동젓, 오분작젓', 게우젓 등이 있다. 제주에서는 젓갈을 '젯·젓'이라 한다. '멜'(멸치)로 담근 젓갈은 '멜첫', 군부로 담은 젓갈은 '굼벗젓', 오분자기로 담은 젓은 '오분작젓', 소라로 담은 젓은 '고동젓·구젱기젓'이라 한다. 전복 창자를 넣고 담근 젓갈은 '게우젓'·'게웃젓'이라 해서 고급으로 친다.

1.12.3. 조리법 관련 어휘

1) 보끄다와 지지다

제주에서는 '보끄다'(볶다)와 '지지다'(지지다)를 비슷한 개념으로 사용한다. '자리돔을 볶은 것을' '자리 지졋저' 혹은 '자리 보깟저'라 말한다.

2) 끌리다

'끌리다'는 끓이다에 해당하는 제주어이다. 국 따위를 끓이는 것을 '끌리다'라고 말한다.

3) 둠다

'둠다'는 담그다의 제주어이다. "자리젯 둠앗수가?(자리돔젓 담갔습니까?)", "장 둠읍디가?(장 담갔습니까?)"처럼 쓰이는 어휘이다.

4) 무치다

무치다의 제주어이다. '메역 무치다, 톨 무치다'처럼 활용된다.

제4장 어부의 말

    제4장 '어부의 말'은 제주시 이호동에서 어부로 평생을 살아온 이보연의 생애 구술과 이보연을 통해 수집한 어부 관련 어휘를 조사, 정리하였다. 특히 어부들의 고기잡이에 도움을 주었던 '테우'와 풍선은 제보자가 직접 그림을 그려 설명해 줌으로써 부분 명칭까지 상세하게 조사할 수 있었다. 조사 어휘 중 상당수는 사전에 등재되지 않는 값진 보물들이다.

1. 이보연의 생애 이야기

1.1. 아버지 대신 노무 생활 다녓주

문 할아버지 그 성함이 어떵 뒈마씨?{할아버지 그 성함이 어떻게 됩니까?}
답 이보연.{이보연.}

[사진 51] 어부 이보연이 고기잡이 나가기 전에 이호 포구에서 상념에 잠겨 있다.

🈷 이보연예? 몇 년생이고 여기 주소를 말씀해 주십시오?{이보연요? 몇 년
생이고 여기 주소를 말씀해 주십시오?}

🈹 여기 주소가 제주시 이호동 2704번지.{여기 주소가 제주시 이호동 2704
번지.}

🈷 언제, 어디에서 태어낫습니까?{언제, 어디에서 태어났습니까?}

🈹 바로 이, 이 마을에서. 여기서 오대 살멘.{바로 이, 이 마을에서. 여기서
오대 살고 있어.}

🈷 아, 오대째예?{아, 오대째요?}

🈹 예.{예.}

🈷 그러면 할아버지가 태어나신 마을이 지금 현사마을입니까? 여기가.{그러
면 할아버지가 태어나신 마을이 지금 현사마을입니까? 여기가.}

🈹 옛날 감은모살. 가물 현 쩨 모래 사 쩨 써가지고 현사동이렌. 지금 현사
마을로 뒈어 잇고{옛날 감은모살. 감을 현 (玄)자 모래 사(沙)자 써서 현
사동이라고 지금 현사마을로 되어 있고}

문 그 현사마을에 대해서 아는 대로 좀 설명헤 주십시오?{그 현사마을에 대해서 아는 대로 좀 설명해 주십시오?}

답 이 현사마을은 우리 조상님네가 와서 설동을 헷는데 현, 안, 이, 삼성이 와가지고 설동을 헷답니다.{이 현사마을은 우리 조상님네가 와서 설동을 했는데 현, 안, 이 삼성이 와서 설동을 했답니다.}

답 우린, 우리 선조 오대조가 여기 와서 ᄀ찌 현씨, 안씨 와가지고 설동을 헷는데, 그때도 보믄 지금 우리가 짐작뒈는 거는 우리 할머니네도 보민 안씨가 잇고 현씨가 잇고 경 허니까 그 당시는 그자 사돈도 그자 영 근처에서 어디 뭐 그자 허엿는ᄀ라 설동도 경 허고 보면은 우리 조문에도 보믄 현씨도 잇고 안씨도 잇고 그렇게 헷는디. 에, 여기서 설동헤 그루후제 그럭저럭허는 것이 멧 년 뒌 후에 츠츠 사람들도 많고 고기 잡는 거 세기로 헨 여기 와서. 우리 어린 때 흔 십여 호 들은 말인데 흔 십여 호 살 적에 여기 역시 그 당시도 테우로 헤갓고 그저 가차운 디서 고기도 잡고 이렇게 거세기 허는디. 포구가 저 원장로라고 잇수다. 저 서쪽에 가면 저 내도허고 이호 2개교가 잇는디 그 내천에, 거기에서 포구를 헷는네 그 포구가 에, 벵인년 수해라고 옛날 큰 수해가 이서서 그 끊어부니까 이 포구가 일로 옮겨가지고 여기서 지금 허는 그 자리 헷는디. 거기서 헐 때는 여기 호가 멧 수 안 뒈고 허니까 저, 광령, 해안, 노형, 웨도 헐 거 엇이 이 주위에 전부 와서 헷답니다. 조력. 츰, 우리가 옥 은디 후제 ᄁ지 그 포구를 이용헷는디, 요즘은 새로 저 전부 거세기 허니까 옛날 면모가 하나토 엇어졋는디. 나는 여기서 태어나가지고 아마 우리 집안에다가 한문을, 독실헌 한문을 가진 이가 이서서마씨. 이도연이라고 제주도 나이 많은 사람들은, 팔십 이상 거의 이도연이라고 알아. 제주도 사름들이. 이도연이라고 우리 ᄉ촌이 유명허게 한학을 잘허니까. 우리 아버지네가 사 형제라마씨. 사 형젠디, 우리 그 셋아버지, 우리는 제일 족은 치고 네 번째. 두 번째 셋아버지가 아덜이 단아덜 독자니까 걸 공부

시긴다고 헤가지고 독선생, 옛날도 한문선생을 독선생 앚정 허면은 하늘 천, 따 지 흔 줄 헌 걸 웨우지 못혜. 그렇게 무충혜가지고 견디 츠츠흔 열 넘어가니까 이제는 이 ᄆᆞ음이 거세기, 자기도 거세기 헌 진 몰라도 열심히 책상을 받아서 책상에서 줌자고 절대 방에 들어강 줌자는 예가 엇엇는디 멧 개월 후에 그냥 터져가지고 그르후제는 흔 번만 익으면 싹 다 알고 유명헌 학자가 이서십주기. 그 다음 그런 때문에 이젠 웨정 말엽 거의 뒈어 갈 때는 ᄉᆞ촌도 경 허고 우리 집안은 유교를 독실히 혜서 옛날 할아버지 향교 뒷으로 첵임도 뎅기고 허니까 이제 한문을 혜야 뒌다고, 춤, 우리가 혜가지고 우리가 뒈게 어려와십주기. 의식이 충분치 못헌 때주마는 한학을 헌다고 내가 어린 때 보면은 흔 아옵 설쯤에 아버지가 멘든 책상을 지고 서당에 간 거마씨. 흔 이년 하늘 천, 따 지 베완 흔 이년 허다가 웨정이 말엽 그때는 막 한문을 폐지시겨부러십주. 한문 못허게. 그때는 이젠 에, 일본 흑교도 좀 혜야 뒈겟다 이렇게 헤갖고 흑교에 가는디 열서너 설 뒈가지고 이제 가는디 뭘 알아. 초보가. 여기 가갸, 춤, 한글 기초 가갸거겨, 그런 기역 니은 ᄀᆞᆮ든 거. 일본도 뭐 가다까나여 뭐. 구급법이라고 헙니다. 구급법 그것만 웨와서 흑교에 가니까 삼흑년으로 간 딱 중도 입학을 헤노니 그거 갑갑헤서 공부 생각 안 나고 뭣이 알아져야 취미가 잇는디. 강 오믄 흑교도 안 허고 빙빙 놀곡 허니까, 아버지가 이젠 홀 수 엇이 안뒛다고 그러면은 한문 허라고 건 너무 무립주게. 생각을 허면. 흔 열서너 설 적에 구급법만 웨왕은에 지금 삼학년 일제 초등학교가 삼학년이믄 지금 육학년 이상이우다. 그 거세기가 전부. 한문 반 서끄고 그 일본글에도 겐디 한문 그런 건 알지마는 도저히 못헤가지고 한문을 흔 이년 헤십주게. 합치믄 헷수로 ᄉᆞ년 그럭저럭 한문을 허고 그 웨정 말엽 뒈니까 노무자라고 (아버지가) 몸이 약혜가지고 노무자 홀당을 허믄 나가 이제 학교에 갈 무렵이주만 아버지 대신. 노무자엔 아녀고 근로봉사엔 헷주마는, ᄆᆞ을에 홀당을 시기면은 가게 마런. 아버지 대신 거기 근근이 뎅기고 도두초등학교 그땐 저 서당이라고 헷수다. 국립, 공립이 아니니까. 에, 향림서당이라고 헤가지고 거기 스흑년으로 아, 삼학년으로 또 중도 입학을 헤서마씨. 그 순간 일본글도 습득하니, 처음 가니까 한자하고 그 한문 스년허니까 그때는 그 습자라고 헤가지고 반지에 글 쓰는 습자 시간이 이십주기. 습자는 전국에서 일등이고, 하여튼 그 한문 아는 사름 뭐 허나 뭐. 춤, 그 당시는 씨름도 그 흑교에서 일등이라나서마씨. 하여튼, 겨니까 일이 학기 때는 그냥허고 이 학기 때, 일본 학교 때는 삼 학기꺼지 잇어. 이 학기 때는 이 학기 부급장을 줍디다예. 그 다음 삼 학기 뒈니 급장, 스흑년 올라가니 급장. 이제 급장으로 헤서 죽장[죽쨍] 거세기 헷는데, 스학년 뒈는 헤에 헤방이 뒈부러서. 한문 흑교에 문은 이년을 뎅긴 셈입주.{우리는, 우리 선조 오대조가 여기 와서 같이 현씨, 안씨 와서 설동을 했는데, 그때도 보면 지금 우리가 짐작되는 것은 우리 할머니네도 보면 안씨가 있고 현씨가 있고 그렇게 하니까 그 당시는 그저 사돈도 그저 이렇게 근처에서 어디 뭐 그저 했는지 설동도 그렇게 하고 보면 우리 조문에도 보면 현씨도 있고 안씨도 있고 그렇게 했는데. 아, 여기서 설동해서 그 이후에 그럭저럭하는 것이 몇 년 된 후에 차차 사람들도 많고 고기 잡는 거시기로 해서 여기 와서. 우리 어릴 때 한 십여 호 들은 말인데 한 십여 호 살 적에 여기 역시 그 당시도 떼배로 해서 그저 가까운 데서 고기도 잡고 이렇게 거시기 하는데. 포구가 저 원장로라고 있습니다. 저 서쪽에 가면 저 내도하고 이호 2개교가 있는데 그 내에, 거기에서 포구를 했는데 그 포구가 아, 병인년 수해라고 옛날 큰 수해가 있어서 끄어가버리니까 이 포구가 이리로 옮겨서 여기서 지금 하는 그 자리 했는데. 거기서 할 때는 여기 호가 몇 수 안 되고 하니까 저, 광령, 해안, 노형, 외도 할 것 없이 이 주위에서 전부 와서 했답니다. 조력. 참 우리가 성장한 후에까지 그 포구를 이용했는데, 요즘은 새로 저 전부 거시기 하니까 옛날 면모가 전혀 없어졌는데. 나는 여기서 태어나서. 아마 우리 집안에서 한문을 독실하게 한문을 가진 이가 있었습니다. 이도연이라고 제주도 나이 많은 사람들은, 팔십 이상 거의 이도연이라고 알아. 제주도 사람들이. 이도연이라고 우리 사촌이 유명하게 한학을 잘하니까. 우리 아버지네가 사 형제예요 사 형제인데, 우리 그 둘째아버지, 우리는 제일 작은 치고 네 번째. 두 번째 둘째아버지가 아들이 외아들 독자니까 그것을 공부시킨다고 해서. 독선생, 옛날도 한문 선생을 독선생 앉혀서 하면 하늘 천, 따 지 한 줄 한 것을 외지 못해. 그렇게 무뎌서. 그런데 차차 한 열 살 넘어가니까 이제는 이 마음이 거시기, 자기도 거시기 한 지는 몰라도 열심히 책상을 받아서 책상에서 잠자고 절대 방에 들어가서 잠자는 예가 없었는데 몇 개월 후에 그냥 터져서 그 이후에는 한 번만 읽으면 싹 다 알고 유명한 학자가 있었지요 그 다음 그런 때문에 이제는 왜정 말엽 거의 되어 갈 때는 사촌도 그렇게 하고 우리 집안은 유교를 독실히 해서 옛날 할아버지 향교 무엇으로 책임도 (지고) 다니고 하니까 이제 한문을 해야 된다고, 참, 우리가 해서. 우리가 매우 어려웠었지요. 의식(衣食)이 충분하지 못한 때지만 한학을 한다고 내가 어릴 때 보면 한 아홉 살쯤에 아버지가 만든 책상을 지고 서당에 간 거예요. 한 이년 하늘 천, 따 지 배워서 한 이년 하다가 왜정 말엽 그때는 마구 한문을 폐지시켜버렸지요. 한문 못하게. 그때는 이제는 아, 일본 학교도 좀 해야 되겠다고 이렇게 해서 학교에 가는데 열서너 살 돼서 이제 가는데 뭘 알겠어. 초보가. 여기 가갸, 참, 한글 기초 가갸거겨, 그런 기역 니은 같은 것. 일본도 뭐 가다카나다 뭐. 구구법이라고 합니다. 구구법 그것만 외워서 학교에 가니까 삼 학년으로 가서 탁 중도 입학을 해놓으니까 그것 갑갑해서 공부 생각 안 나고 무엇을 알아야 취미가 있는데. 가서 오면 학교도 안 하고 빙빙 놀고 하니까, 아버지가 이제는 할 수 없이 안 되었다고 그러면 한문 하라고 그것은 너무 무리지요. 생각을 하면. 한 열서너 살 때에 구구법만 외워서 지금 삼학년 일제 초등학교가 삼학년이면 지금 육학년 이상입니다. 그 거시기가 전부. 한문 반 섞고 그 일본글에도 그런데 한문 그런 것은 알지만 도저히 못해서. 한문을 한 이년 했지요. 합치면 햇수로 사년 그럭저럭 한문을 하고 그 왜정 말엽 되니까 노무자라고 (아버지가) 몸이 약해서 노무자 할당을 하면 내가 이제 학교에 갈 무렵이지만 아버지 대신. 노무자라고 않고 근로봉사라고 했지만, 마을에 할당을 시키면 가게 마련. 아버지 대신 거기 근근이 다니고 도두초등학교 그때는 저 서당이라고 했습니다. 국립, 공립이 아니니까. 아, 향림서당이라고 해서 거기 사학년으로 아, 삼학년으로 또 중도 입학을 했어요. 그 순간 일본글도 습득하니, 처음 가니까 한 자하고 그 한문 사년하니까 그때는 그 습자라고 해서 반지에 글 쓰는 습자 시간이 있지요. 습자는 전국에서 일등이고, 하여튼 그 한문 아는 사람 무엇 하나 뭐. 참, 그 당시는 씨름도 그 학교에서 일등이었어요. 하여튼, 그러니까 일이 학기 때는 그냥하고 이 학기 때, 일본 학교 때는 삼 학기까지 있어. 이 학기 때는 이 학기 부급장을 주대요 그 다음 삼 학기 되니 급장, 사학년 올라가니 급장. 이제 급장으로 주욱 거시기 했는데, 사학년 되는 해에 해방이 되어버렸어. 한문 학교에 문은 이년을 다니 셈이지요.}

1.2. 동셍은 불 끄레 지붕 올라갓단 죽언

🅣 해방 뒈어 그르후제 이제 아버지가 이제 몸은 약허연 먹고 살려고 허니까 홀 수 엇이 협조혜가지고 그찌 뎅겨. 경 허단 이제 스삼사건이 탁 터지니까 뭐. 혜방 뒈언, 혜방 뒈니까, 혜방 뒈어도 홀 일이 없으니까 아버지 고기 잡는 거. 멧 년 후에 그냥 스삼사건이 터지니까. 집에 이시니까 그냥 경찰서에 오렌 헨 가난 무신 말 물어보켄. 그 당시가, 나가 갈 때가

스무 설. 스무 설이주. 수삼사건이난 스무 설 때. 지금 스무 설이믄, 지금 그때로 비허믄 흔 열댓 설. 무음이, 사람들 어리석기가 흔 우리 생각허믄 지금 아이덜로 비허믄 나가 열다섯 살 난 아이만큼 영리를 못헷어. 꿰도 엇고 그런 시절인디. 게서 경찰서에서 밤의 시난 기냥 오란 포위헤가지고 즈근즈근 심언 경찰서에 무조건 심어간. 가니까 뭐 취조엔 헌 건 춤, 인간 이하의 벨 거세길 다 허면서 허엇는디, 흔 세 번, 하여튼 취조허기 시작허면은 완전이 그냥 뭐 요즘 말로 따운. 정신이 몽롱헐 때꺼지 물 지쳥 유치장 집어낭 인간 이하로 취급허는 겁주게. 세 번을 허니까, 세 번 후에는 불러 가지도 아녕 그냥 그만이 잇다가, 이제 그때가 수십팔 년. 수십팔 년 흔 구월 들에 잡혀 가서.{해방 되어 그 이후에 이제 아버지가 이제 몸은 약해서 먹고 살려고 하니까 할 수 없이 협조해서 같이 다녀. 그렇게 하다가 이제 사삼사건이 탁 터지니까 뭐. 해방 되어서 해방 되니까, 해방 되어도 할 일이 없으니까 아버지 고기 잡는 것 몇 년 후에 그냥 사삼사건이 터지니까. 집에 있으니까 그냥 경찰서에 오라고 해서 가니까 무슨 말 물어보겠다고 그 당시가, 내가 갈 때가 스무 살. 스무 살 이지. 사삼사건이니까 스무 살 때. 지금 스무 살이면, 지금 그때로 비하 면 한 열댓 살. 마음이, 사람들 어리석기가 한 우리 생각하면 지금 아이 들에 비하면 내가 열다섯 살 된 아이만큼 영리를 못했어. 꿰도 없고 그 런 시절인데. 그래서 경찰서에서 밤에 있으니까 그냥 와서 포위해서 차 근차근 잡아서 경찰서에 무조건 잡아갔어. 가니까 뭐 취조라고 한 것은 참, 인간 이하의 별 거시기를 다 하면서 했는데, 한 세 번, 하여튼 취조하 기 시작하면 완전히 그냥 뭐 요즘 말로 '다운'. 정신이 몽롱할 때까지 물 끼없어서 유치장 집어넣어서 인간 이하로 취급하는 거지요. 세 번을 하 니까, 세 번 후에는 불러 가지도 안 해서 그냥 가만히 있다가, 이제 그때 가 사십팔 년. 사십팔 년 구월달에 잡혀 갔어.}

 음력으로예?{음력으로요?}

답 음력으로. 잽혀 가서 그대로 유치장에서 그냥 서너 번 취조 받고, 취조도
아녀고 그만이 잇다가 사십구 년 일월 뒈니까 육지로 저 압송헌다 허연
가는 거라마씨. 재판사 뭣산디 그냥 그 당시 간 보난 나가 믄저 들어가
고 메칠 후에 형님네. 유치장에 삼 형제가 잇엇어.{음력으로 잡혀 가서
그대로 유치장에서 그냥 서너 번 취조 받고, 취조도 않고 가만히 있다가
사십구 년 일월 되니까 육지로 저 압송한다 해서 가는 거예요. 재판이
무엇인지 그냥 그 당시 가서 보니까 내가 먼저 들어가고 며칠 후에 형님
네. 유치장에 삼 형제가 있었어.}

문 아아.{아아.}

답 삼 형제가 살앗는디, 지나서 일월 들에 그 당시는 연락이, 목포 연락이
이리호라고, 이리호라고 혜. 이리호 타가지고 삼 형제가 목포끄지. 일행
이 육칠십 명 그치, 육십 명 그치 이제 압송인가 뭐 헨 가는데 거기 가니
까 나는 스무 설, 그때 스물흔 술 나는 헤니까, 스무 술이니까 소년 형무
소라고 헤서 인천에 가고 우리 형님네는 연령이 차니까 성년 형무소로
목포서 형님네 허고 갈려지는 것이 지금끄지 끗이고, 마지막이엇고 목
포형무소에 가서, 춤 인천형무소에 가서, 들어가면서 정문에 가니까 이
언도를 내는 거라. 이건 너무도 반가운 것인지 어떵헌지 들어가보니까,
이 들어가믄 육인썩 흔 감방에. 감방, 육인이 앚는디, 육인이 앚앙, 츠근
츠근 앚아. 번호순으로 꿀려앚앙은에, 꿀려앚앙 낮에는 원 무조건 꿀려
앚정 허면은. 거기, 그디 멩찰을 이만썩 부칩니다. 낭쪼각으로 이만썩 허
영 여섯 개를 무신 형, 무신 형. 그걸 화장실에 들어갈 때 올 때 그걸 들
어봐집디다. 정말 일년이냐? 이거 춤, 경 헌 것이 일월 들에 가서, 일월
들에 가서 허니 언제 언도 내린 것도 모르고, 일년 이렇게 허니까 언제
믄 살아질 건고 허니 그 멧 년츠렌고? 그때사 누구누구는 무슨 줴명. 뭐,
저, 내란줴던가 내란줴, 뭐 금고 일년, 뭐 십오년, 무기 뭐 이렇게, 오년
흐뭇 불르믄, 불렁은에 들어가곡, 들어가곡, 드밀곡 허는디 거기서 언도

를 내려. 나가 일년. 자기가 잘못 들엇는가? 원. 딴 사름 십오년, 이십년, 무기 허는디 일년 허니까 내가 잘못 듣는 것이 아닌가.{삼 형제가 살았는데, 지나서 일월달에 그 당시는 연락이 목포 연락이 이리호라고, 이리호라고 해. 이리호 타서 삼 형제가 목포까지. 일행이 육칠십 명 함께, 육십 명 함께 이제 압송인가 뭐 해서 가는데 거기 가니까 나는 스무 살, 그때 스물한 살 되는 해니까, 스무 살이니까 소년 형무소라고 해서 인천에 가고 우리 형님네는 연령이 차니까 성년 형무소로. 목포에서 형님네 하고 헤어진 것이 지금까지 끝이고, 마지막이었고 목포형무소에 가서, 참 인천형무소에 가서, 들어가면 정문에 가니까 이 언도를 내는 거야. 이것은 너무도 반가운 것인지 어떻게 한지 들어가보니까, 이 들어가면 육인씩 한 감방에. 감방, 육인이 앉는데, 육인이 앉아서, 차근차근 앉아. 번호순으로 꿇어앉아서, 꿇어앉아서 낮에는 원. 무조건 꿇어앉혀서 하면. 거기, 거기 명찰을 이만씩 붙입니다. 나뭇조각으로 이만씩 해서 여섯 개를 무슨 형, 무슨 형. 그것을 화장실에 들어갈 때 올 때 그것을 들여다봐지대요. 정말 일년이냐? 이거 참, 그렇게 한 것이 일월달에 가서, 일월달에 가서 하니까, 언제 언도 내린 것도 모르고, 일년 이렇게 하니까 언제면 살아질 것인가 하니 그 몇 년이었지? 그때야 누구누구는 무슨 죄명. 뭐, 저, 내란죄라든가 내란죄, 뭐 금고 일년, 뭐 십오년, 무기 뭐 이렇게. 오년 사뭇 부르면. 불러서 들어가고, 들어가고, 들이밀고 하는데 거기서 언도를 내려. 내가 일년. 내가 잘못 들었는가? 원. 다른 사람 십오년, 이십년, 무기 하는데 일년 하니까 내가 잘못 듣는 것이 아닌가.}

문 사십구 년?{사십구 년?}

답 스십구 년에. 시월 둘에도 거기도 예배당이 잇어서 그 반성허는 무신 뭐, 거세기 그디 교육허는 예수 거세기가 잇어. 하느님 아버지 믿으렌 허고 영 영 허는디 나는 이만큼 허믄 잘 거세기 헤시니까 집에 가서. 가차우니까 불러 허고, 그런 교양을 허고 하여튼 시월 그때 시월 이십일 경에 나와져실 거라. 에, "나가라." 허연 나왔는디 집의 와서 셍각헤보니까 언도일자가 언제처레도 몰랏는디. 이제 스삼사건 나가지고 거세기 연구자들허고 신청허는디, 그 재판헤난 그 저, 뭐 대장이 지금 스삼사건 사무소에 훼수뒈어가지고 비치. 십이월 이십육일. 언도 일자가. 십 개월 혼 덜이 일주일 제헤집니다. 무사고 일주일. 일년이믄 언도를, 시월 둘이니까 꼭 열 둘이라. 열 둘을 살아가지고 나와서 아버지허고 또 자리업을 허고 이제 어떵 허연 생계를 허여 가는디. 춤, 그 당시 전과 똔 디 생각도 아녀고 우선 먹기 바쁘니까 그것만 혼 육, 팔 개월. 게니까 시월 둘. 오월이니까 시월, 십일월, 십이월, 일월, 이월, 삼월, 스월. 팔 개월이구나. 팔 개월 만에 육이오가 터졋다 말이우다. 팔 개월 만에. 바다에 가서 자리 떠가지고 도두 초소에서 순경이 와서, 관래인디 도두 초소에서 순경이, "지서장이 뭣엔 물어볼 말이 잇덴." 가자고 총 메고 허고 오란. 또 경 아녀도 경찰관은 봐도 무음이 우싹우싹허는디 어딘 명이라 홀 수 엇는디. 이제는 보니까 네도 푸고 어구, 그 베가 태우난 베가 어디 움직일 수 잇는 기구를 전부. 나만이 아니라, 보니까 베에 것도 긋듸레 푸고 다 푸렌 허곡. 게서 가십주. 간 보니까 유치장, 그디도 임시유치장 잇는디. 파출소에 들어가는디 두서너이 잇고 나가 세 번짼가. 나 전화를 그디서 막 불통나게 허는 거 보니 수원이 어떻고, 뭐 어디가 어떻고, 그날 터진 날이라. 바로 유월 오후 혼 다섯 시 쯤에 나가 이제 들어간. 경 허연 쪼끔 이시니까 그디 차니까 유치장, 제주시 제주경(濟州警)에 가서. 유치장. 일구서, 일구서 유치장에 간 보니까 막 치고 박고 간. 가면 또 곧 "십어 오시오" 잠깐 큰 유치장이 꼭 차고 차믄 또 똔 더레 더러 보내뒝. 이젠 그것이 육이오 터져가지고, 육이오 터져가지고 혼, 그때 혼 이 개월쯤 우리 유치장 생활 헤십주. 그 유월에. 그런데 그 당시에 호명헤가지고, 갑을병정으로, 에이비론가 그 거세기를 골라가지고 보면은 전부 보도연맹 간부덜. 보면은 혹교 교장, 뭐 그런 사름덜 그디 전부 와십데다. 우리 ㄱ

튼 건 아무 것도 아닙주. 유식헌 유지덜이 막 들어완. 그때 경 헌디 불러 가는 거 보믄 흔 메칠 이시니까 그 밤에 딱. 거 어디, 그 난간 뭐엔, 뭐엔 헙니까? 유치장이믄 쪽 이렇게 간수가 왔다 갓다. 간수.{사십구 년에. 시월달에도 거기도 예배당이 있어서 그 반성하는 무슨 뭐, 거시기 거기 교육하는 예수 거시기가 있어. 하느님 아버지 믿으라고 하고 이렇게 이렇게 하는데 나는 이만큼 하면 잘 거시기 했으니까 집에 가서. 가까우니까 불러서 하고, 그런 교양을 하고 하여튼 시월 그때 시월 이십일 경에 나와졌을 거야. 아, "나가라." 해서 나왔는데 집에 와서 생각해보니까 언도 일자가 언제인지도 몰랐는데. 이제 사삼사건 나서 거시기 연구자들하고 신청하는데, 그 재판했던 그 저, 뭐 대장이 지금 사삼사건 사무소에 회수되어서 비치. 십이월 이십육일. 언도 일자가. 십 개월에 한 달이 일주일 제해지데요. 무사고 일주일. 일년이면 언도를, 시월달이니까 꼭 열 달이야. 열 달을 살아서 나와서 아버지하고 또 자리돔업을 하고 이제 어떻게 해서 생계를 꾸려 가는데. 참, 그 당시 전과 다른 데 생각도 않고 우선 먹기 바쁘니까 그것만 한 육, 팔 개월. 그러니까 시월달. 오월이니까 시월, 십일월, 십이월, 일월, 이월, 삼월, 사월, 팔 개월이구나. 팔 개월 만에 육이오전쟁이 터졌다 말입니다. 팔 개월 만에. 바다에 가서 자리돔 떠서. 도두 초소에서 순경이 와서, 관내인데 도두 초소에서 순경이 "지서장이 무엇이라고 물어볼 말이 있다."고 가자고 총 메고 해서 와서. 또 그렇지 않아도 경찰관은 봐도 마음이 뜨끔뜨끔하는데 어디 멍이라고 할 수 없는데. 이제는 보니까 노도 푸고 어구, 그 배가 떼배니까 배가 어디 움직일 수 있는 기구를 전부. 나만이 아니라, 보니까 배에 것도 가에 푸고 다 푸라고 하고 그래서 갔지요 가서 보니까, 유치장 거기도 임시유치장 있는데. 파출소에 들어가는데 두서너 명 있고 내가 세 번째인가. 내가 전화를 거기서 막 불이나게 하는 것 보니 수원이 어떻고, 뭐 어디가 어떻고, 그날 터진 날이야. 바로 유월 오후 한 다섯 시쯤에 내가 이제 들어갔어. 그렇게 해서 조금 있으니까 거기 차니까 유치장, 제주시 제주경(濟州警)에 갔어. 유치장 일구에서, 일구에서 유치장에 가서 보니까 마구 치고 받고 갔어. 가면 또 곧 "잡아 오시오" 잠깐만에 큰 유치장이 꽉 차고 차면 또 다른 데로 더러 보내두고 이제는 그것이 육이오전쟁 터져서. 육이오전쟁 터져서. 한, 그때 한 이 개월쯤 우리 유치장 생활을 했지요 그 유월에. 그런데 그 당시에 호명해서, 갑을병정으로, 에이비론가 그 거시기를 골라서 보면 전부 보도연맹 간부들. 보면 학교 교장, 뭐 그런 사람들 거기 전부 왔던데요. 우리 같은 것은 아무 것도 아니지요 유식한 유지들이 마구 들어왔어. 그때 그런데 불러 가는 것 보면 한 며칠 있으니까 그 밤에 딱. 그것 어디, 그 난간 무엇이라고, 무엇이라고 합니까? 유치장이면 쭉 이렇게 간수가 왔다 갔다. 간수.}

【문】 복도에?{복도에?}

【답】 복도에. 복도에 사서, "여러분, 줴수 여러분, 수감자 여러분, 쫌 조용히 하여서 들으라."고 "이제 사태가 완화돼니까, 완화돼어 가니까 여러분덜은 안전지대로 목포로 이송헐 테니까 이제 그 안심허고 호명허는 사름이랑 대답을 허라." 이렇게. 건디 그디는 그 사름덜보단 더 아는, 어떻게 신문은 들어오고, 유지덜 유능헌 사름이니까 벌써 정세 돌아가는 건 벌써 훤히 알거든. 경 허니까 그디 이제 다 죽엇다. 어디 지금 목포 점령헤부럿는데. 목포, 우린 바당물에 간다 헤갓고 그 당시 막 더우니까 춤 완전 나체다시피 허면은 건, 옷은 낄아 앚안 거세기 허곡 허믄 일어삿다가 앚을 수가 엇어. 일어사민 그냥 눅지고 앚일 땐 막 문짝 트망에 벳경 경 앚고 허믄 냄새는. 우린 냄새 안 나는디 냄새가 바로 구렁내가 낫다 허여마씨게. 우리는 그냥 면역 돼부니까 몰르고 헌디. 불르면은, 탁 불러. 호명을 불러. 불르믄 보면은 그디 형사 둘이 와가지고 하나는 권총을 들르고, 하나는 우리가 연행허영 멧 번 옮길 때 보믄, 포승을 여러이 무껑 질게 딱 쫄라. 이 등어리에 물무작. 형사는, 하난 권총 들르곡 허영 하나 불렁

나가면 또 불르곡, 또 불르곡 이거는 완전히 허니까 남은 사름덜은 잇는 옷을 다 입고 허리띠로, 허리띠로 막 졸라매영. 이건 사름인 나 자신도 경 헷지마는. 거 집의서 가져온 것이니까, 집의 식구들은 대부분 알 거 아니우꽈게? 경 허영 경. 이번이, 이번 불를 건가. 그 사름이, 그 순간에, 춤, 이건 말을 못허여. 경 허영 불렁 훈참 불렁 멧 십 명, 멧 벡 명 불르믄 그 다음 그만허민, '아, 이젠 살아져신가.' 영. 또 메칠 만이 또 경. 삼 차를 나가 헤. 삼 차를. 나가 아무 병도 웃지마는 그 거세기 허니까 그때 뒈가니, 몸, 말쩨는 몸 전 눠부럿어. 말쩬 에, 어느 정도 서울 탈환뒈고 수복뒈니까 이제는 내놓게 뒌 모냥이라. 나오렌. 나가니까 직접 적십자 병원 가는데, 적십자병원에서 집의 왓는데 삼 개월간 일력 눅적. 의원, 옛날 한의원 데련에 춤, 부모네가 거세기 나 위허니까. 우리가 수 형젠디, 동생은 여기서 산에서 와서 불을 완전히 소각시킬 때 지붕 우에 올라간 가불어시카부덴 불 끼우젠 (해신디) 완 죽여불고 우리 삼 형제, 형님네 수용헌디 육이오 때 가불고 나 혼자 징역 살다가 십 개월 만이 오니까 어떵헌게 그 이념에 부모의 모음이라. 춤, 부모 덕에 살아나가지고 지금 현재 팔 남매 사남 스녀. 부모가, 부모의 덕이주. 뭐 나가 거세기 헌 것이 아니라 부모가 정성들이. 그르후제 오십이년도 군대를 또 이제 가지고 군대도 가니까 몸 약헨 훈 일년 일 개월. 저 전장터에도 가오고, 접전도 헤보고 허는디. 휴전 무렵이니까 치열헤십주. 제대헹 나완 이제는 내가 무신 걸 헤도 사회에서 거세기라도 헤서 허면은 누게라도 알아주카부덴 모을에 허는 종사는 다. 청년회고 오십 년. 솔직헌 말로 영헌 마을 영헌 첵임, 마을 전부 허다보니까 살렴도 뭐 안 뒈고 뭐, 그자 그것에만 허단 영 허믄 좀 어떻게 만훼나 뒐까. 줴가. 경 헤도 그 거세기인, 뭐 연좌젠가 뭔가 헤가지고 아덜도 흑교 이제 춤, 알오티시 지원허니까 뭐, "아버지가 전과자라고 헤서 안뒘젠". 아덜 보기도 미안허고 이거 춤, 에비도, 고의적으로 내가 이렇게 고생, 나 속으론 허지마는 즈식들은 상당히 춤, 부모를 미워허주. 부모 때문에 나가 가고 싶은 길을 못 간다 셍각허는지 몰라도 지금 아으덜 거세기 허고 춤, 쭉 지금끄지 살아왔수다. 살아완. 지금 현재도 그르후제 여기서 안 헤본 거 엇지게. 선거관리위원 허다가 선거관리위원 투표구 관리위원장, 정화위원장, 뭐 춤 아녀본 거 엇수다. 재건청년회장. 아, 혁명 당시 탓지마는. 이, 저, 정화위원에서 춤, 표창장 타고 아, 우리 흐믓 허믄 적극 거세기 허고 헌디. 지금도 춤 노인회장으로 잇주마는, 나 지금 말은. 내가 멧 년 전부터 동네 반장이라도 허렌 허믄 아녀켄. 허믄. 동네 떠나렌 허믄 안 허겠다 헷주마는. 춤, 어짜피 지금 현재도 내가 셍각해도 노인훼장으로 잇고 지금은 부듯 그자 남으 차용없이 그자 이젠 할망도 가불고 나 혼자 이제 거세기 헙니다. 아덜덜은 다 뜨로 살고{복도에. 복도에 서서, "여러분, 죄수 여러분, 수감자 여러분, 좀 조용히 해서 들어라."고 "이제 사태가 완화되니까, 완화되어 가니까 여러분들은 안전지대로 목포로 이송할 테니까 이제 그 안심하고 호명하는 사람은 대답을 하라." 이렇게. 그런데 거기는 그 사람들보다는 더 아는, 어떻게 신문은 들어오고. 유지들 유능한 사람이니까 벌써 정세 돌아가는 것은 벌써 훤히 알거든. 그렇게 하니까 거기 이제 다 죽었다. 어디 지금 목포 점령해버렸는데. 목포 우리는 바닷물에 간다 해서. 그 당시 마구 더우니까 춤 완전 나체다시피 하면 그것은, 옷은 깔고 앉아서 거시기 하고 하면 일어섰다가 앉을 수가 없어. 일어서면 그냥 눕히고 앉을 때는 마구 문틈에 벗겨서 그렇게 앉고 하면 냄새는. 우리는 냄새 안 나는데 냄새가 바로 구린내가 났다 해요. 우리는 그냥 면역 돼버리니까 모르고 한데. 부르면, 탁 불러. 호명을 불러. 부르면 보면 거기 형사 둘이 와서. 하나는 권총을 들고, 하나는 우리가 연행해서 몇 번 옮길 때 보면, 포승을 여럿이 묶어서 길게 딱 잘라. 이 등허리에 매듭. 형사는, 하나는 권총 들고 해서 하나 불러서 나가면 또 부르고, 또 부르고 이것은 완전히 하니까 남은 사람들은 있는 옷을 다 입고 허리띠로, 허리띠로 마구 졸라매서. 이것은 사람인 내 자신도 그렇게 했지만. 그것 집에서 가져온 것이니까, 집에 식구들은 대부분 알 것 아닙니까? 그렇게 해서 그렇게, 이번에, 이번 부를 것인가. 그 사람이, 그 순간에, 참, 이것은 말을 못해. 그렇게 해서 불러서 한참 불러서 몇 십 명, 몇 백 명 부르면 그 다음 그만하면, '아, 이제 살아졌는가.' 이렇게. 또 며칠 만에 또 그렇게. 삼 차를 나가 해. 삼 차를. 내가 아무 병도 없지만 그 거시기 하니까 그때 되어가니, 몸, 말째는 몸 져서 누워 버렸어. 말째는 아, 어느 정도 서울 탈환되고 수복되니까 이제는 내놓게 된 모양이야. 나오라고 나가니까 직접 적십자병원 가는데, 적십자병원에서 집에 왔는데 삼 개월 동안 일으키고 눕히고 의원, 옛날 한의원 데려서 참, 부모네가 거시기 나 위하니까. 우리가 사 형제인데, 동생은 여기서 산에서 와서 불을 완전히 소각시킬 때 지붕 위에 올라가서 가버렸을까봐 불 끄려고 (했는데) 와서 죽여버리고 우리 삼 형제, 형님네 수용했는데 육이오 때 돌아가셔버리고 나 혼자 징역 살다가 십 개월 만에 오니까 어떻게 한 것이 그 이념에 부모의 마음이야. 참, 부모 덕에 살아나서 지금 현재 팔 남매 사남 사녀. 부모가, 부모의 덕이지. 뭐 내가 거시기 한 것이 아니라 부모가 정성들이. 그 이후에 오십이년도에 군대를 또 이제 가서. 군대도 가니까 몸 약해서 한 일년 일 개월. 저 전쟁터에도 가오고, 접전도 해보고 하는데. 휴전 무렵이니까 치열했었지요. 제대해서 나와서 이제는 내가 무슨 것을 해도 사회에서 거시기라도 해서 하면 누구라도 알아줄까봐 마을에 하는 종사는 다. 청년회고 오십 년. 솔직한 말로 이런 마을, 이런 책임, 마을 전부 하다보니까 살림도 뭐 안 되고 뭐 그저 그것에만 하다가 이렇게 하면 좀 어떻게 만회나 될까. 죄가. 그렇게 해도 그 거시기인, 뭐 연좌제인가 무엇인가 해서 아들도 학교 이제 참, 알오티시(ROTC) 지원하니까 뭐, "아버지가 전과자라고 해서 안된다."고 아들 보기도 미안하고 이거 참, 아비도, 고의적으로 내가 이렇게 고생, 내 속으로는 하지만 자식들은 상당히 참, 부모를 미워하지. 부모 때문에 내가 가고 싶은 길을 못 간다 생각하는지 몰라도 지금 아이들 거시기 하고 참, 쭉 지금까지 살아왔습니다. 살아왔어. 지금 현재도 그 이후에 여기서 안 해본 것 없지. 선거관리위원 하다가 선거관리위원 투표구 관리위원장, 정화위원장, 뭐 참 안 해본 것 없습니다. 재건청년회장. 아, 쿠데타 당시 탔지만. 이, 저, 정화위원에서 참, 표창장 타고 아, 우리 사뭇 하면 적극 거시기 하고 하는데. 지금도 참 노인회장으로 있지만, 나 지금 말은. 내가 몇 년 전부터 동네 반장이라도 하라고 하면 안 하겠다고 하면. 동네 떠나라고 하면 안 하겠다 했지만. 참, 어차피 지금 현재도 내가 생각해도 노인회장으로 있고 지금은 빠듯 그저 남의 차용 없이 그저 이제는 아내도 가버리고 나 혼자 이제 거시기 합니다. 아들들은 다 따로 살고}

文 그러면은 그때, 어쨋든 유치장에 잡아간 명목은 뭐엇습니까?{그러면 그때, 어쨌든 유치장에 잡아간 명목은 무엇이었습니까?}

答 멩목이야게 그때 다, 지금 저 내란쵀, 뭐 살인, 방화 뭐 이거. 지금 가 온 사름덜 전부 그겁주게. 뭐, 국가보안법 위반 뭐. 그 쵀명이 전부 그거라마씨. 내란쵀.{명목이야 그때 다, 지금 저 내란죄, 뭐 살인, 방화 뭐 이거. 지금 가 온 사람들 전부 그것이지요 뭐, 국가보안법 위반 뭐. 그 죄명이 전부 그것입니다. 내란죄.}

文 할아버지가 내란쵀?{할아버지가 내란죄?}

答 ᄉᆞ상을, 집의 몰아간, 몬딱 몰안 간, 그때 일제히 몰아간. ᄉᆞ삼사건 때 다 그거지 뭐. 어디 강 총 들런, 춤, 경찰허고 대항허곡 무신 영. 경 허당 허여시믄 모르지.{사상을, 집에 몰아가서, 몽땅 몰아서 가서, 그때 일제히 몰아가서. 사삼사건 때 다 그것이지 뭐. 어디 가서 총 들어서, 참, 경찰하고 대항하고 무슨 이렇게. 그렇게 하다가 했으면 모르지.}

文 그냥 무조건 내란쵀라는 명목으로, 이제 쪼꼼 ᄋ망진 사람들은 경 허영 잡아가분 거 아니라예?{그냥 무조건 내란죄라는 명목으로, 이제 조금 똑

똑한 사람들은 그렇게 해서 잡아가버린 것 아닌가요?}

[답] 오망지고, 그 당시는, 막 헐 때는 오망지고 뭐 헌 것도 엇고 스나이믄 다 심어가부럿지게. 경 허영 그디 강 봥은에 판단허영 아주 거세기 허면은 내좇아불곡, 조금 요건 놔두민 이상헌덴 허믄 몬딱 말이라고 우리 춤, 우리 삼 형제가 완전히 경 헷고 저기서 죽곡 여기서 죽고 경 헤가지고 지금은 사는디, 지금은 연좌제, 스삼 나오니까 쪼끔 기 펴젼. 그전에, 사실 춤, 사람 헹세를 못해.{똑똑하고, 그 당시는, 마구 할 때는 똑똑하고 뭐 한 것도 없고 사나이면 다 잡아가버렸지. 그렇게 해서 거기 가서 봐서 판단해서 아주 거시기 하면 내쫓아버리고, 요즘 요것은 놔두면 이상하다고 하면 몽땅 말이라고 우리 참, 우리 삼 형제가 완전히 그렇게 했고 거기서 죽고 여기서 죽고 그렇게 해서 지금은 사는데, 지금은 연좌제, 사삼 나오니까 조금 기 폈지. 그전에, 사실 참, 사람 행세를 못해.}

[문] 그렇지예? 아무 쉐도 없는디 남들이 그 쉐명을 뒤집어씌워서 이상하게 보고허는 거라예?{그렇지요 아무 죄도 없는데 남들이 그 죄명을 뒤집어씌워서 이상하게 보고하는 거지요?}

[답] 경찰에서 거세기 헌 거주. 무신.{경찰에서 거시기 한 것이지. 무슨.}

[문] 그러면은, 이제 할아버지네 형제분이 네 형제분예?{그러면, 이제 할아버지네 형제분이 네 형제분요?}

[답] 사 형제.{사 형제.}

[문] 형제가 넷이엇는데 그 사삼에 형?{형제가 넷이었는데 그 사삼에 형?}

[답] 아, 전부 사삼에. 형님 두 분은 수형인으로 지금 뒈고{아, 전부 사삼에. 형님 두 분은 수형인으로 지금 되고}

[문] 수형인으로예?{수형인으로요?}

[답] 행방불명. 육이오 때에.{행방불명. 육이오 때에.}

[문] 아, 육이오 때 행방불명?{아, 육이오 때 행방불명?}

[답] 행방불명 뒈분 거주게.{행방불명 되어버린 것이지.}

문 예에.{예에.}

답 게고, 나는 육이오 팔 개월 전에 출소헷고, 우리 동셍은 에, 그때가 흔 시월, 음력으로 정월, 정월이니까 제스가 정월 초하루니까 정월 열흘 날 아마 그, 여기, 산에서 와서 이 동네를 불 부쩟 모냥이지. 조용허니까 숨엇다가 나오란 그 당시 열으덥 설 때. 동셍이 열여덥 술. 춤, 나보다 똑똑헤신디 지붕 우에 불끄젠 허당 보니까 아레서 쏘아부니까 죽어부런. 난 동생은 살아잇겟지 흐난, 와 보니까 죽고 형님도 그렇게 나오지 안 허고 허다가. 언젠가 면훼 가고 뭐 허젠 허다 보난 육이오 터져부난 그걸로 끗.{그렇게 하고, 나는 육이오 팔 개월 전에 출소했고, 우리 동생은 아, 그때가 한 시월, 음력으로 정월, 정월이니까 제사가 정월 초하루이니까 정월 열흘 날 아마 그, 여기, 산에서 와서 이 동네를 불 태워 버린 모양이지. 조용하니까 숨었다가 나와서 그 당시 열여덟 살 때. 동생이 열여덟 살. 참, 나보다 똑똑했었는데 지붕 위에 불 끄려고 하다 보니까 아래서 쏴버리니까 죽어버렸어. 나는 동생은 살아있겠지 하니까, 와보니까 죽고 형님도 그렇게 나오지 안 하고 하다가. 언젠가는 면회 가고 뭐 하려고 하다 보니까 육이오전쟁 터져버리니까 그것으로 끝.}

문 그러면 전혀 소식이, 어디에서 어떻게 헷다는 이런 거도 엇고예?{그러면 전혀 소식이, 어디에서 어떻게 했다는 이런 것도 없고요?}

답 어디, 저, 아주, 서울 근방이나 인천 근방 ㄱ트면은 혹시 살아실까 허지만 우리 형님넨 대구니까.{어디, 저, 아주, 서울 근방이나 인천 근방 같으면 혹시 살았을까 하지만 우리 형님네는 대구니까.}

문 대구형무소에서?{대구형무소에서?}

답 완전 헌 때니까, 후퉤허면서 다 그냥 처분헤분 거. 게서 지금 연련히 저 갑주.{완전 한 때니까, 후퇴하면서 다 그냥 처분해버린 것. 그래서 지금 해마다 저 가지요.}

문 골령골에?{골령골에?}

답 골령골. 거세기 무신 가창댐이나 그런 디 다 이제 연련이 갑니다. 일년에 한 번씩 가는디 몬딱 그런 때 강 보면은 유골이 헹편엇어. 지금 거세기 코발트 광산이엔 헌 딘 강 보게 뒈면 그디 가봐야 실지가 굴에서 우로 담아부니까 옾으로 삐어져나온 것이 유골이 그냥 치닥헤서.{골령골. 거시기 무슨 거창댐이나 그건 데 다 이제 해마다 갑니다. 일년에 한 번씩 가는데 몽땅 그런 때 가서 보면 유골이 형편없어. 지금 거시기 코발트 광산이라고 한 데는 가서 보게 되면 거기 가봐야 실제가 굴에서 위로 담아버리니까 옆으로 삐져나온 것이 유골이 그냥 질펀해서}

문 아, 직접 보셧구나예?{아, 직접 보셨군요?}

답 건 막 죽여서 막 담아부니까 옾으로 삐젼나온 것이. 저기 지금 막 철창으로, 철문으로 닫고 지금 대전 사름덜이 많이, 거긴 많이 갓는디.{그것은 마구 죽여서 마구 담아버리니까 옆으로 삐져나온 것이. 저기 지금 막 철창으로, 철문으로 닫고 지금 대전 사람들이 많이, 거기는 많이 갔는데.}

문 예에.{예에.}

답 그 육이오 때 대전은 보도연맹. 제주도 역시 유능헌 사름덜 많이 보도연맹에 들언 그 사름덜 죽언. 대구도, 대구 그런 디도 상당히. 대전, 대구도 같이 위령제 지냅니다. 거기서 나왕 위령제 지내고, 새해는 전부 그, 이 뭐냐? 혼 불러가지고 전부 건줌 가다가 가지 아녀서 제주도에서 저 ㅅ삼공원에다 모실 걸로덜 지금 계획 다 허고{그 육이오 때 대전은 보도연맹. 제주도 역시 유능한 사람들 많이 보도연맹에 들어서 그 사람들 죽었어. 대구도, 대구 그런 데도 상당히. 대전, 대구도 같이 위령제 지냅니다. 거기서 나와서 위령제 지내고, 새해는 전부 그, 이 뭐야? 혼 불러서 전부 거의 가다가 가지 않고 제주도에서 저 사삼평화공원에다 모실 것으로들 지금 계획 다 하고}

1.3. 사삼사건 나는 해에 장게갓지

🔲 그런 아픈 역사가 이섯구나예. 그러면 또 형님네랑 그 어렷을 때의 추억 말고는 그냥 아픈 기억 밖에 없겟다예. 어쨌든 네 형제, 따님은 엇어난마 씨? 여자 형제는?{그런 아픈 역사가 있었군요. 그러면 또 형님네랑 그 어렸을 때의 추억 말고는 그냥 아픈 기억 밖에 없겠네요. 어쨌든 네 형제, 따님은 없었습니까?}

🔲 큰누님은 일본 갓고 지금 동생, 여동생 하나가 잇수다. 하나가 잇고 나머지는 모두 젊은 때 돌아가불고{큰누님은 일본 갔고 지금 동생, 여동생 하나가 있습니다. 하나가 있고 나머지는 모두 젊은 때 돌아가버리고}

🔲 그러면은 가족 관계는 어떻게 돼난마씨?{그러면 가족 관계는 어떻게 됐었나요?}

🔲 우리?{우리?}

🔲 예. 할아버지 부모님이 난 자식?{예. 할아버지 부모님께서 낳은 자식?}

🔲 게난 우리 아다시피 나허고 형님네 두 분은 다 결혼을 헤도 자식도 엇고 후도 없고 에, 형무수 가나 그걸로 끗 뒈불고 우리 동생은 또 미성년 때 경 뒈불고 나는 나와가지고 춤 미성년 때 뒈엇지마는, 아 미성년 때가 아니고 그렇게 허니까 열아홉에 사삼스건 나는 헤에다가 장가를 갓어. 장가를 가. 나 처가 석나 우의. 옛날 그 형님네 거세기 장가보내도 후가 없고 뭐 허니까 아버지가 장게가 뭔지. 우린 그 당시에는 결혼을 헤도, 에, 지금은 결혼을 헤도 왕 살고 헷지마는 옛날에는 결혼헤도 얼굴 몰라 요. 거세기 얼굴 몰란 허는디, 결혼헤가지고 흐면은 씨집이 왕 흐루 살민 친정에 강 일주일 살거든. 옛날 모즈꼴 그거더구만. 모자 흔 번 줏당 그 것 강, 설렁가믄 거기 강 허당 오고 얼굴도 지금 몰라. 몰라. 흔 삼사 개 월 만이 갈라부니까. 완 보니까 처도 이제 도평인디 스 남매가 フ치 죽 어부럿어. 친정에 갓다가 그냥. 오라방이영 동생이영 フ치. 도평에, 그때

도평서 집집, 거의 집집마다 사름이 죽엇으니까.{그러니까 우리 알다시피 나하고 형님네 두 분은 다 결혼을 해도 자식도 없고 후도 없고 아, 형무소에 가니까 그것으로 끝 돼버리고 우리 동생은 또 미성년 때 그렇게 되어버리고 나는 나와서 참 미성년 때 되었지만, 아 미성년 때가 아니고 그렇게 하니까 열아홉에 사삼사건 나는 해에다가 장가를 갔어. 장가를 가. 내 처가 세 살이나 위에. 옛날 그 형님네 거시기 장가보내도 후가 없고 뭐 하니까 아버지가 장가가 무엇인지. 우리는 그 당시에는 결혼을 해도, 아, 지금은 결혼을 해도 와서 살고 했지만 옛날에는 결혼해도 얼굴 몰라요. 거시기 얼굴 몰라서 하는데, 결혼해서 하면 시집에 와서 하루 살면 친정에 가서 일주일 살거든. 옛날 모자골 그것이더구먼. 모자 한 번 견다가 그것 가서, 가져가면 거기 가서 하다가 오고. 얼굴도 지금 몰라. 몰라. 한 삼사 개월 만에 갈라버리니까. 와서 보니까 처도 이제 도평인데 사 남매가 같이 죽어버렸어. 친정에 갔다가 그냥. 오라버니랑 동생이랑 함께. 도평에, 그때 도평에서 집집, 거의 집집마다 사람이 죽었으니까.}

문 예에.{예에.}

답 그때 너 으누이가 흔 군데 앚당 죽여부니까. 역시 그 멧 개월 뒷지마는 아버지가 춤, 좋은, 메느리 시체 수습헤다가 또로 묻고 또 사돈 될 처리주. 사돈덜토 전부 또로 가매장 헤놔뒷다가 나가 온지 후제 츠츠츠츠 수습허면서. 동셍이엔 헤봣자 다 씨집덜 가불고 죽은동생은 인천 살다가 그냥 죽어불고 셋동셍 여기 잇고 큰동생은 일본 가서 거세기, 일본 간 살다가 이제 죽어불고 우의 누님인디. 일본은 아무도 엇고 이제 하여튼 나허고, 지금 아버지 후예는 여동생 하나 이 동네 씨집가가지고 사는 때문에.{그때 네 오누이가 한 군데 가져다가 죽어버리니까. 역시 그 몇 개월 됐지만 아버지가 참, 좋은, 며느리 시체 수습해다가 따로 묻고 또 사돈 될 것이지. 사돈들도 전부 따로 가매장 해두었다가 내가 온 후에 차

차차차 수습하면서. 동생이라고 해봤자 다 시집들 가버리고 작은동생은
인천 살다가 그냥 죽어버리고 둘째동생 여기 있고 큰동생은 일본 가서
거시기, 일본 가서 살다가 이제 죽어버리고 위에 누님인데. 일본은 아무
도 없고 이제 하여튼 나하고, 지금 아버지 후예는 여동생 하나 이 동네
시집가서 사는 때문에.}

문 그러면은 칠 남매엿구나예? 아버지 그 후손은?{그러면 칠남매였군요? 아
버지 그 후손은?}

답 칠 남매.{칠 남매.}

문 예. 칠 남매에서 이제 사태 때 그 형님이랑 동생은?{예. 칠 남매에서 이
제 사태 때 그 형님이랑 동생은?}

답 가불고, 나 혼자뿐.{가버리고 나 혼자뿐.}

1.4. 아버지로 돗 훈 머리 독새기 육십 개 가져간

문 그리고 그때 결혼헷던 사모님 돌아가시고?{그리고 그때 결혼했던 사모
님 돌아가시고?}

답 아버지네가 급히 재혼 시켜가지고 혼 것이 팔 남매. 그렇게 사남 사녀 그
대로 살아 잇어.{아버지네가 급히 재혼 시켜서 한 것이 팔 남매. 그렇게
사남사녀 그대로 살아 있어.}

문 사남 사녀? 아까 연좌제 얘기도 이제 헷지마는. 아, 그 전에 그 옛날에
결혼헐 때는 어떤 형식으로 헤서 결혼헷습니까?{사남 사녀? 아까 연좌제
얘기도 이제 했지만. 아, 그 전에 그 옛날에 결혼할 때는 어떤 형식으로
해서 결혼했습니까?}

답 결혼은 바로 옛날식. 사모관대 씌곡.{결혼은 바로 옛날식. 사모관대 쓰
고}

문 결혼헷던 과정허고, 그 당시에 그 음식들, 어떤 음식들을 헷고 하는 결혼 헷던 풍습을 말씀해 주십시오?{결혼했던 과정하고, 그 당시에 그 음식들, 어떤 음식들을 했고 하는 결혼했던 풍습을 말씀해 주십시오?}

답 결혼허는 풍습이 옛날은 에, 결혼을 허민 사둔을 맺엉, 이제 택일을 헤영 은에 택일 아무 날 이제. 지금은 여자 측에서 택일헌다고 그런 말을 들 엇는디 그전엔 남자 측에서 연생을 주민, 멧 년, 멧 월, 무신 시에 낫다. 그 신부칩의서 그걸 받아와가지고 신랑허고 대조헤 봐서 택일 헤봐서 궁 합이 맞으면 이제 멧 월 메칠 날 좋은 날로 택일허민 사돈칩의 메칠 날 거세기, 막핀지라고 헤가지고 이제는 확실히 이제는 택일 날을 잡앙은에 결혼허는 막핀지라 헤. 그때, 그때는 그 새각씨옷 흔 불허곡, 싸가지고 허곡. 편지, 그 예장 씬 뭐 그거 허영 가정 가며는 거기서 상 놓고 받아 가지고 거 봐서 이제 그걸 확정 지을 거. 거기서 또 춤, 아녀고 저 잔치 헐 준비허고 여기서도 거세기 허는데. 만약 이제 이 둘에 쓰무 날 가게 뒈믄, 이 둘 쓰무 날 결혼식 날이믄 전날 돗 흔 머리, 돗 흔 머리, 술 흔 춘이. 옛날 술 흔 춘이, 독새기 많이 허는 디 벡 개. 경 아녀는 디 오십 개, 팔십 개 그걸 이버지라고 헤가지고 그걸 옛날 하인덜, 동네 하인덜이 잇어서 하인덜 시겨서 지어 간. 그디 강 바청 허며는 이제는 식장으로 강 거세기 허지마는, 뒷날 잔치덜 허게 뒈믄 여기서 아침이 신랑이 관복 입고 헤근에, 물 헤근에 그 저 하인덜이 물 무젱이 거세기 잡곡 허영. 하 님이엔 헌 건, 여자는 함을 져가지고, 등따리 져가지고 홍세. 강은에 그 디 가믄 함 받앙 예장 받앙 거기서 허믄. 거세기 허믄, 그디 가는 건 상 객이라고 우시엔도 허곡 상객이엔 허는디, 상객 둘. 많이 가는 디 둘. 남 자 웨가칩이서, 나가 웨가 이시믄 웨삼춘 허곡 또 경 아녀믄 우리 이, 아 버지, 큰아버지나 셋아버지나 우리 아버지나 이렇게 헤가지고 둘. 하나 씩 헤가지고 둘 허곡. 여자 특별히 하나씩 허연. 특별히 우시라고 거세기 허고, 헤아정 그기서도 그대로 오랑은에 거세기 허고 경 허믄 그것이 흐루 예가 끝나는 거.{결혼하는 풍습이 옛날은 아, 결혼을 하면 사돈을 맺어서, 이제 택일을 해서 택일 아무 날 이제. 지금은 여자 측에서 택일한다고 그런 말을 들었는데 그전에는 남자 측에서 연생을 주면, 몇 년, 몇 월, 무슨 시에 나왔다. 그 신부집에서 그것을 받아와서 신랑하고 대조해 보아서 택일 해봐서 궁합이 맞으면 이제 몇 월 며칠 날 좋은 날로 택일 하면 사돈집에 며칠 날 거시기, 혼서라고 해서 이제는 확실히 이제는 택일 날을 잡아서 결혼하는 혼서라고 해. 그때, 그때는 그 신부옷 한 벌하고, 싸서 하고 편지, 그 예장 쓴 무엇 그것 해서 가져 가면 거기에서 상 놓고 받아서 그것 봐서 이제 그것을 확정 지을 것. 거기서 또 참, 않고 저 잔치할 준비하고 여기서도 거시기 하는데. 만약 이제 이 달에 스무 날에 가게 되면, 이 달 스무 날 결혼식 날이면 전날 돼지 한 마리, 돼지 한 마리, 술 한 동이. 옛날 술 한 동이, 계란 많이 하는 데 백 개. 그렇게 안 하는데 오십 개, 팔십 개 그것을 이바지라고 해서 그것을 옛날 하인들, 동네 하인들이 있어서 하인들 시켜서 지어 갔어. 거기 가서 바쳐서 하면 이제는 식장으로 가서 거시기 하지만, 뒷날 잔치들 하게 되면 여기서 아침에 신랑이 관복 입고 해서, 말 해서 그 저 하인들이 말 굴레 거시기 잡고 해서. 하님이라고 한 것은 여자는 함을 져서, 등어리에 져서. 혼서. 가서 거기 가면 함 받아서 예장 받아서 거기서 하면. 거시기 하면, 거기 가는 것은 상객이라고 위요라고도 하고 상객이라고 하는데, 상객 둘. 많이 가는데 둘. 남자 외가에서, 내가 외가 있으면 외삼촌 하고 또 그렇지 않으면 우리 이, 아버지, 큰아버지나 둘째아버지나 우리 아버지나 이렇게 해서 둘. 하니씩 해서 둘 하고 여자 특별히 하나씩 해서. 특별히 위요라고 거시기 하고, 해서 거기서도 그대로 와서 거시기 하고 그렇게 하면 그것이 하루 예가 끝나는 거.}

문 이버지는 남자 집에서? 여자 집에서?{이바지는 남자 집에서? 여자 집에서?}

탭 가는 거.{가는 것.}

판 할아버지는 어떻게 헷엇습니까? 아까 계란도 백 개 허는 사름, 팔십 개 허는 사름, 오십 개 허는 사름, 그 당시에?{할아버지는 어떻게 했었습니까? 아까 계란도 백 개 하는 사람, 팔십 개 하는 사람, 오십 개 하는 사람, 그 당시에?}

탭 그 당시에 춘이 아니믄 허벅.{그 당시에 술동이 아니면 허벅.}

판 예에.{예에.}

탭 허벅 그 조그마헌 허벅으로 하나 허고 계란, 흔, 계란 우리는 계란 많이 못해서. 우리는 육십 개 정도 가져가지 아녀신가?{허벅 그 조그마한 허벅으로 하나 하고 계란, 한, 계란 우리는 계란 많이 못했어. 우리는 육십 개 정도 가져가지 않았을까?}

판 그거 가져가믄 여자 집에서는 잔치허는 거라예?{그것 가져가면 여자 집에서는 잔치하는 거지요?}

탭 그걸로 허는 건 아니주만 여자 집의선 돗은 안 잡지게. 돗 흔 머리 가져가니까.{그것으로 하는 것은 아니지만 여자 집에서는 돼지는 안 잡지. 돼지 한 마리 가져가니까.}

판 잡앙?{잡아서?}

탭 잡앙 숢앙 완전히 먹게.{잡아서 삶아서 완전히 먹게.}

판 여자 집에서 가져오는 건 엇수가?{여자 집에서 가져오는 것은 없습니까?}

탭 엇고{없고}

판 그때 결혼헐 때, 그 이제, 여자가 가져온 예물 같은 거는 어떤 거?{그때 결혼할 때, 그 이제, 여자가 가져온 예물 같은 것은 어떤 것?}

탭 이불자리. 이불 그 뭐, 멧 체 헤왓다, 흔 채 헤왓다, 두 체 헤왓다, 뭐 단스, 옛날 단스라고 찬장. 그런 거, 뭐 궤. 많이 엇는 사름덜은 이불, 단 이불 흔 불, 이불 두 개. 요 흔 불 헹 왓덴 허는 디도 잇고 뭐 겨니까.{이부

자리. 이불 그 뭐, 몇 채 해왔다, 한 채 해왔다, 두 채 해왔다, 뭐 장롱, 옛날 장롱이라고 찬장. 그런 것, 뭐 궤. 없는 사람들은 이불, 단 이불 한 벌, 이불 두 개. 요 한 벌 해서 왔다고 하는 데도 있고 뭐 그러니까.}

🔘 할아버지도, 처음 결혼헷을 때는 어떵 헹 와십디가?{할아버지도, 처음 결혼했을 때는 어떻게 해서 왔었습니까?}

🔘 아, 궤 흔 짝. 궤 흔 바리는 두 개를 놓고 흔 바리렌 허곡, 하나만 허는 거는 흔 짝이엔 허여. 궤 흔 짝허고 이불 둘허고 요 둘이라던가. 요팡석이 멧 개라. 이렇게.{아, 궤 한 짝. 궤 한 바리는 두 개를 놓고 한 바리라고 하고, 하나만 하는 것은 한 짝이라고 해. 궤 한 짝하고 이불 둘하고 요 둘이었던가. 방석이 몇 개야. 이렇게.}

🔘 요팡석?{방석?}

🔘 요팡석 이런 거.{방석 이런 것.}

🔘 요팡석?{방석?}

🔘 요방석이라고 요팡석. 요팡석도 멧 장 헤왓젠 허더라. 많이 헤오믄 "아주 많이 출려 왔젠" 허주. 요팡석 열 개여, 스무 개여 경 허곡. 이제 올 때는 씨어멍, 그, 겨민 여기서 홍세란 거세기가, 광목 홍세함에 놔. 흔 통 허영 놓민 거기서 거 받앙 허민, 거기서 아정오믄 그 대신 저 거기선 무신 거 가져오냐 허믄 새각씨 올 때는 친정, 시가에 친정덜 주젠 양말이나 보선이나 뭐 그런 거 정 왕 가차운, 춤, 큰씨어멍이나 셋씨어멍, 뭐 이런 씨동셍 그런 건 주는 거. 다른 걸로 안 허고 보선, 대비 그튼 거 그런 걸로 선사하는 것이고 그런 정도{방석이라고 방석. 방석도 몇 장 해왔다고 하더라. 많이 해오면 "아주 많이 차려서 왔다."고 하지. 방석 열 개다, 스무 개다 그렇게 하고 이제 올 때는 시어머니 그, 그러면 여기서 혼서라고 거시기가, 광목 혼서함에 넣어. 한 통 해서 넣으면 거기서 받아서 하면, 거기서 가져오면 그 대신 저 거기서는 무슨 것 가져오냐 하면 신부 올 때는 친정, 시가에 친정들 주려고 양말이나 버선이나 뭐 그런 것

져 와서 가까운, 참, 큰시어머니나 둘째시어머니, 뭐 이런 시동생 그런 것은 주는 것. 다른 것으로 안 하고 버선, 양말 같은 것 그런 것으로 선사하는 것이고 그런 정도}

문 그때 신랑쌍예? 신랑쌍에는 어떤 게 올라와마씨? 음식들은 어떤 거 헤신고예?{그때 신랑상요? 신랑상에는 어떤 것이 올라옵니까? 음식들은 어떤 것 했을까요?}

답 보통으로 잇는 거 다 출려 놓지마는, 그디 특별히 올라가는 것이 둑, 둑미지라고 저 즈름에 영헌 거. 그것이 젤 여냥이 잇는 디라고 헤서. 둑 흔 머리 올리는 디도 잇고, 그냥 미지만 둑 준둥으로 두터레 그것만 주는 디도 잇고 그것이 특별헌 거주. 계란 더 놓곡 그자 벨다른 건 엇고 우시상이나 상객상이나 다 헌디 여러 가지 반상기라고 헤서 그릇이 좀 만허지. 먹어볼 건 엇어도 그자 그냥 놓곡. 특별헌 거 신랑상이라고 특별헌 거.{보통으로 있는 것 다 차려 놓지만, 거기 특별히 올라가는 것이 닭, 닭 '미지'라고 저 꽁무니에 이렇게 한 것. 그것이 젤 영양이 있는 데라고 해서. 닭 한 마리 올리는 데도 있고, 그냥 '미지'만 닭 잔등으로 뒤로 그것만 주는 데도 있고 그것이 특별한 것이지. 계란 더 놓고 그저 별다른 것은 없고 위요상이나 상객상이나 다 하는데 여러 가지 반상기라고 해서 그릇이 좀 많지. 먹어볼 것은 없어도 그저 그냥 놓고 특별한 것은 신랑상이라고 특별한 것.}

문 그럼, 새각씨상 조사허다 보면 새각씨상에는 둑다리가 올라온다고 헷거든예? 신랑쌍은 미지 올라오는 거구나예? 둑다리 이쪽에 줘부니까.{그럼, 신부상 조사하다 보면 신부상에는 닭다리가 올라온다고 했거든요? 신랑상은 '미지' 올라오는 것이군요. 닭다리 이쪽에 줘버리니까.}

답 하여튼 신부쌍에도 뭐 올라감 시겟지. 난 건 잘 몰르는디.{하여튼 신부상에도 뭐 올라가고 있겠지. 나는 그것은 잘 모르는데.}

문 할아버지 결혼헐 때는 미지, 그 부분이 올라(왓수가?) 특별히 그 '미지'를 올리는 이유는 뭐고예?{할아버지 결혼할 때는 미지, 그 부분이 올라(왔습니까?) 특별히 그 '미지'를 올리는 이유는 무엇일까요?}

탑 그것이 여낭이 많고 심이 잘 나난. 잇날도 그 짐작이 힘, 거 원기가 나는 거라고. 득 중엔 거기가 힘이 잇는 거라.{그것이 영양가가 많고 힘이 잘 나니까. 옛날도 그 짐작이 힘, 그것 원기가 나는 것이라고 닭 중에는 거기가 힘이 있는 거야.}

문 여자덜 먹지 안 헌덴?{여자들 먹지 아니 한다고?}

탑 여자신딘 안 올르고 신랑상에. 여자상에는 뭣사, 물론 득궤기 올라가지.{여자한테는 안 오르고 신랑상에. 여자상에는 무엇이, 물론 닭고기 올라가지.}

문 뒷부분 말하는 거지예?{뒷부분 말하는 것이지요?}

탑 뒷부분.{뒷부분.}

문 꼬리?{꼬리?}

탑 꼬리 돋은 디 미지. 젤 지름도 많고 맛도 좋아.(웃음){꼬리 돋은 데 '미지'. 가장 기름도 많고 맛도 좋아.(웃음)}

문 이제 그렇게, 이제 헤서 결혼을 헸었는데, 그러면 두 번째 결혼헐 때는 멧 세에 하셨습니까?{이제 그렇게, 이제 해서 결혼을 했었는데, 그러면 두 번째 결혼할 때는 몇 세에 하셨습니까?}

탑 징역 살안 오란에 흔 일년, 흔 이년 후에.{징역 살고 와서 한 일년, 한 이년 후에.}

문 이년 후에예? 처음 결혼헐 때는 금방 끗나부니까 허고 멧 설 때마씨?{이년 후에요? 처음 결혼할 때는 금방 끝나버리니까 하고 몇 살 때라고요?}

탑 쓰무흔 설 때 나왕 쓰무흔 술 때 헷주.{스물한 살 때 나와서 스물한 살 때 했지.}

문 그렇게 헤서?{그렇게 해서?}

탑 쓰물흔 술 때, 똘이, 쓰물흔 술 때 똘을 나고 흔 술 무지도 나고 그냥 연년생 거세기 허멍 헌 것이 많이 낫주.{스물한 살 때, 딸이, 스물한 살 때 딸을 낳고 한 살 터울도 나고 그냥 연년생 거시기 하면서 한 것이 많이 낳았지.}

문 여덜 명 난 거라예?{여러 명 낳은 것이지요?}

답 여덥 명.{여덟 명.}

문 여덟 명 중에 아덜은 멧이고 똘은?{여덟 명 중에 아들은 몇이고 딸은?}

답 스남 스녀.{사남 사녀.}

문 스남 스녀예. 맨 첫애기 낳을 때 그때 기억 잇습니까?{사남 사녀요. 맨 첫아기 낳았을 때 그때 기억 있습니까?}

답 그때 기억, 기억은. 아이는 그러니까, 뭐 베 아프덴 헷주만 그 당시는 우리는 바린 체도 아녀곡. 어머니가 다 알앙, 어머니나 알지. 우린 그 방에 가지도 아녀고 몰라나신디. 모르주. 나이도, 나오란 거세기 뭐 베우니까 그자 그 나 그런 거 잘 몰라.{그때 기억, 기억은. 아이는 그러니까, 뭐 배 아프다고 했지만 그 당시는 우리는 본 척도 않고 어머니가 다 알아서, 어머니나 알지. 우리는 그 방에 가지도 않고 몰랐었는데. 모르지. 나이도, 나와서 거시기 뭐 보이니까 그저 그 나 그런 것 잘 몰라.}

문 애기 날 때 방에 들어가거나 이런 거 어선마씨?{아기 낳을 때 방에 들어가거나 이런 것 없었습니까?}

답 먼발로나 돌아다녓지. 그냥 통증이엔 허는 그거나 영 귀(로) 좀 듣고 그저 어떵헌 거나 듣지. 그 들어가지도 못허곡, 못 봐.{먼발치로 돌아다녔지. 그냥 통증이라고 하는 그것이나 이렇게 귀(로) 좀 듣고 그저 어떻게 한 것이나 듣지. 그 들어가지도 못하고, 못 봐.}

문 할머니는 어디 분이라난마씨?{할머니는 어디 분이셨나요?}

답 할머니도 원래 이 동네서 태어난 경주 김씨. 이 동네서 태어난 어머니. 아, 여기서 결혼허고{할머니도 원래 이 동네에서 태어난 경주 김씨. 이 동네에서 태어난 어머니. 아, 여기서 결혼하고}

問 계속 쭉 두 분이서 이 동네서 태어낫서예? 그 아까 연좌제 때문에 자식들안티 미안한 마음도 잇고 이렇다고 헷는데 그 팔 남매는 요즘 어떤 일들 하셔마씨?{계속 쭉 두 분이서 이 동네에서 태어났다고요? 그 아까 연좌제 때문에 자식들한테 미안한 마음도 있고 이렇다고 했는데 그 팔 남매는 요즘 어떤 일을 하시나요?}

答 에, 첫째, 셋째는 전기, 저 전기공사 허고, 둘째는 저 현대아파트에서 무신 세탁손가 그디서 허고, 족은아덜은 지금 미대 나와가지고 저 어디, 어디고? 조천 그, 조천 우에 어디 돌하르방공원에 종사, 종사허메. 그리고 뚤덜은 하나는 지금, 저 큰사우는 춤 돌아가불고, 셋사우는 지금 동광초등학교 교감이고, 또 말젯사우는 일본 사름이고, 일본 말젯뚤은, 셋째는 일본 강 살곡. 일본 사름이고 또 넷째는 저 법원, 등기계 계장인가. 뚤도 늬 성제.{아, 첫째, 셋째는 전기, 저 전기공사 하고, 둘째는 저 현대아파트에서 무슨 세탁소인가 거기서 하고, 작은아들은 지금 미대 나와서 저 어디, 어디지? 조천 그, 조천 위에 어디 돌하르방공원에 종사, 종사하지. 그리고 딸들은 하나는 지금, 저 큰사위는 참 돌아가버리고, 둘째사위는 지금 동광초등학교 교감이고 또 셋째사위는 일본 사람이고, 일본 셋째 딸은, 셋째는 일본 가서 살고 일본 사람이고 또 넷째는 저 법원, 등기계 계장인가. 딸도 네 형제.}

問 자식분덜은 다?{자식분들은 다?}

答 이녁 늠안티 말썽 안 부리곡, 아직꺼지는 춤 나가 반가와. 스고 안 낭 늠 밉덴 아녀니까.{이녁 남한테 말썽 안 부리고, 아직까지는 참 내가 반가워. 사고 안 나서 남 밉다고 않으니까.}

問 예에. 그 할머니가 언제 돌아간마씨?{예에. 그 할머니가 언제 돌아가셨습니까?}

答 할머니가 백하나에 돌아간.{할머니가 백하나에 돌아가셨어.}

問 벡하나에?{백하나에?}

탑 벡흔 술 때 돌아간.{백한 살 때 돌아가셨어.}

문 멧 설 차이 나? 결혼헐 때?{몇 살 차이 나요? 결혼할 때?}

탑 우리 결혼헐 때 어머니가 흔 스오십 뒌 때주기.{우리 결혼할 때 어머니가 한 사오십 된 때지.}

문 그 부인예? 할아버지 부인, 부인이 언제 돌아가신 거?{그 부인요? 할아버지 부인, 부인이 언제 돌아가신 것?}

탑 우리?{우리?}

문 예예.{예예.}

탑 우리, 지금 오년.{우리, 지금 오년.}

문 오년? 그 나이 차이는 어떵 뒈난마씨?{오년? 그 나이 차이는 어떻게 됐었습니까?}

탑 흔 설 차이.{한 살 차이.}

1.5. 아이덜 아방 닮앙 착헌덴 헌 게 보람

문 한 살 차이. 그 자식들 키우면서 보람도 잇엇고 어려움도 잇엇고 헷을 텐데 어떤 게 보람이엇고 미안한 점은 어떤 거엿습니까?{한 살 차이. 그 자식들 키우면서 보람도 있었고 어려움도 있었고 했을 텐데 어떤 것이 보람이었고 미안한 점은 어떤 것이었습니까?}

탑 즈식덜 키우멍 말을 못헷주기. 밀체 먹으렌 허믄 흔동안 거 밀, 밀기울인가 그거 먹으렌 허믄 안 먹어. 아으덜이, 안 먹으믄. 경 허니까 처가칩이 쪼금 자급자족을 허니까. 애 어멍이 강, 친정에 강 좀쌀이라도 얻어당 나는 그 쌀을 서껑은에 밥을. 쌀엔 허믄 보리쌀이나 좀쌀이지. 곤쌀은 아니지. 나는 밥을 먹지마는 아으덜은 밀밥만 헤주민 안 먹어. 그것에 상당히, 아닌 게, 춤 어멍은 먹지 말렌 아방만 슬쩨기 먹는 그 양심도 안 뒈엇고 또 쳇짜는 공부를 제대로, 옥은 것덜은 못 시겨서. 어려워 노니까. 큰똘도 초등학교 허니까 뇜의 집 살다시피, 고모네 집의 뒤치다꺼리 보내여, 셋것도 초등학교 나오고 경 허곡 셋째 것도 역시 마찬가지. 똘덜이 우으로 나니까.{자식들 키우면서 말을 못했지. 밀기울 먹으라고 하면 한동안 그것 밀, 밀기울인가 그것 먹으라고 하면 안 먹어. 아이들이, 안 먹으면. 그렇게 하니까 처가가 조금 자급자족을 하니까. 아이 어머니는 가서, 친정에 가서 싸라기라도 얻어다가 나는 그 쌀을 섞어서 밥을. 쌀이라고 하면 보리쌀이나 좁쌀이지. 흰쌀은 아니지. 나는 밥을 먹지만 아이들은 밀밥만 해주면 안 먹어. 그것에 상당히, 아닌 것이, 참 어머니는 먹지 말라고 아버지만 살짜기 먹는 그 양심도 안 되었고 또 첫째는 공부를 제대로, 큰 것들은 못 시켰어. 어려워 놓으니까. 큰딸도 초등하고 하니까 남의 집 살다시피, 고모네 집에 뒤치다꺼리 보내, 둘째도 초등학교 나오고 그렇게 하고 셋째 것도 역시 마찬가지. 딸들이 위로 낳으니까.}

문 예에.{예에.}

답 경 헤도 아덜은 나니까, 아덜은 아메도 고등학교라도 시겨야, 고등흑꼴 시것고 또 그 다음엔 족은똘은 이제 고등흑교 또 시것어. 고등흑교 좀 나아지고 시대가 경 허니까. 뇜들 다 가는디 안 가믄 안 뒈고 그 다음에 내가 누님이 일본 잇는데. 팔십일년도 혼 삼년을 뒈도 연좌제, 초청을 헤도 신원조훼가 안 뒈. 통 터지질 아녀 가지고 그 연좌제 관계로 누구가 그 경찰서에 잇는 형사가, 좀 그 당시에 아는 사름, 좀 돈을 써가지고 형사 소개헐 테니까. 형사 말은 경 헌디 돈을 썬 허니 형사가 다 말을 허여줘. 탄원서를 저 어디 중정에 내곡. 치안국에 두 군데를, 이제 탄원서 내라고 탄원서를 내는디 어린 때부터 쭉 헤온 거를 다 적으렌. 그때는 젊은 때니까, 감사장 フ튼 거 이렇게 이, 멧 호, 멧 호 웨와지고, 씬 것도 잇고 데껴부난 엇어. 그거 다 잇고 그걸, 어린 때부터 공부헤 온 거 쭉 허고, 동네 역할을 허고, 어떵 허고, 다. 징역 가오고 뭣헌 거 다 적엇어.

양면부, 아마 다섯 개쯤 뒈엇어. 다 쓰니까, 그거 두 통을, 하나는 치안국, 하나는 중정에 보내니까 대답, 헤답 오기를, 중정에서는, "여기 소관이 아니니까 치안국으로 내시오" 영 헤. 흔 육 개월 만에 왔어. 쪼끔 잇으니까 치안국에 보냇거든. 딱 온 거 보니 엽서 놔뒀지. 옛날 하다키, 엽서. 무신 중앙우체국 사서함 멧 호 무신 거 허고, 귀하의 신원조훼는 이제 뭐, 여권을 접수협선가 썻어요. 그 치안국에서 딱 왔더만. 여권 여행사 가정가니까 "이거믄 틀림엇수뎅." 그거 들이니까 이제는 글로부터는 연좌제 헤제가 안 뒌 때주마는, 일본 신원조훼 터지니까 멧 번 가오란. 고등학교 이, 셋째아덜이 고등학교 졸업반인디 일본 간 흔 삼 개월 사는디 편지가, 이제는 "대학교 시험 봔 합격헷수다." 헤. 흔 녁은 반갑고 흔 녁은 돈 걱정도 헤지고 허는데 그디 매부가 잇다가 "영 정 헷수다." 허난, "아, 거 시겨야주. 대학교 아무나 들어가느넨. 나라도 거세기 허켄." "경 헙서." 허연. 그거 춤 그때가 반가왓고 그르후제도 주식들이 나를 아무 누가이 말썽 엇이. 젤 그게 주식덜 난 보람이 잇고 똘덜도 그렇고 어디 말썽부리지 아녀고 지금도 동네 사름덜, 그 사름 아이덜 아방 닮앙 경 착허뎅 허고 경 허여. 절대 아무가이 아덜 그런 말은 아녀. 경 허기 때문에 헐 중도 몰라도 자꾸 첵임도 씌우젱 허고 자꾸 미루민 난 훼피허지마는, 어짜피 난 약헌 사람이니까 막 권허민 아니 허지 못허곡. 만날 영 허단 보난.{그렇게 해도 아들은 낳으니까, 아들은 아마도 고등학교라도 시켜야, 고등학교를 시켰고 또 그 다음에는 작은딸은 이제 고등학교 또 시켰어. 고등학교 좀 나아지고 시대가 그렇게 하니까. 남들 다 가는데 안 가면 안 되고 그 다음에 내가 누님이 일본 있는데, 팔십일년도 한 삼년을 되어도 연좌제, 초청을 해도 신원조회가 안 되어. 통 터지지 안 해서. 그 연좌제 관계로 누가 그 경찰서에 있는 형사가, 좀 그 당시에 아는 사람, 좀 돈을 써서 형사 소개할 테니까. 형사 말은 그런데 돈을 써서 하니 형사가 다 말을 해줘. 탄원서를 저 어디 중정에 내고 치안국에 두 군데를, 이제 탄원서 내라고 탄원서를 내는데 어릴 때부터 쭉 해온 것을 다 적으라고 그때는 젊은 때니까, 감사장 같은 거 이렇게 이, 몇 호, 몇 호 외워지고, 쓴 것도 있고 던져버리니까 없어. 그거 다 있고 그것을, 어릴 때부터 공부해 온 것 쭉하고, 동네 역할 하고, 어떻게 하고, 다. 징역 다녀오고 무엇한 것을 다 적었어. 양면지, 아마 다섯 개쯤 되었어. 다 쓰니까, 그것 두 통을, 하나는 치안국, 하나는 중정에 보내니까 대답, 해답 오기를, 중정에서는, "여기 소관이 아니니까 치안국으로 내시오" 이렇게 해. 한 육 개월 만에 왔어. 조금 있으니까 치안국에 보냈거든. 딱 온 것 보니 엽서 놔뒀지. 옛날 엽서, 엽서. 무슨 중앙우체국 사서함 몇 호 무슨 것 하고, 귀하의 신원조회는 이제 뭐, 여권을 접수하세요란가 썼어요. 그 치안국에서 딱 왔더구만. 여권 여행사 가져가니까 "이것이면 틀림없습니다."고 그것 들이니까 이제는 그리로부터는 연좌제 해제가 안 된 때지만, 일본 신원조회 터지니까 몇 번 가왔어. 고등학교 이, 셋째아들이 고등학교 졸업반인데 일본 가서 한 삼 개월 사는데 편지가, 이제는 "대학교 시험 봐서 합격했습니다." 해. 한 편은 반갑고 한 편은 돈 걱정도 해시고 하는데 거기 매부가 있다가 "이래저래 했습니다." 하니까, "아, 그것 시켜야지. 대학교 아무나 들어가느냐고 나라도 거세기 하겠다."고 "그렇게 하십시오" 해서. 그것 참 그때가 반가웠고 그 이후에도 자식들이 나를 아무 누구 말썽 없이. 젤 그것이 자식들 낳은 보람이 있고 딸들도 그렇고 어디 말썽부리지 않고 지금도 동네 사람들, 그 사람 아이들 아버지 닮아서 그렇게 착하다고 하고 그렇게 해. 절대 아무개 아들 그런 말은 않아. 그렇게 하기 때문에 할 줄도 몰라도 자꾸 책임도 씌우려고 하고 자꾸 미루면 난 회피하지만. 어차피 나는 약한 사람이니까 마구 권하면 아니 하지 못하고 만날 이렇게 하다가 보니까.}

문 그래도 건강하시고 하니까.{그래도 건강하시고 하니까.}

답 아니, 놈, 그만허믄 딴 사름 비허민 건강헌 편이지.{아니, 남, 그만하면

다른 사람 비하면 건강한 편이지.}

2. 이보연의 생계 이야기

2.1. 우리 젊은 때 바당에 고기 하영 낫지

■ 아직도예, 그렇게 해서 살아왔는데, 그 바다 생활은 어떤 형식으로 이제
까지 꾸려온 겁니까? 이 경제.{아직도요, 그렇게 해서 살아왔는데, 그 바
다 생활은 어떤 형식으로 이제까지 꾸려온 것입니까? 이 경제.}

■ 경제생활은 할망이 오년 전의꺼지는 반농반어로{경제생활은 할머니가
오년 전까지는 반농반어로}

■ 예에.{예에.}

■ 그때는 정신 하나로. 나도 바다에서 열심히 허고 농사, 바다에 못 가믄
ㄱ찌 협조하곡. 밧도 흔 천여 평 헷지. 보리도 허믄 폴곡. 게믄 경제, 아
으덜도 바다에서도 거세기 굳후는 것 뭍에 건 굳후지 바다에 건 경비도
많이 들곡. 기름값 무신 거 조끔 가용이나 쓰지. 춤, 밧듸서 나는 건 어느
정도 쑬이라도, 보리라도 흔 멧 십 가마 허믄 흔번[뻔]에 풀민 목돈이 돼
지마는. 아으덜 그자 흑비나 당허고 그거. 셍활은 쭉 헤오는디. 그 당시
남으 차용이 만허여 가지고 더 시달렷주.{그때는 정신 하나로 나도 바
다에서 열심히 하고 농사, 바다에 못 가면 같이 협조하고 밭도 한 천여
평 했지. 보리도 하면 팔고 그러면 경제, 아이들도 바다에서도 거시기
굳히는 것 뭍에 것은 굳히지 바다에 것은 경비도 많이 들고 기름값 무
슨 것 조금 가용이나 쓰지. 참, 밭에서 나오는 것은 어느 정도 쌀이라도,
보리라도 한 몇 십 가마 하면 한번에 팔면 목돈이 되지만. 아이들 그저

학비나 당하고 그거. 생활은 쭉 해오는데. 그 당시 남의 차용이 많아서 더 시달렸지.}

🔘 예에.{예에.}

🔘 농협, 개인, 그것이 그때 어떻 어떻. 또 아으덜 말 잘 듣고, 아으 다 이제 키와가니까 그 늠의 차용이 전부 이젠 메꾸와지고 이젠 차용도 엇고, 지금 현재는 차용도 엇고 흥꼼 펜안히 살아지카부덴 허난 가는 사름은 가불고 에, 지금은게 자식덜 웃이믄 드렌 멩목은 엇지마는 예를 들어서 저 웃이믄 자식덜이 그냥 내불지 안 헐 거라 생각허고 그 대신에 나도 놀진 아녀고 그자 여력만 시믄 거세기, 심심허믄 바다에도 나가곡 뭐. 그럭저럭혜.{농협, 개인, 그것이 그때 어떻게 어떻게. 또 아이들 말 잘 듣고, 아이 다 이제 키워가니까 그 남의 차용이 전부 이제는 메워지고 이제는 차용도 없고, 지금 현재는 차용도 없고 조금 편안하게 살아질까보다 하니까 가는 사람은 가버리고 아, 지금은 자식들 없으면 달라는 명목은 없지만 예를 들어서 저 없으면 자식들이 그냥 내버리지 않을 것이라고 생각하고 그 대신에 나도 놀지는 않고 그저 여력만 있으면 거시기, 심심하면 바다에도 나가고 뭐. 그럭저럭해.}

🔘 이, 어쨋든 이호는 반농반어 아닙니까예?{이, 어쨌든 이호는 반농반어 아닙니까?}

🔘 예.{예.}

🔘 그 바다에서 예전부터 이제 헤온예? 예전부터 그 계절별로 일월부터 십이월까지 바다에서 어떤 생활들을 헷고, 어떤 작업을 헷고?{그 바다에서 예전부터 이제 해온? 예전부터 그 계절별로 일월부터 십이월까지 바다에서 어떤 생활들을 했고, 어떤 작업을 했고?}

🔘 우리 젊은 때는 바다에도 상당히 고기가 많이 낫고 또 대가, 대금은 싸가지고 그거 그거지만. 지금은 족게 나도 고기가 비싸니까 지금이 오히려 수확이 더 낫다고 헐 수 잇지만 그 대신에 고기가 나질 안 해. 옛날에

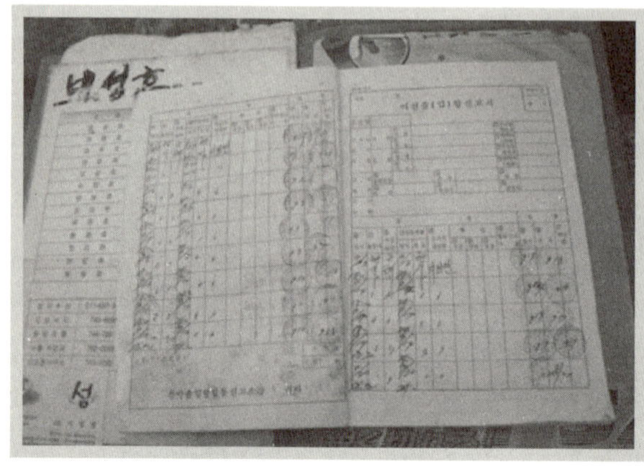

[사진 52]
이보연 할아버지가 고기 잡이 나갈 때 작성한 어선 출입항 신고서.

는 에, 흔 음력으로 그자 동짓들이믄, 십이월들로 스월까지는 갈치가 그렇게, 낮이 갈치 어장에 많이 낫지. 고기는 많이 낫지만 그것도 뭐 싸니까. 그르후제는 스월 넘으믄 지금 나는 한치 이것이 나곡. 또 이제 흔 칠팔월 넘어나믄 갈치 나가지고 ᄀ을갈치라고 쭉 어장이 계속 뒈엇는디 지금은 거 동짓들에 나는 것도 엇고 ᄀ을에 나는 것도 뭐 히지부지허고요 한치엔 헌 거 쪼끔, 날 때 나고 안 날 때 안 나고 요거뿐이주. 상당히 어려와요.{우리 젊은 때는 바다에도 상당히 고기가 많이 났고 또 대가, 대금은 싸서 그거 그것이지만. 지금은 적게 나도 고기가 비싸니까 지금이 오히려 수확이 더 낫다고 할 수 있지만 그 대신에 고기가 나 질 않아. 옛날에는 아, 한 음력으로 그저 동짓달이면, 십이월달로 사월까지는 갈치가 그렇게, 낮에 갈치 어장에 많이 났지. 고기는 많이 났지만 그것도 뭐 싸니까. 그 이후에는 사월 넘으면 지금 나는 화살오징어 이것이 나고 또 이제 한 칠팔월 넘어 나면 갈치 나서 가을갈치라고 쭉 어장이 계속되었는데 지금은 그것 동짓달에 나는 것도 없고 가을에 나는 것도 뭐 흐지부지 하고 요 화살오징어라고 한 것 조금, 날 때 나고 안 날 때 안 나고 요것뿐이지. 상당히 어려워요.}

🔲 옛날도 게믄 갈치 어장, 갈치하고 하영 잡은 게 그 다음에?{옛날도 그러

[사진 53]
오징어 말리기.

면 갈치 어장, 갈치하고 많이 잡은 것이 그 다음에?}

탑 오징어.{오징어.}

문 오징어?{오징어?}

탑 한치.{화살오징어.}

문 옛날도 한치라고 헷습니까? 오징어를.{옛날도 화살오징어라고 했습니까? 오징어를.}

탑 아, 오징어라고 헷지. 지금은 한치엔 허믄 중간에 나온 말이지.{아, 오징어라고 했지. 지금은 화살오징어라고 하면 중간에 나온 말이지.}

문 옛날은 오징어예?{옛날은 오징어요?}

탑 오징어, 오징어.{오징어, 오징어.}

문 오징어, 갈치?{오징어, 갈치?}

탑 으 고등어, 갈치도 많이 낫주. 고등어도 많이 낫주.{그래. 고등어, 갈치도 많이 났지. 고등어도 많이 났지.}

문 고등어는 어느 철에?{고등어는 어느 철에?}

탑 것도 갈치, ᄀ을갈치 나끌 때.{그것도 갈치, 가을갈치 낚을 때.}

문 ᄀ을갈치 나끌때예?{가을갈치 낚을때요?}

답 봄갈치 나끌 때는 고등어가 엇고{봄갈치 낚을 때는 고등어가 없고.}

문 주로 베로? 갈치, 오징에?{주로 배로? 갈치, 오징어?}

답 고등어.{고등어.}

문 고등에다예?{고등어네요?}

답 으{그래.}

문 이 갈치도 혹씨 그 종류가 잇습니까?{이 갈치도 혹시 그 종류가 있습니까?}

답 아, 갈치 종류가 없어.{아, 갈치 종류가 없어.}

문 갈치는 없어마씨?{갈치는 없어요?}

답 아, 우리가 막 준 것 멜깔치엔 허영은에 즈니까 멜 닮은 갈치지. 멜깔치 허지마는 그 웨로는 뭐 갈치지 뭐. 멜깔치. 유월에는, 초동에는 유월들에 그때는 줄아. 그때는 에, "거 멜깔치 나끄젠 무신 거 허레 가." 잘 안 가고 여름이니까. 여름에는 부식돼곡 허니까 잘 안 가지. 깝도 안 주고, 맛도 없고{아, 우리가 마구 잔 것 '멸치갈치'라고 해서 자니까 멸치 닮은 갈치지. '멸치갈치' 하지만 그 외로는 뭐 갈치지 뭐. '멸치갈치'. 유월에는, 초동에는 유월달에 그때는 잘아. 그때는 아, "그것 멸치갈치 낚으려고 무슨 것 하러 가." 잘 안 가고 여름이니까. 여름에는 부식되고 하니까 잘 안 가지. 값도 안 주고, 맛도 없고}

문 여름에?{여름에?}

답 지금은 여름이고 무시 거고 맛이 잇주마는 그때는 준 것덜은 멜깔치렌 허곡.{지금은 여름이고 무슨 것이고 맛이 있지만 그때는 잔 것들은 '멸치갈치'라고 하고.}

문 멜깔치예? 그 다음에 오징에는 종류가 잇잖아예?{멸치갈치요? 그 다음에 오징어는 종류가 있잖아요?}

답 오징에도 역시 거 흔 가지.{오징어도 역시 그것 한 가지.}

문 아, 제주도에서 나는 (거?){아, 제주도에서 나는 (것?)}

답 게난 저 강원도서, 동해에서 나는 것도 오징어, 오징어 허는디 우리 그 당시 오징어는 이디서나 오징어. 거기는 이까라고 헤. 그 종류는 이까라고 일본말인디 뭣인지 몰라도 이까엔 허곡. 이디 한치오징어. 한치엔 헌 말이 흔 십년도 안 뒈서. 흔 오륙년베끼 안 뒌 거고 뭐 우리가 강원도, 육지에 가믄 동해안에 가믄 한치엔 헌 것이, 오징어 부찌당 보민 벌겅헌 거 이만히 굴체로 하나씩 허여. 하나가. 그런 거 잡아오는 거 보민, 그거 보고 한치, 한치 허는 걸 봣는디. 허, 여기 오니까 이 중간에 요런, 여기 오징어를 보고 한치, 한치 허니까 뭐 모르겟어.{그러니까 저 강원도에서, 동해에서 나는 것도 오징어, 오징어 하는데 우리 그 당시 오징어는 여기서나 오징어. 거기는 '이까'라고 해. 그 종류는 '이까'라고 일본말인지 무엇인지 몰라도 '이까'라고 하고 여기 화살오징어. '한치'라고 한 말이 한 십년도 안 됐어. 한 오륙년밖에 안 된 것이고 뭐 우리가 강원도, 육지에 가면 동해안에 가면 '한치'라고 한 것이, 오징어 붙이다가 보면 벌건 거 이만큼 삼태기로 하나씩 해. 하나가. 그런 것 잡아오는 것 보면, 그것 보고 '한치', '한치' 하는 것을 봤는데. 하, 여기 오니까 이 중간에 요런, 여기 오징어를 보고 화살오징어, 화살오징어 하니까 뭐 모르겠어.}

문 아아, 그러면은 강원도에서도 한치라고 썻습니까?{아아, 그러면 강원도에서도 '한치'라고 썼습니까?}

답 큰 거 오징어엔 허곡. 그 오징어는 그거 이까엔 헌 거. 한치엔 헌 건 뚜로 이만큼 큰 거.{큰 거 오징어라고 하고 그 오징어는 그거 '이까'라고 한 거. '한치'라고 한 것은 따로 이만큼 큰 것.}

문 아아.{아아.}

답 그것이 한친디 여기는 이 존 거, 이것그라 한치엔 허여.{그것이 '한치'인데 여기는 이 잔 거, 이것보고 화살오징어라고 해.}

문 그 제주도에서 잡히는 오징어하고 저쪽에서 잡히는 오징어하고 색깔이랑 모양 같은 거는 또?{그 제주도에서 잡히는 오징어하고 저쪽에서 잡히

는 오징어하고 색깔이랑 모양 같은 것은 또?}

탑 틀리지.{다르지.}

문 틀리지예?{다르지요?}

탑 좀 틀리고 맛도 틀리고{좀 다르고 맛도 다르고.}

문 어떤 식으로 어떻게 틀립니까?{어떤 식으로 어떻게 다릅니까?}

탑 저디 오징어는 성격이 나끄면 늬껍 차는 거라든가, 늬껍 무는 거 걸고 성
질이 걸고, 여기 오징어가 순해. 순허고 맛도 여기 건 연허고 살이 저기
건 살이 막 씨고, 색깔도 아, 뜰리고 색깔도 저긴 거무룽허고 여긴 하얗
고 지금 저 시중에 냉동허여영 팡팡 큰 것덜 이런 것이 강원도서 나끈 그
종륜디, 그것보고 강원도선 오징어라 허지. 한치렌 헌 건 특별히 가다 하
나씩 올르는 거. 천에 하나 올르는 거, 이만씩 술진 거 한치라고 허는 거
봣는데. 여기 오니까, 여기서 이제 그걸 보고 한치라고 허니 원 알 수가
없어.{저기 오징어는 성격이 낡으면 미끼 차는 것이라든가 미끼 무는 거
걸고 성질이 걸고, 여기 오징어가 순해. 순하고 맛도 여기 것은 연하고
살이 저기 것은 살이 막 세고, 색깔도 아, 다르고 색깔도 저기는 거무스
레하고 여기는 하얗고 지금 저 시중에 냉동해서 팡팡 큰 것들 이런 것
이 강원도에서 낡은 그 종류인데, 그것보고 강원도에서는 오징어라 하지.
'한치'라고 한 것은 특별히 가다가 하나씩 오르는 것. 천에 하나 오르는
것, 이만씩 살진 거 '한치'라고 하는 것 봤는데. 여기 오니까, 여기서 이제
그것을 보고 '한치'라고 하니 원 알 수가 없어.}

문 (웃음) 그렇게 이제 하고 가을 들어서 이제 갈치. 그, 그 웨에 저기 잡히
는 고기 이름들 잇지예? 어떤 거, 어떤 거 잡힙니까?{(웃음) 그렇게 이제
하고 가을 들어서 이제 갈치. 그, 그 외에 저기 잡히는 고기 이름들 있지
요? 어떤 것, 어떤 것 잡힙니까?}

탑 아, 그 고등어 뭐, 각제기라고 각제기, 뭐 여러 가지 잇주마는 거 소소히
하나씩 말 홀 수가 셔.{아, 그 고등어 뭐, 전갱이라고 전갱이, 뭐 여러 가

[사진 54] 이보연 할아버지가 운영하는 배 '보성호'.

지 있지만 그것 소소히 하나씩 말 할 수가 있어?}

문 고기 일름들을 쭉 굴아줍서?{고기 이름들을 쭉 말해주십시오?}

답 낮에는, 가을에 그 당시는, 우리가 흔 오십 대는 낮에 나가면 셍성 나까. 셍성, 옥돔.{낮에는, 가을에 그 당시는, 우리가 한 오십 대는 낮에 나가면 옥돔 낚아. 옥돔, 옥돔.}

문 예에.{예에.}

답 옥돔 뭐 가믄 흔 이십 머리, 삼십 머리썩 그 당시 나깟주. 낮에 강 나끄곡. 이제는 그것이 없어. 이 막 물라가지고 이 그물코 족은 걸로 막 끗어부니까, 오는냥 막 잡아부니 준 거, 이런 거끄지 막 잡아부러. 그런 거 나끌 셍각도 아녀고 이제는 아까 말한, 그 갈치허고 오징어 거나벳긔. 밋고기 여름에 낮에 나끄는 건 아무 것도 엇어.{옥돔 뭐 가면 한 이십 마리, 삼십 마리씩 그 당시 낚았지. 낮에 가서 낚고 이제는 그것이 없어. 이 막 말라서 이 그물코 작은 것으로 막 끌어버리니까, 오는대로 마구 잡아버리니 잔 거, 이런 것까지 마구 잡아버려. 그런 거 낚을 생각도 않고 이제는 아까 말한, 그 갈치하고 오징어 그것이나밖에. 밑에 고기 여름에 낮에 낚는 것은 아무 것도 없어.}

문 그러면 그 나끄는 거는 낚시로?{그러면 그 낚는 것은 낚시로?}

답 낚시로 주낙시나.{낚시로 주낙이나.}

🔲 주낙시나 그냥 일반 낚시?{주낙이나 그냥 일반 낚시?}

🔳 베 웨줄로 나끄곡.{배에서 외줄로 낚고}

🔲 예에.{예에.}

🔳 경 아녀민 주낙 헤영 나끄곡. 주낙질도 많이 헤보곡. 주낙질 허다가 안 뒈민 나끔질 허다가 나끔질도 설러불곡 경.{그렇게 않으면 주낙 해서 낚고 주낙질도 많이 해보고 주낙질 하다가 안 되면 낚음질 하다가 낚음질도 그만두고 그렇게.}

🔲 그 주낙은 어떤 거마씨? 주낙은.{그 주낙은 어떤 거예요? 주낙은.}

🔳 주낙은 저 흔 발가웃, 흔 발, 두 발 이 세 간격을 두어가지고 줄을, 줄을 이렇게. 이것이 주낙줄이믄 에, 이 흔 상자가 이벡 발, 삼벡 발 뒈여.{주낙은 저 한 발 가웃, 한 발, 두 발 이 사이 간격을 두어서 줄을, 줄을 이렇게. 이것이 주낙줄이면 아, 이 한 상자가 이백 발, 삼백 발 되어.}

🔲 예에.{예에.}

🔳 이거. 여기 낚시를다가 흔 발 가웃, 두 발 하나씩 이렇게 이제. 이 아리를.{이것. 여기 낚시를 한 발 가웃, 두 발 하나씩 이렇게 이제. 이 아리를.}

🔲 예에.{예에.}

🔳 게민 여기 낚시를 메어. 그 낚시 메믄 여기 늬껍을 탁 꿰주게.{그러면 여기 낚시를 매. 그 낚시 매면 여기 미끼를 탁 꿰지.}

🔲 예에.{예에.}

🔳 게믄 상지 하나에 흔 삼벡 발이며는 낚시가 흔 벡오십 들어가지이. 이 수정이.{그러면 상자 하나에 한 삼백 발이면 낚시가 한 백오십 들어가지. 이 숫자가.}

🔲 예예.{예예.}

🔳 이런 걸 멧 상자나 놓느냐 허민, 열 상자나 열다섯 상자 이렇게 놔. 멧 발이 뒈는 거여? 경 낚시가, 열 개가. 낚시 하나에 벡이믄 열 개믄 천 개.

낚시가. 게믄 고기 물 때는 혼 이삼벡 개 물지마는 안 물 때는 혼 이벡 개도 물고, 벡 개도 물곡. 천 개믄 천 개 다 물엄시믄 이거 기가 멕힌 거 주마는. 열 개에 하나만 물어도 잘 문 거고 열다섯에 하나, 쑤무 개 하나 경 허영. 주낙은 계속 경 막 줘가지고 막 뗑겨 줘. 바다에 풀어낫다가 시간, 뜸들여가지고 떠 올리는 거고 나끄는 건 그냥, 그대로 술 하나 가정 직접 영 나까 떼어 두고 뜨시.{이런 것을 몇 상자나 놓느냐 하면, 열 상자나 열다섯 상자 이렇게 놔. 몇 발이 되는 거야? 그렇게 낚시가, 열 개 가. 낚시 하나에 백이면 열 개면 천 개. 낚시가. 그러면 고기 물 때는 한 이삼백 개 물지만 이것 기가 막힌 거지만. 열 개에 하나만 물어도 잘 문 것이고 열다섯에 하나, 스무 개에 하나 그렇게 해서. 주낙은 계속 그렇게 마구 줘서 마구 당겨 줘. 바다에 풀어놓았다가 시간, 뜸들여서 떠 올리는 것이고 낚는 것은 그냥, 그대로 줄 하나 가져서 직접 이렇게 낚아서 떼어 두고 다시.}

🔲 문 그러면 주낙은 미리 바다에 낚시줄을 깔아 낫다가?{그러면 주낙은 미리 바다에 낚싯줄을 깔아 두었다가?}

🔲 답 늬껍 꿰영은에 깔앙 낫다가.{미끼 꿰서 깔아 두었다가.}

🔲 문 깔앙 낫다가 하나씩 걷어 올리는 거구나예?{깔아 두었다가 하나씩 걷어 올리는 거군요?}

🔲 답 ᄌᆞ근ᄌᆞ근 걷어. 이천 발, 천 발을 계속 둥경 올려야주.{차근차근 걷어. 이천 발, 천 발을 계속 당겨서 올려야지.}

🔲 문 예예. 경 헤영?{예예. 그렇게 해서?}

🔲 답 경 헴시믄 가다 올라오는 거.{그렇게 하고 있으면 가다가 올라오는 것.}

🔲 문 예. 경 허영 이제 잡는 거고 그러면 그 줌녀덜에, 줌녀들이 그 소살로 쏘으는 이런 고기하고 이거 잡는 거허고 틀리다예?{예. 그렇게 해서 이제 잡는 것이고 그러면 그 해녀들, 해녀들이 그 작살로 쏘는 이런 고기하고 이것 잡는 것하고 다르네요?}

🄫 틀리주. 쏘으는 건 소수의, 소수 그거고 옛날은 쏠 궤기도 하주마는. 쏠 궤기도 우리 어린 적에는 흔 스십 대만 해도 여기 안경 썽 들어가믄 소 살, 작살로 영, 고기가 수두룩헷는디 하나 없어. 그렇게 깨끗헤.{다르지. 쏘는 것은 소수의, 소수 그것이고 옛날은 쏠 고기도 많았지만. 쏠 고기 도 우리 어릴 적에는 한 사십 대만 해도 여기 물안경 써서 들어가면 작 살, 작살로 이렇게. 고기가 수두룩했는데 하나 없어. 그렇게 깨끗해.}

🄫 씨가 말라부럿구나. 아까 아리엔 헨게 아리는 뭐우꽈?{씨가 말라버렸구 나. 아까 아리라고 하던데 아리는 뭡니까?}

🄫 아리. 것ㄱ라 뭣산디. 주낙 아리라고 이건 원줄인디 주낙. 원줄에 여기다 가 이것이 흔 슬지기가 이만큼 슬지믄 아리는 요렇게 ㄲ늘지게. 이렇게 다 메영. 여기 ㄲ트머리 낚시 이렇게.{아리. 그것보고 무엇인지. 주낙 아 리라고 이것은 원줄인데 주낙. 원줄에 여기에다가 이것이 한 굵기가 이 만큼 굵으면 아리는 요렇게 가늘지. 이렇게 다 매서. 여기 ㄲ트머리 낚시 이렇게.}

🄫 게믄 낚시 매는 줄이 아리구나예?{그러면 낚시 매는 줄이 아리군요?}

🄫 아리, 아리. 낚시 메는 줄이. 이건 원줄이고 삼백 발 원줄이고{아리, 아 리. 낚시 매는 줄이. 이것은 원줄이고 삼백 발 원줄이고}

🄫 그건 원줄이엔 허고 이건 하나하나 헤서?{그것은 원줄이라고 하고 이것 은 하나하나 해서?}

🄫 아리.{아리.}

🄫 아리. 여기는 또 낚시?{아리. 여기는 또 낚시?}

🄫 낚시.{낚시.}

🄫 그 다음에 이렇게 상자는, 상자?{그 다음에 이렇게 상자는, 상자?}

🄫 나무 상자. 그냥 그거에 믄딱 사려놧당 벡 개믄 벡 개썩 바위에 걸엇당 늬껍 꿰영 놧다가 베 돌리면서 하나씩 테멍 바당물에. 차갈 거 아니?{나 무 상자. 그냥 그것에 몽땅 사려두었다가 백 개면 백 개썩 바위에 걸었

다가 미끼 꿰서 두었다가 배 돌리면서 하나씩 떼면서 바닷물에. 채갈 것 아닌가?}

문 예예.{예예.}

답 가는 양 낚시만 떼어뒁 딱 허영 물(민), 혼 멧 분 지달럿당 처음 놓은 거 시작헹. 천 발이믄 천 발 그냥 즈근즈근 계속 둥겨가.{가는 대로 낚시만 떼어두고 딱 해서 물(면), 한 몇 분 기다렸다가 처음 놓은 거 시작해서. 천 발이면 천 발 그냥 차근차근 계속 당겨가.}

2.2. 보리영 콩이영 조영 갈앗지

문 그치룩 허영 그런 낚시, 이제 잡아서 이제 하고, 그 다음 밧농사 같은 거는 어떤 걸 헷습니까?{그렇게 해서 그런 낚시, 이제 잡아서 이제 하고, 그 다음 밭농사 같은 것은 어떤 것을 했습니까?}

답 밧농사 같은 건, 밧농사. 보리철이믄 보리, 콩철에 콩, 조 또 요즘은 전에는 우리 둘이다가 밧농사 혼 오벡 평만 헤도 버쳐. 웨냐 허니까 검질 두 세 번 메야지, 또 뭐, 뭐 헤야지, 막 힘들엉 못허거든. 게믄 검질을 벡 평 메젠 허믄 혼 사름이 벡 펭 못 멜 때가 잇거든. 경 허믄 오벡 평이믄 메칠 헐 거라. 이제는 그것이 아니니까 우리도 천 평 헌 것이 약으로 모두 약처리 허니까. 검질 안 나는 약. 검질 남시믄 살살 트멍으로 거 죽이는 약 잇고, 경 허니까. 또 비는 것도 엿날은 앚앙 비엉. 벡 평 비젠 허믄 호루 헤전 비어야 뒈는디 이제는 뭐 혼두 시간이믄 혼 천여 평짜리 싹 장만헤영, 딱 장만허영, 탈곡허영 나오니까 지금은 아주 한가(허주.) 그 대신 농약, 농약 치는 것이, 멧 번 농약 쳐야 뒈. 경 헤가지고 우리도 요물 그걸로 헤가지고 추추추추 아으덜 공부 시기는 디도 보태고 춤 거세기 헷주.{밭농사 같은 것은, 밭농사. 보리철이면 보리, 콩철에 콩, 조 또 요즘은 전에는 우리 둘이서 밭농사 한 오백 평만 해도 부쳐. 왜냐 하니까 김 두세 번 매야지, 또 뭐, 뭐 해야지, 막 힘들어서 못하거든. 그러면 김을 백 평 매려고 하면 한 사람이 백 평 못 맬 때가 있거든. 그렇게 하면 오백 평이면 며칠 할 거야. 이제는 그것이 아니니까 우리도 천 평 한 것이 약으로 모두 약처리 하니까. 김 안 나는 약. 김 나와가면 살살 틈으로 그것 죽이는 약 있고, 그렇게 하니까. 또 베는 것도 옛날은 앉아서 베서. 백 평 베려고 하면 하루 해전 베야 되는데 이제는 뭐 한두 시간이면 한 천여 평짜리 싹 장만해서, 딱 장만해서, 탈곡해서 나오니까 지금은 아주 한가(하지.) 그 대신 농약, 농약 치는 것이, 몇 번 농약 쳐야 돼. 그렇게 해서 우리도 여물 그것으로 해서 차차차차 아이들 공부 시키는 데도 보태고 참 거시기 했지.}

문 이 동네는 논도 잇어낫습니까?{이 동네는 논도 있었습니까?}

답 이거 바로 논이주. 앞의.{이것 바로 논이지. 앞에.}

문 논농사도 헤봣습니까?{논농사도 했었습니까?}

답 논농사 우리가 질 많이 헷어. 이녁 논은 아닌디 천오백 평 허여. 경 허믄 나록 흔 스물다섯 섬, 삼십 섬끄지 헤봔. 건디 그걸 이제 ㅎ면은, 그걸 허면은 말쩨라가믄 수매를 안 헤. 여기 다 거의가 내부니까. 웨냐니까 농약을, 그 오뉴월 그 더위에 잘허믄 아옵 번, 못허민 열두 번끄지 헤야 뒈여. 농약을.{논농사 우리가 젤 많이 했어. 이녁 논은 아닌데 천오백 평 해. 그렇게 하면 벼 한 스물다섯 섬, 삼십 섬까지 해봤어. 그런데 그것을 이제 하면, 그것을 하면 말쩨에는 수매를 안 해. 여기 다 거의 내버리니까. 왜냐면 농약을, 그 오뉴월 그 더위에 잘하면 아홉 번, 못하면 열두 번까지 해야 돼. 농약을.}

문 아아.{아아.}

답 겐디 그것에 저 죽는 사름도 잇고 농약 중독 뒈어가지고 논 물 빠지믄 이만이 빠지거든. 농약통 지믄 이 베싹이 이마큼 올라올 거 아니라. 뿌렁 넘어가믄 이거 지레 죽은 사름은 막 영 허다시피 허여. 그냥 막 이 물에 상, 펄에 들엉 빠져불곡. 베는 이렇게 노프고 허믄 경 허영 허믄 그거 허단 우리가 젤 말쩨꼬지 헷어. 말쩨꼬지 허는디 계속허젠 헤도 안 뒐 것이 집 가차우고 허니까 집 주위에 전부 천오벡 평을 허는디, 다른 디 아 녀니까 약을 열두 번, 아니 쓰무 번 헤도 소용이 엇어. 절로 그전인 공동 방제를 허니까 이거 어느 정도 거세기 허는디 안 뒈고, 또 수매도 안 허 고 소수의 멧 집 간 건 저 어디, 저 대정으로 아져오라, 뭐 어딜로 아져 오라, 치와부런. 경 허영 설러부런. 경 허난 보리는, 그때는 보리를 열심 히 허니까, 보리를 열심히 허니까 거 폴아가지고 쏠 받아 먹고{그런데 그것에 저 죽는 사람도 있고 농약 중독 되어서. 논 물 빠지면 이만큼 빠 지거든. 농약통 지면 이 벼 싹이 이만큼 올라올 것 아닌가. 뿌려서 넘어 가면 이것 키 작은 사람은 막 이렇게 하다시피 해. 그냥 막 이 물에 서서, 뻘에 들어서 빠져버리고 벼는 이렇게 높고 하면 그렇게 해서 하면 그것 하다가 우리가 젤 말째까지 했어. 말째까지 하는데 계속하려고 해도 안 될 것이 집 가깝고 하니까 집 주위에 전부 천오백 평을 하는데, 다른 데 안 하니까 약을 열두 번, 아니 스무 번 해도 소용이 없어. 저절로 그전에 는 공동방제를 하니까 이것 어느 정도 거시기 하는데 안 되고, 또 수매 도 안 하고 소수의 몇 집 간 것은 저 어디, 저 대정으로 가져와라, 뭐 어 디로 가져와라, 치워버렸어. 그렇게 해서 그만둬버렸어. 그렇게 하니까 보리는, 그때는 보리를 열심히 하니까, 보리를 열심히 하니까 그것 팔아 서 쌀 받아서 먹고}

문 옛날에 그 보리 품종도 오라 가지라낫지예?{옛날에 그 보리 품종도 여러 가지였지요?}

답 보리 품종도 오라 가지. 옛날은 술우리라고 갈아가지고 헷는디, 거 과맥 이라고 지금은 맥주맥인디, 맥주맥은 낭이 크고 수확이 덜 나. 커도 지 금은 수확, 맥주맥 신종이 나와가지고 그것덜 지금 줄라도 그거 허주게.

그걸 허영. 옛날에는 우리가 흔 마지기믄 옛날 벡오십 펭. 게믄 흔 섬이 열닷 말이거든. 옛날 그 귀말, 귀말로 열닷 말이 흔 섬인디 흔 섬 안 나. 열 말, 흔 말들이 열 말, 흔 섬 나믄 아주 잘 낫젠. 지금은 세 섬꺼지 나. {보리 품종도 여러 가지. 옛날은 쌀보리라고 갈아서 했는데, 그것 '과맥'이라고 지금은 맥주보리인데, 맥주보리는 줄기가 크고 수확이 덜 나. 커도 지금은 수확, 맥주보리 신종이 나와서 그것들 지금 짧아도 그것 하지. 그것을 해서. 옛날에는 우리가 한 마지기면 옛날 백오십 평. 그러면 한 섬이 열닷 말이거든. 옛날 그 귀말, 귀말로 열닷 말이 한 섬인데 한 섬 안 나와. 열 말, 한 말들이 열 말, 한 섬 나오면 아주 잘 나왔다고 지금은 세 섬까지 나와.}

문 아아.{아아.}

답 그냥 약허곡 걸름 허난. 옛날은 순 땅맥으로만 헤 먹엇으니까. 걸름은. 낭 베작베작, 낭이 이렇게 허지마는. 지금은 뭐 그냥 영 보면서 그자 막 알맞게 헤노니 보리가 석 섬썩까지 난다 허여. 우리도 두 섬꺼지 나. 경 허니까 수확이 멧 배 나는 거라. 경 허니까 맥주맥 허영 허는 사름덜 많이 저 거세기로 허는 사람덜, 수천 펭썩 허는 사람, 막 젊은 사람덜, 농기구 믄딱 ᄀ장. 탈곡기 다 ᄀ창 허민 이삼천 펭, 스오천 펭 허영 그런 사름 돈 벌어. 멧 천만 원씩. 수매허믄. 우리ᄀ튼 소소히 허는 사름덜은 다 놉 빌엉, 농약도 놉 빌엉 헤야지. 비는 것도 거세기 헤야지. 그거는 웨 허게 뒈느냐 허니까 집에 앚앙 놀믄, 이녁이 노동허는 그거 대가, 그런 셍각허믄 뒈.{그냥 약하고 거름 하니까. 옛날은 순 '땅맥'으로만 해 먹었으니까. 거름은. 줄기 베작베작, 줄기 이렇게 하지만. 지금은 뭐 그냥 이렇게 보면서 그저 막 알맞게 하니 보리가 석 섬까지 난다고 해. 우리도 두 섬까지 나. 그렇게 하니까 수확이 몇 배 나는 거야. 그렇게 하니까 맥주보리 해서 하는 사람들, 많이 저 거시기로 하는 사람들, 수천 평씩 하는 사람, 막 젊은 사람들, 농기구 몽땅 가져서. 탈곡기 다 갖추어서 하면 이

삼천 평, 사오천 평 해서 그런 사람 돈 벌어. 몇 천만 원씩. 수매하면. 우리같이 소소히 하는 사람들은 다 놉 빌려서, 농약도 놉 빌려서 해야지. 베는 것도 거시기 해야지. 그것은 왜 하게 되느냐 하니까 집에 앉아서 놀면, 이녁이 노동하는 그것 대가. 그런 생각하면 돼.}

😊 예예.{예예.}

😊 적금허는 거지. 그 정도고 그걸 해서, 그걸로 노력 다 계산허믄 마이나스고, 적자고 견디 이거 비교적 백만 원 나오믄 이건 나가 이제도록 놈의 집의 강 막일 헌 거 받은 거 생각허믄 돼. 일헤난 사름은 앗앙 놀지 못허어. 헤난 사름은.{적금하는 것이지. 그 정도이고 그것을 해서, 그것으로 노력 다 계산하면 마이너스고, 적자이고 그런데 이것 비교적 백만 원 나오면 이것은 내가 이제도록 남의 집에 가서 막일 한 것 받은 거 생각하면 돼. 일했던 사람은 앉아서 놀지 못해. 했던 사람은.}

😊 요즘도 농사지어마씨?{요즘도 농사짓습니까}

😊 아, 아니. 아덜덜 몬딱 밧 멧 개 잇는 거 분짓 시겨 불고 나 이름은 하나토, 아무 것도 없어. 지금.{아, 아니. 아들들 몽땅 밭 몇 개 있는 것 분짓 시겨 버리고 내 이름은 하나도, 아무 것도 없어. 지금.}

2.3. 테우는 구월에 해체헷당 ᄉ월 그물어가믄 조립헤

😊 이제는 아까 바다에서 이제 잡은 거 허고 목적이 이제 테우니까 테우로 이제 저 자리 잡고 헷던 거는 언제부터 하고 언제까지 헨마씨?{이제는 아까 바다에서 이제 잡은 것 하고 목적이 이제 떼배니까, 떼배로 이제 저 자리돔 잡고 했던 것은 언제부터 하고 언제까지 했습니까?}

😊 테운 ᄉ월, 오월 초부터, 오월들 초부터. 흔 ᄉ월 그물어가믄 자리 테우를 조립헤가지고 그 전의는 구월 이후에는 걸 몬딱 헤체헹은에 이 굿디

[사진 55]
서귀포의 한 포구에서 테우를 제작하고 있는 사람들. 테우의 바닥을 꾸미기 위하여 장세 꽂을 구멍을 뚫고 있다.

올렁은에 물리엇다가 이제는 스월 중순 넘어가믄 거 조립헤야주. 몬딱 올려가지고 기련 놔뒷주만. 잘 기리지도 못허고 어떻게 다.{떼배는 사월, 오월 초부터, 오월 초부터. 한 사월 그물어가면 자리돔 떼배를 조립해서. 그 전에는 구월 이후에는 그것을 몽땅 해체해서 이 가에 올려서 말렸다가 이제는 사월 중순 넘어가면 그것 조립해야지. 몽땅 올려서. 그려서 놔두었지만. 잘 그리지도 못하고 어떻게 다.}

문 예에.{예에.}

탑 이 테우 칙면인디이 칙면. 이 나무가 열 개 내지 아옵 개 들어가야. 이 원목이.{이 떼배 측면인데 측면. 이 나무가 열 개 내지 아홉 개 들어가야. 이 원목이.}

문 측면예?{측면요?}

탑 측면.{측면.}

문 그러면 이 길이는 멧 미터짜리 나무?{그러면 이 길이는 몇 미터짜리 나무?}

탑 오 미터, 육 미터. 오 미터 내지 육 미터.{오 미터, 육 미터. 오 미터 내지 육 미터.}

[사진 56]
서귀포 보목리 포구에 전시되어 있는 테우. 테우 위로 자리를 뜨는 자리사둘이 걸쳐 있다. 서귀포 지역의 테우는 상자리가 두 개이다.

문 예. 거기에서 아옵 개나?{예. 거기에서 아홉 개나?}

답 열 개.{열 개.}

문 열 개. 측면 할 때는 들어가는 거라예?{열 개. 측면 할 때는 들어가는 것이죠?}

답 이렇게 뒈는 거지.{이렇게 되는 것이지.}

문 예예예예.{예예예예.}

답 나무가 하나, 둘, 셋, 넷.{나무가 하나, 둘, 셋, 넷.}

문 이거는 그 바닥이 뒈는 겁니까?{이것은 그 바닥이 되는 겁니까?}

답 이건 펭면.{이것은 평면.}

문 사람 타는 디잖아예?{사람 타는 데잖아요?}

답 예.{예.}

문 그 다음에?{그 다음에?}

답 이거 상자리라고 이거 상자리. 요거이.{이것 상자리라고 이것 상자리. 요것이.}

문 예.{예.}

답 상자린 주 기둥인디, 상자리가 평면을 보민 이렇게 뒀어. 이건 이만큼 노프지게. 태우는 항상 수면에 뜨니까.{상자리는 주 기둥인데, 상자리가 평면을 보면 이렇게 됐어. 이것은 이만큼 높지. 떼배는 항상 수면에 뜨니까.}

문 예에.{예에.}

답 여기 앚을 수도 엇고 걸어 뎅김벳기 못허니까. 여기는 이만큼 노프게 헤가지고 상자리라고 헤가지고, 여기 하간 거, 므른 그릇 놓곡, 걸터앚앙 거세기도 허곡, 앚앙 놀기도 허곡. 상자리 요건 이제 앞의 강 앞이 아무 것도 어시민 밋밋허니까 사름이 뎅기멍 손잡이도 허곡 거세기 허는 거.{여기 앉을 수도 없고 걸어 다님밖에 못하니까. 여기는 이만큼 높게 해서 상자리라고 해서, 여기 이런저런 것, 마른 그릇 놓고, 걸터앉아서 거시기도 하고, 앉아서 놀기도 하고 상자리는 요것은 이제 앞에 가서 앞에 아무 것도 없으면 밋밋하니까 사람이 다니면서 손잡이도 하고 거시기 하는 것.}

문 이거는 이름이 뭐마씨?{이것은 이름이 뭐예요?}

답 아, 이건 장세고, 이것이 뭐냐? 버팀판. 이거 버팀판엔 헌 건이 좀 의지허는 거세기주기. 이디 걸터앚기도 허고 그자 앞이 가면.{아, 이것은 장세이고, 이것이 뭐냐? 버팀판. 이것 버팀판이라고 한 것은 좀 의지하는 거시기지. 여기 걸터앉기도 하고 그저 앞에 가면.}

문 그러면 이 버팀판에는, 이게 무슨 숙데낭마씨?{그러면 이 버팀판에는, 이게 무슨 삼나무입니까?}

답 숙데낭, 삼목.{삼나무, 삼목.}

문 삼목예? 이걸 하나로 만드는 겁니까?{삼나무요? 이것을 하나로 만드는 겁니까?}

답 이거 두 개. 양쪽에.{이것 두 개. 양쪽에.}

문 요거 하고 요거 두 개?{요거 하고 요거 두 개?}

답 아, 아니. 양쪽에 헤야. 요렇게 판이.{아, 아니. 양쪽에 해야. 요렇게 판.}

문 아, 이렇게 세울 거구나예?{아, 이렇게 세울 것이군요?}

답 이렇게 세왕. 판 이게.{이렇게 세워서. 판 이것이.}

문 이렇게 두 개 세운 거구나예? 버팀판은 이제 나무가 두 개예?{이렇게 두 개 세운 것이군요? 버팀판은 이제 나무가 두 개요?}

답 주목. 주목이 두 개.{주목. 주목이 두 개.}

문 주목, 기둥예?{주목, 기둥요?}

답 기둥이 두 개. 이것도 역시 기둥이 두 개 양쪽이고 경 헤야 사각 영 받 홀 거 아니랴?{기둥이 두 개. 이것도 역시 기둥이 두 개 양쪽이고 그렇게 해야 사각 이렇게 받힐 것 아닌가?}

문 예예예.{예예예.}

답 경 허영 요것이 노고 네. {그렇게 해서 이것이 노고 노}

문 예. 이 동네 말로 그냥 굴아주민 돼예?{예. 이 동네 말로 그냥 말해주면 됩니다.}

답 네엔 허주. 네, 노주게.{노라고 하지. 노, 노지.}

문 예에.{예에.}

답 이건 삿대라고 영 지프곡 거세기 허는 거고{이것은 삿대라고 이렇게 짚고 거시기 하는 것이고}

문 예.{예.}

답 게믄 요건 가랑대라고, 요건 걸치는 거. 뭐 탁 걸치는. 이런 작대기 닮은 거 허영 세우민 뭐 걸기도 허곡, 이런 거 걸치기도 허곡.{그러면 요것은 가랑대라고, 요것은 걸치는 것. 뭐 딱 걸치는. 이런 작대기 닮은 것 해서 세우면 뭐 걸기도 하고, 이런 것 걸치기도 하고}

문 예.{예.}

답 이것이 그냥 노믄 둥글어나부니까 요거 허곡. 이건 욜로 요레는 네짝이엔 허영 노짝이고{이것이 그냥 노면 둥글어나니까 요것 하고 이것은 여기에서 여기는 노착이라고 해서 노착이고}

문 예에.{예에.}

답 요건 노썹이라고 헤.{요것은 노잎이라고 해.}

문 예. 노썹예? 이게 노썹예?{예. 노잎요? 이것이 노잎요?}

답 노썹이고 또 벤드레라고 이건 베주, 베. 요 코를 요레 꿰어 가지고{노잎
　이고 또 '벤드레'라고 이것은 참바지, 참바. 요 코를 요리로 꿰어 가지
　고}

문 벤드레코를 이짝에?{'벤드레코'를 이쪽에?}

답 고정시키는 거주. 꿰믄 요꺼지 오주.{고정시키는 거지. 꿰면 요까지 와.}

문 예에.{예에.}

답 요건 뭐냐 허면은 요거 동그란 것이 이레 넘어가지 아녀게끔, 이꺼지 들
　어가민 더 들어가지 아녀게시리 허면은 콜 여기 꿰민 이레 밀게 영 영
　돼주.{요것은 뭐냐 하면 요거 동그란 것이 이리로 넘어가지 않게끔, 이
　까지 들어가면 더 들어가지 않게끔 하면 코를 여기 꿰면 이리로 밀게 이
　렇게 이렇게 되지.}

문 예예예예.{예예예예.}

답 이거 벤드레코 벤드레. 이건 베로 허여가지고 멘든 거고{이것 '벤드레
　코. '벤드레'. 이것은 참바로 해서 만든 것이고}

문 아아.{아아.}

답 베로 멘들아. 다 소나무. 이런 거는 춤나무라야 뒈고{참바로 만들어. 다
　소나무. 이런 것은 참나무여야 되고}

문 예에.{예에.}

답 요거는 소나무도 뒈고 삼목도 뒈고 나머지는 다 삼목으로도 다 뒈고{요
　것은 소나무도 되고 삼나무도 되고 나머지는 다 삼나무로도 다 되고}

문 아, 그러면은 이 네는 소낭으로도 허곡.{아, 그러면 이 노는 소나무로도
　하고.}

답 겐디 요것만은, 경헌디 네썹만은 춤목이라야 뒈여.{그런데 요것만은, 그

런데 노잎만큼은 참나무라야 돼.}

문 네썹은 츰목예?{노잎은 참나무요?}

답 가시낭.{가시나무.}

문 츰목은 보통 무슨 낭?{참나무는 보통 무슨 나무?}

답 가시낭.{가시나무.}

문 가시낭이면 우리 지금 표준어로는 무신 낭인고예? 가시낭.{가시나무면 우리 지금 표준어로는 무슨 나무인가요? 가시나무.}

답 뭔 낭이라?{무슨 나무야?}

문 보통 가시낭.{보통 가시나무.}

답 가시낭, 가시낭. 츰낭엔도 허곡.{가시나무, 가시나무. 참나무라고도 하고.}

문 아아, 츰낭이엔도 허곡예?{아아, 참나무라고도 하고요?}

답 이것이 박달나무도 아니고 뭔 나무여마는 나 잘 몰르겟네.{이것이 박달나무도 아니고, 무슨 나무다마는 나 잘 모르겠네.}

문 어른덜 허믄 다 가시낭, 가시낭?{어른들 하면 다 가시나무, 가시나무?}

답 가시낭, 가시낭.{가시나무, 가시나무.}

문 예. 그 다음에 이건 상자리, 그 노멍에는?{예. 그 다음에 이것은 상자리, 그 '노멍에'는?}

답 멍에. 이것이 멍에. 이것이 フ르 뒌 거지. 즉, 말허자면 요것이 뒌 거지. 노멍에 뒌 거지. 요게 여기 걸쳐가지고, 네 걸쳐가지고 이렇게 젓는 거지.{멍에. 이것이 멍에. 이것이 가로로 된 것이지. 즉, 말하자면 요것이 된 거야. 노멍에 된 것이지. 요것이 여기 걸쳐서 노 걸쳐서 이렇게 젓는 거야.}

문 예예. 삿대는 여기 이렇게 걸치는 거고예?{예예. 삿대는 여기 이렇게 걸치는 거고요?}

답 노는 올령 영 걸치고{노는 올려서 이렇게 걸치고}

🈯 예.{예.}

🈴 사름은 여기 앚을 수도 잇고 이디 혼 서너, 너이, 댓은 앚주게.{사람은 여기 앉을 수도 있고 여기 한 서너, 넷, 다섯은 앉지.}

🈯 상자리에 서너 명?{상자리에 서너 명?}

🈴 사람 앚아. 물이 왔다 갓다 허니까. 여기 이것도, 여기도 판데기로 허는디, 이 앞의 강 임시 거세기 헐 때 사지 못헐 때는 걸터앚기도 허고 요거는 닷줄. ᄀ에 오믄 매는 거 닷주목. 닷 메는 주목.{사람 앉아. 물이 왔다 갓다 하니까. 여기 이것도, 여기도 판자로 하는데, 이 앞에 가서 임시 거시기 할 때 서지 못할 때는 걸터앉기도 하고 요것은 닷줄. 가에 오면 매는 것 '닷주목'. 닻 메는 주목.}

🈯 닷줄 메는 거를 닷주목이엔 헤마씨?{닷줄 매는 것을 '닷주목'이라고 합니까?}

🈴 닷줄 메는 주목. ᄀ에 오면.{닷줄 매는 주목. 가에 오면.}

🈯 주목이란 거는?{주목이라는 것은?}

🈴 세운 나무를 말허는 거주. 지동 주쩨허고 나무 지둥. 나무 지동이.{세운 나무를 말하는 것이지. 기둥 주재[柱]하고 나무 기둥. 나무 기둥이.}

🈯 아, 그러면 지동이렌도 굽니까?{아, 그러면 기둥이라고도 말합니까?}

🈴 지둥. 무사 세운 건 다 지동 아니라게?{기둥. 왜 세운 것은 다 기둥 아닌가?}

🈯 예예. 지동이 멧 개라? 하나?{예예. 기둥이 몇 개야? 하나?}

🈴 이 뒤에는 싀 개 들어가고 네 젓어가믄 밀리는 힘이 잇지. 앞이는 두 개, 양짝에.{이 뒤에는 세 개 들어가고 노 저어가면 밀리는 힘이 있지. 앞에는 두 개, 양쪽에.}

🈯 게믄 이게 앞주목, 앞주목이렌 헷네예?{그러면 이것이 '앞주목', '앞주목'이라고 했네요?}

🈴 앞주목.{'앞주목'.}

문 이게 뒷주목예? 뒷주목에는?{이것이 '뒷주목'요? '뒷주목'에는?}

답 셋.{셋.}

문 세 개. 앞주목에는 두 개. 게믄 이거는 뒷지동엔도 허곡 앞지동이엔도 헙니까?{세 개. '앞주목'에는 두 개. 그러면 이것은 뒷기둥이라고도 하고 앞기둥이라고도 합니까?}

답 앞주목, 뒷주목.{'앞주목', '뒷주목'.}

문 앞주목, 뒷주목예?{'앞주목', '뒷주목'요?}

답 무엇이 만약 뿌러지나 고장 나믄, 앞주목 엇이믄 하나 헤 오라.{무엇이 만약 부러지나 고장 나면, '앞주목' 없으면 하나 해 와라.}

문 그 다음에 이 두에 버팀판 주목은 멧 개?{그 다음에 이 뒤에 '버팀판 주목'은 몇 개?}

답 뒤에는 시 개가, 밀리는 힘이 앞의는이.{뒤에는 세 개가, 밀리는 힘이 앞에는.}

문 그 닷주목은 멧 개우과?{그 닻주목은 몇 개입니까?}

답 하나지. 중심지 이거. 이거 구에 오믄 닷 매는 거.{하나지. 중심에 이것. 이것 기에 오면 닻 매는 것.}

문 닷 메는 거예?{닻 매는 거요?}

답 요디 가 가믄 이거 네 것으니까. 양끗데만 주목이 시니까 가운디 눌러가믄 힘 먹으니까 요 부근에 하나 더 세왕 세 개. 하나, 둘, 셋. 여긴 하나, 둘 허곡.{요기 가 가면 이것 노 저으니까. 양끝에만 주목이 있으니까 가운데 누르면 힘 먹으니까 요 부근에 하나 더 세워서 세 개. 하나, 둘, 셋. 여기는 하나, 둘 하고}

문 여긴 두 개 허곡?{여기는 두 개 하고}

답 여긴 세 개.{여기는 세 개.}

문 발판은? 이게 발판입니까?{발판은? 이것이 발판입니까?}

답 요거 발판.{요것 발판.}

문 요 작은 거예?{요 작은 거요?}

답 게. 원칙은 상자린 이만큼벳긔 안 뒈고{그래. 원칙은 상자리는 이만큼밖에 안 되고}

문 예.{예.}

답 발판이 요거 뒈는데 여기 사둠서, 둘이 사둠서 영 젓는 거.{발판이 요것 되는데 여기 서서, 둘이 서서 이렇게 젓는 것.}

문 그럼 상자리가 요까집니까?{그럼 '상자리'가 여기까지입니까?}

답 그꺼지.{그까지.}

문 요거예?{요것요?}

답 거고, 이건 전부 발판.{그것이고, 이것은 전부 발판.}

문 요기가 발판예?{여기가 발판요?}

답 여기가 발판.{여기가 발판.}

문 요 밋테 거는 뭡니까?{요 밑에 것은 무엇입니까?}

답 그것이 발판 뒐 건디. 발판이 하나만.{그것이 발판 될 것인데. 발판이 하나만.}

문 아아, 상자리는 요게 전부 상자립니까?{아아, 상자리는 요것이 전부 상자리입니까?}

답 하나.{하나.}

문 발판에는 사람이 그 우에?{발판에는 사람이 그 위에?}

답 타.{타.}

문 아아.{아아.}

답 양쪽에 상 둘이서 젓지. 둘이.{양쪽에 서서 둘이서 젓지. 둘이.}

문 아, 네를 두 명이서 저어마씨?{아, 노를 두 명이 저어요?}

답 혼자만도 젓지마는 둘이서 저야 빨라.{혼자만도 젓지만 둘이서 저어야 빨라.}

문 아아, 그러면 이 테우예, 테우를 만들젠 허면 그 과정이 잇잖습니까? 나무를 베어다가 어떻게 해서 쭉 완성될 때까지 과정을 쫌 말씀헤 주십시오?{아아, 그러면 이 떼배요, 떼배를 만들려고 하면 그 과정이 있잖습니까? 나무를 베다가 어떻게 해서 쭉 완성될 때까지 과정을 좀 말씀해 주십시오?}

답 나무를, 나무를, 이, 여기 말로 시구지라고 허는디 소독. 나무가 둥치가 슬지고 우원 끄늘잖아.{나무를, 나무를, 이, 여기 말로 '시구지'라고 하는데 '소독'. 나무가 밑동은 굵고 위는 가늘잖아.}

문 예.{예.}

답 대개 태우 헐 나무는, 태우가 좋게 헐랴면 여기 소독으로 딱 끈으며는 여기가 십오 센치. 십오 절, 십오 절 정도면 나무가 괜찮아. 좋아. {대개 떼배 할 나무는, 떼배를 좋게 하려면 여기 '소독'으로 딱 끊으면 여기가 십오 센티, 십오 절, 십오 절 정도면 나무가 괜찮아. 좋아.}

문 으으.{아아.}

답 십오 절 안 뒈어 가믄 나무가 ᄀ늘고, 십오절 넘어가믄 너무 슬지고 슬진 거 허여지믄 좋주마는 십오 절 뭐, 십 절도 뒈곡. 십 절 안 뒈. 십오 절은 넘을 거 아니? 슬지니까 오 미터 아니믄 지러기는 거 거죽 벳경 몰랴.{십오절 안 되어 가면 나무가 가늘고, 십오절 넘어가면 너무 굵고, 굵은 것 해지면 좋지만 십오 절 뭐, 십 절도 되고, 십 절 안 돼. 십오 절은 넘을 것 아니? 굵으니까 오 미터 아니면 길이는 그것 가죽 벗겨서 말려.}

문 예에.{예에.}

답 물르지 아녕도 허주마는 삼목 거죽을 벳경 몰려. 삼목 아옵 개나 열 개 영 허믄 이 고망을 뚤롸야지. 이게 장세라고 일름이. 원래 이거 고망을, 끌로 고망을 다 뚤롸. 나무를 이렇게 가까가지고 이렇게 장세를 찔르는 거여. 열 개믄 다 이렇게. 앞의 둘 두 군데. 이것이 장센디.{마르지 않고도 하지만 삼나무 껍질을 벗겨서 말려. 삼나무 아홉 개나 열 개 이렇게 하면 이 구멍을 뚫어야지. 이거 장세라고 이름이. 원래 이거 구멍을, 끌로 구멍을 다 뚫어. 나무를 이렇게 깎아서 이렇게 장세를 지르는 거야. 열 개면 다 이렇게. 앞에 둘, 두 군데. 이것이 장세인데.}

문 예에.{예에.}

답 지금 나가 멘든, 여기 으나문 개 멘든 거는 이 장세를 허면은 뭣이 안 돼냐 허믄 이거 자꾸 이동허니까 나무니까 거꺼져부러. 경 허니까 웨냐면 쒜로 헷주. 쒜로{지금 내가 만든, 여기 여나문 개 만든 것은 이 장세를 하면 뭣이 안 되냐 하면 이것 자꾸 이동하니까 나무니까 꺾어져버려. 그렇게 하니까 왜냐하면 쇠로 했지. 쇠로.}

문 아, 예에.{아, 예에.}

답 쒜 질러. 쒜로 허고 쒜는 오그라져도 페우믄 뒈는 거니까 쒜로 허고 오그라지카부덴 알로 낭을 대영, 그냥 들러도 (거꺼지지) 아녀게끔 장치를 허영 그냥 개조헷지마는게 원래는 이거 나무여 나무.{쇠 질러서. 쇠로 하고 쇠는 오그라져도 펴면 되는 것이니까 쇠로 하고 오그라질까봐 아래로 나무를 대서, 그냥 들어도 (꺾어지지) 않게끔 장치를 해서 그냥 개조했지만 원래는 이것 나무야 나무.}

문 예. 똑같은 이런 나무예?{예. 똑같은 이런 나무요?}

답 아니. 이건 춤나무나 뭐 거세기로 질긴 나무로 헤야주. 거 소소헌 건, 대략 춤나무 질긴 나무 헤가지고 이 역불로 가까가지고 이치록 가까가지고{아니. 이것은 참나무나 뭐 거시기로 질긴 나무로 해야지. 그것 소소한 것은, 대략 참나무 질긴 나무 해서. 이 부러 깎아서 이렇게 깎아서.}

문 예.{예.}

답 모냥도이 나무 열 개믄 열 개 쭈욱 맞게시리 허영. 이것이 질 어려운 거주.{모양도 나무 열 개면 열 개 쭉 맞게끔 해서. 이것이 젤 어려운 것이지.}

문 아아.{아아.}

답 그거 꿸랴믄, 열 개를 꿸랴믄 흐끔 틀어져부러도 안 뒐 거. 그걸 잘 꿰영 그것이 기술입주. 그것이.{그것 꿰려면, 열 개를 꿰려면 조금 틀어져버려도 안 될 거. 그것을 잘 꿰어야 그것이 기술이지요. 그것이.}

문 게믄 그 장세 하는 그 나무 폭은 어느 정도 돼마씨?{그러면 그 '장세' 하는 그 나무 폭은 어느 정도 되나요?}

답 그때 보게 돼믄 흔 두끼가 흔 오 센치, 십 센치 영 영 될 걸. 십 센티, 오 센티, 육 센티.{그때 보게 되면 한 두께가 한 오 센티, 십 센티 이렇게 이렇게 될 걸. 십 센티, 오 센티, 육 센티.}

문 오 센치, 육 센치로. 게믄 그 냥 열 개믄 열 개 다 ᄀ튼 자리에?{오 센티, 육 센티로. 그러면 그 나무 열 개면 열 개 다 같은 자리에?}

답 고냥을 꼭바르게. 일로 보면 저 고냥이 열 개가 쭉 통과헤야 그거 들어가거든. 그것이 기술이주.{구멍을 똑바르게. 이리로 보면 저 구멍이 열 개가 쭉 통과해야 그것 들어가거든. 그거이 기술이지.}

문 경 허영 그 나무를 거기 쫙 끼우는 거라예? 춤나무 허영은에.{그렇게 해서 그 나무를 거기 꽉 끼우는 거네요? 참나무 해서.}

답 여기 빠지지 아녀게 흔짝으로 세 물령. 세 박앙은에 영 빠지지 않게시리. 벌이지지 아녀게 딱 메왕 헤야주. 경 박아난 다음 질믄 끊어뒁은에 요기 세를 딱 박아 낭 헤싸지지 아녀게시리. 경 허민 이건 연련히 굴아야 돼여. 흔번 뜯젠 허믄 다 끊어야 돼어.{여기 빠지지 않게 한쪽으로 쐐기 박아서. 쐐기 박아서 이렇게 빠지지 않게끔. 벌어지지 않게 딱 메워서 해야지. 그렇게 박은 다음 길면 끊어두고 요기 쐐기를 딱 박아 놓아서 벌어지지 않게끔. 그렇게 하면 이것은 해마다 갈아야 돼. 한번 뜯으려고 하면 다 끊어야 돼.}

문 예예예.{예예예.}

답 아이고, 경 허믄 테우가 오래 가믄 이 나무가 막 거세기 허영 고냥이 막 흐랑허게 돼영 막 커. 경 헤 갈수록 또 이제 이것도 슬지게 헤둬야 고냥이 너르믄. 경 헤가믄 말쩬 여기가 뿌러져부러.{아이고, 그렇게 하면 떼배가 오래 가면 이 나무가 막 거시기 해서 구멍이 막 헐겁게 되어서 막 커. 그렇게 해 갈수록 또 이제 이것도 굵게 해줘야 구멍이 넓으면. 그렇게 해가면 말째는 여기가 부러져버려.}

문 예에.{예에.}

탑 경 허믄 이걸 나무 또 굴앙은에 허고, 허믄 자꾸 거 멘들앙, 멘드는 거나 마찬가지주. 따시 멩들앙 끼우곡, 또 끼우곡 허다 보믄. 하여튼 이건 그자 반사적으로 일년에 메웁곡 끼웁곡 허는 건 일년에 흔 번. 건 뜰림엇이 헤야주.{그렇게 하면 이것을 나무 또 갈아서 하고, 하면 자꾸 그것 만들어서, 만드는 것이나 마찬가지지. 다시 만들어서 끼우고, 또 끼우고 하다 보면. 하여튼 이것은 그저 반사적으로 일년에 메우고 끼우고 하는 것은 일년에 한 번. 그것은 틀림없이 해야지.}

문 아아.{아아.}

탑 일년 수월달에 (조립)허곡 구월 둘에 헤체허곡. 조립허곡.{일년 사월달에 (조립)하고 구월달에 해체하고 조립하고}

문 그러면은 테우로 뭐, 저기 바당에서 잡는 거는?{그러면 떼배로 뭐, 저기 바다에서 잡는 것은?}

탑 자리.{자리돔.}

문 사월에서 구월까지다예?{사월에서 구월까지네요?}

탑 아, 구월까지.{아, 구월까지.}

문 으, 구월까지. 보통 자리 뜨는 거?{아, 구워까지. 보통 자리돔 뜨는 거?}

탑 자리 뜨는 건 수월(에서) 구월끼지가 아니고, 유월, 칠월, 팔월 이것이 큰 대목이고 늦으민 구월.{자리돔 뜨는 것은 사월(에서) 구월까지가 아니고, 유월, 칠월, 팔월 이것이 큰 대목이고 늦으면 구월.}

문 아아.{아아.}

탑 팔월끼지는, 늦으민 삼월, 삼 개월 쯤 넘으면은 사름이 이 앞에 가서 작업을 헤야 뒈는디 사름이 둘이 가며는 끌 아져부러.{팔월까지는, 늦으면

삼개월, 삼 개월쯤 지나면 사람이 이 앞에 가서 작업을 해야 되는데 사람이 둘이 가면 가라앉아버려.}

문 아아.{아아.}

답 흔 사름벳긘 못 가. 나무가 물 먹엉.{한 사람밖에 못 가. 나무가 물 먹어서.}

문 나무가 물 먹어부니까 가라앉아부러예?{나무가 물 먹어버리니까 가라앉아버린다고요?}

답 이건 수월 말경에 허믄 팔월들까지는 둘이 가도 꼬딱 안 해. 나무가 추추추추 물 먹으믄 골라앗아. 겨울 오래 묵여가믄 바다에도 좀 잇어요.{이것은 사월 말경에 하면 팔월까지는 둘이 가도 까딱 않아. 나무가 차차차차 물 먹으면 가라앉아. 겨울 오래 묵이면 바다에도 좀 있어요.}

문 예에.{예에.}

답 이 나무가, 바다에 삼년을 놔두믄 아무 것도 없어. 몬딱 구멍 다 똘라부러. 복삭 그 물에 좀 먹엉 북삭허는 거치룩 좀 먹엉. 겨니까 원래 견디지 못헤. 삼 개월 간 물에 컷다가 허여불믄 이건 걱정을 엇는디. 옛날 그 목선들 잇어요.{이 나무기, 바다에 삼년을 놔두면 아무 것도 없어. 몽땅 구멍 다 뚫어버려. 폭삭 그 물에 좀 슬어서 푹신하는 것처럼 좀 슬어서. 그러니까 원래 견디지 못해. 삼 개월 간 물에 담갔다가 해버리면 이것은 걱정 없는데. 옛날 목선들 있어요.}

문 예에.{예에.}

답 베, 베는 여름 나면은 기시려야 돼. 검질 헤당 물량 테와야 돼. 그걸 경 허믄 일년만 아녀민 다 떨어져부러. 버렝이 먹어부러.{배, 배는 여름 되면 그을려야 돼. 검불 해다가 말려서 태워야 되어. 그것을 그렇게 하면 일년만 않으면 다 떨어져버려. 벌레 먹어버려.}

문 그 바당 좀 이름은 뭐렌 급니까?{그 바다 좀 이름은 무엇이라고 말합니까.}

답 소이지. 소 소{'소'지. '소'. '소'.}

문 소예?{소요?}

답 소 먹은 거엔. 소 먹엇젠. 소엔 그 놈은 코 닮은 거 헤끌락헌 거 잇는디, 데가리 까무룽헌 거 잇는디. 원 낭 가까 먹음직 아년 건디 그거 이상케 막 고망이 버룽버룽.{'소' 먹은 것이라고 '소' 먹었다고 '소'라고 그 놈은 코 닮은 거 조그마한 것 잇는데, 데가리 거무스레한 것 있는데. 전혀 나무 깎아 먹음직 않은 것인데 그것 이상하게 막 구멍이 버룽버룽.}

문 으응.{으응.}

답 일년만, 이런 낭으로 일년만 바당에 컹 뇌두민 뒷헤 그냥 텅 다 고냥 나. 우의는 말쨍헌디 비싹허게 속에 몬딱 구려. 소라고 헤.{일년만, 이런 나무로 일년만 바다에 담가 뇌두면 이듬해 그냥 떠서 다 구멍 나. 위에는 말쨍한데 푸석하게 속에 몽땅 비어. '소'라고 해.}

문 소예? 게믄 이제 산에 강 낭을 헹 올 거 아닙니까? 낭을 헹 오면 어느 정도, 건조 기간이라든가 쭉에 설명헤 주면?{'소'요? 그러면 이제 산에 가서 나무를 해 올 것 아닙니까? 나무를 해서 오면 어느 정도, 건조 기간이라든가 쭉 설명해 주시면?}

답 그냥 조립허영 물려도 뒈고 그건 관계 엇어. 물려서 허든가.{그냥 조립해서 말려도 되고 그것은 관계 없어. 말려서 하든가.}

문 아, 건 상관엇어마씨?{아, 그것은 상관없나요?}

답 건디 조립, 물리지 아녕 허면은 좀 거세기 헌 것이, 요 주목 ᄀ튼 것이 늘 건 때 뚤룽 물라가믄 구멍이 늦어.{그런데 조립, 말리지 않아서 하면 좀 거시기 한 것이, 요 주목 같은 것이 날 것일 때 뚫어서 말라가면 구멍이 벌어져.}

문 아아.{아아.}

답 그거 하나 단점인디 경 아녀믄 마찬가지.{그것 하나 단점인데 그렇지 않으면 마찬가지.}

문 아아.{아아.}

답 장세나 이런 거는 관계엇고 요런 거는 딱 맞은 건디 몰랑 영 영 요것이 단점이고 경 아녀믄 뭐 아무 거나.{장세나 이런 것은 관계없고 요런 것은 딱 맞은 것인데 말라서 이렇게 이렇게 요것이 단점이고 그렇지 않으면 뭐 아무 것이나.}

문 바로 헹은에 헤도 뒈는구나예?{바로 해서 해도 되는군요?}

답 바로.{바로.}

문 아까 장세도 나오고 세도 나왔는데, 세 박는다 헷는데 세는 뭡니까?{아까 장세도 나오고 쐐기도 나왔는데, 쐐기 박는다고 했는데 쐐기는 무엇입니까?}

답 꼭ㄱ튼 나무가 쭉 허며는 바깟디 쭉 나온 거 아니라. 그냥 나오면 나올 거 이런 트망에이 꿰어가지고이 딱 박아부러. 이렇게 영 허믄 끄트머리가 딱 벌어지지.{똑같은 나무가 쭉 하면 바깥에 쭉 나올 것 아닌가. 그냥 나오면 나올 거 이런 틈에 꿰서 딱 박아버려. 이렇게 이렇게 하면 끄트머리가 딱 벌어지지.}

문 예.{예.}

답 끄트머리 벌어지게. 요거 영헌 것이, 고냥이 영 영 헌디 이제 그냥 내불믄 그냥 빠질 거니까 이디 세를 딱 박앙 이렇게 허믄 딱 조여서.{끄트머리가 벌어지게. 요것 이렇게 한 것이, 구멍이 이렇게 이렇게 한데 이제 그냥 내버리면 그냥 빠질 것이니까. 여기 쐐기를 딱 박아서 이렇게 하면 딱 조여서.}

문 그러며는 그 나뭇조각 같은, 나뭇조각을 틈이 벌어진 쪽에 집어넣는?{그러면 그 나뭇조각 같은, 나뭇조각을 틈이 벌어진 쪽에 집어넣는,}

답 틈을 내왕 박아야주.{틈을 내서 박아야지.}

문 틈에 박는 거를 세 박는다 헙니까?{틈에 박는 것을 쐐기 박는다 합니까?}

답 세 박는 거. 세치기로 트망에. 세치기, 세라고 헤.{쐐기 박는 것. '쐐기'로 틈에, 쐐기, 쐐기라고 해.}

문 세. 세치기.{쐐기. 쐐기.}

답 세치기. 트망에 들어가는 것이 세치기.{쐐기. 틈에 들어가는 것이 쐐기.}

문 예예. 세 박는덴, 세렌 허는구나예?{예예. 쐐기 박는다고, 쐐기라고 하는 군요?}

답 세.{쐐기.}

문 장세는 긴 나무고예? 이렇게 그렇게 헤서 이제 만드는데 그 만들젠 허믄 기구들 잇잖습니까?{장세는 긴 나무고요? 이렇게 그렇게 해서 이제 만드 는데 그 만들려고 하면 기구들 있잖습니까?}

답 아, 기구야 잇지.{아, 기구야 있지.}

문 기구는 뭐 뭐가 필요헤마씨?{기구는 무엇 무엇이 필요합니까?}

답 톱, 자귀, 뭐 여러 가지 끌.{톱, 자귀, 뭐 여러 가지 끌.}

문 들어가는 거 다 흔번 말씀헤 보십시오? 낭 헹 오젠 허면?{들어가는 것 다 한번 말씀해 보십시오? 나무 해서 오려고 하면?}

답 나무 비어 오는 디는 큰톱 뭐 그런 거. 옛날 거 나대엔 헌 거. 가지 허는 거톱허곡, 자귀 그튼 거, 나대엔 허지.{나무 베서 오는 데는 큰톱 뭐 그 런 것. 옛날 것 나대라고 한 것. 가지 하는 거 톱하고, 자귀 같은 것, 나 대라고 하지.}

문 나대예?{나대요?}

답 그것벳기 더 셔? 허어 오는, 나무 잘라오는 디는 톱, 끌. 끌만, 끌 주장. 끌 구멍 몬 뚤르는디 다 이거 장세. 끌이믄 이거 뚤르는 거.{그것밖에 더 있나? 해 오는, 나무 잘라오는 데는 톱, 끌. 끌만, 끌 주장. 끌 구멍 모두 뚫는데 다 이것 장세. 끌이면 이것 뚫는 것.}

문 구멍 뚤르는 건 끌로 뚤룹구나예?{구멍 뚫는 것은 끌로 뚫는군요?}

답 끌로. 요즘은 끌이 아니고{끌로 요즘은 끌이 아니고}

문 예에.{예에.}

답 길이 슬진 거세기, 전기로 헤서 고망 똘롸.{길이 두꺼운 거시기, 전기로 해서 구멍 뚫어.}

문 전기로 하고예?{전기로 하고요?}

답 우리 헐 땐 전부 이거 일일이 파야 뒈여.{우리 할 때는 전부 이것 일일이 파야 돼.}

문 예예.{예예.}

답 파젠 허믄 이거 ᄒᆞ루 고냥 서너 개 파믄 좋주.{파려고 하면 이것 하루 구멍 서너 개 파면 좋지.}

문 ᄒᆞ루에?{하루에?}

답 그걸 아멩이나 파믄 맞추멍 맞추멍 허젠 허믄 상당히 힘들어.{그것을 아무렇게나 파면 맞추면서 맞추면서 하려고 하면 상당히 힘들어.}

문 망치도 필요헐 거고?{망치도 필요할 것이고?}

답 옛날에는, 우리 헐 때는 낭망치 헤서.{옛날에는, 우리 할 때는 나무망치 했어.}

문 아, 그럽니까?{아, 그렇습니까?}

답 끌이, 지금이 웨끌이라고 웨끌, 웨끌허는디 지금은. 그전에 여기서 불대장간에서 쳥 멩근 거. 게난 그 쒜마께 대가리가 막 튀어나부렁 안 뒈주게.{끌이, 지금이 '왜끌'이라고 '왜끌', '왜끌'하는데 지금은. 그전에 여기서 대장간에서 쳐서 만든 것. 그러니까 그 쇠망치 머리가 막 튀어나버려서 안 되지.}

문 예예.{예예.}

답 낭, 목장에 강 춤 그 박달나무나 무신 쎈 나무 헹은에 둥글락헌 거 이만큼 ᄌᆞ르게 헤영 헤당 ᄌᆞ록 박앙. 나무로 헤야. 막 쒜를 두드리믄 튀어나와. 낭마께.{나무, 목장에 가서 참 그 박달나무나 무슨 센나무 해서 둥그런 것 이만큼 짧게 해서 해다가 자루 박아서. 나무로 해야. 막 쇠를 두드리면 튀어나와. 나무마께. 막 쇠를 두드

리면 튀어나와. 나무망치.}

문 낭망치, 낭마께.{나무망치, 나무망치.}

답 낭망치.{나무망치.}

문 낭마께엔도 허곡예?{나무망치라고도 하고요?}

답 망치주기. 낭마께 망치주기. 낭마께.{망치지. 나무망치 망치지. 나무망치.}

문 예. 낭마께를 이렇게 이제 두드리멍?{예. 나무망치를 이렇게 이제 두드리면서?}

답 쉐끌.{쇠끌.}

문 끌은 쉐끌예?{끌은 쇠끌요?}

답 쉐끌, 낭망치.{쇠끌, 나무망치.}

문 낭망치?{나무망치?}

답 지금은 웨끌이라 헤가지고 끌이 틀리지.{지금은 왜끌이라고 해서 끌이 다르지.}

문 예에. 쉐끌은 직접 가서 제작?{예에. 쇠끌은 직접 가서 제작?}

답 쉐로만 허는 거고 웨끌이엔 헌 건 즈룩에 낭 끼우고, 여라 가지. 옛날에. 그냥 이제도 저기 가믄 붸아줄 수 잇는디.{쇠로만 하는 것이고 '왜끌'이라고 한 것은 자루에 나무 끼우고, 여러 가지. 옛날에. 그냥 이제도 저기 가면 보여줄 수 있는데.}

문 나중에 왕 사진 찍겟습니다.{나중에 와서 사진 찍겠습니다.}

답 지금은 그런 끌은 안 써. 마께로 쉐.{지금은 그런 끌은 안 써. 망치로 쇠.}

문 예. 그거만 허문 뒈마씨?{예. 그것만 하면 되나요?}

답 곱은자 ᄀᆞ튼 거. 먹술, 먹통.{곱자 같은 거. 먹줄, 먹통.}

문 먹통, 곱은자?{먹통, 곱자?}

답 함마 ᄀᆞ튼 거 그런 거 무신.{해머 같은 것 그런 것 무슨.}

🄻 함마예? 함마. 그 다음에 그 낭거죽 벳길 때, 거죽도 벳길 거 아니우과?{해머요? 해머. 그 다음에 그 나무껍질 벗길 때, 껍질도 벗길 것 아닙니까?}

🄰 호미.{낫.}

🄻 낫예, 이 동네서?{낫요, 이 동네에서?}

🄰 보리 비는?{보리 베는?}

🄻 보리 비는 호미로 헹은에 껍줄은 벳기고 그 다음에, 이 아까 이거 베로 헌덴 헷는데 베는 뭘로 만들어마씨?{보리 베는 낫으로 해서 껍질은 벗기고 그 다음에, 이 아까 이거 참바로 한다고 했는데 참바는 무엇으로 만드나요?}

🄰 요즘은 노끈을 많이 이시니까 노끈. 옛날은 드레줄로 혜서.{요즘은 노끈이 많이 있으니까 노끈. 옛날은 다래나무로 했어.}

🄻 예에.{예에.}

🄰 드렛줄로, 우리 헐 때 드렛줄이 혜. 드렛줄은 썩도 아녀곡 버짝허영 영 줄은 영 하랑하랑허지 아녀.{다래나무로, 우리 할 때 다래나무로 많이. 나래나무는 썩지도 않고 빳빳해서 이렇게 줄은 이렇게 야들야들하지 않아.}

🄻 예예.{예예.}

🄰 벤드레 지러기가 이만이 허믄 거 그대로 굳작. 드렛줄 알지?{'벤드레' 길이가 이만큼 하면 그것 그대로 곧게. 다래나무 알지?}

🄻 예예.{예예.}

🄰 드렛줄 그거 옛날 목장에 가믄 그거 많이 허영 오지. 그거 허여당, 드렛줄 혜당 삼곡, 세 개 데왕 그 코에 딱 허믄이 일 메다 오십 뒌, 그것이 굳작허여. 영 오그라지질 아녀.{다래나무 그것 옛날 목장에 가면 그것 많이 해서 오지. 그것 해다가 다래나무 해다가 삼고, 세 개 꼬아서 그 코에 딱 하면 일 미터 오십 된, 그것이 곧아. 이렇게 오그라지지 않아.}

🕮 벤드레는 일 메타 오십 정도 허는구나예?{'벤드레'는 일 미터 오십 정도 하는군요?}

🕮 일로 헤가지고 사름이 상 영 허여사. 일 메다 오십 정도는 헤야.{이리로 해서 사람이 서서 이렇게 해야. 일 미터 오십 정도는 해야.}

🕮 그 드렛줄 이제 하고{그 다래나무 이제 하고}

🕮 옛날은 드렛줄로 허고 지금은 노끈으로 다 허여.{옛날은 다래나무로 하고 지금은 노끈으로 다 해.}

🕮 벤드레코는 뭘로 만들아마씨?{'벤드레코'는 무엇으로 만드나요?}

🕮 드렛줄 것도 동글락헌 거 불 듯듯이헹 오그령 영 줄라메영. 영 이거 코걸이 여기에 끼우믄 마치 좋아.{다래나무 그것도 동그란 것 불 따뜻이 해서 오그려서 이렇게 잘라매서. 이렇게 이것 코걸이 여기 끼우면 딱 좋아.}

🕮 예에.{예에.}

🕮 코도 드렛줄. 드렛줄. 경 아녀민 졸갱이라고 유름줄.{코도 다래나무. 다래나무. 그렇지 않으면 으름이라고 으름덩굴.}

🕮 예에.{예에.}

🕮 유름줄 그걸.{으름덩굴 그것을.}

🕮 아, 졸갱이. 열매를 졸갱이렌 허지 아념니까예? 졸갱이를 유름줄, 졸갱이줄이에는 안 굴아마씨?{아, 으름. 열매를 으름이라고 하지 않습니까? 으름을 으름덩굴, 으름덩굴이라고는 아니 말하나요?}

🕮 허여 오는 건 졸갱이. 유름줄.{해 오는 것은 으름. 으름덩굴.}

🕮 여기에선 졸갱이엔 허여낫지예? 졸갱이줄 이렇게 하고{여기에서는 으름이라고 했었지요? 으름덩굴 이렇게 하고}

🕮 유름줄인디 유름, 졸갱이.{으름덩굴인데 으름, 으름.}

🕮 이 벤드레 걸이는, 이 걸이는 무슨 낭으로 헤마씨?{이 '벤드레 걸이'는, 이 걸이는 무슨 나무로 하나요?}

답 걸이는 그냥 아무 낭이나 뒈여. 소낭도 뒈고{걸이는 그냥 아무 나무나
돼. 소나무도 되고}

문 이건 상관엇어예?{이것은 상관없네요?}

답 여기서 벨 물, 영 딱 받는 거니까 이게 젤 힘 먹는 거지. 얇게 허고 허니
까 꺼꺼지믄 씬 낭이라야. 그 나머지는 아무 낭이라도{여기서 별 물, 이
렇게 딱 받는 것이니까 이것이 젤 힘 먹는 것이지. 얇게 하고 하니까 꺾
어지면 센 나무라야. 그 나머지는 아무 나무라도}

문 이 가랑대도?{이 가랑대도?}

답 가랑대도 그자 아무 낭이라도 뒈곡.{가랑대도 그저 아무 나무라도 되고}

문 가랑대도 아무 낭이라도 뒈곡?{가랑대도 아무 나무라도 되고?}

답 걸치는 거난.{걸치는 것이니까.}

문 걸치는 거니까예? 젤 쎈 게 네 허는 거구나예?{걸치는 것이니까요? 젤
센 것이 노 하는 것이군요?}

답 가랑대는, 이거 가운데 허는 거 아니 욮이. 영 걸쳐도 뒈곡 영 걸쳐도 뒈
곡 욮이 걸쳐. 게믄 사름이 상 네 젓젠 허믄 가운데 허믄 못허지. 영 혼
쩍이 영. 비교적 가랑대는 욮이. 이거 삿대가 구석에 영 걸쳐도 뒈고 못
젓거든. 혼쪽에.{가랑대는, 이것 가운데 하는 거 아니고 옆에. 이렇게 걸
쳐도 되고 이렇게 걸쳐도 되고 옆에 걸쳐. 그러면 사람이 서서 노 저으
려고 하면 가운데 하면 못하지. 이렇게 한쪽에 이렇게. 비교적 가랑대는
옆에. 이것 삿대가 구석에 이렇게 걸쳐도 되고 못 젓거든. 한쪽에.}

문 게믄 네 젓젠 허믄 이 발판에 상 젓는 거구나예?{그러면 노 저으려고 하
면 이 발판에 서서 젓는 거군요?}

답 발판에 상.{발판에 서서.}

문 네는 두 명이 아까 하고?{노는 두 명이 아까 하고?}

답 혼 명이나 두 명이. 두 명이 막 못 젓이믄 혼 사름이 무겁주게.{한 명이
나 두 명이. 두 명이 막 못 저으면 한 사람이 무겁지.}

문 예. 경 헤근에 이제 자리 거릴 때도 무사 그물도 필요허지 아녀낫수가예? 옛날에 그거는 어디에 설치헤낫습니까?{예. 그렇게 해서 이제 자리돔 뜰 때도 왜 그물도 필요하지 않았습니까? 옛날에 그것은 어디에 설치했었습니까?}

답 그냥 이치록헌 대에다가이 족바지ㄱ치 이렇게 둥글렁허게 그물, 그물 이디 영 앞의 낮당 그걸 들렁 물러레 쏙 질렁. 질렁 영 지펑 잇다가 자리가 올라와 가믄 이렇게 들렁 영 줍아뎅경 올리주게.{그냥 이런 대에다 '족바지'같이 이렇게 둥글게 그물, 그물 여기 이렇게 앞에 놔두었다가 그것을 들어서 물에 쏙 찔러서. 찔러서 이렇게 짚어 있다가 자리돔이 올라와 가면 이렇게 들어서 이렇제 잡아다녀서 올리지.}

문 그 그물 일름은 뭐렌 헤마씨?{그 그물 이름은 무엇이라고 하나요?}

답 사둘.{사둘.}

문 사둘예? 게믄?{사둘요? 그러면?}

답 자리사둘.{자리돔사둘.}

문 자리사둘. 그물?{자리돔사둘. 그물?}

답 그림을 그리면은:{그림을 그리면.}

문 예, 잠깐만. 요즘은 자리사둘 쓰는 법이 엇지예?{예, 잠깐만. 요즘은 자리돔사둘 쓰는 법이 없지요?}

답 잘 없어요 삼목, 삼목인디 이 대는 이것이 옛날에는 무신 걸로 재료가? 노가리, 주목. 노가리가 개볍고 잘 오그라지고 게니까 그걸로 헤가지고 질지 아녀민 흔 발짜리 자꾸 연잇엉 자꾸 잇엉 원을 멩글지. 원을 멘들믄 그냥 영 놓민 이렇게 미끄러져불거든. 버리를 메어.{잘 없어요 삼나무, 삼나무인데 이 대는 이것이 옛날에는 무슨 것으로 재료가? 주목, 주목. 주목이 가볍고 잘 오그라지고 그러니까 그것으로 해서 길지 않으면 한 발짜리 자꾸 연이어서 자꾸 이어서 원을 만들지. 원을 만들면 그냥 이렇게 놓으면 이렇게 미끄러져버리거든. 벼리를 매.}

문 버리예?{벼리요?}

답 버리를 메. 왜냐믄 이치록 아녀게. 비교적이 튀어나니까 브뜨게 졸아들
게 아니라? 버리를 매는디 이 원칙으로 영 영 뒈엇주게. 영 뒈고 이디는
버리가 이제 또 세 개, 세 개 메어.{벼리를 매. 왜냐하면 이렇게 안 하게.
비교적 튀어나니까 짧게 졸아들게 아닌가? 벼리를 매는데 이 원칙으로
이렇게 이렇게 되었지. 이렇게 되고 여기는 벼리가 또 세 개, 세 개 매.}

문 버리를 세 개예?{벼리를 세 개요?}

답 쭉 여긴 가믄 하나고, 여긴 세 개. 구물이 영 뒛주. 구물 아니고 이걸 그
냥 쑥 디밀앙, 물싸는 디레 그냥 영 디밀앙 바닥에 놧다가 자리가 영 올
라와 가믄, 이걸 국자사둘이라고 허여. {쭉 여기는 가면 하나고, 여기는
세 개. 그물이 이렇게 됐지. 그물 아니고 이것을 그냥 쑥 들이밀어서, 물
써는 데로 그냥 이렇게 들이밀어서 바닥에 두었다가 자리돔이 이렇게 올
라와 가면, 이것을 국자사둘이라고 해.}

문 국자사둘예?{국자사둘요?}

답 국자모냥으로 쑥허게 줍아뎅기메. 게믄 자리가 이 안티레 우르르허게 들
어가.{국자모양으로 쑥 잡아당겨. 그러면 자리돔이 이 안으로 우르르하
게 들어가.}

문 국자사둘은 이걸 얘기허는 겁니까?{국자사둘은 이것을 얘기하는 것입니
까?}

답 이거 사둘. 국자 닮으니까 국자사둘. 전체를 말허는 거지게.{이것 사둘.
국자 닮으니까 국자사둘. 전체를 말하는 것이지.}

문 국자사둘. 동그렇게 주목으로 헌 덴 노가리예?{국자사둘. 동그랗게 주목
으로 한 데는 노가리요?}

답 주목. 요런 것도{주목. 요런 것도}

문 예예. 이 낭은 무신 낭이우꽈?{예예. 이 나무는 무슨 나무입니까?}

답 스기낭.{삼나무.}

문 이거는 스기낭으로?{이것은 삼나무로?}

답 스기낭이 곧곧 고르게 쭉 나가지 아녀게?{삼나무가 곧고 고르게 쭉 나가지 않는가?}

문 스기낭으로 하고 사둘은?{삼나무로 하고 사둘은?}

답 주목.{주목.}

문 이 동글랑게 사둘이라고 허는 겁니까? 이건 사둘구물이고?{이 동그란 것이 사둘이라고 하는 것입니까? 이것은 사둘그물이고?}

답 사둘에움.{사둘어음.}

문 이거는 사둘에움예? 사둘에움을 이제 노가리로 허는 거라예?{이것은 사둘어음요? 사둘어음을 이제 주목으로 하는 거라고요?}

답 사둘.{사둘.}

문 버릿줄예? 이까지 버릿줄예? 이 버릿줄은 무슨 걸로 만들아마씨? 옛날에.{벼리요? 여기까지 벼리요? 이 벼리는 무슨 것으로 만드나요? 옛날에?}

답 그냥 노로 헷주. 그냥.{그냥 노로 했지. 노로.}

문 노로예? 노로 하고 이 그물은 뭘로 만들아마씨?{노로요? 노로 하고 이 그물은 무엇으로 만드나요?}

답 구물은 면사로 짠 그물 잇주. 자리그물. 짜야 돼.{그물은 면사로 짠 그물 있지. 자리돔그물. 짜야 돼.}

문 면사로 짜예?{면사로 짜요?}

답 면사로 옛날은 면사로{면사로 옛날은 면사로.}

문 자리그물은 크기가 어느 정도 뒈낫엇습니까? 옛날에?{자리돔그물은 크기가 어느 정도 됐었습니까? 옛날에.}

답 그거 알아? 하여튼 이제, 이, 이것이 아마 흔 스 메다, 오 메다 뒐 거라. 커.{그것 알겠나? 하여튼 이제, 이, 이것이 아마 한 사 미터, 오 미터 될 거야. 커.}

문 폭이?{폭이?}

답 폭이. 이것이.{폭이. 이것이.}

문 폭이 사 메다, 오 메다예? 아까 버리줄 말고 엑스로 맨 거는 뭐마씨? 이 거는?{폭이 사 미터, 오 미터요? 아까 벼릿줄 말고 엑스로 맨 것은 무엇 인가요? 이것은?}

답 원을 바르게 조정허기 위혜서. 이것이 버리렌만 허여. 하여튼 버리.{원을 바르게 조정하기 위해서. 이것이 벼리라고만 해. 하여튼 벼리.}

문 이 버릿줄?{이 벼릿줄?}

답 버릿줄, 버릿줄. 다.{벼릿줄, 벼릿줄. 다.}

문 이것도 버릿줄예?{이것도 벼릿줄요?}

답 버릿줄. 이거 게난 이거 영 허믄 주목으로 이만씩헌 거 불에 쿵 오그령 물랑 전부 이시면 이게 똥그랑헐 수가 잇주게.{벼릿줄. 이것 그러니까 이것 이렇게 하면 주목으로 이만씩한 것 불에 구어서 오그려서 말라서 전부 이으면 이렇게 동그랄 수가 있지.}

문 예예.{예예.}

답 겨니까 홀 수 엇이 일로 영 발르게 영 허믄 바르지 아녀? 경 허믄 또 이 거만 매믄 안 뒈는. 또 영 이제 갈 수 이시니까 이레도 저레도 아녕 영. {그러니까 할 수 없이 이리로 이렇게 바르게 이렇게 하면 바르지 않는 가? 그렇게 하면 또 이것만 매면 안 되는. 또 이렇게 이제 갈 수 있으니 까 이리도 저리도 안 해서 이렇게.}

문 열십 자로예? 두 군데로 영 맨 다음 버릿줄은 이렇게 하는 거고?{열십 자로요? 두 군데로 이렇게 맨 다음 벼릿줄은 이렇게 하는 것이고?}

답 경 아녀믄 엑스자로, 엑스자로가 그게 그거주. 영 메어불며는 이리저리 안 돌아가게.{그렇지 않으면 엑스자로, 엑스자로가 그게 그것이지. 이렇 게 매버리며 이리저리 안 돌아가게.}

문 열십 자?{열십 자?}

답 이건 메는 거고 조정허기 위해서 붓땃다 늦췄다 영 허는 거.{이것은 매는 것이고 조정하기 위해서 받았다가 늘였다 이렇게 하는 것.}

문 예예.{예예.}

답 이건 그 버리고, 이거는 원 버릴 조정허기 위헤서.{이것은 그 벼리고, 이것은 원래 벼리를 조정하기 위해서.}

2.4. 흐루에 자리 두 섬끄지 떠 봔

문 그러면은 보통 이제 그 자리 잡으러 가면, 이 사둘, 이걸로 하나 허면 그 양이 어느 정도 뒈마씨? 자리 많이 잡힐 때?{그러면 보통 이제 그 자리돔 잡으러 가면, 이 사둘, 이것으로 하나 하면 그 양이 어느 정도 될까요? 자리돔 많이 잡힐 때?}

[사진 57]
풍선(사진 앞)과 테우와 자리사둘(제주도민속자연 사박물관서 촬영)

답 많이 잡힐 때는 흔 말끄지도 들어.{많이 잡힐 때는 한 말까지도 들어.}

문 아아.{아아.}

답 흔 말 댓 뒈. 으나문 뒈. 흔 뒈. 흔 홉. 하여튼 흔 두서너쯤 뒈는 건 부지런히 헤야 뒈.{한 말 닷 되. 여남은 되. 한 되. 한 홉. 하여튼 한 두서너쯤

되는 것은 부지런히 해야 되어.}

문 한번 거령?{한번 떠서?}

답 채와낭 또 영 지펑 뎅기곡.{채워넣어서 또 이렇게 짚어서 다니고}

문 그치룩허멍 하루에 자리 멧 말까지 떠 봣수가?{그렇게 하면서 하루에 자리돔 몇 말까지 떠 봤습니까?}

답 자리, 그때 자릴 뜨믄 말로 폴앙 허믄 뭐, 두 섬이여, 흔두 섬이여, 두 섬 꼬지 떠 봔.{자리돔, 그때 자리돔을 뜨면 말로 팔아서 하면 뭐, 두 섬이다 한두 섬이다, 두 섬까지 떠봤어.}

문 아아, 하루에?{아아, 하루에?}

답 베가 약허니까 두 섬 다 못 실러. 다 실르믄 골라앚이니까. 구물 가정뎅겨. 구물 물에 틔왕 끗엉 와. 그걸 다 우틔레 시끄민 골아앚아부러.{배가 약하니까 두 섬 다 못 실어. 다 실으면 가라앉으니까. 그물 가져다녀. 그물 물에 띄워서 끌어서 와. 그것을 다 위로 실으면 가라앉아버려.}

문 아, 그러면은 구물을?{아, 그러면 그물을?}

답 구물 헤영 갓당 잘리 물에 커둠서.{그물 해서 갔다가 자루 물에 담가두고시.}

문 자리 담은 구물은 따로 이름이 잇습니까?{자리돔 담은 그물은 따로 이름이 있습니까?}

답 찰리지. 찰리. 구물 찰리.{자루지. 자루. 그물 자루.}

문 구물 찰리. 경 허영 이제 폴 때는 말로 허영은에 푸는 거잖아예?{그물 자루. 그렇게 해서 이제 팔 때는 말로 해서 파는 거잖아요?}

답 말로, 뒈로, 사발로{말로, 되로, 사발로}

문 사발로 직접 자리 폴레도 다녀봔마씨?{사발로 직접 자리돔 팔러도 다녀봤습니까?}

답 난 안 뎅겻주만 할망이사 뎅겻주.{나는 안 다녔지만 할머니야 다녔지.}

문 보통 여자들이?{보통 여자들이?}

답 경 아녀믄 여자들이. 옛날은 자리, 것이 유월 들에 알 베영 술진덴 허영 보리 장만허믄 웃드리 할망덜이 색유통, 그거 허영은에 물구덕에 정 왕, 보리 정 왕 바꾸젠. 옛날 벨로 우의 안 가도, 폴레 안 가도 막 사레 왕 못 상 가는 사름이 하주게.{그렇게 않으면 여자들이. 옛날은 자리돔, 그것이 유월달에 알 배서 살찐다고 해서 보리 탈곡하면 윗마을 할머니들이 석유통, 그것 해서 '물구덕'에 져서 와서, 보리 지고 와서 바꾸려고 옛날 별로 위에 안 가도, 팔러 안 가도 마구 사러 와서 못 사서 가는 사람이 많지.}

문 아아.{아아.}

답 젓덜 허젠 할망덜. 보리 바낄 거난. 보리 허영. 경 허믄 거기서덜 물물교환도 허곡.{젓들 하려고 할머니들. 보리 바꿀 것이니까. 보리 해서. 그렇게 하면 거기서들 물물교환도 하고.}

문 으으{아아.}

답 돈도 허영 허곡.{돈도 해서 하고.}

문 보통 자리 흔 말 허면은 어떻게, 물물교환은 어떤 식으로 이루어졋었습니까?{보통 자리돔 한 말 하면 어떻게, 물물교환은 어떤 식으로 이루어졌었습니까?}

답 자리 흔 말 주믄 (보리) 흔 뒈쯤 줫주.{자리돔 한 말 주면 (보리) 한 되쯤 줬지.}

문 자리는 흔 말이고 보리는 흔 뒈고?{자리돔은 한 말이고 보리는 한 되고?}

답 경 쏠이 귀헨. 궤기 흔 짐 져 가도 보리쏠 두서너 말. 지금은 고기 흔 짐 져 가믄 곤쏠이 흔 멧 가만데.{그렇게 쌀이 귀해서. 고기 한 짐 지어 가도 보리쌀 두서너 말. 지금은 고기 한 짐 져 가면 흰쌀이 한 몇 가마니인데.}

문 바당에서 잡히는, 스월부터?{바다에서 잡히는, 사월부터?}

답 스월 말. 음력. 양력은 아니고{사월 말. 음력. 양력은 아니고}

問 음력 사월 말?{음력 사월 말?}

答 구월꺼지.{구월까지.}

問 구월까지 쭉 하잖아예? 그 자리도 계절별로 자리들이 이름도 틀리고?{구월까지 쭉 하잖아요? 그 자리돔도 계절별로 자리돔들이 이름도 다르고?}

答 아, 게난 유월 자리 거적자리. 거적자리엔 헌 건 알 다 싸불민 맛이 엇곡.{아, 그러니까 유월 자리돔 '거적자리돔'. '거적자리돔'이라고 한 것은 알 다 싸버리면 맛이 없고}

問 거적자리?{'거적자리돔'?}

答 거적자리. 알 싸분 거. 유월 둘, 칠월달 들면 알 다 싼다. 칠월 둘에 나는 자리는 알아주지 아녀. 줄어. 준덴 허영. 가시도 쎄곡. 게난 칠월, 칠월 넘어가믄, 칠월 절기 들믄, 구월 뒈믄 자리 뜨젠도 아녀. 그때는 쉬자리. 자리 준 거. 알 싼 것이 요만씩 홀거요.{'거적자리돔'. 알 싸버린 것. 유월, 칠월 되면 알 다 싸. 칠월달에 나는 자리돔은 알아주지 않아. 줄어. 준다고 해서. 가시도 세고 그러니까 칠월, 칠월 넘어가면, 칠월 절기 들면, 구월 되면 자리돔 뜨려고도 않아. 그때는 '쉬자리돔'. 자리돔 잔 것. 알 싼 것이 요만씩 긁어요.}

問 예에.{예에.}

答 쉬자리. 구월 둘엔 쉬자리.{'쉬자리돔'. 구월에는 '쉬자리돔'.}

問 구월 둘에 쉬자리를 뜨는 거라예? 그 쉬자리는 맛 좁니까? 애기 자리?{구월달에 '쉬자리돔'을 뜨는 거라구요? 그 '쉬자리돔'은 맛 좋습니까? 새끼 자리돔.}

答 애기 자리. 보드라와. 연허지게. 쉬자리젓.{새끼 자리돔. 보드라워. 연하지. '쉬자리돔젓'.}

問 자리가, 맨 처음에 잡히는 자리는 무슨 자리엔 헤마씨?{자리돔이, 맨 처음에 잡히는 자리돔은 무슨 자리돔이라고 해요?}

答 건 무신 자리엔 헐 건가? 그건 무신 자리엔 헤? 자리믄 자린디.{그것은

무슨 자리돔이라고 할 것인가? 그것은 무슨 자리돔이라고 하나? 자리돔이면 자리돔인데.}

문 그냥 자리 허고, 자리 이름이 아까?{그냥 자리돔 하고, 자리돔 이름이 아까?}

답 자리. 것자리라고 헤가지고 또 이제 훌근 자리가 와. 비양도 저 모슬포서 나는 자리도 가당 올르는디 것자리엔도 허곡. 젓 자리허고 것자리는 틀려.{자리 돔. '것자리돔'이라고 해서 또 이제 굵은 자리돔이 와. 비양도 저, 모슬포에서 나는 자리돔도 가다가 오르는데 '것자리돔'이라고도 하고 '젓자리돔'하고 '것자리돔'은 달라.}

[사진 58]
테우와 자리사둘
(제주도민속자연사박물관에서 촬영)

문 것자리예?{'것자리돔'요?}

답 것자리. 거멍허고 훌근 거.{'것자리돔'. 거멓고 굵은 것.}

문 아아, 거멍허고 훌근 거를 것자리엔 허곡?{아아, 거멓고 굵은 것을 '것자리돔'이라고 하고?}

답 이 젓자린 젓 담는. 젓자리는 줄고 알 베영 통통허주게.{이 '젓자리돔'은 젓 담그는. '젓자리돔'은 잘고 알 베서 통통하지.}

문 젓 담으믄 거는 젓자리?{젓 담그면 그것은 '젓자리돔'?}

답 것자리는 것밧듸서 꺼멍허게 굵어.{'것자리돔'은 '겉밭'에서 꺼멓게 굵어.}

문 것밧듸는 어디우꽈?{'겉밭'은 어딥니까?}

답 먼 돌밧. 돌밧.{먼 돌밭. 돌밭.}

문 돌밧?{돌밭?}

답 돌밧.{돌밭.}

문 요 근처 바당이 아니고, 바당에도 돌이 잇는 딘, 바당 것밧이렌 헙니까?
{요 근처 바다가 아니고, 바다에도 돌이 있는 데는, 바다 '겉밭'이라고 합
니까?}

답 것밧.{'겉밭.}

문 것자리.{'것자리돔'.}

답 구월 나믄 쉬자리.{구월 되면 '쉬자리돔'.}

문 쉬자리?{'쉬자리돔'?}

답 쉬자리는 새끼 자리주게.{'쉬자리돔'은 자리돔 새끼지.}

문 그 다음에 알 싸분 거는?{그 다음에 알 싸버린 것은?}

답 거적자리.{'거적자리돔'.}

문 거적자리?{'거적자리돔'?}

답 건 맛이 엇엉 젤 알아주지 않는 거.{그것은 맛이 없어서 젤 알아주지 않
는 깃.}

문 질 맛 좋을 때는?{젤 맛 좋을 때는?}

답 하여튼 유월달, 젓 담을 시기에.{하여튼 유월, 젓 담글 시기에.}

문 자리를 이제 잡잖아예? 옛날에는 자리로 헤 먹엇던 음식은 뭐 뭐 헨 먹
언마씨?{자리돔을 이제 잡잖아요? 옛날에는 자리돔으로 해 먹었던 음식
은 무엇 무엇 해서 먹었어요?}

답 젓 주장이주. 옛날 이 밋반찬이 집집마다 헤변은, 이녁이 아녀도 상이라
도 다 젓 담아. 멜허고 멜젓허고 자리젓은 건 기본. 그거 시믄 또 다른
반찬 필요 엇고 옛날에.{젓 주장이지. 옛날 이 밑반찬이 집집마다 해변
은, 이녁이 안 해도 사서라도 다 젓 담가. 멸치하고 멸치젓하고 '자리돔
젓'은 그것은 기본. 그것 있으면 또 다른 반찬 필요 없고 옛날에.}

問 거의 젓 담는 용으로?{거의 젓 담그는 용으로?}

答 순 젓. 자리는 순 젓용. 훼는 저, 소수 약간이주. 젓. 식구들 많은 딘 자리 두 말 담앗저, 서 말 담앗저 헤도 모자란덴 허주. 겨울에 먹을 건 것벳기 엇지. 멜첫이나 자리젓.{순 젓. 자리돔은 순 젓용. 회는 저, 소수 약간이지. 젓. 식구들 많은 데는 자리돔 두 말 담갔다, 서 말 담갔다 해도 모자라다고 하지. 겨울에 먹을 것은 그것밖에 없지. 멸치젓이나 자리돔젓.}

問 할아버지네도 젓 하영 담아낫수가?{할아버지네도 젓 많이 담갔었습니까?}

答 우리도 젓 많이 담주게. 아버지, 우리 아버지네도, 지금 우리 아버지네 칠 남매난 뭐. 식구가 바글바글. 옛날 거 뭐, 게믄 옛날 흔 집의, 흔 집의 다 븟글븟글 사니까 먹는 건 많지 양식은 엇엉 허믄 바다에서 의지허영 (양석) 바꿰엉 먹곡.{우리도 젓 많이 담그지. 아버지, 우리 아버지네도, 지금 우리 아버지네 칠 남매니까 뭐. 식구가 바글바글. 옛날 그것 뭐, 그러면 옛날 한 집에, 한 집에 다 바글바글 사니까 먹는 것은 많지 양식은 없어서 하면 바다에 의지해서 (양식) 바꾸어서 먹고.}

問 게믄 그 젓은 담으믄 뭐에다 헤마씨?{그러면 그 젓은 담그면 무엇에 합니까?}

答 항아리.{항아리.}

問 항아리에?{항아리에?}

答 옛날 독. 항아리에 담아야 맛이 잇지 딴 디 담으민.{옛날 독. 항아리에 담가야 맛이 있지 다른 데 담그면.}

問 요즘도 자리젓 담암수광?{요즘도 자리돔젓 담그고 있나요?}

答 지금 요 누게 자리 떠와선게 자리 댓 개 헤당 담앙 놔뒷는디 몰라. 뒐티 말티. 이녁 짐작으로{지금 요 누가 자리돔 떠왔던데 자리 댓 개 해다가 담가서 놔두었는데 몰라. 될지 말지. 이녁 짐작으로}

問 요즘은 자리 뜨는 거 베로 강?{요즘은 자리 뜨는 것은 배로 가서?}

탑 베로 강. 우리 동넷 아이, 장난 비스름허게 허는 아이 하나 잇어.{배로 가서. 우리 동네 아이, 장난 비슷하게 하는 아이 하나 있어.}

2.5. 멜 후리도 나가 젤 낫주

문 예. 멜도 직접 저기 거려봣수가?{예. 멸치도 직접 저기 떠봤습니까?}

탑 멜?{멸치?}

문 멜.{멸치.}

탑 멜은 나가, 옛날 후리헐 때 잇는디. 베 매가지고 내가 후리에 대헤서도 나가 젤 낫주.{멸치는 내가, 옛날 후리할 때 있었는데. 배 매서 내가 후리에 대해서도 내가 젤 낫지.}

[그림 1] 이보연이 그린 '멜 후리는 장면'

문 아아, 멜후리는 거에 대해서 골아 줍서? 어떤 식으로? 건 베도 여러 개 놓고 허영 허는 거잖아예?{아아, 멸치후리는 것에 대해서 말씀해 주십시오? 어떤 식으로? 그것은 배도 여러 개 놓고 해서 하는 거잖아요?}

탑 테우 둘, 베 하나.{떼배 둘, 배 하나.}

문 멜 후릴 때 과정을예? 쭉 이 밧듸, 모살밧듸 옮겨 올 때까지?{멸치 후릴 때 과정을요? 쭉 이 밭에, 모래밭에 옮겨 올 때까지?}

탑 베가 테우에는 양쪽에 구물을 딱 놓며는. 원래 구물망 놓면 이렇게 돼주게. 이런 식으로 구물 놓믄 여기가 테우, 여기가 테우, 이 테우에는 베가 베. 이 테우들이 베를 실러. 베.{배가 떼배에는 양쪽에 그물을 딱 놓으면. 원래 그물망 놓으면 이렇게 되지. 이런 식으로 그물 놓으면 여기가 떼배, 원래 그물망 놓으면 이렇게 되지. 이런 식으로 그물 놓으면 여기가 떼배,

여기가 떼배, 이 떼배에는 배가 배. 이 떼배들이 배를 실어. 배.}

문 예.{예.}

답 베를 실르고 이 구물베는, 이 베는 이디 그물을 실르고 그물, 그물을 실르믄 처음은 이 테우허고 이 테우 다 일로 모여.{배를 싣고 이 그물배는, 이 배는 여기 그물을 싣고 그물, 그물을 실으면 처음은 이 떼배하고 이 떼배 다 이리로 모여.}

문 예.{예.}

답 그물 놓젠 허믄 여기 닷을 주고 여기서 정지 헷다가 멜이 여기 왔다 허며는 테우, 이짝에 온 테우, 동베 테우가 잇고 섯베 테우가 기준이 뒈어 잇어.{그물 놓으려고 하면 여기 닻을 주고 여기서 정지 했다가 멸치가 여기 왔다 하면 떼배, 이쪽에 온 떼배, 동배 떼배가 있고 섯배 떼배가 기준이 되어 있어.}

문 예에.{예에.}

답 이건 그물 논 다음은 서쪽으로 올 거고 이건 동쪽으로 올 테우거든.{이것은 그물 놓은 다음에는 서쪽으로 올 것이고 이것은 동쪽으로 올 떼배거든.}

문 예에.{예에.}

답 동쪽 베허고 테우허고 여기 다 잇지. 옛날은 동쪽으로 올 테우가 이 베를 끗어준다 말여. 베를 끗어주면 구물을 놔. 구물을 놓믄 이제 이 테우가 끗이믄 구물을 이렇게 놓거든.{동쪽 배하고 떼배하고 여기 다 있지. 옛날은 동쪽으로 올 떼배가 이 배를 끌어준다 말이야. 배를 끌어주면 그물을 놓아. 그물을 놓으면 이제 이 떼배가 끌면 그물을 이렇게 놓거든.}

문 예에.{예에.}

답 게믄 망 놓면 구물망 놧다면 테우가 이디 감 시작을 허여. 굿디레 베를 시끄곡. 시껀 잇으니까 가곡. 이디도 망 놧으니까 끗이믄 망 ᄀ찌. 양짝으로 베는 이디부터 잇고 봐서 자꾸 이렇게 지울어지믄, 영 지울어지믄 이짝이 너미 둥겨부니까 지울어지는 거 아녀. "동베는 춘춘이 섯베는 빨리 둥기라." 발라. 여기서 조정을 헤. 경 허믄 또 굿듸 들어올 때끄지 이제 요것이 여기 딱 오민 이거 개코라고 허는디.{그러면 망 넣으면 그물 망 넣었다면 떼배가 여기 가기 시작을 해. 가로 배를 싣고 실어서 있으니까 가고 여기도 망 놓았으니까 끌면 망 처럼. 양쪽으로 배는 여기서부터 있고 봐서 자꾸 이렇게 기울어지면, 이렇게 기울어지면 이쪽이 너무 당겨버리니까 기울어지는 것 아닌가. "동배는 천천히 섯배는 빨리 당겨라." 바르게 해. 여기서 조정을 해. 그렇게 하면 또 가에 들어올 때까지 이제 요것이 여기 딱 오면 이것 '개코'라고 하는데.}

🔲 개코?{'개코'?}

🔳 개코. 개코가 이젠 이거 ㄱ인디 여기 오믄 "캐코 낫저." 허거든게. 구물이 다 이끄지 닿앗어이. "개코 낫저." 베를, 사름들은 내려강 그물은 영 가운딘 넓고 "알 블르라." 알 멜이 나갈 거난 그냥 둥기믄 사람들이 들어앚앙 발 블라줘. 땅에.{'개코'. '개코'가 이제는 이것 가인데 여기 오면 "'개코 났다." 하거든. 그물이 다 이까지 닿았어. "'개코 났다." 배를, 사람들은 내려가서 그물은 이렇게 가운데는 넓고 "알 밟아라." 아래 멸치가 나갈 것이니까 그냥 당기면 사람들이 들어앉아서 발 밟아줘. 땅에.}

🔲 "알 블르라?"{"아래 밟아라."}

🔳 "알 블르라." 자꾸 블랏다 떳다 뒤컬음허멍 굿듸 짝 올라오주. 올라오믄 결국은 멜이 여기만 막 모다질 거 아니라? 게믄 여기 사름덜이 모다들엉 은에 들렁은에 딱허영.{"아래 밟아라." 자꾸 밟았다 떴다 뒷걸음질하면서 가에 짝 올라오지. 올라오면 결국은 멸치가 여기만 마구 모아질 것 아닌가? 그러면 여기 사람들이 모여들어서 들어서 딱해서.}

🔲 게믄 이 베는 무슨 베렌 헙니까?{그러면 이 배는 무슨 배라고 합니까?}

🔳 그물베. 그물당선이라 허지. 그물당선.{그물배. 그물당선이라고 하지. 그물당선.}

問 그물당선. 그물 실은 베를 구물당선?{그물당선. 그물 실은 배를 그물당선?}

答 그물당선.{그물당선.}

問 여기에 잇는 거는?{여기에 있는 것은?}

答 테우.{떼배.}

問 요것도 테우?{요것도 떼배?}

答 이것도 테우.{이것도 떼배.}

問 이것도 테우? 이 테우가 이렇게 가는 거지예?{이것도 떼배? 이 떼배가 이렇게 가는 것이지요?}

答 베 아정 줘뒁 잇당.{배 가져서 줘두고 있다가.}

問 이 그물 줄을 가지면 테우 역할은 뭐마씨?{이 그물 줄을 가지면 떼배 역할은 뭐예요?}

答 역할이 바로 그 거주. 줄 줘뒁 오랑 기대영 잇당 여기 잇어 줘야지.{역할이 바로 그것이지. 줄 줘두고 와서 기대서 있다가 여기 있어 줘야지.}

問 아까 개코?{아까 '개코'?}

答 개코에서 다 알아져.{'개코'에서 다 알 수 있어.}

問 여기 개코예?{여기 '개코'요?}

答 이것이 양짝 개코{이것이 양쪽 '개코'.}

問 개코 그물을 여는 이런 뭔가 보다예? 개코 왓다 갓다 허는데 그 베 하나에 왓다 갓다 허는 거구나예?{'개코'. 그물을 여는 이런 무엇인가 보네요? '개코' 왔다 갔다 하는데 그 배 하나에 왔다 갔다 하는 거군요?}

答 베는 여기 중심 둘아져두서 조정. "어디가 뜨다. 어디가 뜨다." 영 허영 그물이 영 요 "제우라. 조금 안트레덜 들어왕 가차이 와가지고"{배는 여기 중심 매달려서 조정. "어디가 느리다. 어디가 느리다." 이렇게 해서 그물이 이렇게 요 "조여라. 조금 안으로들 들어와서 가까이 와서."}

問 여기는 사람들이 영.{여기는 사람들이 이렇게.}

답 여기 혼짝에 스물. 여기 아, 쓰물이 아니고 열 멧이구나. 열 멧이 둘아져.{여기 한쪽에 스물. 여기 아, 스물이 아니고 열 몇이구나. 열 몇이 매달려.}

문 십여 명. 이 사람들은 무슨 사람이렌 헤마씨?{십여 명. 이 사람들은 무슨 사람이라고 하나요?}

답 접원이엔 허지.{계원이라고 하지.}

문 접원?{계원?}

답 접원. 접원 수가 총 그물막 하나에 이십삼 명, 이십 명. 그디 소임 빼불민. 소임이엔 헌 건 주장이주.{계원. 계원 수가 총 그물막 하나에 이십삼 명, 이십 명. 거기 소임 빼버리면. 소임이라고 한 것은 주장이지.}

문 예에.{예에.}

답 그 사름 빼어불민 열혼 명, 열두 명. 대개 혼쪽에.{그 사람 빼버리면 열한 명, 열두 명. 대개 한쪽에.}

문 혼쪽에예?{한쪽에요?}

답 조정은 베에서 허민 베에서 곧는양. 자게 둥기렌 허믄 자게 둥기고, 천천히 둥기렌 허믄 천천히 둥기곡.{조정은 배에서 하면 배에서 말하는대로 재우 당기라고 하면 재우 당기고, 천천히 당기라고 하면 천천히 당기고}

문 이렇게 허는 것을 멜 후린덴?{이렇게 하는 것을 멸치 후린다고?}

답 멜.{멸치.}

문 여기서도 멜 하영 후려나지 아녓수가예?{여기서도 멸치 많이 후렸었지 않습니까?}

답 주장이주. 우리는 다른 사름이나 테우나 이 거세기덜은 혼 찍을 먹는디 우리, 난 곱 먹어. 둘.{주장이지. 우리는 다른 사람이나 떼배나 이 거시기들은 한 몫을 먹는데 우리, 나는 곱 먹었어. 둘.}

문 아, 게믄 할아버지는 그물당선 허영 베를 운영을 허는 거라예?{아, 그러면 할아버지는 그물당선 해서 배를 운영을 하는 거지요?}

⊞ 그물.{그물.}

⊟ 그런 사람은 뭐엔 헤마씨? 소임?{그런 사람은 무엇이라고 하나요? '소임'?}

⊞ 아, 소임은 그물막에서, 접에 대해서 그디 뭐. 베 임제, 접원들이.{아, '소임'은 그물막에서, 접에 대해서 거기 뭐. 배 임자, 계원들이.}

⊟ 아, 그땐 베 임제렌 헤낫수가?{아, 그때는 배 임자라고 했었습니까?}

⊞ 접원들이 불르기를, 베 임제, 베 임제 허난 뭐.{계원들이 부르길, 배 임자, 배 임자 하니까 뭐.}

⊟ 베 임제가 진두지휘?{배 임자가 진두지휘?}

⊞ 진두지휘허여.{진두지휘해.}

⊟ 테우 운전하는 사람들은 뭐렌 헤마씨? 별도로 그건 엇어?{떼배 운전하는 사람들은 뭐라고 하나요? 별도로 그것은 없어요?}

⊞ 그거 엇고.{그것 없고.}

⊟ 으으.{아아.}

⊞ 이 사름들은 둥이는 사름이나 마찬가지 혼 찍 먹곡. 난 두 찍 먹고{이 사람들은 당기는 사람이나 마찬가지 한 몫 먹고 나는 두 몫 먹고}

⊟ 이 멜은 어느 제 저기 헤마씨?{이 멸치는 어느 때 저기 하나요?}

⊞ 멜도 여름에 많이 낫주. 하여튼 오뉴월. 우리는 그러니까 그때도 뭔가, 그때는 밧도 벵작허젠 허믄 밧도 어려왔어요. 밧 벵작허젠 헤도 어려왕 허믄. 우리는 밧 벵작은 막 허렌 준놔. 웨냐 허니까 유월에 멜을 우리 두 찍 허믄 모래판에 널지. 갈르지 아녕 널어. 전부 몰랑 이젠 멜쿠덕 큰 걸로 허영 갈르지. 혼 구덕씩. 혼 구덕으로 허영은에 멧 구덕씩 갈르면은. 우린 멜컬름을다가 혼 쓰무남으 섬썩 허여.{멸치도 여름에 많이 났지. 하여튼 오뉴월. 우리는 그러니까 그때도 무엇인가, 그때는 밭도 병작하려고 하면 밭도 어려웠어요. 밭 병작하려고 해도 어려워서 하면. 우리는 밭 병작은 마구 하라고 권유해. 왜냐 하니까 유월에 멸치를 우리 두 몫

하면 모래판에 널지. 나누지 안 해서 널어. 전부 말려서 이제는 '멜구덕' 큰 것으로 해서 나누지. 한 바구니씩. 한 바구니로 해서 몇 바구니씩 나누면. 우리는 멸치거름을 한 스무남은 섬씩 해.}

문 멜컬름예?{멸치거름요?}

답 멜컬름. 경 허믄 지원허영 보리가 좋주게. 밧 임제덜이 막 벵작허는디 왕, "우리 밧 벵작허라." 멜컬름. 벨로 그땐 푸는 것도, 젓 허젠 약간 풀고 뭐 거세기 허지. 걸름 주장이여. 걸름 주장. 옛날은 걸름 주장. 멜컬름 주장. 오도롱, 이호2동 사름덜이나 몬딱 거세기 허곡. 그 사름덜도 보리 허젠 갈랑. 멜컬름.{멸치거름. 그렇게 하면 지원해서 보리가 좋지. 밭 임자들이 마구 병작하는데 와서, "우리 밭 병작하라." 멸치거름. 별로 그때는 파는 것도, 젓 하려고 약간 팔고 뭐 거시기 하지. 거름 주장이야. 거름 주장. 옛날은 거름 주장. 멸치거름 주장. 오도롱, 이호2동 사람들도 몽땅 거시기 하고 그 사람들도 보리 하려고 나눠서. 멸치거름.}

문 먹고 허는 거는?{먹고 하는 것은?}

답 그거 소수이. 그때 많이 들어요 멜 이백 섬끄지 허믄 막 지체 못허영, 막 아침부터 쓰물 멧 사름이 가족 전부 모영은에 아침부터 지어 날르멍 널어도 낮 넘도록 널어.{그것 소수. 그때 많이 들어요 멸치 이백 섬까지 하면 마구 지체 못해서, 마구 아침부터 스물 몇 사람이 가족 전부 모여서 아침부터 져 나르면서 널어도 낮 넘도록 널어.}

문 멜 흔 번 후리면?{멸치 한 번 후리면?}

답 으{그래.}

문 그 멜 헐 때는 무사, "멜 들엄저." 헷던 허는데 어떻게 알아지는 거마씨?{그 멸치 할 때는 왜, "멸치 들고 있다."고 했다고 하는데 어떻게 아는 거예요?}

답 아니. 우리 그 "멜 들엄젠." 헌 건 그 원에, 원이라고 독살이라. 육지말로 허는디.{아니. 우리 그 "멸치 들고 있다."고 한 것은 그 '원'에, '원'이라고

독살이야. 육지말로 하는데.}

문 예에.{예에.}

답 원에 든 때. 그 원에서 계 허영 허거든. 조합허영 맷이 허영 어울렁 헌 거니까 혼자 멜 떠 먹엇당은 큰일 나주게. "멜 들엇저. 멜 들엇저." 허는 거 그런 거.{원에 들 때. 그 원에서 계 조직해서 하거든. 조합해서 몇이 해서 어우러져서 한 것이니까 혼자 멸치 떠서 먹었다가는 큰일 나지. "멸치 들었다. 멸치 들었다." 하는 것은 그런 것.}

문 원에?{원에?}

답 오라고 알령 떠야지, 알리지 아녀믄 그건 그거고 여기선 "멜 들엇저." 그 런 거 경 아녀.{와라고 알려서 떠야지, 알리지 않으면 그것은 그것이고 여기서는 "멸치 들었다." 그런 것은 그렇게 안 해.}

문 이거는 멜 날 시기에?{이것은 멸치 날 시기에?}

답 멜 허믄 베가 두 찍 먹는 건 아무 멜이. 어떤 때는 멜 발견 뒈믄 소임신 디 전환 없지만 통지를 허여.{멸치 하면 배가 두 못 먹는 것은 아무 멸치 가. 어떤 때는 멸치 발견 되면 '소임'한테 전화는 없지만 통지를 해.}

문 예에.{예에.}

답 "멜이 왓으니까 소임덜 거느령, 접원들 거느령 내려오라." 허믄, 내려왕 허믄. 경 허영 그때 홀 때도 잇고 또 이제 낮에 아무 기적도 엇고 허믄 내가 밤에 돌아봐요 바당에 멜이 잇는가 없는가.{"멸치 왔으니까 '소임' 들 거느려서, 계원들 거느려서 내려와라." 하면, 내려와서 하면. 그렇게 해서 그때 할 때도 있고 또 이제 낮에 아무 기적도 없고 하면 내가 밤에 돌아봐요. 바다에 멸치가 있는가 없는가.}

문 바당에?{바다에?}

답 바당에 보믄, 우리말로 것ㄱ라 물부살이라고, 벌룽이라고 헤서. 물, 바닷 물은 여름에 보믄 벌룽벌룽벌룽 막 허여.{바다에 보면, 우리말로 그것보 고 '물부살'이라고, '벌룽이'라고 해서. 물, 바닷물은 여름에 보면 벌룽벌

룽벌룽 마구 해.}

문 아아.{아아.}

답 뭐 거시면, 싹 거시믄 야광 모냥으로 거세기 허거든. 경 허영 영 뎅이멍 발로 벳바닥 퉁 치믄 멜이 시믄 바당이 뻘겅허여. 멜이 그냥 전부 확 겁낭 멜이 팍 뛰니까 멜부살이 팍 일어나지.{무엇 건들면, 싹 건들면 야광 모양으로 거시기 하거든. 그렇게 해서 이렇게 다니면서 발로 벳바닥 퉁 치면 멸치가 있으면 바다가 뻘개. 멸치가 그냥 전부 확 겁나서 멸치가 팍 뛰니까 '멸치부살이 팍 일어나지.}

문 멜부살이엔 헤마씨?{'멸치부살'이라고 하나요?}

답 물벌룽이엔도 허곡. 벌룽벌룽허니까 벌룽인지 몰라도 벌룽이, 물부살이 벌겅허믄, 고기는 풍 치며는 번쩍허고, 경 아년 건 그냥 항상 쳐도 그냥 구만헐 거 아니. 궤기는 팡 치믄, 고기는 둗젠 허니까 벌겅허여. 아, 경 허믄 멜이다, 갈치다, 무신 그런 거. 낮 거는 낮 거대로 허곡. 멜은 하여튼 막 뭉치는 거난 알아져.{'물벌룽이'라고도 하고 벌룽벌룽하니까 벌룽이인지 몰라도 '벌룽이', '물부살이 벌개면 고기는 풍 치면 번쩍하고, 그렇게 않은 것은 그냥 항상 쳐도 그냥 가만할 것 아닌가. 고기는 팡 치면, 고기는 달리려고 하니까 벌개. 아, 그렇게 하면 멸치다, 갈치다, 무슨 그런 것. 낮 것은 낮 것대로 하고 멸치는 하여튼 마구 뭉치는 것이니까 알 수 있어.}

문 예예예.{예예예.}

답 멜 왔다 허영, 접원 거느리렌, 구물 시끄라, 베 탁 들이대믄 그물 시끄지. 직접 주위를 끄곡.{멸치 왔다 해서, 계원 거느리라고, 그물 실어라, 배 탁 들이대면 그물 신지. 직접 주위를 끄고}

문 게믄 멜도 밤에 허는 거? 오징어도 밤에 허는 거? 갈치도 밤에 허는 거?{그러면 멸치도 밤에 하는 것? 오징어도 밤에 하는 것? 갈치도 밤에 하는 것?}

답 아, 그때, 우리 어린 때는, 젊을 때는 오징에 낮의 헷어. 밤이 아녀.{아, 그때, 우리 어릴 때는, 젊을 때는 오징어 낮에 했어. 밤에 안 해.}

문 아아.{아아.}

답 갈치나 오징어 밤에 허는 거는 멧 년 안 헷어요 우리 아주 흔 삼십 넘언 흔 사십대 뒈어야 불 싼 허는 거 밤의 헷지. 갈치도, 갈치는, 봄갈치는 낮의 나끄곡, 구을갈치는 밤에 나깟는디 옛날은 카바이드불, 장명등이라고 그거 쌍 나깟지. 이런 불 쌍 아녀. 이런 불 쌍 허는 건, 오징에도, 그때는 오징에 밤에 안 허고, 낮에. 사월 초파일 넘으민 그렇게 많이 낫어. 오월 장마에 그렇게 많이 낫어. 이런 거. 그루후제 불 쌈 시작허난 줄고 그냥 불 쌍.{갈치나 오징어 밤에 하는 것은 몇 년 안 했어요 우리 아주 한 삼십 넘어서 한 사십대 되어야 불 켜서 하는 것 밤에 했지. 갈치도, 갈치는, 봄갈치는 낮에 낚고, 가을갈치는 밤에 낚았는데 옛날은 카바이드불, 장명등이라고 그것 켜서 낚았지. 이런 불 켜서 안 했어. 이런 불 켜서 하는 것은, 오징어도, 그때는 오징어 밤에 안 하고 낮에. 사월 초파일 넘으면 그렇게 많이 났어. 오월 장마에 그렇게 많이 났어. 이런 것. 그 이후에 불 켜기 시작하니까 잘고 그냥 불 켜서.}

문 게니까 준 것도 다 잡아부는 거라예?{그러니까 잔 것도 다 잡어버리는 거지요?}

답 으.{그래.}

2.6. 풍선 칠십년도 이후 거의 엇어져실 거여

문 이렇게 헤서 이제, 다음에는 그 베 잇잖습니까예? 베에 이런 식으로 그 명칭. 그 베도 종류가 으라 가지 잇잖습니까? 그 옛날에 바다, 그 고기 잡을 때는 어떤 베 이용헌마씨?{이렇게 해서 이제, 다음에는 그 배 있잖습니까? 배에 이런 식으로 그 명칭. 그 배도 종류가 여러 가지 있잖습니까? 그 옛날에 바다, 그 고기 잡을 때는 어떤 배 이용했었습니까?}

[탑] 범선. 이 돗 들아가지고 노로 젓고 동력이 아니고 범선이라고 돗대, 돗대로, 돗엔도 허곡 초석엔도 허는디. 그 브름바지가, 이것이 그 돗이주기.{범선. 이 닻 달아서 노로 젓고 동력이 아니고 범선이라고 돗대, 돗대로, 돗이라고도 하고 '초석'이라고도 하는데. 그 바람받이가, 이것이 그 돗이지.}

[문] 이게예?{이것요?}

[탑] 광목으로 헤가지고 만들앙. 영 풍 들아근에.{광목으로 해서 만들어서. 이렇게 '풍' 달아서.}

[문] 게믄?{그러면?}

[탑] 이것에 브름 받아가지고 베 밀려나가는 거. 추진허는 거.{이것에 바람 받아서 배 밀려나가는 것. 추진하는 것.}

[문] 게믄 그, 이게 다른 이름을 풍선이엔도 골아마씨?{그러면 그, 이게 다른 이름을 풍선이라고도 말합니까?}

[탑] 풍선이엔도 허곡 표준말은 범선, 범선허주마는 풍선이엔 허여. 브름 풍쩨, 바로 베선 쩨 헤갓고 풍선. 브름으로 다닌다 이거지.{풍선이라고도 하고 표준말은 범선, 범선하지만 풍선이라고 해. 바람 풍자, 바로 배 선자 해서 풍선. 바람으로 다닌다 이것이지.}

[문] 아, 옛날 그 헤녀덜 밧긔 물질 갈 때도 이 베를 이용헷겟다예?{아, 옛날 그 해녀들 밖에 물질 갈 때도 이 배를 이용했겠네요?}

[탑] 옛날은게. 몬딱 이걸로 허영. 비양도 근처엔 지금도, 지금은 동력선이주마는 옛날은 이런 걸 허영 다 허연.{옛날은 몽땅 이것으로 해서. 비양도 근처에는 지금도, 지금은 동력선이지만 옛날은 이런 것을 해서 다 했어.}

[문] 아아.{아아.}

[탑] 지금은 이런 베가 이제 사라져서 없어.{지금은 이런 배가 이제 사라져서

없어.}

문 지금은 무슨 베로?{지금은 무슨 배로?}

답 지금 동력선으로. 베도 크곡.{지금 동력선으로. 배도 크고.}

문 예.{예.}

답 그전엔 요런 거 허믄 오륙 명벳긔 못 타지.{그전에는 요런 것 하면 오륙 명밖에 못 타지.}

문 예에.{예에.}

답 지금은 흔 이십 명도 타고 뭐 삼십 명도 타고 베가 크니까. 이거는 일 톤이 안 뒈지마는 옛날 우리가 이제 잡는 범선은 일 톤이 안 뒈여. 지금은 ㄱ딱허믄 삼 톤 이상, 십 톤, 뭐 팔 톤, 칠 톤 막 이렇게 허니까 이걸로써는 말도 못허지. 동력선은.{지금은 한 이십 명도 타고 뭐 삼십 명도 타고 배가 크니까. 이것은 일 톤이 안 되지만 옛날 우리가 이제 잡는 범선은 일 톤이 안 돼. 지금은 까딱하면 삼 톤 이상, 십 톤, 뭐 팔 톤, 칠 톤 마구 이렇게 하니까 이것으로는 말도 못하지. 동력선은.}

문 그러며는 옛날 이 풍선, 풍선은 언제까지 쓰엿습니까?{그러면 옛날 이 풍선, 풍선은 언제까지 쓰였습니까?}

답 풍선이 흔 지금으로부터 이거 없어. 풍선 없어진 디 흔 삼십 년, 삼십 년 정도 삼십 년이면 흔 칠십 년도부터 거의 엇어. 하나썩 하나썩 엇어지단 칠십 년도쯤, 칠십 년 지나가지고 완전히 엇어져실 거여.{풍선이 한 지금으로부터 이것 없어. 풍선 없어진 지 한 삼십 년, 삼십 년 정도 삼십 년이면 한 칠십 년도부터 거의 없어. 하나씩 하나씩 없어지다가 칠십 년도쯤, 칠십 년 지나서 완전히 없어졌을 거야.}

문 으으.{아아.}

답 그전의는 동력선이, 처음은 동력선이, 이것이 열 개믄 동력선이 하나 허다가 동력선이 편리도 허고 멀리도 뎅길 수 잇으니까 츠츠츠츠 이제 줄어드는 거지. 새로 신조를 안 해부럿어. 그냥 노후뒈믄 그대로 폐선허믄 그걸로 끗. 경 허니까 자연이 없어지게 뒌 거고{그 전에는 동력선이, 처음은 동력선이, 이것이 열 개면 동력선이 하나 하다가 동력선이 편리도 하고 멀리도 다닐 수 있으니까 차차차차 이제 줄어드는 것이지. 새로 신조를 안 해버렸어. 그냥 노후되면 그대로 폐선하면 그것으로 끝. 그렇게 하니까 자연히 없어지게 된 것이고}

문 예. 이 풍선은, 이 지금 이게 뭐마씨? 여기.{예. 이 풍선은. 이 지금 이게 뭐예요? 여기.}

답 그것이 기관이나 다름 엇지. 브름 불면 브름 받는 거, 돗대.{그것이 기관이나 다름없지. 바람 불면 바람 받는 것, 돛대.}

문 아.{아.}

답 초석이라고 초석.{돛이라고 돛.}

문 아, 그럼 이 돗을 옛날에는 초석으로 하영 썻습니까?{아, 그럼 이 돛을 옛날에는 초석으로 많이 썼습니까?}

답 초석으로 베. 초석 들앙.{돛으로 배. 돛 달아서.}

문 초석이나 광목이나?{초석이나 광목이나?}

답 아, 광목으로, 광목으로 멩든 거지만 이름이 초석이주게. 초석이렌 허믄 저 돗자리가 아니고{아, 광목으로, 광목으로 만든 것이지만 이름이 '초석'이지. '초석'이라고 하면 저 돗자리가 아니고}

문 아아, 그럽니까?{아아, 그렇습니까?}

답 광목으로 만드는디 이걸로 돗이엔도 허곡 초석엔도 "초석 들라." 이렇게.{광목으로 만드는데 이것으로 돛이라고도 하고 '초석'이라고도 "돛 달라." 이렇게.}

문 아, 그렇구나예? 나는 이제.{아, 그렇군요? 나는 이제.}

답 돗단베 허곡 초석단배, 초석엔도 허곡 돗이엔도 허곡. 옛날은 게난 이 돗이엔 헌 것은 초석. 지금 거 츳츳츳츳 거세기 허니 표준에 속헌 말로 돗으로 허곡.{돛단배 하고 '초석단배', '초석'이라고도 하고 돛이라고도 하고 옛날은 그러니까 이 돛이라고 한 것은 '초석'. 지금 그것 차차차차 거시기 하니까 표준에 속한 말로 돛으로 하고}

🔵 예.{예.}

🔴 그 전원 초석이지 바로{그 전에는 '초석'이지 바로}

🔵 나는 초석 달앗뎅 허니까 옛날?{나는 돛 달았다고 하니까 옛날?}

🔴 아, 그거 아니고{아, 그것 아니고}

🔵 재료는 광목이구나예?{재료는 광목이군요?}

🔴 광목, 광목.{광목, 광목.}

🔵 예에. 베는 보통, 옛날 풍선은 뭘로 만들아마씨?{예에. 배는 보통, 옛날 풍선은 무엇으로 만드나요?}

🔴 삼목.{삼나무.}

🔵 아, 이것도 삼목예?{아, 이것도 삼나무요?}

🔴 삼목. 일본서 들여오는 삼목. 제주는 이거 멘들젠 허믄 제주에는 삼목이엔 엇엇쥐. 원 심은 것도 삼목 심으지도 아녀고 이건 뭐 즈유당 시절인가. 산림여 뭣이여 허여가지고 밀감밧디 저 재게 자라니까. 이게.{삼나무. 일본에서 들여오는 삼나무. 제주는 이것 만들려고 하면 제주에는 삼나무라고 없었지. 전혀 심은 것도 삼나무 심지도 않고 이것은 뭐 자유당 시절인가. 산림이다 무엇이다 해서 밀감밭에 저 재우 자라니까. 이것이.}

🔵 예예.{예예.}

🔴 재게 속성으로 허니까 이게 방풍림으로 들여온 것이, 이게 지금, 이 삼목이 제주에서 슨 거지. 그전에는 우리 어린 때는 삼목엔 헌 거 구경도 못헤. 제주에서. 전부 일본에서 들어완.{재우 속성으로 하니까 이것이 방풍림으로 들여온 것이, 이것이 지금, 이 삼나무가 제주에서 있는 것이지. 그전에는 우리 어릴 때는 삼나무라고 한 것 구경도 못해. 제주에서. 전부 일본에서 들어왔어.}

🔵 들여완 만든 거라예?{들여와서 만든 것이라고요?}

답 이런 베 멘든 역시, 지금이라도 멘들렌 허믄 일본 나무라야지, 제주 나무로는 안 뒈여. 나무질이 틀려.{이런 배 만든 역시, 지금이라도 만들라고 하면 일본 나무라야지, 제주 나무로는 안 돼. 나무질이 달라.}

문 나무질이 틀려예? 그러면 이, 구체적으로 부분들예? 이름을 한번씩 다 말씀헤 주시고 그 역할을 말씀헤 주시면 뒈예. 베 맨 처음에 허면 밋테 부분은?{나무질이 다르다고요? 그러면 이, 구체적으로 부분들요? 이름을 한번씩 다 말씀해 주시고 그 역할을 말씀해 주시면 됩니다. 배 맨 처음에 하면 밑에 부분은?}

답 이건 지금 말로는 용골이라 허는디, 이 표준말론 베에 명칭은 용골. 검사헐 땐 용골엔 허는디 옛날은 밋엔 헤. 밋.{이것은 지금 말로는 용골이라고 하는데, 이 표준말로는 배의 명칭은 용골. 검사할 때는 용골이라고 하는데 옛날은 밑이라고 해. 밑.}

문 밋이렌예?{밑이라고요?}

답 이건 장밋, 동밋. 풍선은이 그 흔 일자로 밋이 딱 허니까 쪼곰 두에 가믄 들러지게 헤가지고 요거 꺼꺼진 디난 동밋. 욜로 요렌 동밋, 욜로 요렌 장밋. 베밋이엔 허주게.{이것은 '장밑', '동밑'. 풍선은 그 한 일(一)자로 밑이 딱 하니까 조금 뒤에 가면 들어지게 해서 요것 꺾어진 데니까 '동밑'. 요리로 요리는 '동밑', 요리로 요리는 '장밑'. '배밑'이라고 하지.}

문 장밋이라는 거는 이 밋이 길다는 거우꽈?{'장밑'이라는 것은 이 밑이 길다는 겁니까?}

답 진 거고, 이건, 쯔른 거는 동밋.{긴 것이고, 이것은, 짧은 것은 '동밑'.}

문 아아, 동이라는 말은 또 다른 뜻이 이신가마씨?{아아, 동이라는 말은 또 다른 뜻이 있을까요?}

답 동가리 난 거난 그렇게 나신지 몰라. 완전히 끊어진 거주게.{동강 난 것이니까 그렇게 났는지 몰라. 완전히 끊어진 것이지.}

문 끊어진 거 부친 거예? 동가리 부친 거라예? 아아, 긴 거는 장밋, 동가리

뒈갓고 동밋이라고 불러예?{끊어진 것 붙인 것이라구? 동강 붙인 것이
죠? 아아, 긴 것은 장밀, 동강 되서 '동밀'이라고 부른다요?}

탭 동밋이라고 경 불러.{'동밀'이라고 그렇게 불러.}

문 베밋을 밋이라고 하고, 그 다음에 이?{'배밀'을 밀이라고 하고, 그 다음에
이?}

탭 요 부분이 장부삼이라고 헤.{요 부분이 장부삼이라고 해.}

문 이게 전체적으로가 장부삼예?{이것이 전체적으로 장부삼요?}

탭 장부삼.{장부삼.}

문 예예.{예예.}

탭 이것이 부자리라고, 요거.{이것이 '부자리'라고, 요것.}

문 예에.{예에.}

탭 이거 게민 이렇게는 상자 모냥으로 이렇게 헌 것이 아니고{이것 그러면
이렇게는 상자 모양으로 이렇게 한 것이 아니고}

문 약간 들러진 거.{약간 들어진 것.}

탭 요렇게 영 헷다가 또 구짝헌 거거든. 요렇게 그것이 부자리라. 이게 부자
리.{요렇게 이렇게 했다가 또 곧은 것이거든. 요렇게 그것이 부자리야.
이것이 부자리.}

문 이 부자리는 어떤 역할을 헤마씨?{이 부자리는 어떤 역할을 하나요?}

탭 부자리는 베가 이, 저, 거세기 앞으로 가는 디 추진력이, 이 압이 베가 쫄
아지지게. 추진력이, 늬귀반뜩 허믄 추진력이 엇곡 거세기 허니까, 추진
력이 좋게시리 허는 거고 여기도 역시 꼭ㄱ치 허는 것이 아니고 여기는
바로 요렇게 허다가 요렇게 뒈주게.{'부자리'는 배가 이, 저, 거시기 앞으
로 가는 데 추진력이, 이 앞이 배가 좁아지게. 추진력이, 네모나게 하면
추진력이 없고 거시기 하니까, 추진력이 좋게끔 하는 것이고 여기도 역
시 똑같이 하는 것이 아니고 여기는 바로 요렇게 하다가 요렇게 되지.}

문 예예. 이게 앞으로 뽀족하게. 이게.{예예. 이것이 앞으로 뽀족하게. 이것

이.}

탑 추진력이 좋게시리 허는 거.{추진력이 좋게끔 하는 것.}

문 그 다음에 요 부자리가 이시믄 이 앞은, 앞뒤가, 앞이 어디우꽈?{그 다음
에 요 부자리가 있으면 이 앞은, 앞뒤가, 앞이 어딥니까?}

탑 이것이 앞.{이것이 앞.}

문 앞은?{앞은?}

탑 이물이라고 허여.{이물이라고 해.}

문 이물?{이물?}

탑 이물.{이물.}

문 예에.{예에.}

탑 이물짱. 요 이물장빵이라고{이물장. 요거 '이물장방'이라고}

문 이물장빵.{'이물장방'.}

탑 요디는, 이 베는 제일 거세기 헌 디 사름이 녕 자곡 거세기 허는 디 여기
가 여기주.{여기는, 이 배는 제일 거시기 한 데 사람이 누워서 자고 거시
기 하는 데 여기가 여기지.}

문 여기는 이름이 뭐마씨?{여기는 이름이 뭐예요?}

탑 장빵. 이물장빵.{장방. '이물장방'.}

문 이물장빵?{'이물장방'?}

탑 장빵. 장방이라고 헌 건디 장판, 장빵 허니까 장방. 우리 부르긴 장빵, 장
빵 허니까.{장방. 장방이라고 하는 것인데 장방, 장방 하니까 장방. 우리
가 부르기는 장방, 장방 하니까.}

문 옛날엔 장빵, 장빵, 이물장팡. 이물장빵이?{옛날에는 장방, 장방, '이물장
방. 이물장방이?}

탑 이물장빵에 강 자거라. 옛날 족아도 좀자게 허믄 이런 디 들어강 잣주게.
{이물장방에 가서 자라. 옛날 작아도 잠자게 하면 이런 데 들어가서 잤
지.}

🖭 이물장빵?{'이물장방'?}

🖬 보통 이, 흔 일 톤쯤 뒈며는 여기 사름 서너 개 들어강 자주게.{보통 이, 한 일 톤쯤 되면 여기 사람 서너 명 들어가서 자지.}

🖭 예에.{예에.}

🖬 여기도 이물장빵, 이건 욜로 요꺼진 정판이라고 헤. 욜로 요꺼진 정판.{여기도 이물장방. 이것은 요리로 요까지는 정판이라고 해. 요리로 요까지는 정판.}

🖭 정판예?{정판요?}

🖬 정판. 그 다음 요것이 이 저 뭐야? 밥간[밥깐]이라고도 허고 두세, 두세칸 이렌도 밥허는 디가 잇어이.{정판. 그 다음 요것이 이 저 뭐야? '밥칸'이라고도 하고 '두세', '두세칸'이라고도 밥하는 데가 있어.}

🖭 예에.{예에.}

🖬 밥허는 그 화덕 놓고 거세기 허난 이거 밥간이라고 허고 그 다음 고물. 뒤를 놓고 고물.{밥하는 그 화덕 놓고 거시기 하니까 이것 '밥칸'이라고 하고 그 다음 고물. 뒤를 놓고 고물.}

🖭 이 고물은 얼로부터 어디까지가 고물 뒐 겁니까?{이 고물은 어디로부터 어디까지가 고물 될 겁니까?}

🖬 이것이 고물. 요것이 밥간.{이것이 고물. 요것이 '밥칸'.}

🖭 요 두 개가?{요 두 개가?}

🖬 요 새만.{요 사이만.}

🖭 요디 밥간예? 예예.{여기 '밥칸'요? 예예.}

🖬 요거는 정판압. 정판압. 네 개의 칸이 잇지만 이건 정판압.{요것은 정판앞, 정판앞. 네 개의 칸이 있지만 이것은 정판앞.}

🖭 예.{예.}

🖬 요건 이물, 이물장빵.{요것은 이물, '이물장방'.}

🖭 이물장판예?{'이물장방'요?}

탑 어. 일로 사름이 들어가게 돼주기.{그래. 이리로 사람이 들어가게 되지.}

문 예에. 그러면 이렇게, 이거는 밋데 거잖아예?{예에. 그러면 이렇게, 이것은 밑에 거잖아요?}

탑 게믄 이거는 파락이고, 요건 파락.{그러면 이것은 파락이고, 요건 파락.}

문 그 양쪽 올라간 거예?{그 양쪽 올라간 것이요?}

탑 영 베가 이렇게 돼며는 요렇게 늘개ㄱ치 돋아서. 게믄 그건 무슨 역할을 허느냐, 베가 기울어질 때 여기 물 탁 받아져가지고 재게 영 거세기 허지 아녀게끔. 그냥 우물락허게 들어가불 건디 이것이 물 탁 받아정은에. 베가 상당히, 이 범선은 이 ㅂ름으로 돌릴 적에는 이것이 상당히 귀중한 역할을 허여. 이 파락이. 이것이.{이렇게 배가 이렇게 되면 요렇게 날개처럼 돋아서. 그러면 그것은 무슨 역할을 하느냐, 배가 기울어질 때 여기 물 탁 받아져서 재우 이렇게 거시기 하지 않게끔. 그냥 쏙하게 들어가버릴 것인데 이것이 물 탁 받아져서. 배가 상당히, 이 범선은 이 바람으로 달릴 적에는 이것이 상당히 귀중한 역할을 해. 이 파락이. 이것이.}

문 파락이예?{파락이요?}

탑 파락 어시믄 그냥 오물락 헤불거든.{파락 없으면 그냥 쏙 들어가버리거든.}

문 어쩻든 베 우에 올라온?{어쨌든 배 위에 올라온?}

탑 올라오믄 베가, 베 노피가 이거라믄 이 베가 바로 ㄱ뜬 면으로 이렇게.{올라오면 배가, 배 높이가 이것이라면 이 배가 바로 같은 면으로 이렇게.}

문 예예예.{예예예.}

탑 이렇게.{이렇게.}

문 약간 이렇게 두툼허게 나온?{약간 이렇게 두툼하게 나온?}

탑 혼 이 정도 넙게끔.{한 이 정도 넓게끔.}

문 아아.{아아.}

답 이거 파락. 파락이라고 욜로 이꺼지가 장파락이라고 허여.{이것 파락. 파락이라고 요리로 여기까지가 '장파락'이라고 해.}

문 장파락예?{'장파락' 요?}

답 장파락.{'장파락'.}

문 예에.{예에.}

답 요건 동파락.{요것은 '동파락'.}

문 아까 긴 거는 장파락?{아까 긴 것은 '장파락'?}

답 장파락. 줄른 건 동파락.{'장파락'. 짧은 것은 '동파락'.}

문 동파락. 예예.{'통파락'. 예예.}

답 게믄 여기는 치통문이라고{그러면 여기는 '키통문'이라고.}

문 치통문?{'키통문'?}

답 키통문이라고 허는디, 여기 고냥이 잇는디 이게 키 꼽는 디 이거지. 키가 이렇게 꼽아져서. 키 꼽는 디고 이거는 요렇게 뭐 모냥으로 이레 멩글앙 세우는 디가 홍산문이라고 여기 뭐 걸기도 허곡 요 돛대를 지우며는 여기 걸치주.{'키통문'이라고 하는데, 여기 구멍이 있는데 이것이 키 꽂는 데 이것이지. 키가 이렇게 꽂아져서. 키 꽂는 데고 이것은 요렇게 뭐 모양으로 이리로 만들어서 세우는 데가 '홍산문'이라고 여기 뭐 걸기고 하고 요 돛대를 지우면 여기 걸치지.}

문 이게 무슨 문마씨?{이것이 무슨 문이라고요?}

답 홍산문이라고{'홍산문'이라고.}

문 홍산문?{'홍산문'?}

답 홍산문.{'홍산문'.}

문 이거는 안 썽 놔둬신게예? 홍산문, 홍산문은 뭐허는 거마씨?{이것은 안 써서 놔두었는데요? '홍산문', '홍산문'은 뭐하는 것인가요?}

답 이거 걸치는 거. 스기낭 이만큼 술진 건디 삼사 메다 뒈지. 대가.{이것 걸치는 것. 삼나무 이만큼 굵은 것인데 삼사 미터 되지. 대가.}

문 아, 그러면 돗대에 걸치는 거라마씨?{아, 그러면 돛대에 걸치는 것인가요?}

답 경 허믄 그냥 알러레 탁 놓믄 거세기 허니까 탁허믄 요 덩치가 요레도 오곡 이 소독은 요레 영 걸쳐지고 영 걸쳐지주기.{그렇게 하면 그냥 아래로 탁 놓으면 거시기 하니까 탁하면 요 밑동이 요리로도 오고 이 끄트머리는 요리로 이렇게 이렇게 걸쳐지지.}

문 예.{예.}

답 홍산문이엔 허고{'홍산문'이라고 하고}

문 홍산문예? 그 다음에 여기 보니까 치가 잇네예?{'홍산문'요? 그 다음에 여기 보니까 키가 있네요?}

답 치.{키.}

문 치는 어느 거라마씨?{키는 어느 거예요?}

답 치. 이것이 치.{키. 이것이 키.}

문 아, 베에 이 모양도 잇습니까?{아, 베에 이 모양도 있습니까?}

답 것이 키주게.{그것이 키지.}

문 키이? 이 치?{키요? 이 키?}

답 이것이 좌우 훼전 조절허는 거주. 영 나가는데.{이것이 좌우 회전 조절하는 것이지. 이렇게 나가는데.}

문 아, 베 나가는 데는?{아, 배 나가는 데는?}

답 이것이 좌우로 조절허는 거주.{이것이 좌우로 조절하는 것이지.}

문 게믄 치는 하나 잇는 거우꽈?{그러면 키는 하나 있는 것입니까?}

답 하나. 노는 원래 이런 베에 세 개. 욜로 젓곡, 욜로 젓곡, 욜로 젓곡.{하나. 노는 원래 이런 배에 세 개. 요리로 젓고, 요리로 젓고, 요리로 젓고}

문 아아, 노가 세 개가 있는 거라예?{아아, 노가 세 개가 있는 거라구요?}

답 일로 젓는 노는 젯거리.{이리로 젓는 노는 '젯거리'.}

문 어느 거마씨?{어느 것이라고요?}

답 젯거리. 일로 젯거리라고 허고{'젯거리'. 이리로 '젯거리'라고 하고}

문 두 개 다마써?{두 개 다예요?}

답 두 개 다 젯거리.{두 개 다 '젯거리'.}

문 젯거리. 여기에서 이거 노 젓는 데예?{'젯거리'. 여기에서 이것 노 젓는 데요?}

답 예, 젯거리. 그디 젯거리. 이건 하노엔 허고, 하노{예, '젯거리'. 거기 '젯거리'. 이것은 '하노'라고 하고, 하노}

문 하노 어디? 여기서는?{하노 어디요? 여기서는?}

답 거기서 젓는 건.{거기서 젓는 것은.}

문 이것이 선장이 젓는 겁니까?{이것이 선장이 젓는 건가요?}

답 이 사름이 베를 이레 돌력 저레 돌력. 이건 앞으로 추진허게, 나가게만 젓는 거고, 이 두 개는 젯거리. 두 개.{이 사람이 배를 이리로 돌려 저리로 돌려. 이것은 앞으로 추진하게, 나가게만 젓는 것이고, 이 두 개는 '젯거리'. 두 개.}

문 두 개예? 하나 둘 헤서 노가 세 개. 그 다음에?{두 개요? 하나 둘 해서 노가 세 개. 그 다음에?}

답 겨믄 네앞 네두가 잇지.{그러면 노앞 노뒤가 있지.}

문 예에.{예에.}

답 불르기를 네두에, 네앞에 뭐 어떻게 놧저.{부르기를 노뒤에, 노앞에 뭐 어떻게 놨다.}

문 여기가 네앞예?{여기가 노앞이죠?}

답 앞. 오른짝이 네앞.{앞. 오른쪽이 노앞.}

문 아, 이 노 잇는 데가 네앞예?{아, 이 노 있는 데가 노앞이라구요?}

답 하여튼 이짝이 전부 네압이주. 지금 말허믄.{하여튼 이쪽이 전부 노앞이지. 지금 말하면.}

문 오른쪽이?{오른쪽이?}

답 오른쪽, 네뒤.{오른쪽, 노뒤.}

문 웬쪽에는 네뒤?{왼쪽에는 노뒤.}

답 뒤.{뒤.}

문 게믄 네앞이?{그러면 노앞이?}

답 네앞이 네가 뒤.{노앞이 노가 뒤.}

문 네앞에?{노앞에?}

답 네앞의 잇저. 이짝을 말허는 거고 이짝에 논 거는 네두에 잇저. 젯거리
도 젓을 때 "저, 넷두 젯거리 젓이라." 네 두 개만 헐 때도 잇고 최종적으
로 거세기 세 개 놓곡 경도 허메.{노앞에 있다. 이쪽을 말하는 것이고
이쪽에 놓은 것은 노뒤에 있다. '젯거리'도 저을 때, "저, 노뒤 젯거리 저
어라." 노 두 개만 할 때도 있고 최종적으로 거시기 세 개 놓고 그렇게도
하지.}

문 그?{그?}

답 하나만도 놓곡.{하나만도 놓고}

문 네 젓이렌 허는 거는 누게가?{노 저어라고 하는 것은 누가?}

답 선장이멍 말멍 사공이라고 여기 딱 원래가, 옛날은 다 이거 주식으로,
갑오식으로 헤서이.{선장이면서 말면서. 사공이라고 여기 딱 원래가, 옛
날은 다 이것 주식(株式)으로, '갑오'식으로 해서.}

문 예에.{예에.}

답 이거 보통 너이가 허지. 너의. 여기 하나, 여기 하나, 여기 하나, 여기 하
나. 너이, 흔 네 사람이 다 투자를 허는 베. 거기서 젤 익숙은 사름은 사
공. 선장이 옛날 사공. 경 허믄 이물, 이물사공이엔 허곡.{이것 보통 넷이
하지. 넷이. 여기 하나, 여기 하나, 여기 하나, 여기 하나. 넷이, 한 네 사
람이 다 투자를 하는 배. 거기서 젤 익숙한 사람은 사공. 선장이 옛날 사
공. 그렇게 하면 이물, 이물사공이라고 하고}

문 그러면 이물사공?{그러면 이물사공?}

답 고물사공.{고물사공.}

문 고물, 여기는 고물사공. 선장은?{고물, 여기는 고물사공. 선장은?}

답 선장이 고물사공.{선장이 고물사공.}

문 아아, 선장이 고물사공. 이물사공. 이 중간에는 무슨 사공이엔 헤마씨?{아아, 선장이 고물사공. 이물사공. 이 중간에는 무슨 사공이라고 하나요?}

답 이건 사공엔 아녕 보통 그자. 보통 명칭은 엇어. 이건, 이 사름덜은.{이것은 사공이라고 안 해서 보통 그저. 보통 명칭은 없어. 이것은, 이 사람들은.}

문 여기 둘은 엇고 이물사공, 고물사공 헤예?{여기 둘은 없고 이물사공, 고물사공 하지요?}

답 원래 이 돗으로 헤서 쎈브름이 베가 나갈 적에는 이물사공, 고물사공이 잘 젓어. 이 사름덜은 아무 관계가 엇어.{원래 이 돛으로 해서 센바람이 배가 나갈 때에는 이물사공, 고물사공이 잘 저어. 이 사람들은 아무 관계가 없어.}

문 아아.{아아.}

답 겐디 이 사름허고 저 사름은 저 손이 맞아야 돼. 이물사공, 고물사공. 옛날 노래에도 이물에 이사공, 고물에 고사공, 그런 말이, 옛날 노래에도{그런데 이 사람하고 저 사람은 저 손이 맞아야 돼. 이물사공, 고물사공. 옛날 노래에도 이물에 이사공, 고물에 고사공. 그런 말이, 옛날 노래에도}

문 예예. 이젠 그렇게 이제 뒈고 놋멍에, 이 멍에도 여러 개다예?{예예. 이제는 그렇게 이제 되고 노멍에, 이 멍에도 여러 개네요?}

답 이것이 멍에주기. 이것이 뻬다구주기. 즉 말하자면. 이거 엇이믄 멜랑멜랑 좁아지지.{이것이 멍에지. 이것이 뼈대지. 즉 말하자면, 이거 없으면 말랑말랑 좁아지지.}

문 이 자체가 멍에예?{이 자체가 멍에요?}

답 멍에.{멍에.}

문 예에.{예에.}

답 멍에. 다 멍에. 정판멍에.{멍에. 다 멍에. 정판멍에.}

문 아, 여기는 이게 정판멍에예?{아, 여기는 이것이 정판멍에요?}

답 이거 한판멍에. 이거.{이것 한판멍에. 이거.}

문 한판멍에. 어느 게? 이게예? 이게 한판멍에?{한판멍에. 어느 것이? 이것
요? 이것이 한판멍에?}

답 이것이 한판멍에고 이건 넷멍에로고나.{이것이 한판멍에고 이것은 놋멍
에로구나.}

문 이거는?{이것은?}

답 노 젓는 놋멍에.{노 젓는 놋멍에.}

문 여기 말로 넷멍에?{여기 말로 노멍에?}

답 이건 넷멍에고, 이건 한판.{이것은 놋멍에고, 이것은 한판.}

문 여기 한판멍에?{여기 한판멍에?}

답 돗대가 여기 꼽으니까 일로 가운디 이 멍에에.{돗대를 여기 꽂으니까 이
리로 가운데 이 멍에에.}

문 돗대는 한판멍에에 꼬지는 거라마씨?{돗대는 한판멍에에 꽂는 것인가
요?}

답 한판멍에. 한판(멍에).{한판멍에. 한판(멍에).}

문 예에. {예에.}

답 이것이. 이거 멍에가 두 번채 아니라 요거, 요거.{이것이. 이거 멍에가 두
번째 아니라 요것, 요것.}

문 이게 놋멍에. 여기 잇네. 놋멍에.{이것이 '놋멍에'. 여기 있네. '놋멍에'.}

답 한판멍에.{한판멍에.}

문 한판멍에?{한판멍에?}

답 한판멍에. 정판멍에.{한판멍에. 정판멍에.}

🔳 정판멍에 앞이니까 정판멍에렌 허는 거구나예?{정판멍에 앞이니까 정판멍에라고 하는 것이군요?}

🔳 이거 영 허니까.{이것 이렇게 하니까.}

🔳 예예예예. 정판멍에.{예예예예. 정판멍에.}

🔳 게믄 요거는 둘멍에렌 허여. 쪼그만헌 닷줄도 메곡.{그러면 요것은 '다는 멍에'라고 해. 조그마한 닻줄도 매고}

🔳 예에.{예에.}

🔳 닷도 메곡 허는, 둘멍에라고 허여.{닻도 매고 하는, '다는멍에'라고 해.}

🔳 둘멍에, 둘멍에. 그러면 이 멍에의 역할은 어떤 역할들을 하는 겁니까?{'다는멍에', '다는멍에'. 그러면 이 멍에의 역할은 어떤 역할들을 하는 겁니까?}

🔳 베에 아주 거 바로, 막 거 뭐야? 뼈다구나 마찬가지주. 이것이 엇이믄 베가 막 이레저레 거세기 좁아젓다 뭐 헐 거 아니여. 판자로 이렇게 둘르며는 그냥 그대로 허며는 이렇게 막 허니까 멍에를 딱 놔가지고 딱딱 고정을 헤놓니까 꽈짝허지. 멍에를 놔야 이거 제라한 거세기 역할을 허는.{배에 아주 그것 바로, 막 그것 뭐야? 뼈대나 마찬가지지. 이것이 없으면 배가 마구 이리저리 거시기 좁아졌다가 뭐 할 것 아닌가. 판자로 이렇게 두르면 그냥 그대로 하면 이렇게 마구 하니까 멍에를 딱 놓아서 딱딱 고정을 해놓으니까 곧지. 멍에를 놔야 이것 제대로 된 거시기 역할을 하는.}

🔳 어쩌면 중심 역할을 허는 거네예?{어쩌면 중심 역할을 하는 거네요?}

🔳 멍에가 엇이믄, 뼈다귀가 엇이믄 무용지물이여. 멜랑멜랑 까져부렁. 이거 멍에에 이짝으로 팡팡 물을 다쳐도 끄딱 아녀지. 경 아녀민 멜라질 거 아니?{멍에가 없으면, 뼈대가 없으면 무용지물이야. 말랑말랑 깨져버려서. 이거 멍에에 이쪽으로 팡팡 물을 끼었어도 까딱 않지. 그렇게 않으면 무너질 것 아닌가?}

圄 그러면 멍에로 이 베를 이제 고정시키는 역할을 하는 거다예?{그러면 멍에로 이 배를 이제 고정시키는 역할을 하는 거네요?}

톱 베 전체를 유지하는 거지.{배 전체를 유지하는 것이지.}

圄 예. 그 다음에 여기 파락통삼?{예. 그 다음에 여기 파락통삼?}

톱 이게 파락통삼.{이것이 파락통삼.}

圄 예에.{예에.}

톱 이게 옆으로 영만 허는 것이 아니라 이렇게 노프게 영 거세기 허지. 경 허민 여기 하간 거 놓기도 허곡, 원 베에 요거는 원 베에 선첸디 요건 이제 파락통삼이고 이것이 영 노파. 이것이.{이것이 옆으로 이렇게만 하는 것이 아니라 이렇게 높게 이렇게 거시기 하지. 그렇게 하면 여기 여러가지 것 놓기도 하고, 원래 배의 요것은 원래 배의 선체인데 요것은 이제 파락통삼이고 이것이 이렇게 높아. 이것이.}

圄 예.{예.}

톱 파락통삼은 노파. 여기 골이 잇주. 골. 홈이. 게믄 여기 뭣 놓기도 허고{파락통삼은 높아. 여기 골이 있지. 골. 홈이. 그러면 여기 무엇을 놓기도 하고}

圄 아아, 그러면은 파락에 홈 잇는 디가?{아아, 그러면 파락에 홈 있는 데가?}

톱 파락이주 파락. 파락이고 이건 둘른 것이 나무가 이거 파락통삼이라고{파락이지 파락. 파락이고 이것은 두른 것이 나무가 이것 파락통삼이라고}

圄 아아, 통삼은 나뭅니까?{아아, 통삼은 나무입니까?}

톱 나무, 나무. 풍선은 전부 나무여. 쒜가 하나도 (엇어.) 못이나벳기. 전부 나무지.{나무, 나무. 풍선은 전부 나무야. 쇠가 하나도 (없어.) 못밖에. 전부 나무지.}

圄 할아버지, 그럼예? 파락하고 파락통삼 차이점을 쫌 얘기혜 줍서?{할아버

지, 그럼요? 파락하고 파락통삼 차이점을 좀 얘기해 주십시오?}

팝 파락은, 파락에는 여기 얄룬 판자로다가 요만이 놓든 요렇게 통삼을 둘러놓면은 그것에 의지허영 못 박앙 거세기 허는 거. 이거 무신, 뭐엔 허코? 이것이 웃이며는 이거, 게난 멍에를 다 이거 쌍 것이 멍에도 여기서 걸리고 다 쭉. 이 멍에 여길 다 파락통삼에 끼운 거. 게난 이 트멍에는 뭐 판자로 메와.{파락은, 파락에는 여기 얇은 판자로 요만큼 놓든 요렇게 통삼을 둘러놓으면 그것에 의지해서 못 박아서 거시기 하는 것. 이것 무슨, 뭐라고 할까? 이것이 없으면 이것, 그러니까 멍에를 다 이것 싼 것이 멍에도 여기서 걸리고 다 쭉. 이 멍에 여기를 다 파락통삼에 끼운 것. 그러니까 이 틈에는 뭐 판자로 메워.}

문 아아.{아아.}

팝 판자로 메와. 이 트망에는. 통삼은 두껍게 허곡. 아주 든든허게. 소소히 베가 툭 다쳐도 꼬딱없지.{판자로 메워. 이 틈에는. 통삼은 두껍게 하고 아주 든든하게. 소소히 배가 툭 다쳐도 까딱없지.}

문 그럼 파락통삼은 전체적인 나무를 얘기를 허는 거겟다예?{그러면 파락통삼은 전체적인 나무를 얘기를 하는 거겠네요?}

팝 일로 이꺼지 짝 이거.{이리로 이까지 쭉 이것.}

문 이 파락덜은 이 나무판자에서 놓게. 전체적인 총칭으로 파락?{이 파락들은 이 나무판자에서 놓게. 전체적인 총칭으로 파락?}

팝 판자로 알 저 메왕근에 허는 거고{판자로 아래 저 메워서 하는 것이고}

문 그 다음에, 이제 이물간판, 간판은 어디가 간판이우과?{그 다음에. 이제 이물갑판, 갑판은 어디가 갑판입니까?}

팝 이거. 바로 여기 간판, 간판이주. 이거 문딱허난.{이거. 바로 여기 갑판, 갑판이지. 이것 평평하니까.}

문 간판하고 정판하고는 또 어떻게?{갑판하고 정판하고는 또 어떻게?}

팝 정판이엔 헌 거는 이 거세기를, 칸을 말허는 거고 이건, 이건 정판 바로 거세기 거주게. 우에 간판이주게. 간판.{정판이라고 한 것은 이 거시기를, 칸을 말하는 것이고 이것은, 이것은 정판 바로 거시기 그것이지. 위에 갑판이지. 갑판.}

問 간판은 우에. 매 우에 이렇게 뒌 거?{갑판은 위에. 맨 위에 이렇게 된 것?}

답 이건 정판압이라고 헤. 여길 보고 정판압.{이것은 '정판앞'이라고 해. 여기를 보고 정판앞.}

問 정판압?{정판앞?}

답 뭐 이 정판압에 잇저. 정판압에 앚는다 이렇게. 정판압.{무엇이 이 '정판앞'에 있다. '정판앞'에 앉는다 이렇게. '정판앞'.}

問 그러면 우리가 정판압 설명헐 때는 뭐렌 설명을 헤줘야 뒈는고예? 정판앞?{그러면 우리가 '정판앞' 설명할 때는 무엇이라고 설명을 해줘야 될까요? '정판앞'?}

답 정판압이엔 허믄 베에서 제일 높은 자리지. 좋은 자린디. 여기 베를, 제를 지낼 때도 꼭 여기서 제를 지내.{'정판앞'이라고 하면 배에서 제일 높은 자리지. 좋은 자리인데. 여기 배를, 제를 지낼 때도 꼭 여기서 제를 지내.}

問 아아, 정판압에서예? 이렇게 정판하고 ᄀ세뿌리?{아아, '정판앞'에서요? 이렇게 정판하고 'ᄀ세뿌리'?}

답 칼치라고도 허고, ᄀ세뿌리 칼치라고.{'칼치'라고도 하고, 'ᄀ세뿌리' '칼치'라고.}

問 칼치는 압 부분?{'칼치'는 앞 부분?}

답 앞의. 베가 이렇게, 나무가 이렇게 허믄 요 새로 이렇게 꼽아. 양쪽으로 요렇게 꼽아. 양쪽으로 그걸 기준으로 이렇게.{앞에. 배가 이렇게, 나무가 이렇게 하면 요 사이로 이렇게 꽂아. 양쪽으로 요렇게 꽂아. 양쪽으로 그것을 기준으로 이렇게.}

🔲 앞에 뾰족한 그 양쪽에 그거를?{앞에 뾰족한 그 양쪽에 그것을?}

🔳 양쪽에. 그것에 칼치라고 영 나와. 이만큼. 그 물, 베가 추진허는 디도 방향 잡곡 구짝 갈 때는 구짝하게시리 메는 거여.{양쪽에. 그것에 '칼치'라고 이렇게 나와. 이만큼. 그 물, 배가 추진하는 데도 방향 잡고 곧게 갈 때는 곧게 매는 거야.}

🔲 칼치예?{'칼치'요?}

🔳 칼치엔도 허곡. 우리 칼치엔 헷주. 대개, 대충 ᄀ세뿌리. 옛날은 어린 땐 ᄀ세뿌리, ᄀ세뿌리 헤낫는디 칼치, 칼치.{'칼치'라도 하고 우리 '칼치'라고 했지. 대개, 대충 'ᄀ세뿌리'. 옛날은 어릴 때는 'ᄀ세뿌리', 'ᄀ세뿌리' 했었는데 '칼치', '칼치.'}

🔲 아아.{아아.}

🔳 칼치.{'칼치'}

🔲 ᄀ세뿌리가 더 오래된 말예?{'ᄀ세뿌리'가 더 오래된 말이예요?}

🔳 ᄀ세뿌리. 우리 어린 때 ᄀ세뿌리, ᄀ세뿌리 헤난디 윽 아가난 칼치로, ᄀ세뿌리.{'ᄀ세뿌리'. 우리 어릴 때 'ᄀ세뿌리', 'ᄀ세뿌리' 했었는데 커가니까 '칼치로', 'ᄀ세뿌리'.}

🔲 그러면 ᄀ세뿌리가 하는 역할은 뭐라마씨?{그러면 'ᄀ세뿌리'가 하는 역할은 뭐예요?}

🔳 베 나가는 디 중심 잡아주는 거지. 물 갈랑 쑥 가는디. 영 두껍질 아녀. 요 정도{배 나가는 데 중심 잡아주는 것이지. 물 갈라서 쑥 가는데. 이렇게 두텁지를 않아. 요 정도}

🔲 압에예?{앞에요?}

🔳 넓이는 이만큼 넓지. 막 둘릴 땐, 둘릴 때는 약간 무신 거 영 헌 거라도 허믄 거세기 차이가 잇지 아녀? 꾸짝 바로 잡아주는 거.{넓이는 이만큼 넓지. 마구 달릴 때는, 달릴 때는 약간 무슨 것 이렇게 한 것이라도 하면 거시기 차이가 있지 않은가?}

囚 아아.{아아.}

囜 경 허민 베가 압이, 베가 영 가다가 압이 돌아가는 것이 아니고 키를 밀믄 즈름이 영 가는디 즈름이 돌아지는 거여.{그렇게 하면 배가 앞에, 배가 이렇게 가다가 앞이 돌아가는 것이 아니고 키를 밀면 꽁무니가 이렇게 가는데 꽁무니가 돌아가는 거야.}

囚 아아, 압은 딱 바로 잇는 거고?{아아, 앞은 똑 바로 있는 것이고?}

囜 원래 꾸짝 가뒈 고고리 압이 영 가도 이 즈름이 돌아지는. 압이 영 돌아지는 거 아니지. 걸 알아야. 치를 영 고고리 즈름이 영 돌아가는 거지. 게난 이 압 거세기 중심 잡아주는 거여.{원래 곧게 가되 꼭지 앞이 이렇게 가도 이 꽁무니가 돌아가는. 앞이 이렇게 돌아가는 것 아니지. 그것을 알아야. 키를 이렇게 꼭지 꽁무니가 이렇게 돌아가는 것이지. 그러니까 이 앞 거시기 중심 잡아주는 거야.}

囚 예예예. 이거는 딱 중심이 잇으면 모든 게 이 뒤에서?{예예예. 이것은 딱 중심이 있으면 모든 것이 이 뒤에서?}

囜 뒤에서 영 영 이레 저레.{뒤에서 이렇게 이렇게 이리로 저리로.}

囚 치로?{키로?}

囜 치로.{키로.}

囚 예. 아아, 이렇게 허면서 돌아가는 거구나예? 그러면 요렇게 뒈고, 그 다음은 뭐 잇더라? 치통문?{예. 아아, 이렇게 하면서 돌아가는 것이군요? 그러면 요렇게 되고, 그 다음은 무엇이 있더라? 키통문?}

囜 치통문. 치통문 이거 치 꼽는 디.{'키통문'. '키통문' 이것 키 꽂는 데.}

囚 예. 이 치궁기하고 치통문은 フ튼 겁니까?{예. 이 키구멍하고 키통문은 같은 것입니까?}

囜 혼 낭에 고망 뚤른 거주기.{한 나무에 구멍 뚫은 것이지.}

囚 아아, 치통문은 뒤에 하노 잇는 그 뒤에 그 전체를 치통문이엔 허고?{아아, '키통문'은 뒤에 하노 있는 그 뒤에 그 전체를 키통문이라고 하고?}

탑 뜬 낭, 이런 막 두꺼운 큰큰헌 낭 허영. 뜬 거, 뜬 낭 낮당 들럿당 허는 치.{다른 나무, 이런 막 두꺼운 크나큰 나무 해서. 딴 것, 다른 나무 뒀두었다가 들었다 하는 키.}

문 치통문이예? 거기에 치 꼽는 게 치궁기?{키통문이요? 거기에 키 꽂는 것이 키구멍?}

탑 치궁기[치꿍기].{키구멍.}

문 예. 치궁기 이렇게 뒈는 거고?{예. 키구멍 이렇게 되는 것이고?}

탑 완전히, 베 넓이 폭 완전히.{완전히, 배 넓이 폭 완전히.}

문 고물에?{고물에?}

탑 고물에.{고물에.}

문 예. 그 다음에 치창낭?{예. 그다음에 '키창나무'?}

탑 요거 이 키, 키가 이렇게. 이것이 여기 고냥 뜰라가지고 이거 찔러가지고 이렇게 이거 밀령 영 돌리는 거주. 이렇게 창낭 찔러가지고 영 돌리는 것이 치창낭.{요것 이 키, 키가 이렇게. 이것이 여기 구멍 뚫어서 이것 찔러서 이렇게 이것 밀려서 이렇게 돌리는 것이지. 이렇게 창나무 찔러서 이렇게 돌리는 것이 '키창나무'.}

문 창낭예? 게믄 창낭이 그 치를 이렇게?{창나무요? 그러면 창나무가 그 키를 이렇게?}

탑 치를 좌우로 영.{키를 좌우로 이렇게.}

문 해주는 역할을 하는 거예?{해주는 역할을 하는 것이요?}

탑 치창낭으로 허지. 손으로 심영 동글락 이것에 고낭을 뜰라가지고 이거에 뀌어가지고{'키창나무'로 하지. 손으로 잡아서 동그랗게 이것에 구멍을 뚫어서 이것에 꿰서.}

문 예. 게믄 치창낭 길이는 어느 정도 뒈마씨?{예. 그러면 키창나무 길이는 어느 정도 되나요?}

탑 길이는 베가 이 길이믄 요 정도, 반 정도{길이는 배가 이 길이면 요 정

　도, 반 정도}

🔲 반 정도?{반 정도?}

🔳 사름이 게믄 여기 앚아가지고 잡앙. 옾이 앚아가지고{사람이 그러면 여기 앉아서 잡아서. 옆에 앉아서.}

🔲 그러면 지금 이 부분이 무슨?{그러면 지금 이 부분이 무슨?}

🔳 고물.{고물.}

🔲 고물에 반 정도 고물 길이?{고물에 반 정도 고물 길이?}

🔳 보통 경 보믄 돼.{보통 그렇게 보면 돼.}

🔲 고물 길이에 반 정도가 키창낭 허는 거라예?{고물 길이에 반 정도가 '키창나무' 하는 거라구요?}

🔳 보통 경 보믄.{보통 그렇게 보면.}

🔲 치창낭은 누게가?{키창나무는 누구가?}

🔳 사공. 게난 한가운디 앚은 사름덜 돛 내려 요거 허고 이 사름은이 이물에 요걸 첵임지고 모든 걸 앞 잘 슬피곡. 밤베질 헐 때라도 앞의 뭣이 잇다, 첵임이 중허지. 이 사름도{사공. 그러니까 한가운데 앉은 사람들 돛 내려 요것 하고 이 사람은 이물에 요것을 책임지고. 모든 것을 앞 잘 살피고 밤배질 할 때라도 앞에 무엇이 있다, 책임이 중하지. 이 사람도}

🔲 이물사공이예?{이물사공이요?}

🔳 겨난 날이 우천허영 이 사름허고 이 사름이 정신을 바짝 잘 출려야주게. 이 사름덜은 그만이 앚아도 걱정이 읏는디.{그러니까 날이 비와서 이 사람하고 이 사람이 정신을 바짝 잘 차려야지. 이 사람들은 가만히 앉아도 걱정이 없는데.}

🔲 예예. 고물사공하고 이물사공하고?{예예. 고물사공하고 이물사공하고?}

🔳 고물사공허고 이물사공이 다 교대허멍 네는.{고물사공하고 이물사공이 다 교대하면서 노는.}

🔲 게믄 이물사공이 네도 젓고 이 치창낭 운영도 허고 다?{그러면 이물사공

이 노도 젓고 이 '키창나무' 운영도 하고 다?}

탑 다 교대허멍. 네 넷, 싀 개 놓기 (때문에) 혼 이십 분썩 다 교대허영. 멀리 갈 때는, 옛날에 우리 이거 탕 관탈 앞까지 갈치 나끄레 갓는디, 가젠 허믄 서너 번 교대를 허여야 돼. 교대허는 건 혼 십 분, 이십 분 젓으믄 지치믄 또 교대허면서, 막 그냥 돌아가면서, 막 그냥 너의 다. 그때는 사공이고 뭐 이물사공이고 소용이 없곡. 그때는 그냥 서이. 젓을 때는 브름이 없어서 거세기 헐 땐 브름이 시믄 이걸로만 가고, ᄀ만이 앉아서 가는디, 브름 엇이믄 젓어야 돼.{다 교대하면서. 노 넷, 세 개 놓기 (때문에) 한 이십 분씩 다 교대해서. 멀리 갈 때는, 옛날에 우리 이것 타서 관탈섬 앞까지 갈치 낚으러 갔는데, 가려고 하면 서너 번 교대를 해야 돼. 교대하는 것은 한 십 분, 이십 분 저으면 피로하면 또 교대하면서, 막 그냥 돌아가면서, 막 그냥 넷이 다. 그때는 사공이고 뭐 이물사공이고 소용이 없고 그때는 그냥 셋. 저을 때는 바람이 없어서 거시기 할 때는 바람이 있으면 이것으로만 가고, 가만히 앉아서 가는데, 바람 없으면 저어야 돼.}

문 예. 그 다음에 이런, 그 두세는 뭡니까?{예. 그 다음에 이런, 그 두세는 무엇입니까?}

탑 두세, 밥칸이지. 두세엔도 허곡 밥칸이엔도 허곡.{두세, '밥칸'이지. 두세 라고도 하고 '밥칸'이라고도 하고}

문 예예예예. 여기서 밥 헤 먹는?{예예예예. 여기서 밥 해 먹는?}

탑 이디 칸에 화덕 놩 밥 헹 먹지. 밥.{여기 칸에 화덕 놓아서 밥 해서 먹지. 밥.}

문 두세하고 밥칸이 ᄀ튼 거?{두세하고 밥칸이 같은 거?}

탑 그건디 두세엔도 허곡 밥칸에도 허곡 경.{그것인데 두세라고도 하고 밥 칸이라고도 하고 그렇게.}

문 여기 뚜껑들이 막 잇네예?{여기 뚜껑들이 마구 있네요?}

탑 전부 뚜껑이지. 전부 열면은 다 안네 물도 담을 수 잇고 뭐 다른 거.{전

부 뚜껑이지. 전부 열면 다 안에 물도 담을 수 있고 뭐 다른 거.}

문 궤기 나끄면은 어디레 놓는 거라마씨?{고기 낚으면 어디에 넣는 거예요?}

답 우리 갈치 그튼 거 나끄면 이 안네 놀 수가, 놀 것이 엇고 엿날 질구덕 그것더레 나깡 낭. '바릇구덕' 게믄 그걸로 하나만 나까도 많이 나끈 걸로 헤낫주. 옛날에는.{우리 갈치 같은 것 낚으면 이 안에 넣을 수가, 넣을 것이 없고 옛날 '질구덕' 그것에 낚아서 놓았다가. '바릇구덕', 그러면 그것으로 하나만 낚아도 많이 낚은 것으로 했었지. 옛날에는.}

문 예예. 게믄 요즘은 이런 뚜껑 울앙 놓잖아예?{예예. 그러면 요즘은 이런 뚜껑을 열어서 넣잖아요?}

답 예. 지금 동력선엔 고기를 살리젠 허니까.{예. 지금 동력선에는 고기를 살리려고 하니까.}

문 예?{예?}

답 지금은 살리는 고기를, 옛날은 살리는 거세기가 잘 엇엇는디. 중갓당. 지금은 이 동력선인디 다 살려.{지금은 살리는 고기를, 옛날에는 살리는 거시기가 잘 없었는데. 잠갔다가. 지금은 이 동력선인데 다 살려.}

문 아아.{아아.}

답 물 담앙.{물 담아서.}

문 게믄 옛날에는 질구덕. 질구덕은 지는 구덕허고 틀리잖아예?{그러면 옛날에는 '질구덕'. '질구덕'은 지는 바구니하고 틀리잖아요?}

답 그냥 영 끈 멩, 영 망탱이 메듯이 영 메영 뎅겨낫주. 게믄 지금 커. 지금 고는 노프지. 저디 까만 거 잇지 아녀이? 저거 삼분이 이 정돈디 대로 허영 줄앙.{그냥 이렇게 끈 매서, 이렇게 멱둥구미 메듯이 이렇게 메서 다녔었지. 그러면 지금 커. 지금 높이는 높지. 저기 까만 것 있지 않은가? 저것 삼분의 이 정도인데 대로 해서 걸어서.}

문 그 질구덕 이름은?{그 질구덕 이름은?}

답 바릇구덕이엔 헷지게. 우리사.{바릇구덕이라고 했지. 우리야.}

문 바릇구덕?{'바릇구덕'?}

답 그거 뜨나니까. 끈 메곡. 여긴 메는 끈 딱 허믄. 여긴 그 당시는 구덕이, 건 고정적으로, 건 바릇구덕. 바릇구덕으로 역불 구덕 즈는 사름ᄀ라도 바릇구덕으로 줄을 거우다. 영 허믄 그대로 알앙 든든이 허곡. 이 구덕을 줄면 그 봐나신디 몰라도 그 뭐 낭 ᄀ뜬 거 놓멍 대로 영 얽는디, 든든헌 걸 낭 허주게.{그거 다르니까. 끈 메고 여기는 메는 끈 딱 하면. 여기는 그 당시는 바구니가, 그것은 고정적으로, 그것은 '바릇구덕'. '바릇구덕'으로 부러 바구니 겯는 사람보고도 '바릇구덕'으로 겯을 겁니다. 이렇게 하면 그대로 알아서 든든히 하고 이 바구니를 겯으면 그 봤었는지 몰라도 그 뭐 나무 같은 것 놓으면서 대로 이렇게 얽는데, 든든한 것으로 놓아서 하지.}

문 예에.{예에.}

답 경 아녀믄 둘러메는, 뭐 헐 때는이 좁아지거든. 바릇구덕 그 대신에 그런 것도 든든허게 허곡. 아래, ᄃ렛줄 가깡 밋도 영 박곡. 다 이제 바릇구덕.{그렇게 안하면, 둘러매는 뭐 할 때는 좁아지거든. '바릇구덕' 그 대신에 그런 것도 든든하게 하고 아래, 다래나무 깎아서 바닥도 이렇게 박고 다 이제 '바릇구덕'.}

문 ᄃ렛줄로예? 게니까 일반 저기 대나무만 허는 게 아니구나예?{다래나무로요? 그러니까 일반 저기 대나무만 하는 것이 아니군요?}

답 대나무만 허는 것은 건. 대나무만 헤도 뒈는디 오래 가지 아녀. 바닥에 굴루히 보조 뭐 역할을 허는 거지게.{대나무만 하는 것은 그것은. 대나무만 해도 되는데 오래 가지 않아. 바닥에 별도로 보조 뭐 역할을 하는 것이지.}

문 아아.{아아.}

답 제게 다이지 아녀게시리. 옛날은 거 물랑물랑허고 잘 거꺼지지 않는 ᄃ

렛줄.{재우 닳지 않게끔. 옛날은 그것 말랑말랑하고 잘 꺾어지지 않는 다래나무.}

🈷 예에.{예에.}

🈹 드렛줄 허영 가깡 저 꿰여근에 영 영 늬 귀에 영 꿰영 허믄 춤 암만 끗어도 드렛줄로 (헌 건 안다여도) 대는 다이지, 대는 안 헌거든. 대로 허믄 얼마 안 강.{다래나무해서 깎아서 저 꿰서 이렇게 이렇게 네 귀에 이렇게 꿰서 하면 참 아무리 끌어도 다래나무로 (한 것은 아니 닳아도) 대는 닳지, 대는 안 하거든. 대로 하면 얼마 안 가서.}

🈷 게믄 그 우에는 뭐렌 허잖아예?{그러면 그 위는 무엇이라고 하잖아요?}

🈹 구덕 바우.{바구니 가장자리.}

🈷 거기는 무슨 낭 헤마씨?{거기는 무슨 나무 하나요?}

🈹 옛날에 그 드렛줄도 놓곡. 저 삼동낭엔 헌 거.{옛날에 그 다래나무도 넣고 저 상동나무라고 한 것.}

🈷 예.{예.}

🈹 그런 거 좀 돈돈헌 낭으로 허주게. 영 오그리기 좋곡. 게난 옛날 드렛줄 7튼 거 오그리기 좋지 아녀? 경 허나 허곡 삼동낭도 이제 영 이만큼 슬진 거 허여당 허믄 잘 아녀믄 불에 구멍 오그령 놔뒁 대 얇게 에깡 영 영 담앙 겨믄 바우가 그걸 잘 놓음으로써 구덕이 영 헌 것이 좁아지지 아녕.{그런 것 좀 단단한 나무로 하지. 이렇게 오그리기 좋고 그러니까 옛날 다래나무 같은 것 오그리기 좋지 않은가? 그렇게 하니까 하고 상동나무도 이제 이렇게 이만큼 굵은 것 해다가 하면 잘 않으면 불에 구우면서 오그려서 놔두고 대 얇게 엮어서 이렇게 이렇게 담아서. 그렇게 하면 가장자리가 그것을 잘 놓음으로써 바구니가 이렇게 한 것이 좁아지지 않아서.}

🈷 예에.{예에.}

🈹 경 허민 역불 바룻구덕. "그디 바룻구덕 아져오라. 바룻구덕."허지. 다른 구덕엔 아녀서. 보통 구덕은 질구덕 헷는디.{그렇게 하면 부러 '바룻구

덕'. "거기 '바릇구덕' 가져와라. '바릇구덕'." 하지. 다른 바구니라고 않았
어. 보통 바구니는 '질구덕' 했는데.}

문 예예.{예예.}

답 바릇구덕 뜨로 잇어.{'바릇구덕' 따로 있어.}

문 아, 게믄 보통 바릇구덕을 가정 다니는 거라예?{아, 그러면 보통 '바릇구
덕'을 가져서 다니는 거네요?}

답 바릇구덕.{'바릇구덕'.}

문 아아.{아아.}

답 바릇구덕. 끈도 든든히, 끈 멩 바당 갈 때 으레히 메는디 둑지에 메영 가
야주. 그냥 영 들렁 가는 것이 아니고 둑지에 메영 가는 거.{'바릇구덕'.
끈도 단단히, 끈 매서 바다 갈 때 으레 메는데 어깨에 메서 가야지. 그냥
이렇게 들어서 가는 것이 아니고 어깨에 메서 가는 것.}

문 예. 게니까 다른 구덕들은 등짐으로 지지 아념니까? 질구덕이나 이런 거
는. 그거는 둑지에 메영 가예?{예. 그러니까 다른 바구니들은 등짐으로
지지 않습니까? '질구덕'이나 이런 것은. 그것은 어깨에 메서 가네요?}

답 둑지에 메영.{어깨에 메서.}

문 보통 그런 구덕은 멧 개 가져가마씨?{보통 그런 바구니는 몇 개 가져가
나요?}

답 하나, 하나.{하나, 하나.}

문 베에 하나씩.{배에 하나씩.}

답 한 사람이 하나씩. 지만씩.{한 사람이 하나씩. 저만큼씩.}

문 지 나끄는 거 지만씩.{자기 낚는 거 저만큼씩.}

답 지만씩. 옛날은 다 지만씩 헷줘.{저만큼씩. 옛날은 다 저만큼씩 했지.}

문 다섯 명이 가면 다섯 개?{다섯 명이 가면 다섯 개?}

답 다섯 사름이 다. 가는 사름 아정 가야지. 질구덕을 가정 갓든지 바릇구덕
을 가정 갓든지.{다섯 사람이 다. 가는 사람 가져서 가야지. '질구덕'을

가져서 갔든지 '바릇구덕'을 가져서 갔든지.}

문 아아.{아아.}

답 이녁 나끈 건 이녁 놓니까. 이녁 직시니까. 이녁 적시.{이녁 낚은 것은 이녁 넣으니까. 이녁 깃이니까. 이녁 깃.}

문 이 밋테는 거의 뒛다예? 아까 방이 뭔고?{이 밑에는 거의 됐네요. 아까 방이 무엇이었지?}

답 칸. 밥(칸), 이 칸이 칸이엔 허주. 칸.{칸. 밥(칸), 이 칸이 칸이라고 하지. 칸.}

문 하나씩 하나씩은 다 칸예? 다 네 칸씩.{하나씩 하나씩은 다 칸요? 다 네 칸씩.}

답 요기는 네 칸이고, 두 칸이고{요기는 네 칸이고, 두 칸이고}

문 밥칸은 두 칸?{밥칸은 두 칸?}

답 요기는 네 칸 판. 베에 따라 이 아픠는 대개가 네 칸이 뒈는디 베에 따라 가지고 요기는 두 개만 헌 디도 잇곡.{요기는 네 칸 팠어. 배에 따라서 이 앞에는 대개가 네 칸이 되는데 배에 따라서 요기는 두 개만 한 데도 있고.}

문 고물은예? 이물정판은 하나로 뒈곡?{고물은요? 이물정판은 하나로 되고?}

답 여기는 하나로 영 뚜껑 허는 디 잇고, 대개 뚜껑 아녀.{여기는 하나로 이렇게 뚜껑 하는 데 있고, 대개는 뚜껑 안 해.}

문 정판압으로 들어강은에 줌자고 허는 딘 여기고예?{정판앞으로 들어가서 잠자고 하는 데는 여기고요?}

답 으.{응.}

문 그 다음에, 그 다음 이 위에 이거?{그 다음에. 그 다음 이 위에 이것?}

답 이거, 이거 돗대.{이것, 이것 돛대.}

문 이건 돗대예? 돗대는 무슨 낭?{이것은 돛대요? 돛대는 무슨 나무?}

탑 스기낭. 이것도 삼목.{삼나무. 이것도 삼나무.}

문 돗대. 이것도 삼목예? 돗대 하고?{돛대. 이것도 삼나무요? 돛대 하고?}

탑 이건 허릿대라고 허지.{이것은 '허릿대'라고 하지.}

문 아아.{아아.}

탑 허릿대. 이건 야웃대.{'허릿대'. 이것은 '야웃대'.}

문 이건 야웃대?{이것은 야웃대?}

탑 야오초석, 허리초석.{'야오돛', '고물돛'.}

문 아아.{아아.}

탑 야오초석, 허리초석.{'야오돛', '고물돛'.}

문 야오는 무신 말이우과?{'야오'는 무슨 말입니까?}

탑 야오엔 헌 것이 그걸 원 모르겠어. 우리 야오엔만 허니까. 야웃대, 야웃
대, 야오초석.{'야오'라고 한 것이 그것을 전혀 모르겠어. 우리 '야오'라고
만 하니까. '야웃대', '야웃대'. '야오돛'.}

문 게믄 이 야웃대는 이 뒤에 잇는 허리초석하고?{그러면 이 '야웃대'는 이
뒤에 있는 '고물돛'하고?}

탑 족주. 아주.{작지. 아주.}

문 이게 족은 게예? 크기가 대략적으로 어느 정도 차이가 나마씨?{이것이
작은 거요? 크기가 대략적으로 어느 정도 차이가 나나요?}

탑 베 삼분의 일 정도 뒈여.{배 삼분의 일 정도 되지.}

문 아, 이 뒤에?{아, 이 뒤에?}

탑 뒤에 거 비허민 삼분의 일 보믄 뒈주.{뒤에 것 비하면 삼분의 일 보면 되
지.}

문 삼분의 일 정도예? 이 돗대 노피는 어느 정도 뒈마씨? 할아버지 키에 비
헹 허믄?{삼분의 일 정도요? 이 돛대 높이는 어느 정도 되나요? 할아버
지 키에 비해서 하면?}

탑 키 메다로 흔 오 메다 뒈카?{키 미터로 한 오 미터 될까?}

문 아아.{아야.}

답 오 메다, 육 메다쯤 뒐로고마는.{오 미터, 육 미터쯤 될 것 같은데.}

문 아아.{아야.}

답 흔 육 메다.{한 육 미터.}

문 이 돗대?{이 돛대?}

답 돗대 지러기가.{돛대 길이가.}

문 돗대 지러기가 육 메다 뒈면?{돛대 길이가 육 미터 되면?}

답 베가 육 메다믄 돗대도 육 메다 뒈여.{배가 육 미터면 돛대도 육 미터 되지.}

문 아아, 경 헙니까?{아아, 그렇게 합니까?}

답 게믄 그르지왕 베가 돗대를 탁 지우믄 요만큼 오주게. 요만큼 오곡 여기 걸처져.{그러면 가로질러서 배가 돛대를 탁 접으면 요만큼 오지. 요만큼 오고 여기 걸쳐지지.}

문 예예. 홍산문 헹은에 정판멍에.{예예. '홍산문' 해서 정판멍에.}

답 덩치를 이레 탁 오고 영 걸치주게. 걸쳐저. 경 허니까 아메도 베가 흔 육 메다믄 오 메다 정도 뒈지{밑동을 이리로 탁 오고 이렇게 걸치지. 걸쳐져. 그렇게 하니까 아마도 배가 한 육 미터면 오 미터 정도 되지.}

문 예에.{예에.}

답 일 메다 차이쯤벳긔 엇일 거라.{일 미터 차이쯤밖에 없을 거야.}

문 허릿대가예?{'허릿대'가요?}

답 으.{그래.}

문 그 다음에. 이 지금, 요게 돗?{그 다음에. 이 지금, 요것이 돛?}

답 돗.{돛.}

문 돗, 초석?{돛. 초석?}

답 초석.{돛.}

문 예에.{예에.}

답 초석. 요것덜은 활대라고 허지. 활대.{돛. 요것들은 활대라고 하지. 활대.}

문 활대예? 활대는 하나, 둘, 셋, 넷, 다섯 개?{활대요? 활대는 하나, 둘, 셋, 넷, 다섯 개?}

답 그건 혼장이 엇고 돗이 크게도 메곡 드물게 두 개 허곡. 이것이 드물게 헐수록 브름이, 광목이 영 브름 받으믄 이렇게 브름이 영 들어앚아. 게믄 이것이, 웨 그러냐 허믄 이걸 하나토 아니 메믄 브름이 너무 들어강 영 뒈불 거주게. 경 허난 이걸 ᄌ주 허여주믄 브름이 잘 벳겨진다, 브름이 영 벗어져야지 브름이 벗어지지 아녕 담아지믄 베만 자빠지지. 옆으로 갈 때는 브름이 벳겨지게시리 허기 위해서 반반허게시리 이치룩 이걸 ᄌ주 메곡.{그것은 한정이 없고 돛이 크게도 매고 드물게 두 개 하고 이것이 드물게 할수록 바람이, 광목이 이렇게 바람 받으면 이렇게 바람이 이렇게 들어앉아. 그러면 이것이, 왜 그러냐 하면 이것을 하나도 아니 매면 바람이 너무 들어가서 이렇게 되어 버릴 것이지. 그러니까 이것을 자주 해주면 바람이 잘 벗겨진다, 바람이 이렇게 벗겨져야지 바람이 벗겨지지 않아서 담아지면 배만 쓰러지지. 옆으로 갈 때는 바람이 벗어지게끔 하기 위해서 반반하게끔 이렇게 이것을 자주 매고}

문 활대는 왕대로 만들어마씨?{활대는 왕대로 만드나요?}

답 왕대, 왕대.{왕대, 왕대.}

문 유일하게 다른 낭으로 가는 게 이 왕댄가 보다예?{유일하게 다른 나무로 가는 것이 이 왕대인가 보네요?}

답 왕대 그것벳기. 다른 건 전부 스기낭. 요런 것도 잡목으로도 뒈긴 뒈지마는 가시낭. 치도 가시낭.{왕대 그것밖에. 다른 것은 전부 삼나무. 요런 것도 잡목으로도 되긴 되지만 가시나무. 키도 가시나무.}

문 치는 가시낭?{키는 가시나무?}

답 질긴 낭.{질긴 나무.}

문 예에.{예에.}

답 이건 셍명이니까.{이것은 생명이니까.}

문 아아.{아아.}

답 치허고 노도 가시낭이라야 뒈고{키하고 노도 가시나무라야 되고}

문 예예예. 노는 전부 가시낭?{예예예. 노는 전부 가시나무?}

답 전부 가시낭이라야. 요거 노짝은 소낭도 좋고 아무 잡목이라도 뒈는디 요거만은 물 아레 들어가는.{전부 가시나무라야. 요거 노착은 소나무도 좋고 아무 잡목이라도 되는데 요것만은 물 아래 들어가는.}

문 네썹은 이제?{노잎은 이제?}

답 네썹은 제라헌 춤낭이라고 치와 네썹은 춤낭, 가시낭.{노잎은 제대로 된 참나무라고 키와 노잎은 참나무, 가시나무.}

문 이 야옷대[야온때]?{이 '야옷대'?}

답 야옷대?{'야옷대'?}

문 야옷대. 야옷대렌 헙니까? 이거는 허릿대, 허릿대. 또는 돗대.{'야옷대'. '야옷대'라고 하나요? 이것은 '허릿대', '허릿대'. 또는 돛대.}

답 돗대엔도 허릿대엔도 허곡.{돛대라고도 '허릿대'라고도 하고}

문 같은 거예? 그 다음에 이?{같은 거요? 그 다음에 이?}

답 초석이엔도 허곡 돗이엔도 이것도 구튼 거.{'초석'이라고도 하고 돛이라고도 이것도 같은 것.}

문 초석이나 돗?{'초석'이나 돛?}

답 재료는 광목.{재료는 광목.}

문 이 앞의 것이나 뒤에 거 똑구타예? 그 다음에 이 몽고지?{이 앞에 것이나 뒤에 것 똑같다구요? 그 다음에 이 노손?}

답 이것이 몽고지.{이것이 노손.}

문 몽고지는?{노손은?}

답 이거 잡아. 영 잡아가지고 이걸 영. 노가 이렛닥 이렛닥 허거든. 이것을 조절허지. 이, 영도 이레도 둥기곡. 밀릴 땐 영 둥겨. 영 밀릴 때 영 밀려

줘야 이렇게, 물을 영 받게 뒈고 둥길 땐 영 둥기고 영 둥기곡 영 둥기곡. 이것이 몽고지. 이것이 물.{이거 잡아. 이렇게 잡아서 이것을 이렇게. 노가 이랬다 이랬다 하거든. 이것을 조절하지. 이, 이렇게도 이리로도 당기고 밀릴 때는 이렇게 당겨. 이렇게 밀릴 때 이렇게 밀어줘야 이렇게, 물을 이렇게 받게 되고 당길 때는 이렇게 당기고 이렇게 당기고 이렇게 당기고 이것이 노손이지. 이것이 물.}

問 게믄 몽고지는 이 여기에서 낭 이름이구나예?{그러면 노손은 이 여기에서 나무 이름이군요?}

答 으{그래.}

問 네에.{예에.}

答 낭 일름이 아이고 부속 일름이라고 헐까?{나무 이름이 아니고 부속 이름이라고 할까?}

問 이 몽고지는 뭘로 멘들아마씨?{이 노손은 무엇으로 만드나요?}

答 몽고지도 거 손 영 허는 거난 옛날 우리는 돔박낭을 주로 헷주.{노손도 그것 손 이렇게 하는 것이니까 옛날 우리는 동백나무로 주로 했지.}

問 몽고지는 돔박낭?{노손은 동백나무?}

答 돔박낭이 씨기도 허지만 다일수록 민질민질허니까. 경 아녀민 이치룩 북물어. 이거 영 낭 영 영 허는 거니까.{동백나무가 세기도 하지만 닳을수록 매끈매끈하니까. 그렇지 않으면 이렇게 부르터. 이거 이렇게 놓아서 이렇게 이렇게 하는 것이니까.}

問 예.{예.}

答 영 낭 영 영 허는 거니까. 헤보믄 돔박낭은 다일수록 문달문달. 주로 돔박낭 7튼 거. 씬낭은, 가시낭으론 잘 아녀.{이렇게 놓아서 이렇게 이렇게 하는 것이니까. 해보면 동백나무는 닳을수록 문달문달. 주로 동백나무 같은 거. 센나무는, 가시나무로는 잘 안 해.}

問 아아, 그러면은 네 것일 때는 몽고지에 낭 네 것이는 거우과?{아아, 그러

면 노 저을 때는 노손에 놓아서 노 젓는 겁니까?}

탑 아, 몽고지에. 몽고지가 호령이 베를. 요디 뭐헌 말로 이거 네, 네 요디 잇는 거. 이건 네좃이엔 허곡 우리말로{아, 노손에. 노손이 호령을 배를. 요디 뭐한 말로 이거 노, 노 요기 있는 거. 이것은 '노좃'이라고 하고 우리말로.}

문 네, 무신 거마씨{노, 무슨 것이라고요?}

탑 네좃이엔 허여.{'놋좃'이라고 해.}

문 아, 네좃?{아, '놋좃'?}

탑 네좃, 이건 이, 저, 여기 이제 또 영 부찌는 것이 그거주.{'놋좃', 이것은 이, 저, 여기 이제 또 이렇게 붙이는 것이 그것이지.}

문 그려 보십시오?{그려 보십시오?}

탑 요만큼 허다가 요렇게 허주게. 요기 고냥. 게믄 내좃은 어떤 모냥 뒈냐면 요렇게 헤서, 요렇게 헤서, 요렇게 뒛주.{요만큼 하다가 요렇게 하지. 요기 구멍. 그러면 '놋좃'은 어떤 모양 되냐면 요렇게 해서, 요렇게 해서, 요렇게 됐지.}

문 아아.{아아.}

탑 겨믄 요 고망디레 찔러서 이렇게 놔가지고 영 헤서 이렇게 이렇게 뒈는 거주기.{그러면 요 구멍으로 질러서 이렇게 놓아서 이렇게 해서 이렇게 이렇게 되는 것이지.}

문 예예예.{예예예.}

탑 허믄 옛날 우리 뭐헌 말로 네썹이엔 허곡, 요건 네좃이엔 허곡.{하면 옛날 우리 뭐한 말로 '놋구멍'이라고 하고, 요것은 '놋좃'이라고 하고}

문 아, 여기 이게 그 연결하는 그겁니까? 네썹하고 네짝 연결허는 거.{아, 여기 이것이 그 연결하는 그것입니까? 노잎하고 노착 연결하는 것.}

탑 연결허는 것이 아이곡. 여기 부착헹 여기 대여가지고 젓는 거주. 경 아녀믄 이거 그냥 허믄 밍글밍글 이레 가곡 무음대로 갈 거니 이걸 고정시키는 거주게. 고정 시키믄 그걸 끼며는 알러레도 옆 디레도 ᄂ려가지 아녀곡 그 사이만 놀기만 허거든.{연결하는 것이 아니고 여기 부착해서 여기 대서 젓는 것이지. 그렇지 않으면 이거 그냥 하면 밍글밍글 이리로 가고 마음대로 갈 것이니 이것을 고정시키는 것이지. 고정 시키면 그것을 끼우면 아래로도 옆으로도 내려가지 않고 그 사이에서만 놀기만 하거든.}

문 그러면은 네좃헌 게 네 젓젠 허민 낭은에 젓는 장소구나예?{그러면 '놋좃' 한 것이 노 저으려고 하면 놓아서 젓는 장소군요?}

답 아, 이디, 이디 퀴왕은에 젓어.{아, 여기, 여기 꿰서 저어.}

문 바로 여기가 거기를 말허는 거라예?{바로 여기가 거기를 말하는 것이군요?}

답 여기에, 그레 대영 젓는 거.{여기에, 그리로 대서 젓는 거.}

문 요디 다 ᄀ튼 이름이겠네예?{요기 다 같은 이름이겠네요?}

답 다 ᄀ튼 이름. 옛날이나.{다 같은 이름. 옛날이나.}

문 이거 완전히 남녀의 성기를 그거에 비교헤가지고{이거 완전히 남녀의 성기를 그것에 비교해서.}

답 경 허믄 일본 시절 넷도망구. 도망구엔 헌 일본말론 거고라 오망구엔 허거든. 넷도망구엔 불러나고{그렇게 하면 일본 시절 '넷도망구'. '도망구'라고 한 일본말로는 그것보고 '오망구'라고 하거든. '넷도망구'라고 불렀었고.}

문 넷도망고?{'넷도망고'?}

답 오망구엔 못허니까 넷도망구, 넷도망구. 오망구가 그 성기를 말허는 건디 일본말로 그거지. 넷도망구, 네씹이렌 말이주게.{'오망구'라고 못하니까 '넷도망구', '넷도망구'. '오망구'가 그 성기를 말하는 것인데 일본말로 그것이지. '넷도망구', '놋구멍'이라는 말이지.}

문 예예예예.{예예예예.}

답 경 불러난. 그 웨로는 불른 예가 엇어. 지금 어떤 사름(신디) 들어봐도 뭐 이거 그 별다른 말로 못헐 거라. 다 네좃, 네씹 그렇게 허주.{그렇게 불렀었어. 그 외로는 부른 예가 없어. 지금 어떤 사람(에게) 들어봐도 뭐 이거 그 별다른 말로 못할 거야. 다 '놋좃', '놋구멍' 그렇게 하지.}

문 우리 이렇게 허는 거. 그레?{우리 이렇게 하는 거. 맷돌?}

답 그레. 네좃.{맷돌. '놋좃'.}

문 그거 허젠?{그것 하려고?}

답 그레좃엔 우에 나온 거.{맷수쇠 위에 나온 것.}

문 우에 거 연결하는 거? 하여튼 우리 어른들이 경 허멍?{위에 거 연결하는 것? 하여튼 우리 어른들이 그렇게 하면서?}

답 경 허영 고정시겨야, 고정시겨야 이 네를 이리 밀럭 저리 밀럭 막 영 헤도 벗어나지 아녇 그 자리에서 놀게 뒈주.{그렇게 해서 고정시켜야, 고정시켜야 이 노를 이리 밀리고 저리 밀리고 막 이렇게 해도 벗어나지 않아서 그 자리에서 놀게 되지.}

문 예, 예, 예. 그렇게 하고 옛날에 그 노래에, 해녀덜 노래에 벤드레도 나오지 아념니까예? 지난번에 테우 헐 때도 벤드레가 나오던데 여긴 벤드레 없습니까?{예, 에, 에. 그렇게 하고 옛날에 그 노래에, 해녀들 노래에 '벤드레'도 나오지 않습니까? 지난번에 떼배 할 때도 '벤드레'가 나오던데 여기는 '벤드레' 없습니까?}

답 네마다 벤드레 잇주게. 네마다 벤드레. 네짝이 오면 그만큼 거리에 이 네. 그거 엇이믄 이 막 거세기 허믄 뒈여? 끼문 벤드렐 메면 절대 우터레도 안 가주게. 아멩 그 부근에서만 무음 낭 밀럭당 밀럭당.{노마다 '벤드레' 있지. 노마다 '벤드레'. 노착이 오면 그만한 거리에 이 노 그것 없으면 이 막 거시기 하면 되나? 끼우면 '벤드레'를 매면 절대 위로도 안 가지. 아무리 그 부근에서만 마음 놓아서 밀렸다 밀렸다.}

문 벤드레가 뭐마씨? 벤드레 뜻을 설명?{벤드레가 뭐예요? 벤드레 뜻을 설명?}

답 벤드레는 네를다가 뭐엔 허코? 노 젓는디, 노 젓는디 그디 벤드레 엇이믄 노 못 젓아. 하여튼 중심 역할을 헹.{벤드레는 노에다 무엇이라고 할까? 노 젓는데, 노 젓는데 거기 벤드레 없으면 노 못 저어. 하여튼 중심 역할을 해서.}

[사진 59] 벤드레와 벤드레코

[사진 60] 네좃

문 그러면, 만약에 예를 들엉 벤드레를 하게 돼면 그 범위 안에서, 벤드레 범위 안에서.{그러면, 만약에 예를 들어서 '벤드레'를 하게 되면 그 범위 안에서, '벤드레' 범위 안에서.}

답 범위 안에서만 뒈는 거지.{범위 안에서만 되는 것이지.}

문 네를 젓는 것이구나예?{노를 젓는 것이군요?}

답 노피도, 알레 느리믄 벗어. 이것이 들어져부렁 벗어져불곡. 항상 영 부뜨게 허젠 허믄 벤드레는 브뜨게[빼뜨게], 브뜨게 헤야주. 브뜨게. 항상 벤드레 시니까 그냥 무음대로 그냥 젓어.{높게도, 아래로 내리면 벗겨져. 이것이 들어져서 벗겨져버리고 항상 이렇게 붙게 하려고 하면 '벤드레'는 밭게, 밭게 해야지. 밭게. 항상 벤드레 있으니까 그냥 마음대로 그냥 저어.}

문 벤드레 설치는?{벤드레 설치는?}

답 고정시키는 거지.{고정시키는 것이지.}

문 이 베에 설치를 하는 거다예? 노 잇는 쪽에?{이 배에 설치를 하는 거네

요? 노 있는 쪽에?}

탑 노 잇는 쪽에 설치. 여기다 세 개.{노 있는 쪽에 설치. 여기에다 세 개.}

문 벤드레 위치를 여기 그려주십시오? 어디?{벤드레 위치를 여기 그려주십시오? 어데?}

탑 벤드레 위치는 그리젠 허믄, 이 노가 허믄, 예를 들믄 노가 여기 허믄 요건 고정 돼분 거 아니?{벤드레 위치는 그리려고 하면, 이 노가 하면, 예를 들면 노가 여기 하면 요것은 고정 되버리는 것 아닌가?}

문 예예.{예예.}

탑 이거 영 허믄 몽고지 발라. 몽고지 발래 아니믄 어디 요만큼 될 테지.{이거 이렇게 하면 노손 앞에. 노손 앞에 아니면 어디 요만큼 될 테지.}

문 예예.{예예.}

탑 요만큼 돼곡. 하노는, 하노도 역시 요기. 하노도 몽고지 거세기 요쯤 돼곡. 경 걸령은에 매사.{요만큼 되고 하노는, 하노도 역시 요기. 하노도 노손 거시기 요쯤 되고 그렇게 걸려서 매야.}

문 거의 벤드레는 이 네짝보다 조금 작으키여예?{거의 벤드레는 이 노착보다 소금 작겠네요?}

탑 요것디레 코 허영 톡 걸고 허는 거.{요것에 고리 해서 톡 걸고 하는 것.}

문 몽고지에 벤드레를 거는 겁니까? 한쪽은 요쪽에 베에 고정시키곡.{노손에 벤드레를 거는 것입니까? 한쪽은 요쪽에 배에 고정시키고}

탑 벤드레가 다 여기. 베.{'벤드레'가 다 여기. 배.}

문 고정시키는데 그 벤드레 코가 일로 거는 거.{고정시키는데 그 '벤드레' 고리가 이리로 거는 것.}

탑 코는 몽고지에. 경 아녀믄 어디 튀어나불지.{고리는 노손에. 그렇게 않으면 어디 뛰어버리지.}

2.7. 동으로 부는 게 샛브름

🔲 예. 그러니까 벤드레 끊어지면 그게 어디 없냐 허영 노래가 나오는 거구나예? 아, 이제야 이헤가 됨수다. 그렇게 이제 하고, 이 바당에 이제 배를 운영하기 위해서 바람이 궹장히 중요하잖습니까예?{예. 그러니까 '벤드레' 끊어지면 그것이 어디 없는가 해서 노래가 나오는 것이군요? 아, 이제야 이해가 됩니다. 그렇게 이제 하고, 이 바다에 이제 배를 운영하기 위해서 바람이 굉장히 중요하잖습니까?}

🔳 바람?{바람?}

🔲 바람 종류도 하지예?{바람 종류도 많지요?}

🔳 바람 종류도 하지.{바람 종류도 많지.}

🔲 브름 종류?{바람 종류?}

🔳 게니 하늬브름.{그러니 북풍.}

🔲 예.{예.}

🔳 놉브름, 놉하늬, 섯하늬, 갈하늬, 갈브름, 섯마, 동마, 뭐 샛브름, 신셋브름, 산부세, 뭐 느릇. 느릇이 그 육연풍이라고 허는디 뭐 여러 가지.{동풍, 동북풍, 서북풍, 서북풍, 서풍, 서남풍, 동남풍, 뭐 동풍, 서풍, '산부세', 뭐 산꼬대. 산꼬대가 그 육연풍이라고 하는데 뭐 여러 가지.}

🔲 아까 그 샛브름도?{아까 그 샛바람도?}

🔳 샛브름은 동으로 부는 게 샛브름이고{샛바람은 동으로 부는 것이 샛바람이고}

🔲 샛브름?{샛바람?}

🔳 서으로 부는 건 갈브름.{서쪽으로 부는 것을 갈바람.}

🔲 남쪽으로 부는 거는?{남쪽으로 부는 것은?}

🔳 마프름.{마파람.}

🔲 북쪽으로?{북쪽으로?}

답 북쪽으로 하늬ᄇ름.{북쪽으로 하늬바람.}

문 하늬ᄇ름헷잖아예? 아까 보면.{하늬바람 했잖아요? 아까 보면.}

답 섯하늬.{서북풍.}

문 섯하늬면?{섯하늬면?}

답 북서풍.{북서풍.}

문 섯하늬는 북서풍?{섯하늬는 북서풍?}

답 동하늬는 높하늬라고{동북풍은 '높하늬'라고}

문 동하늬는?{동하늬는?}

답 북동풍.{북동풍.}

문 거는 높하늬허고 같은 말입니까?{그것은 '높하늬'하고 같은 말입니까?}

답 높하늬. 높하늬는 그 바른하늬엔도 허곡 바로 친북으로 오는 건 바른하늬곡.{높하늬. 높하늬는 그 바른하늬라고도 하고 바로 친북으로 오는 것은 바른하늬고.}

문 바른하늬예?{바른하늬요?}

답 바른하늬엔 허고 서 뎅이믄 서하늬, 동 둥기믄 동하니. 동하닌?{바른하늬라고 하고 서 당기면 서하늬, 동 당기면 동하늬. 동하늬는?}

문 동하늬는 높ᄇ름허고 ᄀ튼 거예? 그 다음에 아까 동마, 서마는?{동하늬는 높바람하고 같은 거죠? 그 다음에 아까 동마, 서마는?}

답 동마. 마ᄑ름인디 서쪽 섯마ᄇ름이엔 허곡.{동마, 마파람인데 서쪽 섯마바람이라고도 하고.}

문 예에.{예에.}

답 이 동으로 오는 건 동마ᄇ름. 한라산 동으로 오는 동마ᄑ름.{이 동으로 오는 것은 동남풍. 한라산 동쪽으로 오는 동남풍.}

문 그리고 아까 느릇?{그리고 아까 '산꼬대'?}

답 느릇이엔 헌 건 육연풍이라고 밤에, 가을에 그냥 살허게 부는 거.{산꼬대라고 한 것은 육연풍이라고 밤에, 가을에 그냥 살랑 부는 것.}

📭 그게 무슨 거마씨?{그것이 무슨 것이라고요?}

📑 육연풍이라고 우리 베에 거세기.{육연풍이라고 우리 배에 거시기.}

📭 육연풍?{육연풍?}

📑 육연풍.{육연풍.}

📭 육연풍? 게믄 육지에서?{육연풍? 그러면 육지에서?}

📑 그런 거ㄱ라.{그런 것보고}

📭 육지에서?{육지에서?}

📑 육연풍이라고 ᄂᆞ릇을 보고{육연풍이라고 산꼬대를 보고}

📭 술허게 부는 거?{살하게 부는 것?}

📑 ᄂᆞ릇을 보고 제주에서 육연풍이 ᄀᆞ을 들면은 불지 아녀게? 밤의 술술.{산꼬대를 보고 제주에서 육연풍이 가을 들면 불지 않는가? 밤에 살살.}

📭 씨원한 그 바람이?{시원한 그 바람이?}

📑 육연풍.{육연풍.}

📭 우리 어렷을 때 ᄂᆞ릇 허면. "ᄂᆞ릇이 쎄다." 이렇게 ᄀᆞᆫ지 아녑니까예? 추운 가을에서 겨울.{우리 어렸을 때 산꼬대하면. "'노릇'이 세다." 이렇게 말하지 않나요? 추운 가을에서 겨울.}

📑 늦ᄀᆞ을에, 촐 헐 때 ᄂᆞ릇 잘 불주게. 그것이 ᄂᆞ릇인디, 것이 육연풍인디, 질 베 허기, 베 타기는 그 ᄇᆞ름이 제일 좋아.{늦가을에, 꼴 할 때 산꼬대 잘 불지. 그것이 산꼬대인데, 그것이 육연풍인데, 제일 배 하기, 배 타기는 그 바람이 제일 좋아.}

📭 아아, 그렇습니까?{아아, 그렇습니까?}

📑 날이 붉앙 그 ᄂᆞ릇 불믄 베가 잘 나가. 놉ᄇᆞ름이. 샛ᄇᆞ름 ᄀᆞ튼 거 불민 씨엉 허믄 춤 정신을 바짝 출려야주. ᄂᆞ릇에는 뭐 한걸리 그자 베도 잘 가고{날씨가 맑아서 그 산꼬대 불면 배가 잘 나가. 된바람이. 샛바람 같은 것 불면 세서 하면 참 정신을 바짝 차려야지. 산꼬대에는 뭐 한가히 그저 배도 잘 가고}

문 그 뭐 이쪽에는 그 말 잇는지 몰라도 양두새 이런? 을진풍 뭐? 양두새?{그 뭐 이쪽에는 그 말 있는지 몰라도 '양두새' 이런? '을진풍' 뭐? '양두새'?}

답 을진풍이 그게 산부세주, 산부세.{'을진풍'이 그것이 '산부세'지, '산부세'.}

문 산부세?{'산부세'?}

답 산부세라고{'산부세'라고}

문 산부세는?{'산부세'는?}

답 동남풍.{동남풍.}

문 아아, 여기서는 을진풍이렌 안 허는 구나예? 그냥 산부세?{아아, 여기서는 '을진풍'이라고 안 하는 군요? 그냥 '산부세'?}

답 산부세.{'산부세'.}

문 동남풍?{동남풍?}

답 산부세엔 허여. 동마프름이엔 허고{'산부세'라고 해. '동남풍'이라고 하고}

문 그 바람에 따리서 파도도 달라지지 아녑니까?{그 바람에 따라서 파도도 달라지지 않습니까?}

답 달르주. 겐디 마프름은 물 알로 분다 이렇게 헤가지고 물 알로 믄저 마프름 분다 허여. 게믄 우리가 이제 자리 뜨레 강 보믄, 옛날에 그 바다 밋테 보면은 흔 스오 메다 그 수심이 보믄 믐 フ튼 거 듬북 막 나믄 그것이 그냥 왔다 갓다 허주. 물 아레 그냥 영 허믄, 아, 물 아레 브름, 마 들엇저 허믄 역시 멧 시간 후에 마프름이 불어. 웨냐 허믄, 겨난 물 알로 들엇겐 허곡. 바당 멀리 가믄 마프름이 제일 골치주기.{다르지. 그런데 마파람은 물 아래로 분다 이렇게 해서 물 아래로 먼저 마파람 분다고 해. 그러면 우리가 이제 자리돔 뜨러 가서 보면, 옛날에 그 바다 밑에 보면 한 사오 미터 그 수심이 보면 모자반 같은 거 듬북 막 나오면 그것이 그

냥 왔다 갔다 하지. 물 아래 그냥 이렇게 하면, 아, 물 아래 바람, 마 들었다 하면 역시 몇 시간 후에 마파람이 불어. 왜냐 하면, 그러니까 물 아래로 들었다고 하고 바다 멀리 가면 마파람이 제일 골치지.}

문 예에.{예에.}

답 육지 먼 디. 베도 잘 안 나가. 물 알로 ㄱ치 불어. 베가 나가지 아넌다, 베가 나가질 아넌다. 제일 베가 잘 나가는 ㅂ름은 ㄴ릇 허고 하늬ㅂ름 그거뿐이지. 나머지는 ㅂ름 불어가믄 물 알로 다 부는ㄱ라 베가 잘 안 나가. ㄱ튼 풍력에도.{육지 먼 데. 배도 잘 안 나가. 물 아래로 같이 불어. 배가 나가지 않는다, 배가 나가지 않는다. 제일 배가 잘 나가는 바람은 산꼬대하고 하늬바람 그것뿐이지. 나머지는 바람 불어가면 물 아래로 다 부는지 배가 잘 안 나가. 같은 풍력에도}

문 그 바당에 그 파도예, 이거는 여깃 말로 뭐렌 ᄀ라마씨? 물 영.{그 바다에 그 파도요, 이것은 여기 말로 무엇이라고 말해요? 물 이렇게.}

답 누. 뭐 누엥 허여. 누.{너울. 뭐 너울이라고 해. 너울.}

문 누?{파도?}

답 베가 탁허게 가당 이 ㅂ름에 베질 허영 가가믄 파도가 팍 이 베 우터레 팍팍 치지 아녀? 것ᄀ라 누 올렴젼 헤여.{배가 탁하게 가다가 이 바람에 배질 해서 가고 있으면 파도가 팍 이 배 위로 팍팍 치지 않는가? 그것보고 너울 올린다고 해.}

문 누 올렴저?{너울 올린다?}

답 날이 씨난 누 올렴젠 헤여. 바당에 노을 일면 누 일엇고, 바당에 누 일엇고, 바당에 누 일엇고 말허자믄 노을이지. 노을을 놓고 지금은 너울, 너울 허는디 아마 그것 모냥이야. 우리 어린 때는 저 그 눌 무신 거엔 ᄀ라뒀도 잊어부럿저.{날이 세니까 너울 올린다고 해. 바다에 놀이 일면 너울 일었구나, 바다에 너울 일었구나, 바다에 너울 일었구나. 말하자면 놀이지. 놀을 놓고 지금은 너울, 너울 하는데 아마 그것 모양이야. 우리 어

린 때는 저 그 너울을 무슨 것이라고 말해두고도 잊어버렸네.}

문 노 일엇저?{너울 일었다?}

답 노 일엄신게 영 허멍 바당 붉지 아녀켜.{너울 이네 이렇게 하면서 바다 잔잔하지 않겠다고}

문 아까 무신 거마씨?{아까 무슨 것이라고요?}

답 바당, 바당 씨켄.{바다, 바다 세겠다고}

문 아아.{아아.}

답 너울 일면은 지금도 너울 일어가믄 바당 씨지 아녀? 누 일어가믄 아이, 저 바당 씨원치 아녈로고 영 허영은에.{너울 일면 지금도 너울 일어가면 바다 세지 않는가? 너울 일어가면 아니, 저 바다 시원하지 않겠네. 이렇게 해서.}

문 게도 바당에 이 고기잡이 나갈 때 금기하는 것들도 잇지 아넘니까예? 어떤 땐 바당에 가지 말렌?{그래도 바다에 이 고기잡이 나갈 때 금기하는 것들도 있지 않나요? 어떤 때는 바다에 가지 말라고?}

답 그거 금기?{그것 금기?}

문 그런 말은 없습니까?{그런 말은 없습니까?}

답 그런 거 없어. 경 헌디 옛날 하르방덜 보믄 뭐 여자가 물구덕 정 그르질르믄 재수 엇덴, 바당 거세기 헌덴 그거 하나가 잇어. 그 베에는 거 산귀신이라고 헤서 옛날은 아주, 지금은 뭐 고스도 아녀지만 옛날은 초흐를, 보름 구짝 헷주. 저 산구신이라고 헤가지고 베에 고사를. 초흐루 보름 고스를 드는데, 그 쥐.{그런 것 없어. 그런데 옛날 할아버지들 보면 뭐 여자가 물동이 져서 가로지르면 재수 없다고, 바다 거시기 한다고 그거 하나가 있어. 그 배에는 그것 '산귀신'이라고 해서 옛날은 아주, 지금은 뭐 고사도 않지만 옛날은 초하루, 보름 쭉 했지. 저 '산귀신'이라고 해서 배에 고사를. 초하루 보름 고사를 드리는데, 그 쥐.}

문 예에?{예에?}

탑 그 쥐. 쥐ㄱ라 쥐엔 안 굴앙 서셍원이엔 허거든.{그 쥐. 쥐보고 쥐라고 안 하고 서생원이라고 하거든.}

문 예에.{예에.}

탑 베에서는, 옛날 육지 바당에 강 쥐 베에 다 올라가. 줄 탕은에 베에 고사 헐 때, 베에 그거 먹어난 쥐덜은 밤의 거세기 헌 때 줄탕은에 올라각 내력 허는디 갈 적에 쥐가 내리며는 가지 말라 헷어. 쥐가 ᄂᆞ리면 바당 가지 말라.{배에서는, 옛날 육지 바다에 가서 쥐 배에 다 올라가. 줄 타서 배에 고사할 때, 배에 그것 먹었던 쥐들은 밤에 거시기 한 때 줄타서 올라가고 내리고 하는데 갈 적에 쥐가 내리면 가지 마라 했어. 쥐가 내리면 바다에 가지 마라.}

문 쥐가 내리며는?{쥐가 내리면?}

탑 쥐가 올르믄 좋다. 경 허영 옛날 큰 상선도 경 헷다 허여.{쥐가 오르면 좋다. 그렇게 해서 옛날 큰 상선도 그렇게 했다 해.}

문 아아.{아아.}

탑 상선은 틀림없이 경 헷다고 쥐가 ᄂᆞ리믄 베가 출항을 아녀곡 쥐가 올르믄 좋뎅 허영. 베에, 조그만 벤 다 쥐가 잇어. 출항을 아녀곡. 쥐가, 베가 준 거는 허주 다. 큰 동력은 십 톤, 이십 톤 뒈여가믄 ᄆᆞᆫ딱 쥐가 잇어. 어디 강 숨어도 살아.{상선은 틀림없이 그렇게 했다고 쥐가 내리면 배가 출항을 않고 쥐가 오르면 좋다고 해서. 배에, 조그만 배는 다 쥐가 있어. 출항을 않고 쥐가, 배가 작은 것은 다 하지. 큰 동력은 십 톤, 이십 톤 되어가면 몽땅 쥐가 있어. 어디 가서 숨어도 살아.}

문 히안한 거네예?{희한한 거네요?}

탑 우리가 전의 헌 때 풍선이주만 쥐가 올라가서 어떵, 먼바당에 가서, 사름, 그 놈의 쥐가 물러레 튀어내리난 그걸 막 심엉 올리젠 헷자 올려져게. 그땐 홀 수 엇이 내불엇주만, 무사허긴 헤고나마는 기분이 아주 좋질 아녀더구만.{우리가 전에 할 때 풍선이지만 쥐가 올라가서 어떻게, 먼바다에 가서, 사람, 그 놈의 쥐가 물로 뛰어내리니까 그것을 마구 잡아서 올리려고 해도 올려지나. 그때는 할 수 없이 내버렸지만, 무사하기는 했지만 기분이 아주 좋지 않더구만.}

문 그런 말덜이 이시니까예?{그런 말들이 있으니까요?}

답 쥐가 느런 휘여. 거 어디 휘기는 잘 휘는 건디 어디만쯤사 강 죽어신디 어떵사 허는(지.) 그거 보니까 기분이 상당히 나쁜 거주. 그런 말 들어나부난. 쥐가 내런 그런 거세기.{쥐가 내려서 헤. 그것 어디 헤기는 잘 헤는 것인데 어디만큼 가서 죽었는지 어떻게야 하는(지.) 그것 보니까 기분이 상당히 나쁜 것이지. 그런 말 들었었기에. 쥐가 내려서 그런 거시기.}

문 예예.{예예.}

답 쥐가 튀어내런.{쥐가 뛰어내려서.}

문 이 베가 이렇게 뒈지 않습니까? 베는 마련이 뒈고 이 베를 무끄젠 헤도?{이 배가 이렇지 되지 않습니까? 배는 마련이 되고 이 배를 묶으려고 해도?}

답 또 뭔가 잇어야 허주. 줄. 닷줄.{또 무엇인가 있어야 하지. 줄. 닻줄.}

문 닷줄엔 허여예? 다른 말은 엇고?{닻줄이라고 한다고요? 다른 말은 없고?}

답 닷줄.{닻줄.}

2.8. 옛날 갈치힐 땐 마삭이라고 잇어

문 물질 가젠 허면, 아니 물질 아니고 베로 고기잡이 가젠 허면 필요한 어구들 잇잖습니까?{물질 가려고 하면, 아니 물질 아니고 배로 고기잡이 가려고 하면 필요한 어구들 있잖습니까?}

답 어구는 어족에 따라서 다 틀리지.{어구는 어족에 따라서 다 다르지.}

문 아, 그럽니까?{아, 그렇습니까?}

답 옛날 갈치 헐 땐 갈치마삭. 마삭이엔 허곡. 갈치는 갈치술, 갈치마삭, 뽕돌.{옛날 갈치 할 때는 '갈치마삭', 마삭이라고 하고 갈치는 '갈치술', '갈치마삭, 봉돌.}

문 예.{예.}

답 뭐, 아리, 낚시 이렇게.{뭐, 아리, 낚시 이렇게.}

문 으으, 마삭은 뭐마씨?{아아, 마삭은 뭐예요?}

답 마삭이엔 헌 건, 이것이 게믄 이건 옛날은 이거 드렛줄, 드렛줄도 허엿고 드렛줄로도 허영 끄트머리 가믄 끄늘게 허곡, 가운디, 가운데 넙적허게시리 드렛줄 오그라져도 영 거꺼지지 아녀거든.{마삭이라고 한 것은, 이것이 그러면 이것은 옛날은 이거 다래나무, 다래나무도 했고 다래나무로도 해서 끄트머리 가면 가늘게 하고, 가운데, 가운데 넓적하게끔 다래나무 오그라져도 이렇게 꺾어지지 않거든.}

문 예에.{예에.}

답 드렛줄. 옛날은, 우리 헐 땐 거 귀도레기라고 헤서 돌아가게 허믄 이것이 아리.{다래나무. 옛날은, 우리 할 때는 그것 '귀도레기'라고 해서 돌아가게 하면 이것이 아리.}

문 아리?{아리?}

답 낚시 두 개 영. 이 뽕돌은 영 허영 뽕돌.{낚시 두 개 이렇게. 이 봉돌은 이렇게 해서 봉돌.}

문 예에.{예에.}

답 영 허영 여기 줄을 메믄 술이주. 이것이 마삭이라.{이렇게 해서 여기 줄을 매면 줄이지. 이것이 마삭이야.}

문 아아, 이렇게 뒌 게 마삭예?{아아, 이렇게 된 것이 마삭요?}

답 마삭.{마삭.}

문 이건 아리?{이것은 아리?}

탑 아리, 낚시.{아리, 낚시.}

문 낚시. 일로부터 여기까지는 술?{낚시. 이리로부터 여기까지는 줄?}

탑 일로 우터레는, 요즘 이 도르래라고 헌 거 잇자녀?{이리로 위로는, 요즘
이 도르래라고 한 것 있지 않은가?}

문 예에.{예에.}

탑 도르래, 도르래 메영은에 이 우트레 술 메곡.{도르래, 도르래 매서 이 위
로 줄 매고}

문 도르래예?{도르래요?}

탑 요건 좀 갈치술보다 술지게 멩근 거주게.{요것은 좀 '갈치술'보다 두껍게
만든 거지.}

문 예예.{예예.}

탑 술지게.{두껍게.}

문 예에.{예에.}

탑 경 허믄 갈치가 급헌 놈이니까 주신이 이빨, 성질 급허니까 이것이 줫당
등것당 허여가믄 이디 오랑 주왁주왁 건덜매. 뽕 물어부러. 게믄 이런 디
두 허카부데 여기 좀 술진 거 허영.{그렇게 하면 갈치가 급한 놈이니까
자신이 이빨, 성질 급하니까 이것을 늘였다가 당겼다가 해가면 여기 와
서 주왁주왁 건들지. 봉돌 물어버려. 그러면 이런 데도 할까봐 여기 좀
굵은 것 해서.}

문 게믄 요런 거는, 그 낚싯대는 뭘로 헤마씨? 그냥 줄로만, 술로만 헙니
까?{그러면 요런 것은, 그 낚싯대는 무엇으로 하나요? 그냥 줄로만, 줄로
만 합니까?}

탑 술로만. 갈치 헐 때는 술.{줄로만. 갈치 할 때는 줄.}

문 갈치 헐 때는 요렇게 하고{갈치 할 때는 요렇게 하고}

탑 옛날 고등어 걸릴 때.{옛날 고등어 걸릴 때.}

문 예예.{예예.}

【탑】 옛날 고등어 걸려. 그냥 고등어 막 이렇게 영 둥이믄 그냥 탕탕 걸어져. 건장이라고, 건장.{옛날 고등어 걸려. 그냥 고등어 마구 이렇게 이렇게 당기면 그냥 탕탕 걸어지지. 소경낚시라고, 소경낚시.}

【문】 건장?{소경낚시?}

【탑】 고등에 건장.{고등어 소경낚시.}

【문】 고등어는 건장이랜?{고등어는 소경낚시라고?}

【탑】 뽕돌 메영 낳.{봉돌 매어 놓아서.}

【문】 예. 건장.{예. 소경낚시.}

【탑】 나꼬기도 허주마는 건장으로 걸리는 게 만핫주. 풍선, 어떤 땐 혼 멧 시간이믄 만선 뒈영은에 베, 고등어는 베짝에 담앙 오랑은에 퍼뒝 또 가멍 헤나서. 부쳐 낳.{낚기도 하지만 소경낚시으로 걸리는 것이 많았지. 풍선, 어떨 때는 한 몇 시간이면 만선 되어서 배, 고등어는 갑판에 담아 와서 퍼두고 또 가면서 했었어. 붙여 놓아서.}

【문】 고등어는?{고등어는?}

【탑】 고등어가 그렇게 많이 난. 걸령, 영 걸림 들름은 그냥 낚시 두서너 개썩 걸어지믄 베 안틔레 막.{고등어가 그렇게 많이 나와서. 걸려서, 이렇게 걸려서 들면 그냥 낚시 두서너 개씩 걸어지면 배 안으로 마구.}

【문】 이 고등어 허는 거는 건장이랜 허곡, 이 갈치허는 거는 마삭이랜 허곡?{이 고등어 하는 것은 소경낚시라고 하고, 이 갈치 하는 것은 마삭이라고 하고?}

【탑】 갈치마삭. 지금 갈치 나꼬는 식은 틀려. 지금은 이것이, 줄이 막 이치록 맷주게.{'갈치마삭. 지금 갈치 낚는 식은 달라. 지금은 이것이, 줄이 막 이렇게 맸지.}

【문】 예에.{예에.}

【탑】 혼 열다섯 개. 이런 걸 전부, 이거는 문딱 영 허영 열댓 개썩 메멍. 이건 낚시, 주낙시랜 헤서. 갈치 지금은 이걸로 나까.{한 열다섯 개. 이런 것을

전부, 이것은 몽땅 이렇게 해서 열댓 개씩 매면서. 이것은 낚시, 주낙시
라고 해서. 갈치 지금은 이것으로 낚아.}

문 아아.{아아.}

답 지금은 이걸로 나끄지. 우리 풍선 헐 땐.{지금은 이것으로 낚지. 우리 풍
선 할 때는.}

문 마삭으로 헌 거고?{마삭으로 한 것이고?}

답 불 쌍 메칠 갈치 모이게시리 헹, 갈치 흐뭇 열다섯 개 허믄 댓 개끄진 물
주게. 혼번 등기믄.{불 켜서 며칠 갈치 모이게끔 해서, 갈치 사뭇 열다섯
개 하면 댓 개까지는 물지. 한번 당기면.}

문 아아, 게믄 갈치 주낙이나 요거 할 때 니껍덜은 뭘로 써마씨?{아아, 그러
면 갈치 주낙이나 요거 할 때 미끼들은 무엇으로 쓰나요?}

답 갈치 제 꼴리 끊어. 갈치 니껍으로{갈치 제 꼬리 잘라. 갈치 미끼로.}

문 고등에는?{고등어는?}

답 고등어는 걸리는 거 주장이고, 나끄는 건 고등어도 이녁 술로 허어. 고등
어 술로.{고등어는 걸리는 것 주장이고, 낚는 것은 고등어도 이녁 살로
해. 고등어 살로.}

문 아, 경 헙니까? 그 우리 어린 때?{아, 그렇습니까? 그 우리 어린 때?}

답 멜이믄 더 좋주마는.{멸치면 더 좋지만.}

문 멜도 이제 허는디?{멸치도 이제 하는데?}

답 멜이믄 더 좋주마는 멜은 못허곡 제 술로{멸치면 더 좋지만 멸치는 못
하고 제 살로.}

문 그물에 놓젠 허믄 무꾸럭으로, 문어예?{그물에 놓으려고 하면 문어로, 문
어요?}

답 으{으.}

문 그걸로?{그것으로?}

답 주낙, 주낙.{주낙, 주낙.}

[사진 61] 삼봉낚시와 낚시술

[사진 62] 갈치술과 낚시

문 아아, 주낙예? 건 아무 고기나 먹는 거고?{아아, 주낙요? 그것은 아무 고기나 먹는 것이고?}

답 무꾸럭도 아무 고기나 먹는 거주.{문어도 아무 고기나 먹는 것이지.}

문 아아.{아아.}

답 오징어 종류니까.{오징어 종류니까.}

문 예. 그 다음에, 이제 고등에 하영 잡고, 낙지 하영 잡앗잖우과예? 그 다음 오징어 헐 때는 뭘로 헤마씨?{예. 그 다음에, 이제 고등어 많이 잡고, 낙지 많이 잡았잖아요? 그 다음 오징어 할 때는 무엇으로 하나요?}

답 오징어 헐 때는 삼봉낚시.{오징어 할 때는 삼봉낚시.}

문 아, 이거 이름은 뭐우과?{아, 이것 이름은 뭔가요?}

답 삼봉.{삼봉.}

문 삼봉?{삼봉?}

답 삼봉.{삼봉.}

문 삼봉, 옛날도?{삼봉, 옛날도?}

답 옛날은 저거. 옛날엔 저거 하나만 헤영 헤낫는디 이제는 불 쌍 거세기 허는디 대여섯 개썩 메영 허여.{옛날은 저거. 옛날에는 저것 하나만 해서 했었는데 이제는 불 켜서 거시기 하는데 대여섯 개씩 매서 해.}

문 이 낚시는 틀린 거 닮다예? 옛날에 비헹.{이 낚시는 다른 것 같네요? 옛날에 비해서.}

답 옛날엔 하나. 뽕돌.{옛날에는 하나. 봉돌.}

문 뽕돌 하나?{봉돌 하나?}

답 연철로 하나만 헨 헷는디. 이거는, 뽕돌은 또로 매고, 이것이 주낙 모냥으로 뒷주게. 하나씩 굴루히 뚱글뚱글 다 뜨게 뒌 거. 속 구린 거. 이 아래 뽕돌 매영 영 물 아래 들어가게시리. 옛날도 이 낚시는 마찬가지 이런 식.{연철로 하나만 해서 했는데. 이것은, 봉돌은 따로 매고, 이것이 주낙 모양으로 됐지. 하나씩 별도로 둥글둥글 다 뜨게 된 것. 속 빈 것. 이 아래 봉돌 매서 이렇게 물 아래 들어가게끔. 옛날도 이 낚시는 마찬가지 이런 식.}

문 낚시 종류도 으라 가지우다예?{낚시 종류도 여러 가지네요?}

답 이건 삼봉낚시엔도 허곡. 삼봉이엔 허믄 다 이거 알아먹으니까.{이것은 삼봉낚시라고도 하고. 삼봉이라고 하면 다 이것 알아먹으니까.}

문 아아, 오징어헐 때만 이 삼봉낚시를 허는 거라예? 우리 제주도말로?{아아, 오징어 할 때만 이 삼봉낚시를 하는 거라구요? 우리 제주도말로?}

답 제주도 삼봉. 이것도 일본말로 돔부여.{제주도 삼봉. 이것도 일본말로 '돔부'야.}

문 돔부?{돔부?}

답 밥주리ᄀᆞ라, 잠자리ᄀᆞ라 돔부엔 허는디 일본말로 돔부야.{잠자리보고, 잠자리보고 '돔부'라고 하는데 일본말로 '돔부'지.}

문 아아, 구물로 허는 거는, 구물들도 하영 허던데?{아아, 그물로 하는 것은, 그물들도 많이 하던데?}

답 그물은 뭐 영 낳 박아정 허는 것도 헌디, 삼접그물 중간에 많이 나가지고 그걸로 궤기 씨 막 몰랏주.{그물은 뭐 이렇게 놓아서 박혀서 하는 것도 하는데, 삼겹그물 중간에 많이 나와서 그것으로 고기 씨 막 말랐지.}

문 아아.{아아.}

답 준 것고 흙은 거고 흔굿드로 잡아져. 삼접그물 때문에 저 고기 씨가 막

물랏젠 허여.{잔 것이고 굵은 것이고 한꺼번에 잡히지. 세겹그물 때문에 저 고기 씨가 마구 말랐다고 해.}

문 삼접그물엔 허면?{삼겹그물이라고 하면?}

답 지금은 허가도 안 돼. 알믄 위반이야. 금지 뒌.{지금은 허가도 안 되지. 알면 위반이야. 금지 됐어.}

문 구물도 구멍이 다 틀리잖아예?{그물도 구멍이 다 다르잖습니까?}

답 구멍도, 고망이 커도 구물이 세접이라놓니까 즌 것도 다 걸리게 마련이야.{구멍도, 구멍이 커도 그물이 세겹이니까 잔 것도 다 걸리게 마련이야.}

문 아아.{아아.}

답 웨접. 이건 세접이라놓난 속에 거는 막 치메 ㄱ치 흘랑허게 허고 바깟디 거만 이제 두 개 양짝으로 헌 건 고냥이 이만씩 커. 이만씩 커도 요런 고기도 다 들어. 가운디는 그물이 막 메와정 시난 톡 걸령 ㅂ들락ㅂ들락 허믄 바깟디 ㄲ딱을 못허여.{외겹. 이것은 세겹이니까 속에 것은 마구 치마처럼 헐렁하게 하고 바깥에 것만 이제 두 개 양쪽으로 한 것은 구멍이 이만큼씩 커. 이만큼씩 커도 요런 고기도 다 들어. 가운데는 그물이 마구 메워져 있으니까 톡 걸려서 바동바동 하면 바깥에 까딱 못해.}

문 게믄 그물이 웨접그물 잇고{그러면 그물이 외겹그물 있고}

답 이접도 잇주.{두겹도 있지.}

문 그물은 이렇게 세겹으로 뒌 것이 삼접?{그물은 이렇게 세겹으로 된 것이 삼겹?}

답 삼접.{삼겹.}

문 아아.{아아.}

답 가운디 거는 속그물이라고 좀진 걸로 허곡, 밧갓딘 사이에 강 끼문 이건 즌 거고 뭣이고{가운데 것은 속그물이라고 자잘한 것으로 하고, 바깥에는 사이에 가서 끼우면 이것은 잔 것이고 무엇이고}

🔹 지금도 구물 낭은에?{지금도 그물 넣어서?}

🔸 허는 디가 잇주. 또 한림 인접의가 전문으로 삼접그물은 안돼. 지금 삼접그물 금지.{하는 데가 있지. 또 한림 인접에 전문으로 삼겹그물은 안돼. 지금 삼겹그물 금지.}

🔹 아아.{아아.}

🔸 이접까지 허곡. 웨접구물 가정 허곡.{이겹까지 하고 외겹그물 가져서 하고}

🔹 할아버지는 구물로 헹근에?{할아버지는 그물로 해서?}

🔸 삼접구물 헐 때 헤낫주.{삼겹그물 할 때 했었지.}

🔹 (웃음)

🔸 그 당시는 고기도 많이 잡아봔.{그 당시는 고기도 많이 잡아봤어.}

🔹 게믄 바당에 이제 베로 가젠 허면 구물허고 낚시허고?{그러면 바다에 이제 배로 가려고 하면 그물하고 낚시하고?}

🔸 그물허고 낚시주게.{그물하고 낚시지.}

🔹 그다음에 아깐 바릇구덕허고 옛날에, 예전에 구물 쌓아논 이런 막 같은 거?{그다음에 아까는 '바릇구덕'하고 옛날에, 예전에 그물 쌓아놓은 이런 막 같은 거?}

🔸 그건 후리, 후리.{그것은 후리, 후리.}

🔹 아아.{아아.}

🔸 여기, 여기 원래 후리바당이주게. 이것이 나가 멧 년 베에 타가지고, 베에 조정을 헷는디.{여기, 여기 원래 후리바다지. 이것이 내가 몇 년 배에 타서, 배 조정을 했는데.}

🔹 예에.{예에.}

🔸 그것이 후리. 그 당시 그물막 이거 하날 놓면은 물랑은에 아래 영 펭상 모냥으로 멘들앙 우의다가 동그랑허게 밥ㄱ치 허영 여름에 집도 짓엉 방사탑 모냥으로 더껑 ㄴ래미 더껑 허여낫주.{그것이 후리. 그 당시 그물막 이것 하나를 해 놓으면 말라서 아래 이렇게 평상 모양으로 만들어서

위에다가 동그랗게 밥처럼 해서 여름에 집도 지어서 방사탑 모양으로 덮어서 이영 덮어서 했었지.}

문 사진들 보면 그물막허영 초집치록?{사진들 보면 그물막해서 초가처럼?}

답 초집이주. 바로 아무 칸도 안 갈랑. 그것이 그물막이고{초가지. 바로 아무 칸도 안 갈라서. 그것이 그물막이고}

문 으, 그거는 후리헐 때 이제 그런 거구나예?{아, 그것은 후리할 때 이제 그런 것이군요?}

답 후리헐 때. 이 해수욕장 뒈기 전에 허젠 허난 믄딱 때려치와부런.{후리할 때. 이 해수욕장 되기 전에 하려고 하니까 몽땅 때려치워버렸어.}

문 지난번에 다 여쭤보지 못헌 게 잇언예? 테우, 테우 헐 때 자리 거리는 것만 헷는데 테우로 헷던 것들 잇잖습니까?{지난번에 다 여쭤보지 못한 것이 있어서요? 떼배, 떼배 할 때 자리돔 뜨는 것만 했는데 떼배로 했던 것들 있잖습니까?}

답 테우로 듬북.{떼배로 듬북.}

문 예. 그 테우로 헷던 거를 쭉 설명을 헤 주십시오? 그 자리 거리는 거부터 시작헹은에?{예. 그 떼배로 했던 것을 쭉 설명을 해 주십시오? 그 자리돔 뜨는 것부터 시작해서?}

답 자리 거릴 때. 듬북은 정이월, 삼월에 보리밧듸 그 더끄젠 허면은 듬북을 허는디, 듬북 허는디 거진 흔 가시낭 요만큼 술진 걸로 허영은에. 호미, 동의 가믄 지금 촐 비는 걸 그 호미. 호미가 이만큼 질어.{자리돔 뜰 때. 듬북은 정이월, 삼월에 보리밭에 그 덮으려고 하면 듬북을 하는데, 듬북 하는데 거의 한 가시나무 요만큼 굵은 것으로 해서. 낫, 동쪽 가면 지금 꼴 베는 것을 그 낫. 낫이 이만큼 길어.}

문 예에.{예에.}

답 그거 대 끄트멩이에 물 소곱에 바로 영 영 스왁스왁 등기믄 끊어지주. 부글레기 시난 뜨믄 그걸 테우 우틔레 건져 놓민, 테우, 차로 말허믄 흔 차.

사름은 타면은 두 서너 사름 타도 멜락허는디 듬북은 혼 차 시꺼도, 테
우는 혼 질 알러레 들어가도 영 공글어지지(아녀). 영 넓은 거난 둥글지
아녀고 엿날도 듬북을 많이 시끄는 건, 것도 기술이주. 걸 잘 제겨야 돼
여. 막 쌓아. 듬북이 뜨는 거니까.{그것 대 끄트머리에 물 속에 바로 이
렇게 이렇게 쑥쑥 당기면 끊어지지. 공기주머니 있으니까 뜨면 그것을
떼배 위로 건져 놓으면, 떼배, 차로 말하면 한 차. 사람은 타면 두 서너
사람 타도 가라앉는데 듬북은 한 차 실어도, 떼배는 한 길 아래로 들어
가도 이렇게 흔들리지. (않아.) 이렇게 넓은 것이니까 흔들리지 않고 옛
날도 듬북을 많이 싣는 것은, 그것도 기술이지. 그것을 잘 쌓아야 돼. 마
구 쌓아. 듬북이 뜨는 것이니까.}

📑 아아.{아아.}

📑 절대 물 알러레 들어가지 아녀. 물 우의 수평꺼지는 뜨니까. 게난 자꾸
허영 허믄 혼 차라도 그냥 그 테우에 시껑 오랑 ᄀ에 오랑 푸는 거주. 밧
디 강 거세기 헷고 또 경 아녀민 옛날은 ᄉ월 초파일 뒈믄, ᄉ월 초파일
날 듬북 구경 온다고 헤갖고 ᄉ월 초파일로 한치가 나. 경 허믄 그 ᄉ월
초피일로 혼 뒤 ᄃ 간은 막 ᄀ듸서 나주. 테우덜 그땐 자리 안 뜰 때난
테우덜 오징에도 부치곡 경 허당 여름 나민 자리 뜨레, 자리 뜨는 거.{절
대 물 아래로 들어가지 않아. 물 위에 수평까지는 뜨니까. 그러니까 자꾸
해서 하면 한 차라도 그냥 그 떼배에 실어서 와서 가에 와서 푸는 것이
지. 밭에 가서 거시기 했고 또 그렇게 않으면 옛날은 사월 초파일 되면,
사월 초파일날 듬북 구경 온다고 해서. 사월 초파일로 화살오징어가 나.
그렇게 하면 그 사월 초파일로 한 두어 달 간은 마구 가에서 살지. 떼배
들 그때는 자리돔 안 뜰 때니까 떼배들 오징어도 붙이고 그렇게 하다가
여름 되면 자리돔 뜨러, 자리돔 뜨는 것.}

📑 오징어는 부친덴 ᄀᆸ니까?{오징어는 붙인다고 말합니까?}

📑 부친덴, 부친덴 허여. {붙인다고, 붙인다고 해.}

문 무사?{왜?}

답 이거 영 허믄 오징에가 영 부뜨주게. 아닌 게 아니라 먹을 거카부덴 콱 안기거든. 안기믄 둥이믄 걸어지는 건데, 오징엔 부친덴 허여. 부치는 것이 마찬가지. 이것이 둥갈둥갈 먹을 거카부덴 이것에 폭 부트는 거주. 촘.{이거 이렇게 하면 오징어가 이렇게 붙지. 아닌 게 아니라 먹을 것일까봐 콱 안기거든. 안기면 당기면 걸어지는 것인데, 오징어는 붙인다고 해. 붙이는 것이 마찬가지. 이것이 동글동글 먹을 것일까봐 이것에 폭 붙는 것이지. 참.}

문 예에.{예에.}

답 영 둥여불민 이것에 걸어지주.{이렇게 당겨버리면 이것에 걸어지지.}

문 오징어는 부치곡, 자리는 뜨고?{오징어는 붙이고, 자리돔은 뜨고?}

답 갈치는 나끄고{갈치는 낚고}

문 고등어는?{고등어는?}

답 건 걸리고{그것은 걸리고}

문 고등어는 걸리고{고등어는 걸리고}

답 나끈 건 걸리는 거야.{낚은 것은 걸리는 거야.}

문 걸리는 거는 그물에 걸리는 거우꽈?{걸리는 것은 그물에 걸리는 것입니까?}

답 아니, 건장이라고 아까 고등어 건장.{아니, 소경낚시라고 아까 고등어 소경낚시.}

문 영 허니까 걸리는 거고, 그 다음에 멜은 후리는 거고?{이렇게 하니까 걸리는 것이고, 그 다음에 멸치는 후리는 것이고?}

답 후린덴.{후린다고}

문 것도 다 틀리다예? 이름이예. 그 다음에 오징에 헷고, 테우로 헌 게?{그것도 다 다르네요? 이름이요 그 다음에 오징어 했고, 떼배로 한 것이?}

답 그거주. 듬북허고 테우 역할 자리 뜨곡, 듬북 허곡, 오징어는 장난 비슴

치기 반찬 거세기지. 큰 업으로 허는 건 아니고 업으로 허는 건 이 보리
왓디 걸름 허젠 허믄 그것이 가장 중요헤. 듬북 그걸 허젠 역불 테우를
꾸미멍은에 거세기 허곡. 자리 허곡, 듬북 허고 자리는, 건 테우를 가져
야.{그것이지. 듬북하고 떼배 역할 자리돔 뜨고, 듬북 하고, 오징어는 장
난 비슷하게 반찬 거시기지. 큰 업으로 하는 것은 아니고 업으로 하는
것은 이 보리밭에 거름 하려고 하면 그것이 가장 중요해. 듬북 그것을
하려고 부러 떼배를 꾸미면서 거시기 하고 자리돔 하고, 듬북 하고 자
리돔은, 그것은 떼배를 가져야.}

물질허는 사름들 이렇게 이동허거나 이렇게는 아녀마씨?{물질하는 사람
들 이렇게 이동하거나 이렇게는 않나요?}

테우엔 사름 타지 못허주게. 멧 타지 못허여. 좀수덜 서너 개 테우믄 멜
락헤불 거여. 테우에는 자리 뜰 때도 게난 이것이 원래 테우가 일 년 열
두 둘 물에 퇴우면은 뜨질 아녀. 사름 하나만 가도 골라앚아부러. 게난
뭐 듬북이믄 듬북 헤나면 확 뜨덩은에 흔 이삼 개월 물량은에 유월이믄
조립헹은에 구월꼬지 허영 구월 뒈믄 해체헤 낫당 새해 낭 듬북 허젠 허
믄 조립헷주게. 경 아녀믄 그냥 계속 띄우며는 이 나무에 물 먹으믄 사
름 하나토 못 가. 이레 가믄 이레 멜락 저레 멜락. 테우 가지난 나도 매
일년에 메왓다 틀엇다 허멍 거세기 헤낫거든.{떼배에는 사람 타지 못하
지. 몇 타지 못해. 잠녀들 서너 명 태우면 가라앉아버릴 거야. 떼배에는
자리돔 뜰 때도 그러니까 이것이 원래 떼배가 일 년 열두 달 물에 띄우
면 뜨지를 않아. 사람 한 명만 가도 가라앉아버려. 그러니까 뭐 듬북이면
듬북 해나면 확 뜯어서 한 이삼 개월 말려서 유월이면 조립해서 구월까
지 해서 구월 되면 해체해 놔두었다고 새해 돼서 듬북 하려고 하면 조립
했지. 그렇게 않으면 그냥 계속 띄우면 이 나무에 물 먹으면 사람 하나
도 못 가. 이리로 가면 이리로 가라앉고 저리로 가라앉고 떼배 가지니까
나도 매 일년에 메웠다 뜯었다 하면서 거시기 했었거든.}

🔲 요즘은 이제 뭐 태풍와 부난 허곡 바당에 언제쯤 나갈 겁니까?{요즘은 이제 뭐 태풍와 버리니까 하고 바다에 언제쯤 나갈 것입니까?}

🔳 언치낙도 가 왓주마는, 요새 뎅겸주.{엊저녁도 가 왔지만. 요새 다니고 있지.}

🔲 요새 뎅겸수가? 그 나갈 때 언제쯤 뒈마씨? 오섯 시? 사진 하나 찍을려고 베에 잇는 거예?{요새 다닙니까? 그 나갈 때 언제쯤 되나요? 여섯 시? 사진 하나 찍으려고 배에 있는 거요?}

🔳 오섯 시.{여섯 시.}

🔲 보통 여섯 시?{보통 여섯 시?}

🔳 요즘 여섯 시에 나가.{요즘 여섯 시에 나가.}

🔲 여섯 시에예?{여섯 시에요?}

🔳 늦으민 열 시, 경 아녀민 아홉 시. 막상 서너 시간.{늦으면 열 시, 그렇게 않으면 아홉 시. 막상 서너 시간.}

🔲 예. 그 테우도 사진, 그, 그때 애기헷던 그 기구랑예, 테우랑 사진을 좀 찍젠예. 그거는 추석 지낭은에 한번 찍으레 오쿠다.{예. 그 떼배도 사진, 그, 그때 얘기했던 그 기구와요, 떼배와 사진을 좀 찍겠습니다. 그것은 추석 지나서 한번 찍으러 오겠습니다.}

🔳 사둘 그튼 건 엇어. 어디도 어디 돌아도 테우는 저기 다 잇고 테우는 저기 해수욕장 입구에.{사둘 같은 것은 없어. 어데도 어데 돌아도 떼배는 저기 다 있고 떼배는 저기 해수욕장 입구에.}

3. 조사된 어휘

사면의 바다로 둘러싸인 제주도는 해안마을 어디에서나 고기잡이를 하는 어부들을 만날 수 있다. 그러나 지역과 사람에 따라서 어로활동도 다양하게 나타난다. 따라서 어부들의 언어도 다를 수밖에 없다. 이번 조사에서는 제주시 이호동에서 평생을 어부로 살아온 이보연(1929년 생)을 제보자로 선정하여 어로활동과 관련한 이야기와 성장 과정, 결혼, 생계 활동 등과 관련한 구술자료를 채록하였다. 제주 전통배 '테우'와 '풍선' 등을 가지고 제보자가 주로 했던 어획 활동, '테우'와 '풍선'의 부분 명칭, '테우' 제작 관련 어휘, 어로 활동에 큰 영향을 미치는 바람 이름, 어업 관련 민속 등에 대해서도 조사하였다.

특히 제주 전통배 '테우'와 '풍선'에 대한 부분 명칭과, 고기잡이와 관련한 관용어, '거적자리 · 쉬자리 · 젓자리 · 것자리' 등 자리돔의 명칭 등에 대한 어업과 관련한 풍부한 어휘들은 이번 조사에서 얻은 값진 수확물이다. 가령, 자리돔은 '거리거나 뜨는' 것이고, 오징어는 '붙이고', 멸치는 '후리고', 갈치는 '낚는다'. 또 고등어는 '걸려서' 잡는다는 것도 확인하였다. 이처럼 이보연의 어업 관련 어휘는 민족생활어의 가치를 더해주는 기초자료로 활용될 것으로 판단된다.

3.1. 테우

3.1.1. 테우 명칭

'테우'는 뗏목처럼 통나무를 엮어 만든 제주 전통 배로서, 자리돔 잡이나 듬북을 채취할 때 주로 사용했다. 지역에 따라서 '테우, 터위, 터우' 등으로 부르는데 '숙데낭', 즉 삼나무로 주로 만들었다고 한다.

3.1.2. 부분명칭

1) 원목

원목은 테우를 만들기 위하여 잘라온 나무다. 주로 삼나무를 재료로 한다. 테우 하나를 만들려면 배의 바닥 부분에만 9~10개의 삼나무 원목이 필요하다.

2) 주목

주목은 테우를 이루는 기둥이다. '닷주목', '앞주목', '뒷주목'이 있다. '닷주목'은 닻을 맬 때 사용하는 나무 기둥이고, '앞주목'은 '상자리'의 앞 부분, '뒷주목'은 상자리의 뒷부분에 해당하는 기둥을 말한다.

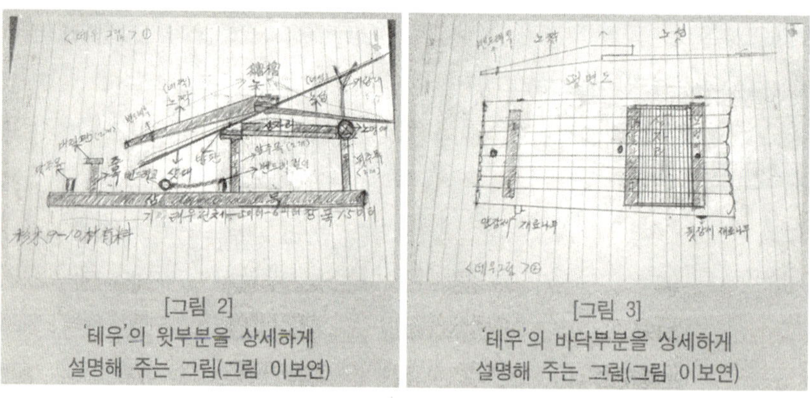

[그림 2]
'테우'의 윗부분을 상세하게
설명해 주는 그림(그림 이보연)

[그림 3]
'테우'의 바닥부분을 상세하게
설명해 주는 그림(그림 이보연)

3) 장세

장세는 떼를 이루는 원목을 연결시키기 위해서 가로로 박아 놓은 나무다. 테우 앞 쪽의 원목을 연결하는 나무는 '앞장세', 뒤쪽의 원목을 연결하는 나무는 '뒷장세'라고 한다.

4) 상자리

상자리는 떼 위에 평상같이 만들어진 부분을 말한다. 지역에 따라서 상자리가 두 개인 '테우'가 있다. 이번에 조사를 한 이호동에서는 상자리를 한 개만 만들고, 서귀포시 보목리에서는 상자리가 2개인 테우를 이용해 자리돔 잡이 등을 한다. 상자리는 사람이 안거나 젖지 말아야 하는 물건 등을 얹을 때 이용하는 공간이다. 상자리 위에는 대를 엮어서 깔기도 한다.

[사진 63] 테우와 자리사둘.
① 사둘대　② 사둘 버리　③ 사둘에움
④ 사둘그물　⑤ 네썹　⑥ 바룻구덕
⑦ 상자리　⑧ 장세　⑨ 네좃
⑩ 네짝　⑪ 삿대　⑫ 테우낭(원목)
(제주도민속자연사박물관에서 촬영)

5) 발판

'발판'은 '테우'에서 노를 저을 때 서는 장소로, 상자리 앞에 위치해 있다.

6)가랑대, 삿대, 작데기

'가랑대'는 떼의 상자리 옆에 작대기 같은 막대기를 세워 물건 따위를 걸거나, 도구 등을 걸치게 만든 나무이고, '삿대'는 물가에서 배를 띄울 때나 물이 얕은 곳에서 배를 미는데 쓰는 긴 장대이다. '작데기'는 긴 막대를 말한다.

7) 네, 노, 네짝, 노짝, 노썹, 네썹

노를 제주에서는 '네'라고 한다. 노는 '네썹'과 '네짝'으로 이뤄지는데, '네짝은 노착의 제주어로, 노의 위쪽 자루 부분을 말한다. '네짝'은 단단한 재질의 가시나무를 재료로 해서 만든다. '네썹'은 노를 저을 때 물 속에 잠기는 노의 넓적한 부분으로, 표준어 '노잎' 또는 '노깃'에 해당하는 제주어다.

8) 노멍에

노를 연결하는 막대이다.

9) 벤드레, 벤드레코, 벤드레톡, 벤드레걸이

'벤드레'는 노를 저을 수 있게 배 멍에와 노손을 이어주는 밧줄을 말한다. '드렛줄'(다래나무)을 이용해서 만든다. 으름덩굴이나 다래나무를 재료로 해서 만드는 '벤드레코'는 노를 저을 수 있게 배 멍에와 노손을 이어주는 밧줄의 고리이고, '벤드레톡'은 '벤드레코'를 걸기 위하여 노착 위쪽에 만들어진 턱이다. '벤드레걸이'는 '벤드레'를 매다는 대로서, 소나무 등을 재료로 한다.

10) 닷줄

표준어 '닻줄'에 대응하는 제주어이다.

3.1.3. 테우 재료

1) 숙데낭

'테우'를 만들기 위해 사용하는 나무이다. '숙데낭'은 삼나무의 제주어로서, '삼낭'이라고도 한다. 일본어 이름을 따와서 '스기낭'이라고도 한다.

2) 족대

‘족대’는 이대의 제주어 이름으로, 상자리 바닥의 재료로 쓰인다.

3) 가시낭

가시나무의 제주어 이름이다. ‘네썹’ 즉, 노잎의 재료로 쓰이는 나무다. 가시나무처럼 단단한 재질의 나무를 제주에서는 ‘춤목, 춤낭’이라고 한다.

4) 유름줄과 ᄃ렛줄

‘벤드레’의 고리의 재료이다. ‘유름줄’은 ‘졸겡이’라고도 하는데 으름덩굴의 제주어이며, ‘ᄃ렛줄’은 다래나무를 일컫는다.

5) 소낭

소나무이다. 작대기나 ‘밴드레걸이’ 등의 재료이다.

6) 노끈

‘볏짚’이나 ‘밭볏짚을’ 꼬아 만든 끈으로, 벤드레의 재료이다.

3.1.4. 제작도구

1) 큰톱과 톱

톱은 나무를 베거나 자를 때 쓰는 기구이다. ‘큰톱’은 나무를 베거나 오릴 때 사용하는 톱으로, 미는 힘을 이용해서 나무를 자른다. 톱은 나무를

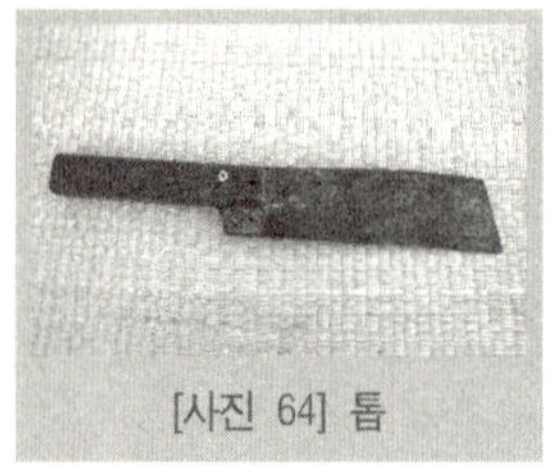

[사진 64] 톱

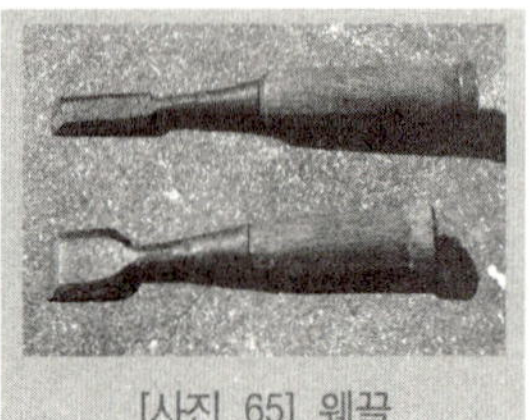

[사진 65] 웨끌

[사진 66] 자귀

자를 때 사용하다. 날이 양쪽에 달린 톱은 '양눌베기', 날이 한쪽에만 달린 톱은 '웨눌베기'라 한다.

2) 나대와 자귀와 호미

이 기구들은 나무의 잔가지 등을 다듬거나 나무껍질을 벗길 때 쓰는 도구다. '나대'는 '나무 따위를 찍어서 자르는, 낫 비슷한 연장.'이고 '자귀'는 '나무를 깎아 다듬는 연장의 하나'로, '나무 줏대 아래에 넓적한 날이 있는 투겁을 박고, 줏대 중간에 구멍을 내어 자루를 가로 박아 만든다.'(표준). '호미'는 낫의 제주어이다.

3) 끌과 쒜끌, 웨끌

'끌'은 나무의 구멍을 뚫는데 사용하는 쇠로 된 도구다. '쒜'(쇠)로만 된 끌은 '쒜끌', 손잡이가 나무로 된 끌은 '웨끌'이라고 한다. '웨끌'은 일본에서 들여온 끌이라는 뜻이다.

4) 낭망치와 낭마께

'낭망치'와 '낭마께'는 나무망치를 말한다. '마께'는 망치의 제주어이다.

5) 곱은자

'곱은자'는 곱자를 말한다. 곱자는 나무나 쇠를 이용하여 90도 각도로 만든 ㄱ자 모양의 자를 말한다.

6) 먹술과 먹통

'먹술'은 먹줄, '먹통'은 목공이나 석공이 먹줄을 치는 데 쓰는, 나무로 만든 그릇을 말한다.

7) 함마

'함마'는 큰 망치를 뜻하는 영어 '해머'의 일본식 발음이다.

8) 대패

대패는 나무를 깎거나 다듬을 때 쓰는 도구이다.

[사진 67] 대패

9) 장도리

장도리는 못을 박거나 뺄 때 쓰는 도구이다.

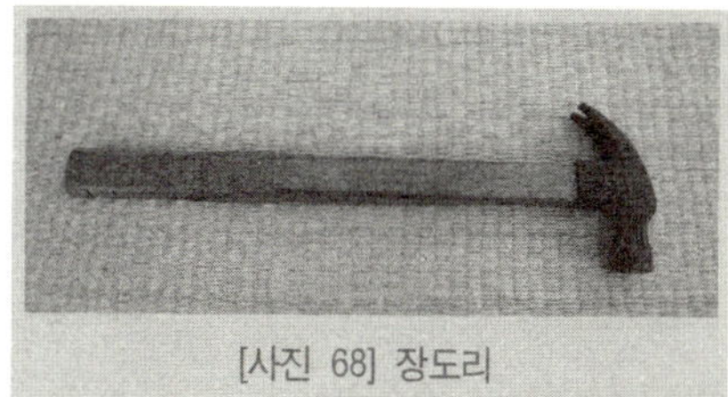

[사진 68] 장도리

3.1.5. 제작 행위 관련 어휘

1) 벳기다와 가끄다

'벳기다'는 나무 껍질 등을 벗길 때 쓰는 어휘이고, '가끄다'는 깎다의 제주어이다.

2) 몰리다

'몰리다'는 말리다의 제주어다.

3) 뚤르다와 파다

'뚤르다'와 '파다'는 뚫다의 제주어로, 나무에 구멍을 뚫는 행위를 말할 때 쓰는 어휘이다.

4) 페우다

'페우다'는 퍼다의 제주어이다.

5) 꿰다

'꿰다'는 '실이나 끈을 구멍이나 틈의 한쪽에 넣어 다른 쪽으로 나가게 하다.'는 뜻이다.

6) 세, 세치기, 세물리다, 세박다

'세'와 '세치기'는 틈이 벌어진 사이에 끼우는 나무 조각으로, 표준어 '쐐기'에 해당하는 제주어다. '세물리다'는 틈이 벌어진 사이에 나무조각을 끼우는 것을 말하고, '세박다'는 틈에 끼운 나무인 '세'를 박는 것을 말한다.

7) 테우 꾸미다

나무 따위를 엮어서 '테우'를 조작해 만드는 것을 '테우 꾸민다'고 말한다.

8) 뜯다와 해체허다

'뜯다'와 '해체허다'는 '테우'를 만들었던 나무를 다음에 다시 쓰

[사진 69]
테우 모형을 만들고 있는 이보연.
구멍을 '뚤르고' 있다.

기 위하여 분리할 때 쓰는 어휘이다. '테우'는 나무로 만들었기 때문에 오랫동안 바다에 놓아두면 부식해 사용할 수 없다. 따라서 '테우'는 봄과 여름철에 썼다가 가을에 바닷가 위로 끌어올려서 말려 두었다가 이듬해 봄에 다시 조립하여 쓴다.

9) 조립허다와 메우다

'조립허다'와 '메우다'는 뜯어냈던 나무나 기구를 다시 연결할 때 쓰는 어휘다. 분리해 두었던 떼배의 바닥 부분에 해당하는 나무를 다시 연결할 때 쓰는 어휘다.

10) 골다

'골다'는 갈대[替]는 뜻으로, 다른 것으로 대체하다는 의미이다.

3.1.6. 기타

1) 소와 소먹다

'소'는 나무로 만든 배와 '테우' 등의 배에 생기는 나무 좀으로, 한자어 '蛸(소)'이다. 이렇게 좀이 슨 것을 '소 먹다'라고 한다.

3.2. 풍선

3.2.1. 배와 사공 이름

어부들은 동력선이 나오기 전에는 대개 풍선을 이용하여 고기잡이를 하였다. '풍선'은 바람의 힘으로 움직이는 배를 말하는데, '돛단배' 또는 '범선'이라고 한다. 제주에서는 '돗단베', '풍선', '범선', '초석단베'라고 일컬었다.

1) 범선, 풍선, 돗단베, 초석단베

돗단배의 다른 이름이다. '돗'은 '돛'을, '초석'은 돛의 제주어다. '초석단베'는 '초석을 단 배'라는 뜻으로, 돛단배를 일컫는다.

[사진 70] 풍선.
① 야오초석 ② 칼치 ③ 이물장 ④ 정판 ⑤ 이물사공 ⑥ 허리초석 ⑦ 한판멍에 ⑧ 파락통삼
⑨ 파락 ⑩ 네압젯거리 ⑪ 넷멍에 ⑫ 네두젯거리 ⑬ 고물사공 ⑭ 벤드레 ⑮ 동파락
(제주도민속자연사박물관에서 촬영)

2) 베임제

'베임제'는 배의 주인이라는 뜻으로, 사공을 의미한다. 제보자 이보연에 따르면, 풍선을 운영할 때 사공 4명이 공동으로 투자해 배를 운영하였다고 한다.

3) 사공

사공은 배 부리는 사람으로서 오늘날의 '선장'을 의미한다.

4) 이물사공

뱃머리를 책임지는 사공이다.

5) 고물사공

배의 뒷부분인 고물을 책임지는 사공이다.

3.2.2. 부분 명칭

1) 베밋, 장밋, 동밋

'베밋'은 표준어 '용골'에 대응하는 제주어 이름이다. 즉, '베밋'은 선박 바닥의 중앙을 받치는 길고 큰 재목을 말하는데, 이물에서 고물에 걸쳐 선체를 받치는 기능을 한다. 긴 나무는 '장밋', 짧은 나무는 '동밋'이라고 한다.

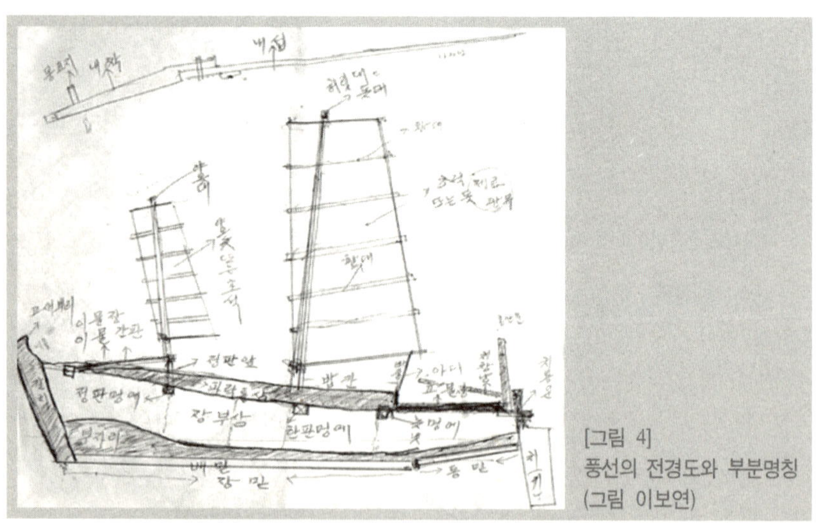

[그림 4]
풍선의 전경도와 부분명칭
(그림 이보연)

2) 베짝

'베짝'은 배의 바닥을 말한다.

3) 장부삼

'장부삼'은 거루와 풍선 따위의 배 옆 위쪽에 붙어 있는 나무 널이다.

4) 부자리

'부자리'는 거룻배 따위의 바닥에 양옆으로 붙어 있는 반달 모양의 나무 널을 말한다. 배의 추진력을 높이는 역할을 한다.

5) 이물, 이불장방, 고물

'이물'은 뱃머리, '고물'은 배의 뒷부분을 뜻한다. '이물장방[이물장빵]', '이물장팡'은 이물에 마련된 장으로, 배에서 사람이 잘 수 있게 만든 공간이다.

6) 정판, 정판압

'정판'은 풍선을 네 개의 킨으로 나눌 때 첫째 칸을 말하고, '정판압'은 정판에 갑판처럼 만들어 놓은 뱃머리를 말한다. 배에서 고사를 지내는 위치가 '정판압'이다.

7) 두세와 밥칸 / 밥간

'두세'는 배를 네 개의 칸으로 나눌 때 셋째 칸으로, 달리 '밥칸', '밥간[밥깐]이라고 한다. 배 안에서 밥을 해 먹을 수 있게 화덕을 두어 꾸민 공간이어서 '밥칸'이라는 이름이 붙은 것이다.

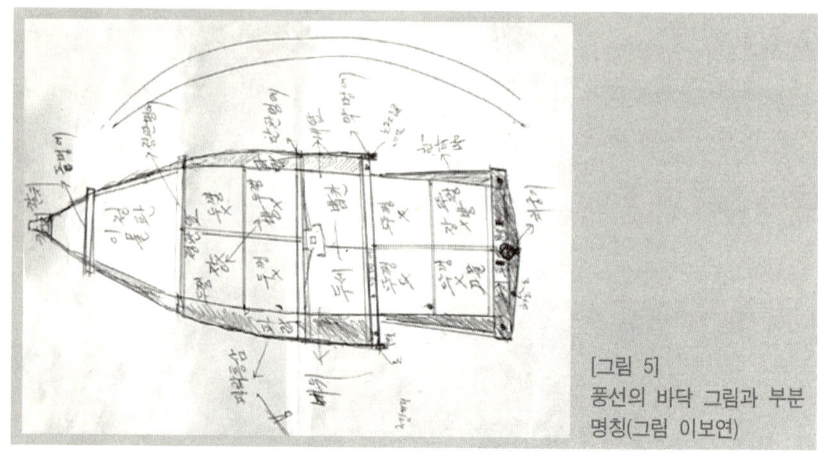

[그림 5]
풍선의 바닥 그림과 부분
명칭(그림 이보연)

8) ㄱ세뿌리, 칼치

‘ㄱ세뿌리’는 배 맨 앞에 바깥 양쪽으로 뾰족이 나온 물건을 말하는데, 달리 ‘칼치’라고도 한다. ‘ㄱ세뿌리’는 물의 저항을 막아주고 배가 앞으로 나아갈 때 방향을 잡아주는 역할을 한다.

9) 파락, 장파락, 동파락, 파락통삼

‘파락’은 거루 따위의 양옆 위쪽에 바깥으로 둘러있는 나무로, 긴 나무는 ‘장파락’, 짧은 나무는 ‘동파락’이라고 한다. ‘파락통삼’은 파락의 안 쪽에 물건 따위를 올려놓을 수 있게 선반처럼 만든 공간이다.

10) 치, 치궁기, 치통문, 치창낭, 창낭

‘치’는 키를 뜻하는 제주어이다. ‘치궁기’는 치통문에 둥그렇게 파인 곳으로 키를 꽂았을 때 같이 작용하는 곳이며, ‘치통문’은 키를 끼우는 부문이다. ‘치통문’에 의해서 배의 방향이 좌우된다. ‘치창낭’ 또는 ‘창낭’은 배의 방향을 잡는 키의 자루로서 표준어 창나무에 해당한다.

11) 홍산문

'홍산문'은 돛대 따위를 걸칠 수 있게 만든 나무 걸이이다.

12) 젯거리, 하노, 네압, 네두

'젯거리'는 배의 양쪽에서 배를 몰아주는 역할을 하는 노이고, '하노'는
배의 이물에서 젓는 노로서, 배의 방향을 좌우한다. '네압'은 배의 오른쪽
으로 오른쪽 젯거리가 있는 방향을 말하고, '네두'는 배의 왼쪽으로 왼쪽
젯거리가 있는 방향을 가리킨다.

13) 멍에, 정판멍에, 한판멍에, 넷멍에, 돌멍에

'멍에'란 거룻배나 돛단배 따위에서 뱃전 밖으로 내린 창막이 각목으로,
뼈대 구실을 한다. '정판멍에'는 '정판을 고정시켜주는 나무이고, '한판멍
에'는 한판을 고정시켜주는 나무이다. '넷멍에'는 '네' 즉 노를 고정시켜주
는 나무이고, '돌멍에'는 닻줄 따위를 맬 수 있게 만들어진 나무기둥이다.

14) 몽고지, 네좃 / 네촛, 네씹

'몽고지'는 배를 젓는 노의 손잡이를 이르는데, 재질이 단단한 '동벡낭'
(동백나무)으로 주로 만들어 썼다. '네좃'은 치통문의 양옆에 있는 쇠나 나무
로 만든 붙이로서, 노를 저을 때 노와 연결하는 곳으로 모양이 남성의 성
기와 비슷하다는 점에 빗대서 이르는 말이다. '네씹'은 노의 끝 부분을 고
정하는 부문으로 여성의 성기에 비유한 이름이다.

3.2.3. 돛과 돛대 이름

1) 돛과 초석

'돛'과 '초석'은 돛을 이르는 제주어인데, 바람받이 역할을 해준다.

2) 야오초석

풍선에는 보통 두 개의 닻을 다는데, '야오초석'은 배의 이물 쪽에 다는 돛으로 작은 돛을 말한다. 돛은 광목을 재료로 해서 만든다. '야오'의 정확한 뜻은 알 수 없다.

3) 허리초석

'허리초석'은 돛을 두 개 다는 배의 고물 쪽에 다는 돛으로, 큰 돛을 말한다.

4) 돛대

'돛대'는 돛대의 제주어이다.

5) 허릿대

'허릿대'는 돛을 두 개 이상 다는 배의 고물 쪽에 있는 돛대다.

6) 야옷대

'야옷대'는 돛을 두 개 다는 배의 이물 쪽에 다는 돛대이다.

7) 활대

'활대'는 돛 위에 가로 댄 나무로, 주로 왕대를 이용한다.

3.3. 어로 활동

어부 이보연은 '테우'를 이용해서 자리돔 잡이를 했고, 풍선과 동력선을 이용하여 '멸치잡이', '갈치잡이', '고등어잡이', '오징어잡이' 등의 어로활동을 펼쳤다. 제주에서는 자리돔 잡는 일은 '자리 거리다' 또는 '자리 뜨다'라고 말하고, 멸치 잡는 일은 '멜 후리다'고 말한다. 갈치는 '낚는 것'이고, 고등어는 '걸리고', 오징어는 '부찐다(부친다)'고 말한다.

3.3.1. 자리 거리기(뜨기)

'자리'는 사리돔의 제주이 이름이다. '자리'는 '테우'를 타고 나가 사둘로 바다에 있는 자리돔을 떠올리는 것을 말한다. 이렇게 자리돔을 잡는 행위를 '자리 거리다', 또는 '자리 뜨다'라고 말하고, '족바지' 따위의 도구를 이용해 자리를 잡는 것을 '자리 뜨다'라고 한다. 자리도 지역과 나는 곳에 따라서 부르는 이름이 다양하게 나타난다.

1) 종류

(1) 거적자리

'거적자리'는 알을 낳은 자리돔을 말한다. 알이 통통 벤 자리돔이 맛있

는데 '거적자리'는 알을 싸버린 자리돔으로 기름기가 없어서 맛이 없다고
한다.

(2) 쉬자리

'쉬자리'는 보통 구월에 나는 자리로, 육칠월에 싼 자리돔의 알에서 자
란 새끼 자리돔이다.

(3) 것자리

'것자리'는 씨알이 굵고 색깔이 거무스레한 자리돔을 말한다. 먼바다 가
운데 돌이 있는 곳을 가리키는 '것밧'에서 난다고 해서, '것자리'라는 이름
이 붙었다.

(4) 젓자리

'젓자리'는 젓갈을 담그기에 좋은 자리돔이다.

2) 도구

(1) 사둘, 자리사둘, 국자사둘

사둘은 손잡이가 길고 모양이 국자처럼 생긴, 물고기를 잡는 그물을 말
한다. 주로 자리돔을 잡는데 이용하기 때문에 '자리사둘'이라는 이름이 붙
었다. 또 모양이 국자처럼 생겨서 '국자사둘'이라고도 한다. '사둘'의 손잡
이 부분은 '사둘대'라고 하는데 보통 삼나무를 사용하고, 그물의 둘레를
이루는 나무는 '자리에움'이라고 한다. '자리에움'은 나무 재질이 가벼운
'노가리', 즉 주목을 사용하여 만든다. 그물은 면사를 이용해 만들어 쓰다
가 시간이 흐르면서 나일론으로 대체해 사용했다고 한다.

(2) 구물찰리와 잘리

'구물찰리', '잘리'는 자리돔을 잡아서 담는, 그물을 엮어서 만든 자루이다. '구물'은 그물의 제주어이고, '찰리', '잘리'는 '자루'에 해당하는 제주어다.

(3) 바릇구덕

'바릇구덕'은 바다에 갖고 다니는 바구니이다. 대나무를 엮어서 만들기도 하지만, '너던'이라고 해서 머루 덩굴 따위로 만들어 사용하였다. 머루의 덩굴 따위의 '너던'으로 만든 바구니를 '너던구덕'이라고 한다. 댕댕이덩굴, 즉 '정동'으로 만든 바구니는 '정동구덕'이라고 한다. '바릇구덕'은 끈을 매달아 어깨에 둘러매고 다녔다. '구덕'은 표준어 '바구니'에 대응하는 제주어다.

(4) 족바지

'족바지'는 '자리를 거릴 때' 쓰는 뜰채처럼 손잡이가 달린 작은 그물이다.

3) 행위

(1)자리 뜨다와 자리 거리다

'자리 뜨다'와 '자리 거리다'는 사둘이나 족바지 따위의 그물로 자리를 잡아 올리는 행위를 말한다.

4) 용도

자리돔은 국을 끓여 먹거나 졸이거나 구워 먹기도 하지만 주로 '자리젓'을 담가 먹었다. 초를 넣고 냉국으로 해 먹는 '자리물회'는 여름철 별미로 제주지역의 대표적인 촛국이다.

3.3.2. 멜 후리기

'멜'은 멸치의 제주어이다. '멜'을 잡는 것을 제주에서는 '멜후림', 또는 '멜후리다'고 말한다. '멜'은 해수욕장이 있는 바닷가에서 주로 잡는데, 멸치잡이를 하는 바다를 '후리바당'이라고 한다. '후리바당'에서 멸치는 '배' 와 '테우' 등을 이용하여 그물을 바다에 넣고, 계원들이 힘을 모아 모래판 위로 그물을 끌어올려 잡는다. 이렇게 멸치를 잡는 행위가 '멜후림'이다. 또 멸치가 오고 가는 길목에 '원담'이라는 돌그물을 쌓아서 '멜'이 들어오면 바구니나 작은 그물 따위로 잡기도 한다. 이를 두고 '멜 거리다', '멜 뜨다'라고 말한다.

1) 종류

(1) 멜

'멜'은 멸치의 제주어 이름이다. '곤멜', '춤멜', '징어리멜' 등 세가지가 있다. '곤멜'은 등에 줄이 새겨진 멸치를 말하고, '춤멜'은 등어리에 줄이 없는 멸치이다. '징어리멜'은 씨알이 굵은 멸치로, '징어리'는 정어리의 제주어 이름이다.

2) 어획 장소

(1) 후리바당

'후리바당'은 후리그물을 이용하여 고기잡이를 하는 바다로, 넓은 모래판이 있는 바다를 말한다. 대표적인 후리 잡이가 '멜후림'이다. '멜후림'은 보통 '접'(계)을 구성해 하는데 한 '접'에 20~30명의 '접원'이 활동한다. '멜

후리 할 때 그물을 싣고 가는 배를 '당선'이라고 하고, 당선 양쪽에 '테우' 2개, 양쪽에 10여 명씩의 그물을 올릴 '접원'이 필요하다.

(2) 원

'원'은 밀물과 썰물의 차이를 이용하여 물고기를 잡는 돌로 만든 장치로, 돌을 쌓아 둥그렇게 만든 일종의 돌그물이다. 주로 멸치잡이에 사용하는데, 숭어 등의 물고기가 들기도 한다. 숭어가 잘 드는 원을 달리 '숭어원'이라 부른다.

3) 도구

(1) 그물베, 구물당선

'그물베' 또는 '구물당선'은 '멜후림'을 할 때 후리그물을 싣고 가는 배다. '베임자'인 선장이 그물을 바다에 넣고 '멜후림'의 진두지휘를 한다.

(2) 테우

'테우'는 '떼배'의 제주어다. 멸치를 후릴 때 그물딩신 좌우로 두 내의 '테우'가 놓이는데 그물을 넣은 그물당선을 해안 쪽으로 끌어오는 역할을 한다. 그물이 모래판 가까이에 닿으면 '개코 낫다'고 말한다.

(3) 멜쿠덕

'멜쿠덕'은 멸치를 담거나 운반할 때 쓰는 바구니이다.

(4) 그물막

'그물막'은 후리바다가 있는 해수욕장 근처에서 그물을 보관하기 위하여 지은 초가집이다. 주로 후리그물을 보관한다.

4) 행위

(1) 후리와 멜 후리다

'후리'는 '후리그물'의 준말로, 그물을 둘러치고 기계나 여러 사람의 힘으로 벼리의 두 끝을 끌어당겨 물고기를 잡는 것을 말한다. 제주에서는 후리로 멸치를 잡는 것을 '멜 후리다'라고 한다.

(2) 볼르다, 알 볼르다

멜을 후릴 때는 '접원'들이 그물의 끝을 밟았다가 놓았다를 반복하면서 그물을 조정한다. 후리그물의 밑을 밟아주는 것을 '볼르다' 또는 '알 볼르다'라 한다. '볼르다'는 밟다의 제주어이다.

5) 용도

'멜'은 날로 '훼'(회)를 쳐서 먹거나 말려서 구워먹거나 조려 먹지만 주로 '멜첫'을 담가서 먹는다. 또 '멜'은 밭을 기름지게 하기 위한 거름용으로 사용하는데, 이를 두고 '멜컬름'이라 한다. 제보자 이보연도 '멜'을 많이 후렸기 때문에 20여 섬씩 '멜컬름'을 했고, 밭 임자들은 앞 다투어 밭을 빌려주었다고 한다. '멜컬름'운 '멜ㅎ+걸름'으로 이루어진 어휘로, '멜'은 멸치, '걸름'은 거름의 제주이다.

3.3.3. 오징어 붙이기

1) 종류

(1) 오징에와 한치

제주에서는 오징어를 '오징에'라고 한다. 최근에는 제주에서 잡히는 오징어를 '한치'라고 하는데, '화살오징어'에 해당하는 이름이다. 제보자 이보연은 강원도까지 오징어잡이를 다녀왔는데, 그 곳에서는 대형오징어를 '한치'라고 한다고 증언했다.

2) 도구

(1) 삼봉낚시

오징어잡이용 낚시다. 세 갈래의 갈고리가 달린 낚시로 '삼봉'이라고도 한다.

3.3.4. 행위

1) 오징에 부치다와 오징에 부찌다

'오징에 부친다'는 오징어를 삼봉낚시로 잡는 것을 말한다. 낚시의 갈고리에 오징어가 붙어 올라온다는 뜻에서 오징어 잡는 것을 '오징에 부치다', '오징에 부찌다'라고 한다.

3.3.5. 갈치 잡이

1) 종류

(1) 봄갈치

'봄갈치'는 봄에 잡히는 갈치로, 주로 낮에 낚는다.

(2) ᄀᆞ을갈치

'ᄀᆞ을갈치'는 음력 칠월, 팔월 경인 가을에 잡히는 갈치로, 밤에 조명을 밝혀서 낚는다. 'ᄀᆞ을'은 가을의 제주어이다.

(3) 멜깔치

'멜갈치[멜깔치]'는 크기가 아주 자잘한 갈치를 말한다. 갈치가 '멜'처럼 작다는 데서 붙여진 이름이다. '멜'은 멸치의 제주어이다.

2) 도구

(1) 마삭

'마삭'은 예전에 갈치잡이 할 때 낚시와 줄을 매는 도구다. '갈치마삭이 라고도 한다.

(2) 갈칫술

'갈칫술'은 갈치잡이 할 때 낚시를 매는 줄이다. '술'은 줄의 제주어다.

3) 행위

(1) 갈치 나끄다

'갈치 나끄다'는 낚시로 갈치를 잡아 올리다는 뜻이다. '나끄다'는 '낚다'
의 제주어이다.

3.3.6. 고등어 걸리기

1) 종류

(1)고등에

'고등에'는 고등어의 제주어 이름이다. 새끼 고등어는 '고도리'라고 말한다.

2) 도구

(1) 건장

'건장'은 고등어 잡이용 낚시다. 건장(소경낚시)으로 고등어를 잡을 때
제주 사람들은 '고등에 걸리다'라고 한다.

3) 행위

(1) 고등에 걸리다

'고등에 걸리다'는 '건장'이라는 낚시로 고등어를 잡아 올리다는 뜻이다.

3.4. 바람 이름

어로 생활에 바람과 파도의 세기만큼 영향을 미치는 것이 없다. 바람이 세면 곧 파도가 세고, 파도가 세면 고기잡이를 할 수 없다. 때문에 어부들은 바람에 상당히 민감했고, 바람 관련 어휘를 잘 알고 있다.

3.4.1. 종류

1) 하늬ᄇ름

'하늬ᄇ름'은 북쪽에서 부는 바람이다. 『표준국어대사전』의 '서풍'이라는 말은 수정해야 할 듯하다. '하늬'는 북쪽을 가리킨다.

2) 동하늬, 바른하늬, 놉하늬, 서하늬, 갈하늬

'동하늬'는 뱃사람들의 말로 북동쪽으로 부는 바람이고, '바른하늬'는 북풍, '놉하늬'는 북동풍, '서하늬'와 '갈하늬'는 북서풍을 말한다.

3) 놉ᄇ름

'놉ᄇ름'은 된바람을 말한다.

4) 갈ᄇ름

'갈ᄇ름'은 갈바람을 말하는데, 서풍을 가리킨다.

5) 마프름

'마프름'은 마파람의 제주어다. 즉 남풍을 말한다.

6) 동마프름, 섯마브름

'동마프름'은 동남풍을, '섯마브름'은 서남풍을 가리킨다.

7) 육연풍과 ᄂ릇

'육연풍'과 'ᄂ릇(산꼬대)'은 뭍에서 바다로 부는 바람으로, 가을에 시원하게 부는 바람이다.

8) 샛브름, 신셋브름

'샛브름'과 '신셋브름'은 뱃사람들의 말로 동풍을 말한다. '브름'은 바람의 제주어이다.

9) 산부세

'산부세'는 뱃사람들의 말로 동남풍을 말한다.

3.5. 파도 이름

3.5.1. 누와 노

'누'와 '노'는 바다에서 이는 너울을 말한다. 파도의 다른 이름으로도 쓰인다.

3.5.2. 누 일다, 누 올리다

'누 일다'는 너울이 일다, '누 올리다'는 배 위로 너울이 일다는 의미로, 파도가 배 위로 친다는 뜻이다.

3.6. 관련 민속

어로 생활과 관련한 민속도 많다. 연초에 마을 단위로 지내는 고사도 있고, 개인이 출항할 때 지내는 고사도 있다. 여기에서는 제보자가 들려주는 얘기에 국한하여 어휘를 정리하였다.

3.6.1. 신앙

1) 산구신과 고스

뱃사람들은 어로생활을 할 때 고사를 지낸다. 고사를 제주에서는 '고스'라고 한다. 배를 관장하는 신앙 대상을 '선앙' 또는 '산구신'이라고 한다.

2) 서셍원

'서셍원'은 뱃사람들이 쥐를 높여 부르는 말이다. 뱃사람들은 '쥐'를 일기나 기후를 잘 아는 동물로 여겨 함부로 하지 않는다. 어부들은 쥐가 배에서 내리면 출어를 하지 않는 습속이 있다.

3.6.2. 속담과 금기어

1) 베 탈 때 쥐 ㄴ리면 바당 가지 말라.

'배를 탈 때 쥐가 배에서 내리면 바다에 가지 말라'는 뜻의 금기어이다. 쥐는 기후 변화에 민감하기 때문에 뱃사람들은 쥐의 거동에 신경을 썼다.

2) 쥐가 ㄴ리믄 베가 출항을 아녀곡, 쥐가 올르믄 좋다고 허여.

이 속담은 쥐가 배에서 내리면 배가 출항을 하지 않고 쥐가 (배에) 오르면 날씨가 좋아 출항을 해도 좋다는 뜻을 지니고 있다.

3) ㅅ월 초파일날 듬북 구경 간다.

시월 초파일날 듬북 구경 긴다는 뜻이다. 음력 사월 초파일이면 바다에 듬북이 많이 자라서 채취할 때가 되었다는 말이다. 이때는 또 오징어가 많이 나는데, 오징어들이 듬북 구경 온다는 속설도 전한다.

제5장 민속주 기능인의 말

　제5장 '민속주 기능인의 말'은 제주무형문화재 11호 '오메기술'과 13호 '고소리술' 기능보유자 김을정의 구술 자료와 제주 민중들이 곡물을 이용해서 손수 만들어 먹었던 민속주와 관련된 어휘, 그리고 주변 어휘들을 수집, 정리한 것이다.

1. 김을정의 민속주 이야기

1.1. 누룩 잘 틔어가민 냄새가 돌허고

問 지금 만드는 게 무슨 술마쎄?{지금 만드는 것이 무슨 술이예요?}

答 오메기술.{오메기술.}

問 오메기술예? 오메기술 만들젠 허면 그 재료들이 잇잖우과예? 재료 쭉 흔

[사진 71] 제주무형문화재 제3호 '오메기술'과 제11호 '고소리술' 기능보유자 김을정 할머니.

번 굴아 줍서?{오메기술요? 오메기술 만들려고 하면 그 재료들이 있잖습
니까? 재료 쪽 한번 말해 주십시오?}

답 오메기술은 원래가 조를 갈아서예, 차조를 밧듸 가서 차조 갈아서 검질
매곡 가을 뒈면 고고리 저치룩헌 고고리덜 호미로 비어서예. 조가 커 가
는 과정에. 춤, 차조는 저런 껍테기부터 색깔이 빨가. 빨가. 썹이. 경 헤
가지고 조를 허면 조고고리도 노랑허질 안 해. 색깔이 까무룽해. 경 허곡
고고리가 까릿까릿허곡 헌디. 헷다가 굴아가지고 저렇게 기겟방에 가서.
엿날은 뭣이든지 연자방에 굴앗거든.{오메기술은 원래가 조를 갈아서요,
차조를 밭에 가서 차조 갈아서 김매고 가을 되면 이삭 저런 이삭들 낫으
로 벴어요. 조가 커 가는 과정에. 참, 차조는 저런 껍테기부터 색깔이 빨
개. 빨개. 잎이. 그렇게 해서 조를 하면 조이삭도 노랗지 않아. 색깔이 가
무스레해. 그렇게 하고 이삭이 '까릿까릿'하고 하는데. 했다가 갈아서 저
렇게 방앗간에 가서. 옛날은 무엇이든지 연자방아에 갈았거든.}

문 예.{예.}

답 지금은 정미소에서 굴아서 거기서 ㄱ를 빼는 거라. ㄱ를 빼다가 이제 또

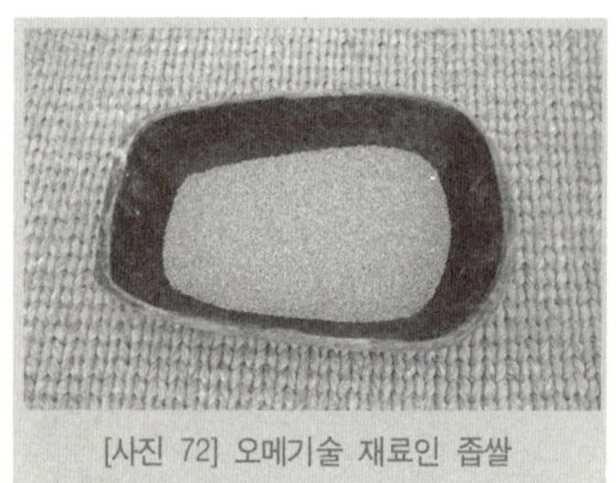
[사진 72] 오메기술 재료인 좁쌀

[사진 73] 좁쌀ㄱ를

떡을 만들어사 뒈예. 오메기떡이라고 오메기떡 만들젠 허믄 아주 힘듭니다. 찐기가 잇어가지고 찌닥찌닥 풀어내고 허민, 그렇게 헤서 누룩 뺏아 놓고 허민 누룩이 틀 때부터.{지금은 정미소에서 갈아서 거기에서 가루를 빻는 거야. 가루를 빻아다가 이제 또 떡을 만들어야 돼요. 오메기떡이라고 오메기떡 만들려고 하면 아주 힘듭니다. 끈기가 있어서 끈적끈적 풀어내고 하면, 그렇게 해서 누룩 빻아 놓고 하면 누룩이 뜰 때부터.}

문 예.{예.}

답 누룩 트는 냄새가, 메주도 경 테와사. 메주도 잘 틔와사 장맛이. 누룩도 잘 틔어가민 냄새가 들허고 구수헌 냄새가 나. 누룩 헐 때, 그렇게 허민 곰펭이가, 누룩 틀 때 곰펭이가 노랑곰펭이, 붉은곰펭이 핀 건 좋고 검은곰펭이 핀 건. 이렇게 헤서 이제 자기대로 뒈싸 놓고 물르는 거라. 벳듸 물리는 거 아니고 자기들끼리 열로 이렇게 뒈싸 놓고 이렇게 뒈싸 놓고 열로 물른 다음에 그 누룩으로 술을 허며는 술이 처음엔, 혼 오늘 허민 내일 쯤에는 들헌 냄새가 나. 술이. "아이고, 술은 잘 뒛구나." 허민 코 냄새로만 헤도 '술 잘 뒛다.' 이렇게. 그렇게 술맛이 좋아예. 누룩이 잘 뒈사, 누룩이 잘 뒈사 술이 잘 뒈는 거예.{누룩 뜨는 냄새가, 메주도 그렇게 띄워야. 메주도 잘 띄워야 장맛이. 누룩도 잘 떠가면 냄새가 달고 구수한 냄새가 나. 누룩 할 때, 그렇게 하면 곰팡이가, 누룩 뜰 때 곰팡이가 노란곰팡이, 붉은곰팡이 핀 것은 좋고 검은곰팡이 핀 것은. 이렇게 해서 이제 자기대로 뒤집어 놓고 마르는 거야. 볕에 말리는 거 아니고 자기들끼리 열로 이렇게 뒤집어 놓고 이렇게 뒤집어 놓고 열로 말린 다음에 그 누룩으로 술을 하면 술이 처음에는, 한 오늘 하면 내일 쯤에는 달한 냄새가 나. 술이. "아이고, 술은 잘 됐구나." 하면 코 냄새로만 해도 '술 잘 됐다.' 이렇게. 그렇게 술맛이 좋아요 누룩이 잘 돼야, 누룩이 잘 돼야 술이 잘 되는 거예요.}

問 으{아.}

答 그렇게 헤사 술맛이 들허고, 술에 이 노란 기름이, 그 좁쌀기름이 막 우에 떠, 떠. 먹젠 허민 노란 기름이 둥둥 떠예.{그렇게 해야 술맛이 달고, 술에 이 노란 기름이, 그 좁쌀기름이 막 위에 떠, 떠. 먹으려고 하면 노란 기름이 둥둥 떠요.}

問 예에.{예에.}

答 게민 이 좁쌀에, 좁쌀이라사. 좋은 밧듸서 갈민. 그러니까 우리는 항상 자기 밧, 우리 가름밧, 좋은 밧이 잇거든에. 거기서 항상 조를 갈아가지고 돈이 많이 들지마는. 조 가는 사름 지금 엇습니다게.{그러면 이 좁쌀에, 좁쌀이라야. 좋은 밭에서 갈면. 그러니까 우리는 항상 자기 밭, 우리 마을 안 밭, 좋은 밭이 있거든요. 거기서 항상 조를 갈아서. 돈이 많이 들지만. 조 가는 사람 지금 없습니다.}

問 그렇지.{그렇지.}

答 게니까 조팟 검질도 아무나 못 매고 조팟 검질매는 거 돈이 많이 들어도 그런 걸로 안 뒈니까 지금도 나 일 못헤도 조 갈앗수게. 갈앙 허젠 허난, 이녁 갈앙 헤사 술이 맛이십니다. 옛날 어른덜 그것을, 아주 옛날 어른덜 머리가 좋고 정성이 지극허고 그러니까 음식을 잘 만들어낫지 아녀?{그러니까 조밭 김도 아무나 못 매고 조밭 김매는 것 돈이 많이 들어도 그런 것으로 안 되니까 지금도 나 일 못해도 조 갈았잖아요. 갈아서 하려고 하니까, 이녁 갈아서 해야 술이 맛있습니다. 옛날 어른들 그것을, 아

주 옛날 어른들 머리가 좋고 정성이 지극하고 그러니까 음식을 잘 만들었었지 않은가?}

문 예.{예.}

답 지금 후손덜토 그런 것을 뭐 양주덜 하지마는 이런 술 따라가지 못허거든예. 옛날 어른들이 이 술 즐겨. 좋아해. 옛날에 먹던 그 입이 잇어가지고 지금 술이 입엘 맞지 아녀. 맞질 아녀고 그래서 나 이거 정부에서 헤달라고 허니까 우리가 허는 거우다.{지금 후손들도 그런 것을 뭐 양주들 하지만 이런 술 따라가지 못하거든요. 옛날 어른들이 이 술 즐겨. 좋아해. 옛날에 먹던 그 입이 있어서. 지금 술이 입에 맞지 않아. 맞질 않고 그래서 나 이거 정부에서 해달라고 하니까 우리가 하는 겁니다.}

문 아까 그 차조라고 헷잖아예? 그 차조를 성읍에서는, 그 성읍에서 걷는 이름은 뭐라난마씨?{아까 그 차조라고 했잖습니까? 그 차조를 성읍에서는, 그 성읍에서 말하는 이름이 뭐였나요?}

답 흐린조.{차조}

문 흐린조 게믄 흐린좁쌀로 이제 허는 거잖아예?{차조. 그러면 차좁쌀로 이제 하는 거잖아요?}

답 예.{예.}

문 그러면 그 흐린좁썰 헤서 글아갖고 좁쌀ᄀ르 지금이야 방아에서 찧니까?{그러면 그 차좁쌀 해서 갈아서 좁쌀가루 지금에야 방앗간에서 찧으니까?}

답 예.{예.}

문 옛날은 집에서 헷지예?{옛날은 집에서 했지요?}

답 맷돌에.{맷돌에.}

문 옛날 허던 과정을……?{옛날 하던 그 과정을 ……?}

답 그것을, 쑬을 물에 씻어근에 싹 건져. 싹 건졋당 맷돌에 낳 이여 이여 허멍 맷돌에 굴면 보실보실허거든. 까지지. 사락사락 경 허니까 물에 컷다

가 싹 물 빠진 다음에 굴믄 ᄀ
르가 멘작혜. 그렇게 헤가지고
쪼끔씩 깨끗허게, 곱딱허게 갈
아가지고 경 헷수게.{그것을,
쌀을 물에 씻어서 싹 건져. 싹
건졌다가 맷돌에 넣어서 이여
이여 하면서 맷돌에 갈면 보슬

[사진 74] 오메기떡. 삶기 전 모습이다.

보슬하거든. 까지지. 사락사락 그렇게 하니까 물에 담갔다가 싹 물 빠진
다음에 갈면 가루가 부드러워. 그렇게 해서 조금씩 깨끗하게, 곱게 갈아
서 그렇게 했지요.}

문 으{아.}

답 기곗방 엇고 허니까 연자방에서. 연자방아가 아니지. 맷돌ᄀ레. 연자방에
옛날 소, 물 헤가지고 조 ᄀ는 거는 그렇게 허고 조그만씩 허는 것은 맷
돌에서 허곡.{정미소 없고 하니까 연자매에서. 연자매가 아니지. 맷돌.
연자매에서 옛날 소, 말 해서 조 찧는 것은 그렇게 하고 조금씩 하는 것
은 맷돌에서 하고.}

1.2. 떡 잘 익어사 발효가 잘 뒈

문 맷돌에서 경 헹 ᄀ를 만들엉?{맷돌에서 그렇게 해서 가루를 만들어서?}

답 ᄀ를 멘들앙 떡을 멘들아.{가루를 만들어서 떡을 만들어.}

문 떡을 멘드는 거라예? 떡 허젠 헤도 찬물이 안 뒈덴 헷잖아예? 오메기떡
을 잘 멘드는 방법은?{떡을 만드는 거라고요? 떡 하려고 해도 찬물이 안
된다고 했잖아요? 오메기떡을 잘 만드는 방법은?}

답 오메기떡 잘 멘들젠 허민 팔팔, 벡도 끓는 물을 해서. 손을 못 대거든에.

주걱으로 이것도 벡도 끓는 물이민 항아리가 딱 깨져. 딱 깨지기 때문에 물은 삭삭 조그만이 흔 바퀴 싹 둘러. 그냥 딱 놓민 항아리가 딱 깨져. 그 정도 영 주걱으로 이렇게 이렇게 젓으믄 반 이상 익거든예. ᄀ르가 반 이상 익어. 그러니까 ᄀ르가 멘작이 떡 허민 멘작허여. 폴폴폴폴 허기가 좋아. 게곡 그렇게 잘 안 끓는 물에 허믄 떡이 안 뒈여. 이거 파삭파삭 벌러지믄 딱딱 깨지면서 떡이 곱딱허지 아녀. 자꾸 주물러도 안 뒈. 물 하영 놓믄 익어도 안 뒈지. 처음 헐 때부터 물을, 반죽을, 모든 떡이 반죽이 잘 뒈사.{오메기떡 잘 만들려고 하면 펄펄, 백도 끓는 물을 해서. 손을 못 대거든요 주걱으로 이것도 백도 끓는 물이면 항아리가 딱 깨져. 딱 깨지기 때문에 물은 삭삭 조금씩 한 바퀴 쌀 둘러. 그냥 딱 넣으면 항아리가 딱 깨져. 그 정도 이렇게 주걱으로 이렇게 이렇게 저으면 반 이상 익거든요. 가루가 반 이상 익어. 그러니까 가루가 부드럽게 떡 하면 부드러워. 팔팔팔팔 하기가 좋아. 그러고 그렇게 잘 안 끓은 물에 하면 떡이 안 돼. 이것 파삭파삭 쪼개지면 딱딱 깨지면서 떡이 곱지 않아. 자꾸 주물러도 안 돼. 물 많이 넣으면 익어도 안 되지. 처음 할 때부터 물을, 반죽을, 모든 떡이 반죽이 잘 돼야.}

🔖 으으{아아.}

🔖 아무 떡도 빈떡이나 ᄆ믈떡이나 반죽이 잘 돼사예.{아무 떡도 빙떡이나 메밀떡이나 반죽이 잘 돼야.}

🔖 예에.{예에.}

🔖 반죽이 간을 맞추는 거라예. 그렇게 헤야 허는 게 손쉽고예. 경 헤낫수게. 할머니덜이.{반죽이 간을 맞추는 거예요 그렇게 해야 하는 것이 손쉽고요 그렇게 했었습니다. 할머니들이.}

🔖 그치록 허영 떡을 만들 거잖아예? 익힐 때 어느 정도? 익힐 때?{그렇게 해서 떡을 만들 거잖아요? 익힐 때 어느 정도? 익힐 때?}

🔖 익힐 때는 끓는 물에 놔가지고 옛날엔 떡을 많이 허민 눌거든예. 굴라앗

아서. 눌민 솟밑테 이렇게 눌으
면 밥 눌듯이 옛날은 밥 많이
눌어낫잖아. 눌면 다까내젠 허
민 힘들어. 대썹 어제 경 헤낫
수게. 그 대썹을 헤당. 솟밋데
둘를 건 댕가리 썹만 이렇게 딱
놔가지고 썹 우틔레 떡을 똑똑
놔갓고 이렇게 싹싹 둘르고, 싹
둘르고 밋데 굴라앚지 아녀게.

[사진 75]
김을정 할머니의 딸 강경순씨가 다 삶아진
'오메기떡'을 건져내고 있다.

떡이 익으면 동동동 떠. 동글동글 떠. '아, 게민 익엇구나.' 그때 건져내가
지고 곰박 이런 거 건져내어서. 이 좁썰은 잘 익지 아녀믄 냄새가 나. 무
믈그르 담지 아녀. 잘 익어사. 술도 허민 잘 익은 거 아녀민 항아리에다
가 하얗게시리 굴라앚앙 뜨질 아녀. 발효가 안 돼. 선 건. 잘 익어사 동
동. 술 선 거는예, 술 허영 보믄 밋데 이렇게 굴라앚아. 헤영케.{익힐 때
는 끓는 물에 넣어서. 옛날에는 떡을 많이 하면 눋거든요 가라앉아서.
눌으면 솥바닥에 이렇게 눌으면 밥 눋듯이 옛날은 밥 많이 눌었잖아. 눌
면 닦아내려고 하면 힘들어. 댓잎 어제 그렇게 했었잖아요 그 댓잎을 해
다가. 솥바닥에 두를 것은 줄기 잎만 이렇게 딱 넣어서 잎 위로 떡을 똑
똑 넣어서 이렇게 싹싹 두르고, 싹 두르고 밑에 가라앉지 않게. 떡이 익
으면 동동동 떠. 동글동글 떠. '아, 그러면 익었구나.' 그때 건져내서. '곰
박 이런 거로 건져내서 이 좁쌀은 잘 익지 않으면 냄새가 나. 메밀가루
같지 않아. 잘 익어야. 술도 하면 잘 익은 거 않으면 항아리에다 하얗게
가라앉아서 뜨지를 않아. 발효가 안 돼. 선 것은. 잘 익어야 동동. 술 선
거는요, 술 해서 보면 밑에 이렇게 가라앉아. 하얗게.}

문 으으{아아.}

답 경 헙니다.{그렇게 합니다.}

📖 게믄 떡을 씻거나 허지 아녀마씨?{그러면 떡은 씻거나 하지는 않나요?}

📘 아녀.{않아.}

1.3. 누룩 잘 뒈민 술도 맛싯고

📖 떡을 만들엇잖아예? 떡 만들고 술을 만들젠 허민 누룩 이서야 헐 거 아니우과? 누룩 만드는 과정, 누룩은 어느 정도 걸령 만드는지 얘기헤 줍서?{떡을 만들었잖아요? 떡 만들고 술을 만들려고 하면 누룩 있어야 할 것 아닙니까? 누룩 만드는 과정, 누룩은 어느 정도 걸려서 만드는지 얘기해 주십시오?}

📘 누룩은 밀이나 보리만 헤도 좋지마는, 보리는 누룩, 밀보다 쎄고, 강허고, 저 밀은 당미가 잇어. 둘아. 밀은 든 역할을 허는 거라. 서꺼서 좀 맛이 이시라고 그렇게 허고 그렇게 서터가지고 이제 지금 식으로 정미소에 가서 껍데기를 살짝 벗기는 거라.{누룩은 밀이나 보리만 해도 좋지만, 보리는 누룩, 밀보다 세고, 강하고, 저 밀은 당미가 있어. 달아. 밀은 단 역할을 하는 거야. 섞어서 좀 맛이 있으라고 그렇게 하고 그렇게 섞어서 이제 지금 식으로 정미소에 가서 껍데기를 살짝 벗기는 거야.}

📖 보리나 밀이나예?{보리나 밀이나요?}

📘 살짝 궂은 거 벳겨 놓고 부수와. 멧 개씩 알 부수와. 너무 ᄀ르만 헤도 안 뒈고 알멩이를 조ᄁ만씩 멘들아가지고 이제 걸 집의 와가지고 또 물을 팔팔팔 끓여가지고 거기서 아까같이 떡을 멘드는 거라. 누룩도{살짝 궂은 것 벗겨 놓고 부숴. 몇 개씩 알 부숴. 너무 가루만 해도 안 되고 알맹이를 조금씩 만들어서 이제 그것을 집에 와서 또 물을 팔팔팔 끓여서 거기서 아까같이 떡을 만드는 거야. 누룩도}

📖 게믄 팔팔 끓인 물에?{그러면 팔팔 끓인 물에?}

[탑] 안 돼믄 지금은 이렇게 허지. 옛날에는 이렇게 이런 차롱, 이런 차롱에 놔가지고 꽁꽁꽁꽁 또 우의 놓고 또 우의 놓고 튼튼허게 우에다가 수건이나 천 놔가지고 발로 눌르지 아녀며는 누룩이 안 돼여. 막 볼라. 막 볼르고 쳇망이라고 옛날 체가 잇거든. 동글랑 체. 그 쳇망 헌 것에(녕) 꽉꽉꽉 볼라. 볼라가지고 톡허게, 톡 떼어내가지고 경 허민 밋테는 뭘 놓느냐 허믄 지금은 나록찍, 옛날은 산듸찍. 산듸찍은 방쉬도 허거든에. 산듸찍 헤가지고 산듸찍을 밋테 끌 고, 산듸찍 끌 고{안 되면 지금은 이렇게 하지. 옛날에는 이렇게 이런 채롱, 이런 채롱에 넣어서 꽁꽁꽁꽁 또 위에 넣고 또 위에 넣고 단단하게 위에다가 수건이나 천 넣어서 발로 누르지 않으면 누룩이 안 돼. 마구 밟아. 마구 밟고 쳇바퀴라고 옛날 체가 있거든. 동그란 체. 그 쳇바퀴 헌 것에(넣어서) 꽉꽉꽉 밟아. 밟아서 톡하게, 똑 떼어내서. 그렇게 하면 밑에는 뭘 넣느냐 하면 지금은 볏짚, 옛날은 밭볏짚. 밭볏짚은 비방도 하거든요. 밭볏짚 해서 밭볏집을 밑에 깔고, 밭볏짚 깔고}

[탑] 경 헤근에 흔 메칠, 흔 오일쯤 영 자꾸 강 보면 이제 울랑울랑울랑헤 가거든. 열이 나가며는 이것을 뒈싸. 너무 습기 차며는 물랑헤불거두. 가운데 거는 열이 나고, 바위 이것이 이렇게 가운디는, 누룩이며는 이것이 가운디는 딱 부뜨곡.{그렇게 해서 한 며칠, 한 오일쯤 이렇게 자꾸 가서 보면 이제 울렁울렁울렁해 가거든. 열이 나가면 이것을 뒤집어. 너무 습기 차면 물렁해버리거든. 가운데 것은 열이 나고, 가장자리 이것이 이렇게 가운데는, 누룩이면 이것이 가운데는 딱 붙고}

[문] 예.{예.}

[탑] 이것을 뒈싸 놓고 베껏듸 가는 건 안네 놓고 이것이 또 열로 자기덜끼리 막 몰라가는 거라. 몰라가면서 발효돼 가면서 냄새가 그렇게. 자꾸 손을 봐야 돼여. 손을 잘 봐사 꼿이 잘 피고 기냥 내불믄 썩어. 검은곰펭이 피는 거라. 이것을 자꾸 뒈싹닥 뒈싹닥 봐야 돼. 산듸찝도 발락 젖을 거 아

니우과게? 굴아가지고 새 산듸찍 놓믄 경 혜근에 자꾸 자꾸 자꾸 봐야. 자꾸 그치룩 허면은 이제 막 흔 다음에는 이제 산듸찍도 놓고 자기네끼리 보실보실보실 몰라가는 과정에 꽃이 피는 거라. 노랑꼿, 붉은꼿이, 꼿이 피면서 자연적으로 몰르는 거라. 헷빗디 몰랑 안 뒈거든. 헷빗디 몰르믄 공기가 들고예, 열 나는 것이 식어불고 그 자기대로 몰라가사 허기 때문에. 경 허민 누룩이 잘 뒈민 술도 맛싯고 경 험니다. 이렇게 큰 것에 허면은 옛날에 고수리술 허는 거는 이렇게 큰 것에. 떡이 막 잘 뒈고 혜사 고수리술이 뒈주. 고소리술. 도수가 약헌 것은 고소리술 안뒙니게. 그러니까 멧 둘을 물류와야지. 할머니덜이 얼마나 험니까? 발로 불르고, 손으로 안 뒈. 흔 덜 넘어 누룩을 물릅주게.{이것을 뒤집어 놓고 바깥에 가는 것은 안에 놓고 이것이 또 열로 자기들끼리 마구 마르는 거야. 마르면서 발효되어 가면서 냄새가 그렇게. 자주 손을 봐야 돼. 손을 잘 봐야 꽃이 잘 피고 그냥 내버리면 썩어. 검은곰팡이 피는 거야. 이것을 자주 뒤집었다 뒤집었다 봐야 돼. 밭볏짚도 흠뻑 젖을 거 아닙니까? 갈아서 새 밭볏짚 넣으면 그렇게 해서 자주 자주 자주 봐야. 자주 그렇게 하면 이제 마구 한 다음에는 이제 밭볏짚도 놓고 자기네끼리 보슬보슬보슬 마르는 과정에 꽃이 피는 거야. 노랑꽃, 붉은꽃이, 꽃이 피면서 자연적으로 마르는 거야. 햇볕에 말려서 안 되거든. 햇볕에 말리면 공기가 들고요, 열 나는 것이 식어버리고 그 자기대로 말라야 하기 때문에. 그렇게 하면 누룩이 잘 되면 술도 맛있고 그렇게 합니다. 이렇게 큰 것에 하면 옛날에 고소리술 하는 것은 이렇게 큰 것에. 떡이 마구 잘 되고 해야 고소리술이 되지. 고소리술. 도수가 약한 것은 고소리술 안 되지요 그러니까 몇 달을 말려야지. 할머니들이 얼마나 합니까? 발로 밟고, 손으로 안 돼. 한 달 넘게 누룩을 말리지요.}

문 으으{아아.}

답 고소리술 힘듭니다.{고소리술 힘듭니다.}

문 경 헨 그렇게 만든 누룩을 씻어야지예?{그렇게 해서 그렇게 만든 누룩을 씻어야지요?}

답 누룩은 씻지 아녀.{누룩은 씻지 않아.}

문 누룩은 안 씻어마씨?{누룩은 안 씻나요?}

답 다까 내어. 물류며는 속속속속 다까. 헹주로, 헹주로 다까. 속에끄지 어떵 허지 안커든예. 벳겨듸서만. 속에 궂은 거 아녀난.{닦아 내. 말리면 속속 속속 닦아. 행주로, 행주로 닦아. 속에까지 어떻게 하지 안 하거든요 바깥에서만. 속에 궂은 거 않으니까.}

문 씻는 게 아니고 다까 내어?{씻는 것이 아니고 닦아 내?}

답 헹주로 바싹 물령 영영 헤가믄 다 떨어져. 메주는 누룩 닭지 안 허게 들아매곡 허니까 추접헤. 누룩은 그런 게 어서. 바싹 물린냥 솔이라도 깨끗 허게.{행주로 바싹 말려서 이렇게 이렇게 해가면 다 떨어져. 메주는 누룩 같지 않게 달아매고 하니까 더러워. 누룩은 그런 것이 없어. 바싹 말린대로 솔로라도 깨끗하게.}

문 경 헹 그걸 빳 아갖고?{그렇게 해서 그것을 빨아서?}

답 이거 봄서. 깨끗허게.{이것 보십시오 깨끗하게.}

문 예에. 난 씻어시카부덴 허연.{예에. 나는 씻었나 했는데.}

답 안 씻언.{안 씻었어.}

문 경 허민 아까 오메기떡은 뜨거울 때 쩌마씨?{그렇게 하면 아까 오메기떡은 뜨거울 때 반죽하나요?}

답 오메기떡?{오메기떡?}

문 누룩하고 서끌 때?{누룩하고 섞을 때?}

답 막 식은 다음에, 식은 다음에 헤여사주, 곧 부글부글허거든. 경 헤도 식 이니까, 이것은 경 아녀도 누룩 놓믄 빠끔빠끔 허니까 곧 발효뒙니다게. 뜻일 때 허믄 안 뒈고예. 물도예, 반죽을 딱 맞촹 허민 절대 냉수 아저뎅 기지 아녑니다. 반죽을 맞촹 헤불주 냉수 놓거나 절대 아녑니다. 물 아져

뎅기지 아녀.{막 식은 다음에, 식은 다음에 해야지. 곧 부글부글하거든. 그렇게 해도 식히니까, 이것은 그렇게 않아도 누룩 넣으면 빠끔빠끔 하니까 곧 발효되지요. 따뜻할 때 하면 안 되고요. 물도요, 반죽을 딱 맞춰서 하면 절대 냉수 가져다니지 않습니다. 반죽을 맞춰서 해버리지 냉수 넣거나 절대 않습니다. 물 가져다니지 않아.}

🈞 아까 떡 해서 식으면 누룩 삣 아놓은 フ르를 낭 서끄는 거? 또 뭐를 서끄는 거?{아까 떡 해서 식으면 누룩 빻아놓은 가루를 넣어서 섞는 거? 또 뭐를 섞는 거?}

🈭 으?{으?}

1.4. 여름엔 삼사일이믄 술 익어

🈞 그 과정부터 술 될 때까지 골아줍서?{그 과정부터 술 될 때까지 말씀해 주십시오?}

🈭 떡 흔 다음에 간을, 떡 헌 디 간은 물을 적당히 낫다가 이젠 누룩을 강 배합을 시키는 거야.{떡 한 다음에 간을, 떡 한 데 간은 물을 적당이 넝었다가 이제는 누룩을 가서 배합을 시키는 거야.}

🈞 예에.{예에.}

🈭 배합을 막 시켜가지고 영 허며는 이것이 뒈냐 알루냐, 이것이 술 적당한 간이 뒈냐 말앗냐, 자꾸 노하우가, 잘 압니께게.{배합을 마구 해서 이렇게 하면 이것이 되냐 얇으냐, 이것이 술 적당한 간이 됐냐 말았냐, 자주 노하우가, 잘 알지요.}

🈞 예예.{예예.}

🈭 그렇게 헤가지고 식은 다음에 허지 아녀믄 쉬어벼. 열로 뒈는 거니까. 열로 뒈야 뒈는데. 익지 안 헌 때 술맛이 엇거든예. 게난 식은 다음에 헤야

돼. 항아리에나 단지에나 담아.{그렇게 해서 식은 다음에 하지 않으면
쉬어버려. 열로 되는 것이니까. 열로 돼야 하는데. 익지 않을 때 술맛이
없거든요 그러니까 식은 다음에 해야 돼. 항아리에나 단지에나 담아.}

문 며칠 뒈믄 술 익어마씨?{며칠 되면 술 익나요?}

답 여름에는, 지금은 삼수일이믄 뒈고 겨울에는 일주일, 한 열흘 넘어사 뒈
여. 경 헙니다.{여름에는, 지금은 삼사일이면 되고 겨울에는 일주일, 한
열흘 넘어야 돼. 그렇게 합니다.}

문 그러며는 아까 이제 그 떡 숢아난, 그 물로 서끄멍 술을 허는 거라마씨?
{그러면 아까 이제 그 떡 삶았던, 그 물로 섞으면서 술을 하는 것인가
요?}

답 떡 숢아난 물 다 버리지 아념니다. 여냥가가 잇지. 도수를 너무 얇게 허
지 말고 그 물을 놓을 걸 생각허면서. 숢아난 물이, 생각허면 경 허니까
옛날에 숢아난 물에 저 촌 어른덜 ᄂᆞ물 낭 국 끓이믄 막 맛잇어. 구수허
여.{떡 삶았던 물 다 버리지 않습니다. 영양가가 있지. 도수를 너무 얇게
하지 말고 그 물을 넣을 것을 생각하면서. 삶았던 물이, 생각하면 그렇게
히니끼 옛날에 삶았던 물에 저 촌 어른들 나물 넣어서 국 끓이면 막 맛
있어. 구수해.}

문 예예.{예예.}

답 오메기떡 숢아난 물 완전 구수허여. 거 다 낭 헙니게. 버리지 아녀. 안 버
립니게. 뒌장쿡 끓이면 막 맛잇어.{오메기떡 삶았던 물 완전 구수해. 그
것 다 넣어서 하지요 버리지 않아. 안 버리지요 된장국 끓이면 막 맛있
어.}

문 승키는 뭐 배추?{푸성귀는 뭐 배추?}

답 배추. 배추나 뭐나 막 맛잇어. 우리 옛날에 이런 ᄀᆞ를도{배추. 배추나 뭐
나 막 맛있어. 우리 옛날에 이런 가루도}

문 어, 나왓네. 이치룩 허영은에 이제 오메기떡이 익은 거라예? 이거를 식인

다음에.{아, 나왔네. 이렇게 해서 이제 오메기떡은 익은 거네요? 이것을 식힌 다음에.}

탑 예.{예.}

문 여기에 누룩을 놔서 물 맞추면서 간 맞청 발효를 시키는 거? 항아리에 낳?{여기에 누룩을 넣어서 물 맞추면서 간 맞춰서 발효를 시키는 거? 항아리에 넣어서?}

탑 예.{예.}

문 오메기떡 만들멍도 노래 불러낫수가?{오메기떡 만들면서도 노래 불렀었습니까?}

탑 그런 거 몰르쿠다. 불러나신디. (웃음) 것도 하영덜 앚앙은에 헐 때는 불르주마는 이녁만 헐 때 노래 부를 저르가 잇수가? 이거 힘들기 때문에.{그런 것 모르겠습니다. 불렀었는지.(웃음) 그것도 많이들 앉아서 할 때는 부르지만 이녁만 할 때 노래 부를 겨를이 있습니까? 이거 힘들기 때문에.}

문 이제 떡을 이렇게 하고 이제 예전에 고소리술 헐 땐 고소리가 필요허잖아예? 오메기 헐 때는 필요헌 게, 도구가 뭐 뭐 필요헤마씨?{이제 떡을 이렇게 하고 이제 예전에 고소리술 할 때는 고소리가 필요하잖아요? 오메기 할 때는 필요한 것이, 도구가 무엇 무엇 필요합니까?}

탑 오메기 헐 때는 이런 주걱. 주걱 아녀믄 데여벙 못 허잖아.{오메기 할 때는 이런 주걱. 주걱 않으면 데서 못 하잖아.}

문 옛날은 주걱은 뭐렌 헤낫수가? 이름은?{옛날은 주걱은 무엇이라 했었습니까? 이름은?}

탑 남죽.{죽젓개.}

문 남죽?{죽젓게?}

탑 밥 젓는 거.{밥 젓는 거.}

문 남죽으로 헤서 옛날은?{죽젓개로 해서 옛날은?}

탑 남죽허고 무시 것가 잇주. 건지는 거 곳사 이선게.{죽젓게하고 무슨 것이 있지. 건지는 것 아까 있던데.}

문 곰박?{곰박?}

탑 곰박. 곰박허고 밥뒈약새기.{곰박. 곰박하고 식되.}

문 밥뒈약새기?{식되?}

탑 뒈약새기도 허영 ᄀ를도 집어넣고{식되도 해서 가루도 집어넣고}

문 보통 떡 이렇게 반죽허곡 허는 거는 뭘 써마씨?{보통 떡 이렇게 반죽하고 하는 것은 무엇을 쓰나요?}

탑 반죽허곡 허는 거?{반죽하고 하는 거?}

문 뭐에 낭 반죽험니까?{무엇에 넣어서 반죽합니까?}

탑 항아리. 이런 단지.{항아리. 이런 단지.}

문 단지?{단지?}

탑 단지가 아니고 장탱이.{단지가 아니고 장태.}

문 장탱이에서?{장태에서?}

탑 장탱이 허여사 좋읍니께게. 든든헤가지고{장태 해야 좋습니다. 단단해서.}

문 옛날 술 헐 땐 장탱이에 헷수가? 보통.{옛날 술 할 때는 장태에 했습니까? 보통.}

탑 장탱이 헤사 이것이 든든헤가지고 힘이 셍기지. 장탱이도 허곡 저런 남도고리에서도 허곡.{장태 해야 이것이 단단해서 힘이 생기지. 장태도 하고 저런 함지박에서도 하고}

문 으{아.}

탑 남도고리에서 많이 헷주.{함지박에서 많이 했지.}

문 옛날에?{옛날에?}

탑 맷돌에도 ᄀ고 저 맷돌 이런 디서 ᄀ르면, 이런 디서 허믄 잡것 들어가지 아녀. 고와가지고 여기서. 이, 큰 거 잇주게. 이만씩 헌 거, 지금도 잇어.

박물관에 가믄. 그런 거 낳은에 영 굴믄 그 안네서 굴곡. 그릇덜이 막 하낫지. 집집마다 옛날 큰집인 다 잇엇어. 경 헌디 새 그릇, 아루미 그릇. 떡도 기곗방에 강 ᄀ니까 다 어디 간. 옛날 어른덜 어떻게 큰 낭으로 만들엇는지 몰라. 큰, 이만이헌 낭으로 어떻게 만들엇는지 몰라. 도고리. {맷돌에도 갈고 저 맷돌 이런 데서 갈면, 이런 데서 하면 잡것 들어가지 않아. 고와서 여기서. 이, 큰 것 있지. 이만큼 한 것, 지금도 있어. 박물관에 가면. 그런 것 놓아서 이렇게 갈면 그 안에서 갈고 그릇들이 막 많았었지. 집집마다 옛날 큰집에는 다 있었어. 그렇게 했는데 새 그릇, 알루미늄 그릇. 떡도 방앗간에 가서 가니까 다 어디 갔어. 옛날 어른들 어떻게 큰 나무로 만들었는지 몰라. 큰, 이만큼한 나무로 어떻게 만들었는지 몰라. 함지박.}

🔲 문 온채?{통째?}

🔲 답 온차이서 잘도 헤서.{통채로 잘도 했어.}

🔲 문 그런 식으로 이제 헷잖아예? 오메기떡 허고 그 다음에 고소리술. 아까 재료, 도구를 굴단 놔뒷저?{그런 식으로 이제 했잖아요? 오메기떡 하고 그 다음에

[사진 76] 오메기술을 발효시키기 위해 항아리에 술을 담아놓고 있다.

고소리술. 아까 재료, 도구를 말하다가 놔뒀지요?}

🔲 답 도구는 그렇게 헤가지고 솟디서 숢고게, 곰박으로 건져내고 이걸로, 주걱이 아니지. 남죽으로{도구는 그렇게 해서 솥에서 삶고, '곰박'으로 건져내고 이것으로, 주걱이 아니지. 죽젓개로.}

🔲 문 남죽으로? 으깰 때도 남죽으로? 그 다음에 그렇게 허고, 그 다음에 근 것도 쌀ᄀ르도 쳐야잖아예? 체도 필요허지예?{죽젓개로? 으깰 때도 죽젓개로? 그 다음에 그렇게 하고, 그 다음에 간 것도 쌀가루도 쳐야하잖아요?

체도 필요하지요?}

탑 체, ᄀ는체.{체, 가는체.}

문 ᄀ는체?{가는체?}

탑 ᄀ는체로 헤사 ᄀ르가 곱주게. 경 아녀민 흙으민.{가는체로 해야 가루가 곱지. 그렇게 않으면 굵으면.}

[사진 77] 발효 이틀째인 오메기술.

문 이거를 갖고 술을 만드는 거?{이것을 가지고 술을 만드는 거?}

탑 오메기떡.{오메기떡.}

문 보통 또 떡 익힐 때, 그 어느 정도 동글동글헤근에 올라오믄 헌덴 헷잖아예?{보통 또 떡 익힐 때, 그 어느 정도 동글동글해서 올라오면 한다고 했잖아요?}

탑 동글동글 숢아서 떠야 잘 익은 거. 잘 안 익으민 술이 밋데 ᄀ라앚앙 선 떡은 술이 안뒙니께게. 익어야지. 익어사주. 선 거는.{동글동글 삶아서 떠올라야 잘 익은 거. 잘 안 익으면 술이 밑에 가라앉아서 선떡은 술이 안 됩니다. 이어야지. 익어야지. 선 것은.}

1.5. 누룩 뻿일 땐 던드렁마께로

문 누룩 뻿일 땐 밀로 뻿 아마씨?{누룩 빻을 때는 무엇으로 빻아요?}

탑 던드렁마께.{'던드렁마께'.}

문 던드렁마께?{'던드렁마께'?}.

탑 저거 던드렁마께.{저거 '던드렁마께'?}

문 그 옛날에 남박 헤갖고 밋테 ᄁ는 방석도 잇엇지예?{그 옛날에 함지박 해서 밑에 까는 방석도 있었지요?}

[사진 78] 발효 3일째인 오메기술

[사진 79] 완성된 오메기술

답 저 뭐엔 허느니? 줄방석.{저 뭐라고 하더라? 줄방석.}

문 줄방석?{줄방석?}

답 예, 줄. 집 일어난 줄.{예, 줄. 집 이었던 줄.}

문 예에.{예에.}

답 그런 걸로 허영 똥그랗게 멘들아. 여기도 잇데.{그런 것으로 해서 동그랗게 만들어. 여기도 있던데.}

문 그거를, 밋데 그거를 끌아?{그것을, 밑에 그것을 깔아?}

답 밋데 끄는 거는 멍석. 덕석이라고 허여.{밑에 까는 것은 멍석. 덕석이라고 해.}

문 덕석? 똥글락헌 거? 이런 멍석 아니잖아예?{덕석? 동그란 거? 이런 멍석 아니잖아요?}

답 그레 그는 거 잇주게. 시장에 가면.{맷돌 가는 것 있지. 시장에 가면.}

문 그거를 덕석이렌 허여마씨?{그것을 덕석이라고 하나요?}

답 이거는 멍석. 덕석은 동그랑헌 거.{이것은 멍석. 덕석은 동그란 것.}

문 그뎃방석? 옛날에는 이 도구라고 헤야 별 거 없네예? 장탱이나 이런 남도고리나 그런 거 하고 체?{맷방석? 옛날에는 이 도구라고 해야 별 것 없네요? 장태나 이런 함지박이나 그런 것 하고 체?}

답 체 허고{체 하고}

문 이거, 이거?{이거, 이거?}

답 차롱.{채롱.}

문 차롱에 이제 누룩 할 때 허고
{채롱에 이제 누룩 할 때 하
고}

답 누룩 헐 때 헌 걸로{누룩 할 때
헌 것으로}

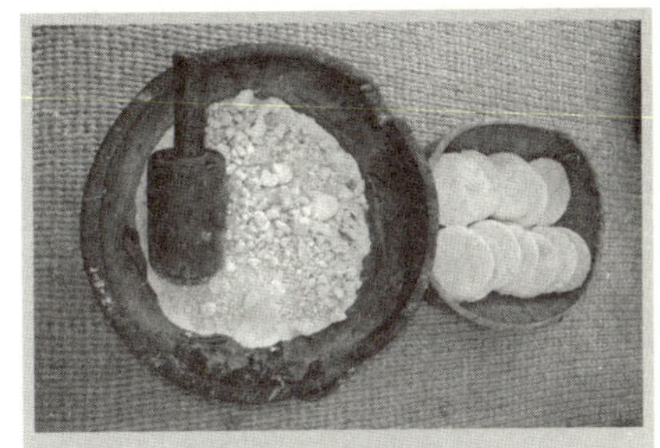

[사진 80] 도고리에 담긴 누룩과 던드렁마께.
오른쪽은 차롱 속에 담긴 누룩.

문 헌 걸로?{헌 것으로?}

답 이건 순 떡 헤 놓는 거. 이거는 어디 제수 때 빈떡 지정 가곡.{이것은 순
전히 떡 해 넣는 거. 이것은 어디 제사 때 빙떡 지져서 가고}

문 으으.{아아.}

답 경 허는 그릇.{그렇게 하는 그릇.}

문 성읍도 빙떡이렌 헤낫수가?{성읍도 빙떡이라고 했었습니까?}

답 아니 정기.{아니 '빙떡'.}

문 성읍은 정기떡. 요즘은 빙떡 헤부니까?{성읍은 전기떡. 요즘은 빙떡 해버
리니끼?}

답 정기떡. 정기떡.{'빙떡', '빙떡'.}

문 남원이렌 헷지예? 고향은?{남원이라고 했지요? 고향은?}

답 의귀리. 거기나 여기나 ㄱ뜹네다. 정기떡. 빙떡은 요즘 나오는 말이고
{의귀리. 거기나 여기나 같습니다. 정기떡. 빙떡은 요즘 나오는 말이고}

문 이거는 끓여서 식힌 물?{이것은 끓여서 식힌 물?}

답 아니, 냉수. 이거 놓믄 뜻뜻해부럼수게.{아니, 냉수. 이거 넣으면 따뜻해
버리지요}

문 이런 물 헤서 헌 다음에?{이런 물 해서 한 다음에?}

답 누룩 서껑.{누룩 섞어서.}

문 이치룩 허영 반죽? 이게, 누룩 들어가면 발효되면서?{이렇게 해서 반죽?

이것이, 누룩 들어가면 발효되면서?}

탑 예.{예.}

문 이런 남죽이나 이런 것도 하나도 엇어예? 집에덜도 엇고?{이런 죽젓개나 이런 것도 하나도 없지요? 집에들도 없고?}

탑 전기밥숫에덜만 헤놓난. 밥 젓엄수가?{전기밥솥에들만 해놓으니까. 밥 젓나요?}

문 보통 집에서 술 헐 때, 항아리 큰 거 그거 허젠 허면 좁쌀 그 떡이 얼마 정도 들어마씨?{보통 집에서 술 할 때, 항아리 큰 거 그거 하려고 하면 좁쌀 그 떡이 얼마 정도 드나요?}

탑 아이고, 하영 들주. 혼자 못헙니께.{아이고, 많이 들지. 혼자 못합니다.}

문 어렷을 때 떡 얻어먹젠?{어렸을 때 떡 얻어먹으려고?}

탑 아이고{아이고}

문 술 허게 뒈면 일년에 술 보통 언제 헤?{술 하게 되면 일년에 술 보통 언제 해?}

탑 멧 번 허주.{몇 번 하지.}

문 멧 번 헤? 술 장사헐 때 말고도?{몇 번 해? 술 장사할 때 말고도?}

탑 겨울은 이거 허젠 일이라. 할망덜. 사름마다 허지 아녀거든. 재료도 잇곡 경 헹. 걸 허영 풀기도, 행사 때도 먹곡, 집의서도 먹곡.{겨울은 이거 하려고 일이야. 할머니들. 사람마다 하지 않거든. 재료도 있고 그렇게 해서. 그것을 해서 팔기도, 행사 때도 먹고, 집에서도 먹고.}

문 술은 주로 겨울에 하고?{술은 주로 겨울에 하고?}

탑 자기가 허고 싶은 때 허영 먹주. 겨울에 한글허니까. 겨울에 헤놔도 오래도 쉬지도 않고 청주도 앚정 먹곡, 고소리술도 겨울엔 홀 일도 엇고 허니까.{자기가 하고 싶을 때 해서 먹지. 겨울에 한가하니까. 겨울에 해놓아도 오래 돼도 쉬지도 않고 청주도 안쳐서 먹고, 고소리술도 겨울에는 할 일도 없고 하니까.}

1.6. 고소리술은 모힌좁쏠 고두밥 쩡 멘들아

문 일단은 이 오메기술을 헌 다음에 고소리술도 허고 다 허는 모양이다예?
{일단은 이 오메기술을 한 다음에 고소리술도 하고 다 하는 모양이네요?}

[사진 81]
고소리술을 다끄고 있는
김을정 할머니
(강문규 제공)

답 막 하영 헙니께. 동네 동세덜끼리도 모여앚앙 수눌엉도 허여.{막 많이 합
니다. 동네 동서들끼리도 모여앉아서 품앗이하면서도 해.}

문 으으{아아.}

답 수눌엉도 허여. 고소리술 허는 거는 시루에 쪄내엉 물에 둥갓당 고두밥
을 멘들아사 뒈여.{품앗이해서도 해. 고소리술 하는 것은 시루에 쪄내서
물에 담갔다가 고두밥을 만들어야 돼.}

문 거는 고두밥 만드는 거?{그것은 고두밥 만드는 것?}

답 경 아녀믄 이런 ᄀ르 허민 솟에 눌더듯. 밋테 골라앚아. 고두밥 쩌근에.
누룩 힘들어.{그렇게 않으면 이런 가루 하면 솥에 눋거든. 밑에 가라앉
아. 고두밥 쪄서. 누룩 힘들어.}

문 그러면 아깐 오메기. 고소리술 만드는 과정 쭉 골아 줍서?{그러면 아까
는 오메기. 고소리술 만드는 과정 쭉 말씀해 주십시오?}

답 고소리술은 고두밥 쩡. 쏠 물 컹.{고소리술은 고두밥 쪄서. 쌀 물 담가
서.}

문 그거는 무슨 걸로 밥허여마씨?{그것은 무슨 것으로 밥하나요?}

답 메쏠도 뒈여.{멥쌀도 돼.}

문 아, 고소리술은?{아, 고소리술은?}

답 모힌좁쏠 노랑헌 거.{메좁쌀 노란 것.}

문 모힌좁썰? 이거는 흐린좁쏠인데?{메좁쌀? 이것은 차좁쌀인데?}

답 노란 거. 경 허영 물에 슴빡 싹 빠좌근에, 싹 빠좌근에. 옛날은 시리가 이 만씩 컷거든. 그런 시루에다가 밋테 천을 끌앙 거기다 이제 찌는 거라. 불 때영 찌다근에 소곱엔 안 익거든예. 비와 낭, 비와 놔근에 또 젓엉은 에 또 쪄.{노란 것. 그렇게 해서 물에 가득 싹 빠지게 해서, 싹 빠지게 해 서. 옛날은 시루가 이만큼씩 컸거든. 그런 시루에다 밑에 천을 깔아서 거 기에다 이제 찌는 거야. 불 때서 찌다가 속에는 안 익거든요 비워 놓아 서, 비워 놓아서 또 저어서 또 쪄.}

문 으{아.}

답 찌다가 영 남죽으로 젓엉 일롸근에 허믄 뜨슨 물로 또 젓고, 젓고, 잘 젓 어사 술 뒐 거 아니우꽈? 그치룩 허영은에 그거 허는 거. 힘들주. 옛날엔 나무도 엇지 믄 기냥 검질불로 허주게.{찌다가 이렇게 죽젓개로 저어서 일으켜서 하면 따뜻한 물로 또 젓고, 젓고, 잘 저어야 술 될 거 아닙니까? 그렇게 해서 그거 하는 거. 힘들지. 옛날에는 나무도 없지 모두 그냥 검 불불로 하지.}

문 으으{아아.}

답 옛날은 제주도 나무가 엇엇잖아. 그치룩 헤근에 다 쪄지민 이젠 이런 멍 석이야. 이런 멍석에 싹 비와낭. 밋테 천, 천이 이시믄, 천도 베천이라사 안 부터.{옛날은 제주도 나무가 없었잖아. 그렇게 해서 다 쪄지면 이제 는 이런 멍석이야. 이런 멍석에 싹 비워놓아서. 밑에 천, 천이 있으면, 천 도 베천이라야 안 붙어.}

문 아아.{아아.}

답 베천이라사. 경 허곡 기냥 광목천은 다 부터부러. 이것에. 경 허든지 헤근에 싹 비와 낳은에 식은 다음에 이렇게 딱 헤쌍. 식은 다음에 그치룩 헤근에 저 식은 다음에 누룩을 서터에.{베천이라야. 그렇게 하고 그냥 광목천은 다 붙어버려. 이것에. 그렇게 하든지 해서 싹 비워 놓아서 식은 다음에 이렇게 딱 헤쳐서. 식은 다음에 그렇게 해서 저 식은 다음에 누룩을 섞어요.}

문 고두밥 헌 것을 식혀?{고두밥 한 것을 식혀?}

답 뜻뜻헌 때 누룩을 딱 서꺼.{따뜻할 때 누룩을 딱 섞어.}

문 밥 뜻뜻헌 상태에서?{밥 따뜻한 상태에서?}

답 너무 식어불민 습기가 안 차서 배합이 안 뒈어. 서꺼근에 탁허게 뭐 더껑 놔두거든. 열이 나는 거라. 왈랑왈랑 열이 나면서 거기서 열, 수증기로, 열 낸 물로 누룩도 젓고 이렇게 허는 거야. 게민 또 흐끔 잇다근에 딱 더 꺼가지고 또 흔번 딱 젓어. 딱 젓어서 탁 더퍼놔두며는, 천을 더펑, 담요 ᄀ튼 거나 헤영 열이 왈랑왈랑 막 나가지고 거기서 또 누룩ᄀ찌 곰펭이 피면서 누룩ᄀ찌 뒈 가는 거라.{너무 식어버리면 습기가 안 차서 배합이 인 돼. 섞어서 탁하게 뭐 덮어서 놔두거든. 열이 나는 거야. 울렁울렁 열 이 나면서 거기서 열, 수증기로, 열 낸 물로 누룩도 젓고 이렇게 하는 거 야. 그러면 또 조금 있다가 딱 덮어서 또 한번 딱 저어. 딱 저어서 탁 덮 어놔두면, 천을 덮어서, 담요 같은 것이나 해서 열이 울렁울렁 막 나서 거기서 또 누룩처럼 곰팡이 피면서 누룩같이 돼 가는 거야.}

문 아아.{아아.}

답 그치룩 허영 혼 삼일을 놔둬.{그렇게 해서 한 삼일을 놔둬.}

문 삼일 정도를?{삼일 정도를?}

답 항아리에 낭 물 놓고 허민 도수가 올르는 거야. 고소리술 허는 거지. 이 렇게 간단허지 않고 힘들어.{항아리에 넣어서 물 넣고 하면 도수가 오르 는 거야. 고소리술 하는 것이지. 이렇게 간단하지 않고 힘들어.}

問 그러며는 고두밥 누룩 헤서 삼일 정도 놔둬예? 그거를 항아리에 담고?{그러면 고두밥 누룩 해서 삼일 정도 놔둔다고요? 그것을 항아리에 담고?}

答 담앗다가.{담았다가.}

問 물도 놓고?{물도 넣고?}

答 물도 놓고. 바글바글바글 궤거든.{물도 넣고 부글부글부글 괴거든.}

問 으.{아.}

答 막 궤는 거야. 열흘 헤가믄 걸 쪼끔 기운이 ㄴ려앚거든. ㄴ려앚이민 또 헤 놓는 거라. 이번엔 또 고두밥만 쪄근에 놔.{막 괴는 거야. 열흘 해가면 그것을 조금 기운이 내려앉거든. 내려앉으면 또 해 넣는 거야. 이번에는 또 고두밥만 쪄서 넣어.}

問 고두밥만? 누룩 안 하고?{고두밥만? 누룩 안 하고?}

答 세 번을 허는 거라. 세 번.{세 번을 하는 거야. 세 번.}

問 헐 때마다 누룩 서껑 헤마씨?{할 때마다 누룩 섞어서 하나요?}

答 누룩 대신이라. 세 번을 허는 거라. 죽어 가면 살리고, 죽어 가민 살리고, 밋술이 다 젓고, 젓고, 막 세 번을 허민, 막 익을 만큼 익는 거라. 힘이 셍겨. 경 헐 때, 경 헤가민 막 익어 가면 사르르 청주ㄱ치 굴라앚일 때 익는 거라. 소주를 다끄는 거라. 고소리술이 많이 나곡, 독허곡.{누룩 대신이야. 세 번을 하는 거야. 죽어 가면 살리고, 죽어 가면 살리고, 밑술이 다 젓고, 젓고, 막 세 번을 하면, 막 일을 만큼 익는 거야. 힘이 생겨. 그렇게 할 때, 그렇게 해가면 막 익어 가면 사르르 청주같이 가라앉을 때 익는 거야. 소주를 고는 거야. 고소리술이 많이 나고, 독하고}

1.7. 관뒈로 두 뒈 밥허민 두벵들이 술 훈 뒈 나

🈷 그러면 고소리 할 때는 그 술 다끈 거 그거를 어디에 놔마씨? 숫뒤?{그러면 고소리 할 때는 그 술 고는 거 그것을 어디에 넣어요? 솥에?}

🈸 숫데.{솥에.}

🈷 숫딜 그걸 놓고?{솥에 그것을 넣고?}

🈸 숫디 불 때여가지고 물 궤어 가믄 술을 반 쪼곰 더 놔야. 너미 궤어 가믄 고소릴 앚져가지고 이 수증기 벳그로 나오지 않게 고소리광 숫 사이에. 불 올르믄 요렇게 요렇게 동글락동글락허거든. 우의 단지가 잇어. 물 놓는 건 도수 맞추는 거라이. 물이 뜻뜻허미는 또 굴아야 뒐로구나, 자주 세 번을 굿는 거라. 세 번을 굿는 거라. 그렇게 또 그렇게 허면서 세 번을 허는 거야. 고소리술은 나오는 디가 잇거든.{솥에 불 때서 물 끓어 가면 술을 반 조금 더 넣어야. 너무 끓어 가면 소줏고리 안쳐서 이 수증기 밖으로 나오지 않게 소줏고리와 솥 사이에. 불 오르면 요렇게 요렇게 동글동글하거든. 위에 단지가 있어. 물 넣는 것은 도수 맞추는 거야. 물이 따뜻하면 또 갈이야 되겠구나, 자꾸 세 번을 가는 거야. 세 번을 가는 거야. 그렇게 또 그렇게 하면서 세 번을 하는 거야. 고소리술은 나오는 데가 있거든.}

🈷 예.{예.}

🈸 거기 허당 두 번 넘어가믄 맛을 보는 거야. 어떻게 맛이 어시민 빠불곡, 맛이 독허면은 이제 그냥 자꾸. 다 뒈 가믄 맛을 보는 거야. 다 뒌 술맛이 베려벼. 심심허거든. 그거 맛보면서 다까내는 거. 경 험니게.{거기 하다가 두 번 넘어가면 맛을 보는 거야. 어떻게 맛이 없으면 빼버리고, 맛이 독하면 이제 그냥 자꾸. 다 되어 가면 맛을 보는 거야. 다 된 술맛이 버려버려. 심심하거든. 그것 맛보면서 고아내는 거. 그렇게 합니다.}

🈷 그 고소리하고 숫하고 옛날은 꺼멍헌 숫 헷잖아예? 옆에 이렇게 막는

거?{그 소줏고리하고 솥하고 옛날은 꺼먼 솥 했잖아요? 옆에 이렇게 막
는 거?}

답 띠.{띠.}

문 으, 그걸 뭐엔 헙니까?{아, 그것을 무엇이라고 합니까?}

답 띠엔 헙니다.{띠라고 합니다.}

문 건 뭘로 헹 막아마씨?{그것은 무엇으로 해서 막나요?}

답 광목. 광목 멧 개 겹쳐가지고예, 요만이 두꺼와야 김이 안 나오거든예.
{광목. 광목 몇 개 겹쳐서요, 요만큼 두꺼워야 김이 안 나오거든요.}

문 으{아.}

답 흔 바퀴 돌령 졸라매곡, 흔 바퀴 돌령 졸라매곡. 싹 돌령 띠도 졸라맨디,
옛날에는 밀ㄱ르를 딱 막앗어. 틈을. 그것을 이제 고소리 다 부튼 거 다
떼어내야 뒈어. 몰라. 힘드니까 띠로 허는 거라.{한 바퀴 돌려서 졸라매
고, 한 바퀴 돌려서 졸라매고 싹 돌려서 띠도 졸라매었는데, 옛날에는
밀가루를 딱 막았어. 틈을. 그것을 이제 소줏고리 다 붙은 거 다 떼어내
야 돼. 몰라. 힘드니까 띠로 하는 거야.}

문 아아, 옛날에는 이제, 옛날에는 밀ㄱ르로 헤갖고 띠를 영 둘럿구나예? 그
밀ㄱ르떡은 뭐렌 헤마씨?{아아, 옛날에는 이제, 옛날에는 밀가루로 해서
띠를 이렇게 둘렀군요? 그 밀가루떡은 무엇이라고 하나요?}

답 밀ㄱ르떡은 뭐렌 허느니, 것고라 뭐엔 헌다마는 마개.{밀가루떡은 뭐라
고 하더라, 그것보고 뭐라고 한다마는 시룻번.}

문 마개?{시룻번?}

답 그디 막는 거. 마개엔 허는가 그디 막는 거.{거기 막는 거. 시룻번이라고
하던가 거기 막는 거.}

문 맨 우에 고소리 우에 놓는 거. 물 놓는 거?{맨 위에 소줏고리 위에 넣는
거. 물 넣는 거?}

답 물 놓는 거는 거기 물통 부청 이십니께. 고소리에.{물 넣는 거는 거기 물

통 붙여서 있습니다. 소줏고리에.}

문 옛날부터?{옛날부터?}

답 부쩡 이시난. 안 부찌믄 딱 맞게 나오는 항아리. 장탱이 맞게 나오거든.{붙여서 있으니까. 안 붙이면 딱 맞게 나오는 항아리. 장태 맞게 나오거든.}

문 으으{아아.}

답 맞게 나오거든. 옛날 어른덜이 정말 잘혀서. 지금은 저 옹기, 장인덜 허는 거 봐도예 그치룩 허지 아녀.{맞게 나오거든. 옛날 어른들이 정말 잘했어. 지금은 저 옹기, 장인들 하는 것 봐도요 그렇게 하지 않아.}

문 으{아.}

답 옛날게, 항아리 색깔도 곱곡, 노랑헌 것이 윤기가 반짝반짝. 항아리 배껏디 지금은 안 구워져갖고 벌겅. 깨지고 옛날 물허벅도 완전 반짝반짝 윤이 나. 막 잘 익어. 옛날 어른덜은 춤 잘혀서. 요즘 사름은 옛날 어른들안티 베와도 기술이 잘. 게난 옛날 그릇만 알아줌수게.{옛날, 항아리 색깔도 곱고, 노란 것이 윤기가 반짝반짝. 항아리 바깥에 지금은 안 구워져서 벌겅. 깨지고 옛날 물허벅도 완전 반짝반짝 윤이 나. 막 잘 익어. 옛날 어른들은 참 잘했어. 요즘 사람은 옛날 어른들한테 배워도 기술이 잘. 그러니까 옛날 그릇만 알아주잖아요.}

문 그러니까, 그, 고소리엔 헤마씨? 술 빼는 거를 고소리?{그러니까, 그, 소줏고리라고 하나요? 술 빼는 것을 소줏고리?}

답 고소리.{소줏고리.}

문 고소리 헤가지고 거 술 지는 거. 코젱이엔 또 다른 말 이수가?{소줏고리 해서 술 긷는 거. 코에는 또 다른 말이 있습니까?}

답 고소리좃엔 허주.{'고소리좃'이라고 하지.}

문 경 굴아?{그렇게 말해?}

답 고소리좃엔 허주.{'고소리좃'이라고 하지.}

🔘 술 받는 거?{술 밭는 거?}

🔘 두들펭. 두벵들이. 두 뒈 드는 거. 걸 두벵들이엔 허여. 헤근에 두 뒈 들거든. 여긴 좁고, 내려가게 멘든 거라.{두병들이. 두병들이. 두 되 드는 것. 그것을 두병들이라고 해. 해서 두 되 들거든. 여기는 좁고, 내려가게 만든 거야.}

🔘 예예.{예예.}

🔘 여기다가 숨 못 쉬게 딱 무꺼. 이건 수증기로 뒈는 거난 물이 내리지마는 김 나가믄 기운이 엇거든예. 게난 소주도 식기 전에는 딱 더꺼사 뒈여. 저 식은 다음에는 궨찮은디 딱 막지 아녀믄 김 나가불어. 경 허난.{여기다가 숨 못 쉬게 딱 묶어. 이것은 수증기로 되는 것이니까 물이 내리지만 김 나가면 기운이 없거든요. 그러니까 소주도 식기 전에는 딱 덮어야 돼. 저 식은 다음에는 괜찮은데 딱 막지 않으면 김 나가버려. 그렇게 하니까.}

🔘 그러면은 그 두벵들이 술 하나 만들젠 허면 그 고두밥 어느 정도 헤마씨?{그러면 그 두병들이 술 하나 만들려고 하면 그 고두밥은 어느 정도 하나요?}

🔘 그냥.{그냥.}

[사진 82]
무쇠솟과 불숨는 장면.
한말들이 솟을 제주에서는
'말치솟', 또는 '웨말치'라
고 한다.

문 두벵들이 만들젠 허면?{두병들이 만들려고 하면?}

답 두벵들이 만들젠 허민 확실히 제어보지 아녓주마는 숫드로 흔 뒈나 두 뒈.
{두병들이 만들려고 하면 확실히 재어보지 않았지만 솥으로 한 되나 두 되.}

문 한 숫이 흔 뒈우꽈?{한 솥이 한 됩니까?}

답 말치숫.{'말치솥'.}

문 한 숫은 말치숫이우꽈?{한 솥은 '말치솥'입니까?}

답 말치숫.{'말치솥'.}

문 말치숫예?{'말치솥요?'}

답 잘 알암저. 옛날에 웨말치라고 허잖아.{잘 아네. 옛날에 '외말치'라고 하
잖아.}

문 웨말치 흔 말 들어가는 거. 말치숫에 밥을 가득 하면은 흔 병 나는 거.
게믄 말치 허젠 허면은 쌀은 얼마큼 들어마씨?{'외말치' 한 말 들어가는
것. '말치솥'에 밥을 가득 하면 한 병 나는 것. 그러면 '말치' 하려고 하면
쌀은 얼마나 드나요?}

답 관뒈로 두 개 놔야.{관되로 두 개 넣어야.}

문 이거?{이거?}

답 저 솔박.{저 '솔박'.}

문 저 작은 거는?{저 작은 것은?}

답 뒈약새기.{식되.}

문 저 네모난 거는?{저 네모난 것은?}

답 요거로 무른 쌀 하영 놓민이. 숫 ᄀ득 관뒈로 두 개 놓믄 좋아.{요것으
로 마른 쌀 많이 넣으면. 솥 가득 관되로 두 개 넣으면 좋아.}

문 관뒈로 두 개 놓민 그걸로 술 흔 펭밧긔 안 나는 거? 얼마나 하영 허여
야?{관되로 두 개 넣으면 그것으로 술 한 병밖에 안 나는 거? 얼마나 많
이 해야?}

답 하영 헤야. 우리도 허젠 헤도 나 힘들어가지고{많이 해야. 우리도 하려

고 해도 나 힘들어서.}

문 그 다음에, 보통은 그건 모힌조로 허는 거라예? 이건 흐린조?{그 다음에, 보통은 그것은 메조로 하는 거지요? 이것은 차조?}

답 모힌조로 흐린조 힘듭니께. 지금은 조 농살 짓지 안 허거든.{메조로. 차조 힘듭니다. 지금은 조 농사를 짓지 안 하거든.}

문 그러니까?{그러니까?}

답 누게 조 검질매곡.{누가 조 김매고}

문 검질매는 것 중에 가장 힘든 것이 조검질이렌? 멧 평 갈암수가?{김매는 것 중에 가장 힘든 것이 조김이라고? 몇 평 가나요?}

답 흔 팔벡 평.{한 팔백 평.}

문 하영 가네. 그러며는 일년 그걸 다 써?{많이 가네. 그러면 일년에 그것을 다 써?}

답 작년에 생이가 다 먹어부런예.{작년에 새가 다 먹어버렸어요}

문 (웃음)

답 떼죽으로 흔 팀. 생이 입이 보통 아니라.{떼거지로 한 팀. 새 입이 보통 아니야.}

문 그러지예?{그렇지요?}

답 벗 창 와근에 톡톡톡톡 줏어근에 고고리 하나 알 털어져불곡 재미로.{벗 짜서 와서는 톡톡톡톡 주워서 이삭 하나 알 떨어져버리고 재미로.}

문 재미로?{재미로?}

답 경 허난 믿질 못허여.{그렇게 하니까 믿지를 못해.}

문 그렇지예? 술이?{그렇지요? 술이?}

답 믿질 못허여. 중국산덜 들어오기 때문에.{믿지를 못해. 중국산들 들어오기 때문에.}

문 그건 술도?{그것은 술도?}

답 우리 정미손 안 디난 알아가지고 잘혜근에 떡을 조끄만썩. 조 상 낯당 주곡 헙니다마는 저 시에 장에 강은 믿지 못허여.{우리 정미소는 아는 데 니까 알아서 잘해서 떡을 조금씩. 조 사서 놔두었다가 주고 합니다만 저 시에 장에 가서는 믿지 못해.}

1.8. 여름엔 청주 앚지지 못헙니께

문 게믄 이제 그건 고소리술이고, 청주는 뭐우과?{그러면 이제 그것은 고소 리술이고, 청주는 뭡니까?}

답 청주는 오메기술에다가 저 낭 놔두민, 것도 허젠 허민 혼번에 안 뒈여. 두 번을 헤 놔사. 두 번은 헤 놔사 잘 익어. 잘 익어사, 굴라앚아사. 저런 술은 청주 안 뒈여. 잘 익고 여름엔 청주 앚지지 못헙니께. 쉬여부는 때 문. 겨울에 허영 청주 허영 놔두민 변허지 안 허여. 장물ᄀ찌.{청주는 오 메기술에다가 저 넣어서 놔두면, 그것도 하려고 하면 한번에 안 돼. 두 번을 해 넣어야. 두 번은 해 넣어야 잘 익어. 잘 익어야, 가라앉아야. 저 런 술은 청주 안 돼. 잘 익고 여름에는 청주 안치지 못하지요. 쉬어버리 는 때문. 겨울에 해서 청주 해서 놔두면 변하지 안 해. 간장처럼.}

문 그러면 오메기술 허영 굴라앚으믄 우에 게 청주?{그러면 오메기술 해서 가라앉으면 위에 것이 청주?}

답 오래야, 오래사 청주 앚지주예. 청주 말깡하고 일본 양주 닮읍니다.{오래 야, 오래야 청주 안치지요 청주 맑고 일본 양주 닮습니다.}

문 으{아.}

답 양주. 막 맛잇어.{양주. 막 맛있어.}

문 그 오메기술 허영 청주 앚지젠 허믄 어느 정도 헤야 청주가 뒈마씨?{그 오메기술 해서 청주 안치려고 하면 어느 정도 해야 청주가 되나요?}

답 거는 뭐. 우리 킬로로 제보진 아녓주마는 기냥 그릇에 영 거려빵근에 말깡헐 때까지만 거리고 아지 올라오민 안 거리고.{그것은 뭐. 우리 킬로로 재보지는 않았지만 그냥 그릇에 이렇게 떠봐서 맑을 때까지만 뜨고 앙금 올라오면 안 뜨고.}

문 메칠 정도 걸리는 거라마씨? 허젠 허믄?{며칠 정도 걸리는 건가요? 하려고 하면?}

답 오메기술은 허젠 허믄 보름 걸려야 돼. 경 아녀믄 청주.{오메기술 하려고 하면 보통 보름 걸려야 돼. 그렇게 않으면 청주.}

문 으, 보름은?{아, 보름은?}

답 잘 뒈어사 변허지 않지. 막걸린 변헙니께. 저 잘 익은 걸로 헤서 노랑케 헤근에 익어사 두 불, 두 불 허젠 허민. 웨 두 불 허냐 허면 익어가는, 또 살아나. 술이 세 불 허믄 또 살아나. 그러니까 멧 번에 술을 살렴은에 헤사 술이 쎄는 거라.{잘 되어야 변하지 않지. 막걸리는 변하지요. 저 잘 익은 것으로 해서 노랗게 해서 익어야 두 벌, 두 벌 하려고 하면. 왜 두 벌 하냐 하면 익어가는, 또 살아나. 술이 세 벌 하면 또 살아나. 그러니까 몇 번에 술을 살려서 해야 술이 쎄는 거야.}

문 으으{아아.}

답 이거, 저거 내불믄 변헴수게. 쉬어.{이거, 저거 내버리면 변하지요. 쉬어.}

문 다시?{다시?}

답 여름에는 경 헤봐도 안 허는데 겨울에는 그런 걸 헐 수 잇어.{여름에는 그렇게 해봐도 안 하는데 겨울에는 그런 것을 할 수 있어.}

문 으{아.}

답 그러니까 저, 정월 ᄀ뜬 때 부락마다 제 지내지 아녑니까? 것은 천리 ᄀ튼 거, 이사허는 디, 제 지내는 디는 청주를 헤야 뒈여. 옛날 어른덜 그런 거 사젠 저 대정서도 옵니께. "대정은 술 무사 엇수가?" 허멍. "엇수다." 그치룩 허멍 사 가고 청주를 많이 헹 놔두고 역부로 쓰젠덜. {그러니까 저, 정월 같은 때 마을마다 제 지내지 않습니까? 그것은 이묘 같은 거,

이사하는 데, 제 지내는 데는 청주를 해야 돼. 옛날 어른들 그런 것 사려고 저 대정서도 옵니다. "대정은 술 왜 없습니까?" 하면서. "없습니다." 그렇게 하면서 사 가고, 청주를 많이 해서 놔두고 부러 쓰려고들.}

1.9. 옛날은 오합주가 질 보약이라나서

탑 오합주엔 헌 보약도 잇습니다게. 것도 시에서도 막 사레 옵니께. 보약으로 옛날은 오합주가 질 보약이라나서.{오합주라고 한 보약도 있습니다. 그것도 시에서도 막 사러 옵니다. 보약으로, 옛날은 오합주가 젤 보약이었어.}

편 으으, 오합주는 어떵 만드는 거라마씨?{아아, 오합주는 어떻게 만드는 것인가요?}

탑 오합주는 청주허고, 꿀허고, 참기름. 이기서, 꿀도 여기 꿀. 게랄허고{오합주는 청주하고, 꿀하고, 참기름. 여기서, 꿀도 여기 꿀. 계란하고}

편 게랄?{계란?}

탑 지 생강. 그래가지고 다섯 가지난 오합주. 다섯 가지. 게니까 옛날 어른들은 오합주 헹 뱃가죽 두둑헌덴. 살지고 보약이라. 지금도 그 부인덜이, 아무나 못허여. 정성이 이신 사름들이 허주. 재료는 얼마 안 드는데. 보약 사 먹은 것보다 싸지. 겐디 정성 들어사 허여. 정성. 경 헹 놔두면, 걸 놔가지고 게랄 민잘민잘 안 헙니까? 춤지름, 게랄 문잘문잘 허니까 술 청주가 들어사 배합이. 막 젓엉 놔두민 북작허게 궤여.{저 생강. 그래서 다섯 가지니까 오합주. 다섯 가지. 그러니까 옛날 어른들은 오합주 해서 뱃가죽 두둑하다고 살지고 보약이야. 지금도 그 부인들이, 아무나 못해. 정성이 있는 사람들이 하지. 재료는 얼마 안 드는데. 보약 사 먹은 것보다 싸지. 그런데 정성 들어야 해. 정성. 그렇게 해서 놔두면, 그것을 넣어서 계란 매끈매끈 안 하나요? 참기름, 계란 매끈매끈 하니까 술 청주가

들어야 배합이. 마구 저어서 놔두면 부각하게 괴어.}

문 으{아.}

답 자꾸 젓어. 항아리 반쯤 헹 놔두민 이렇게 ᄀ득아. 부껑. 부껑은에 발효
돼영. 게믄 자꾸 젓엉 헤 가믄 흔 메틀 시민 수그러지거든. 그때부터 먹는
거라. 겨울에는 아랫목에 놩 톡 더껑 경 헙니게. 게난 막 좋은 거우다. 재
료값은 얼만 안 들주게. 게랄 헷자 무신 흔 판 헤도 삼천 원 경 허고 꿀은
흔 뒈에 이만 원일 거라. 경 허곡 청주도 만오천 원게. 그축 허난 먹기도
좋고, 완전 좋아.{자꾸 저어. 항아리 반쯤 해서 놔두면 이렇게 가득해. 부
풀어서. 부풀어서 발효 돼서. 그러면 자꾸 저어서 해 가면 한 며칠 있으면
수그러지거든. 그때부터 먹는 거야. 겨울에는 아랫목에 놓아서 톡 덮어서
그렇게 합니다. 그러니까 막 좋은 겁니다. 재료값은 얼마 안 들지. 계란
했자 무슨 한 판 해도 삼천 원 그렇게 하고, 꿀은 한 되에 이만 원일 거야.
그렇게 하고 청주도 만오천 원. 그렇게 하니까 먹기도 좋고, 완전 좋아.}

문 게믄 춤지름은 어느 정도?{그러면 참기름은 어느 정도?}

답 춤지름은 사이다 (병으)로 하나만. 지름이니까.{참기름은 사이다 (병으)로
하나만. 기름이니까.}

문 청주 흔 뒈, 꿀 흔 뒈.{청주 한 되, 꿀 한 되.}

답 아니, 꿀 흔 뒈, 계란 흔 판.{아니, 꿀 한 되, 계란 한 판.}

문 서른 개? 그 다음에?{서른 개? 그 다음에?}

답 참지름은 사이다 (병으)로 하나.{참기름은 사이다 (병으)로 하나.}

문 그 다음은?{그 다음은?}

답 생강은 냄새 제거허렌 놓는 거난 조금만 놔도 뒈여. 생강 냄새만 고소허게
나게 경 허곡. 그치룩 허영은에.{생강은 냄새 제거하라고 넣는 것이니까
조금만 넣어도 돼. 생강 냄새만 고소하게 나게 그렇게 하고 그렇게 해서.}

문 다 서꺼서 놔두는 거라예?{다 섞어서 놔두는 것이지요?}

답 다 서껑 자기네끼리 배합이 뒈는 거라. 박작박작박작 자꾸 젓엉. 촌에서

들 거 막 자기네덜 대개 헹 먹읍니게. 재료가 자기네 집의 다 잇으니까.
{다 섞어서 자기네끼리 배합이 되는 거야. 박작박작박작 자꾸 저어서.
촌에서들 그것 막 자기네들 대개 해서 먹습니다. 재료가 자기네 집에 다
있으니까.}

문 다 잇으니까?{다 있으니까?}

답 어떤 할머니덜은 청주 아녀도 돼여. 막걸리라도 허영 허여. 동네 사름들은
자기네대로 오합주 다 헹 먹읍네다.{어떤 할머니들은 청주 안 해도 돼. 막
걸리라도 해서 해. 동네 사람들은 자기네대로 오합주 다 해서 먹습니다.}

문 으으{아아.}

답 옛날 어른덜이난.{옛날 어른들이니까.}

문 보양식으로예?{보양식으로요?}

답 막 보양식.{막 보양식.}

문 청주는 남자덜 먹는 거지예?{청주는 남자들 먹는 것이지요?}

답 여자덜도 먹읍네게. 돌잖아. 먹기가 틉틉허고 막 맛 좋아.{여자들도 먹습
니다. 달잖아. 먹기가 텁텁하고 막 맛 좋아.}

문 그러녜는 제주도에서 만들엇던 건 그거 네 가지?{그러면 제주도에서 만
들었던 것은 그거 네 가지?}

답 쳇짜는 고소리술, 청주, 탁주는 막걸리.{첫째는 고소리술, 청주, 탁주는
막걸리.}

문 막걸리?{막걸리?}

답 주자가 다섯 개라. 감주는 제사 때에 흐린좁썰 들이고 흐린좁썰밥 헤 가
지고 골 놓곡 경 헹 만드는 게 감주. 흐린좁썰밥 허영 골 놔근에 다섯 가
지. 소주, 청주, 탁주, 오합주, 감주. 다섯 가지라. 항상 먹는 거.{주자가
다섯 개라. 감주는 제사 때에 차좁쌀 들이고 차좁쌀밥 해서 엿기름 넣고
그렇게 해서 만드는 것이 감주. 차좁쌀밥 해서 엿기름 넣어서 다섯 가지.
소주, 청주, 탁주, 오합주, 감주. 다섯 가지야. 항상 먹는 거.}

1.10. 밥 허영 식은 다음에 골ㄱ를 놓는 거

제주도에서 먹는 게예? 이 감주는 골 놓는 게 일 아녀우꽈? 골은 뭘로 놔
마씨?{제주도에서 먹는 것이요? 이 감주는 엿기름 놓는 것이 일 아닙니
까? 엿기름은 무엇으로 놓는가요?}

골은 두줄보리나 맥주보리나. 건지는 거라. 물에 커예. 불롸근에 건지는
거라. 불롸근에 건져근에 소쿠리 톡 더껑 놔두민 이놈의 것이 뜨뜻허여
가믄 싹이 나는 거라. 싹이 나면은 이제 멧 번 딱 밧듸 (거치룩) 곡석 요
만씩 싹이 돋아이. 덩어리가 다 지거든. 싹과 싹 사이. 물멍석에 찌지면
서 물려. 냄새가 그 싹 싸는(?) 디, 골 나는 디 그래서 다 드는 거라. 들허
여. 게믄 이것을 자꾸 물랴. 바싹 물르믄 옛날은 맷돌에 굴앗지만 정미소
에 강 굴아근에. 지금 푸는 디 강 사다가. 이거 닷 뒈민, 쑬 이거 보통으
로 허젠 허며는 닷 뒈 허고 멩질 때는 세배, 웃어른덜 이실 때 감주허영
세배 온 어른덜 다 대접헷거든예.{엿기름은 '두줄보리'나 맥주보리. 건지
는 거야. 물에 커요. 불려서 건지는 거야. 불려서 건져서 소쿠리 톡 덮어
서 놔두면 이놈의 것이 뜨뜻해 가면 싹이 나는 거야. 싹이 나면 이제 몇
번 딱 밭에 (것처럼) 곡식 요만큼씩 싹이 돋아요. 덩어리가 다 지거든. 싹
과 싹 사이. 멍석에 찢으면서 말려. 냄새가 그 싹 싸는(?) 데, 싹 나오는
데 그래서 다 다는 거야. 달해. 그러면 이것을 자꾸 말려. 바싹 마르면 옛
날은 맷돌에 갈았지만 정미소에 가서 갈아서. 지금 파는 데 가서 사다가.
이거 두 되면, 쌀 이거 보통으로 하려고 하면 두 되 하고 명절 때는 세
배, 웃어른들 있을 때 감주해서 세배 온 어른들 다 대접했거든요}

아아, 옛날에.{아아, 옛날에.}

지금도 허여. 잘허는 집인 경 헤근에 밥을 헤 가지고, 이제 너무 익게 말앙
근에 밥을 허영 식은 다음에는, 막 식어사 골ㄱ를 놓는 거라. 골ㄱ를. 골ㄱ
르나 이거나 똑ㄱ타. 발효는 이제 싹을 내와사 허는 거고 이건 띄운 거고

경 헤근에 허면은 삭아지거든. 그것이 아침에 밥허믄 오후나 돼면은 이거 강 보면 자꾸 젓어. 싹 사그라져 물이 나거든. 먹어보민 들허여. 막 단미가 당겨. 잘허여야 즙지는 거라.{지금도 해. 잘하는 집에는 그렇게 해서 밥을 해서, 이제 너무 익게 말고 밥을 해서 식은 다음에는, 막 식어야 엿기름가루 넣는 거야. 엿기름가루를. 엿기름가루나 이것이나 똑같아. 발효는 이제 싹을 내워야 하는 것이고 이것은 띄운 것이고 그렇게 해서 하면 삭아지거든. 그것이 아침에 밥하면 오후나 되면 이거 가서 보면 자꾸 저어. 싹 사그라져서 물이 나거든. 먹어보면 달해. 막 당미가 당겨. 잘돼야 짜는 거야.}

문 으{아.}

답 즙질아. 싹 즙질아. 싹 즙질앙 또 즙질고 경 허고 솟듸 낭 딸리는 거라. {짜. 싹 짜. 싹 짜서 또 짜고 그렇게 하고 솥에 넣어서 달이는 거야.}

문 으으.{아아.}

답 막 딸려근에 허믄 퀠 때까지 젓어 줘야. 막 퀜 다음에는.{막 달여서 하면 끓을 때까지 저어 줘야. 막 끓은 다음에는.}

문 것도 남죽으로?{그것도 죽젓개로?}

답 섯고 불 하영. 은근히 젓어 주면서 내불믄 바글바글바글, 젓고 눌믄 안 돼니까 은근히 젓어주면서 내불면, 그날 흐루에 다 못허여.{젓고 불 많이. 은근히 저어주면서 내버리면 바글바글바글, 젓고 눌면 안 되니까 은근히 저어주면서 내버리면, 그날 하루에 다 못해.}

문 아아.{아아.}

답 낯당 뒷날 아침이 오며는이 식으민, 낭불 때면 식으민 어느 정도 거자 돼믄 감주가. 엿도 경 허영 허주기. 엿도 영 허민 감주 색깔은 요렇게 진허고이.{놔두었다가 뒷날 아침 오면 식으면, 나무불 때면 식으면 어느 정도 거의 되면 감주가. 엿도 그렇게 해서 하지. 엿도 이렇게 하면 감주 색깔은 요렇게 진하고.}

문 예.{예.}

[답] 엿 색깔은 가망헤야 돼. 엿은 변허거든. 그치룩 허영 떵 낫당 먹어보며는, 맛이 너무 둘아도 안 돼고예, 너미 둘아도 뭐가 야게기 아파. 은근히 헤근에 먹기도 좋게 막걸리 정도 되게 헤근에 감줄 헤근에 제수 때 상에 올리고 웃어른덜 대접허고 경 헤나서.{엿 색깔은 가매야 돼. 엿은 변하거든. 그렇게 해서 떠 놓았다가 먹어보면, 맛이 너무 달아도 안 되고요, 너무 달아도 뭐가 목이 아파. 은근히 해서 먹기도 좋게 막걸리 정도 되게 해서 감주를 해서 제사 때 상에 올리고 웃어른들 대접하고 그렇게 했었어.}

[문] 엿은 더 궤야사?{엿은 더 고아야?}

[답] 그러면 엿 뒈지. 꿩엿 그튼 것도 그렇게 멘들아. 꿩엿도 그렇게.{그러면 엿 되지. 꿩엿 같은 것도 그렇게 만들어. 꿩엿도 그렇게.}

[문] 꿩엿도 하영 헷지예?{꿩엿도 많이 했지요?}

[답] 우리 많이 헷지. 저디 꿩엿 공장에서 왕 우리 집에 왕 가마솟. 뒈게 나오믄 잘 풀아. 우리 방송국에서 홍보허영 잘 풀아. 우리 마당에 가마솟 두 개 걸곡 헤영양, 방송국에서 홍보허여. 홍보허민 잘 풀아. 거기 헌 거보다 우리가 제라헌 거주게. 그 사육. 꿩양, 사육 꿩. 냉장고에다 꽉 대멋더라고 쏠도 흐린좁쌀, 찹쌀 헤당 데미고 기계로{우리 많이 했지. 저기 꿩엿 공장에서 와서 우리 집에 와서 가마솥. 되게 나오면 잘 팔아. 우리 방송국에서 홍보해서 잘 팔아. 우리 마당에 가마솥 두 개 걸고 해서요, 방송국에서 홍보해. 홍보하면 잘 팔아. 거기 한 것보다 우리가 제대로한 것이지. 그 사육. 꿩요, 사육 꿩. 냉장고에다 꽉 쌓았더라고 쌀도 차좁쌀, 찹쌀 해다가 쌓아두고 기계로}

[문] 옛날엔 흐린좁썰로 헌 거 아니라예?{옛날에는 차좁쌀로 한 것 아닌가요?}

[답] 흐린좁쌀이 훨씬 맛 좋아. 경 허고 흐린좁썰은 쏠보다 곱 아니우꽈? 비싸.{차좁쌀이 훨씬 맛 좋아. 그렇게 하고 차좁쌀은 쌀보다 곱 아닙니까? 비싸.}

2. 조사된 어휘

　제주 민속주는 크게 오메기술, 고소리술, 청주, 오합주, 감주, 기주, 순
달이 등을 통튼 말이다. 이들 민속주는 모두 좁쌀 등 곡물로 만든 곡주이
다. 민속주 조사는 제주도무형문화재 제3호 '오메기술'과 11호 '고소리술'
기능보유자인 김을정을 주제보자로, 술에 대한 지식이 풍부한 이옥춘을
부제보자로 선정하여 현장조사를 실시하였다. 이들 두 제보자는 술을 만
들었던 경험이 풍부해 제주 민속주 조사에 애로사항이 없었다. 김을정의
구술자료가 더해져서 제주 민속주 이해에 도움이 될 것으로 기대된다.

2.1. 오메기술

오메기술은 차좁쌀가루를 익반죽하여 둥그렇게 만든 '오메기떡'을 누룩

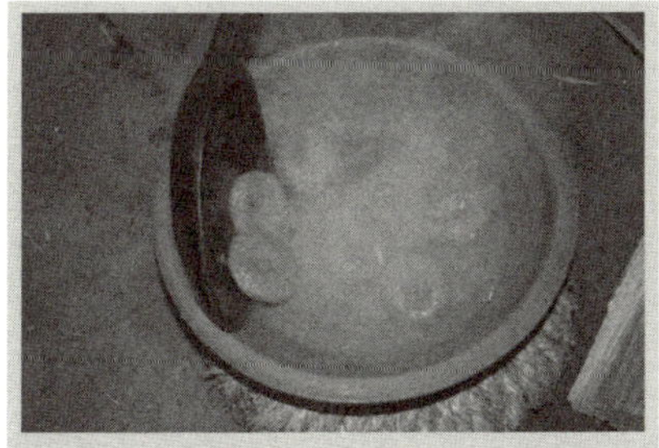

[사진 83] 오메기술의 재료인 오메기떡.

[사진 84] 오메기술의 원료인 차조.

과 섞은 후 물을 넣어 발효시켜 만든 제주 전통 민속주이다. 집에서 손쉽
게 만들어 먹을 수 있는 서민적인 술이다.
　'오메기술'은 '오메기떡'을 빚어서 술을 빚기 때문에 붙여진 이름이다.
만드는 사람에 따라서 오메기술만을 빚기도 하지만 오메기술을 빚은 후

청주를 걸러 내기도 한다. 청주를 만드는 과정을 '청주 앚지다'라고 한다. 술을 빚거나 고는 것을 제주에서는 '술 다끄다'라고 표현한다. 청주를 따라낸 '오메기술'을 지역과 부르는 사람에 따라서 '탁주', '막걸리', '탁베기'라고 달리 부르기도 한다.

2.1.1. 재료

1) 흐린좁쏠

오메기술의 원료인 '흐린좁쏠'은 '차조'를 말한다. '메조'에 해당하는 제주어는 지역에 따라서 '모힌좁쏠, 모인좁쏠, 모힌조, 모인조'라고도 한다.

2) 흐린좁쏠ㄱ르

'흐린좁쏠ㄱ르'는 '오메기떡'을 만들기 위해 빻아 놓은 차좁쌀가루이다.

3) 오메기떡

차좁쌀가루를 뜨거운 물에 반죽한 다음 둥글게 빚어 끓는 물에 삶아낸 떡이다. 술 빚는 용이 아닌 경우에는 위에 팥고물을 묻히거나 안에 팥소를 담아 별미로 먹었다.

4) 누룩

술을 빚는데 쓰는 발효제이다.

5) 보리

누룩의 재료이다. 보리를 찧어 쌀을 으깨서 누룩의 재료로 사용한다.

6) 밀

밀은 찧은 다음에 으깨서 누룩의 재료로 사용한다. 밀과 보리를 섞어서 누룩을 만드는데, 밀이 들어가면 단미가 더 있다고 한다.

7) 물

'물'은 술의 간을 맞추는 데 이용한다. 찬물인 '언물'을 이용한다.

2.1.2. 도구

1) 기곗방과 연자방아와 ᄀ레

좁쌀기루를 빻는데 이용하는 도구이다. '기곗방'은 정미소, 'ᄀ레'는 '맷돌'을 말한다. 'ᄀ레'는 지역에 따라서 '정ᄀ레'라 부르기도 한다. 연자방아를 뜻하는 제주어는 '몰ᄀ레, 몰그량, ᄀ레왕 등으로 불린다.

2) 솟과 말가웃테기

술의 원료가 되는 오메기떡을 삶을 때 사용하는 솥이다. '말가웃테기'는 쌀 한 말 반 정도인 '말가웃어치'를 익힐 때 쓰는 솥이다.

3) 곰박

'곰박'은 나무를 파서 국자 모양으로 만든 부엌 도구로, 우묵한 바닥에

구멍을 숭숭 뚫어서 물에 삶은 떡
따위를 건지는 데 쓰인다. 국자 보
다 크다.

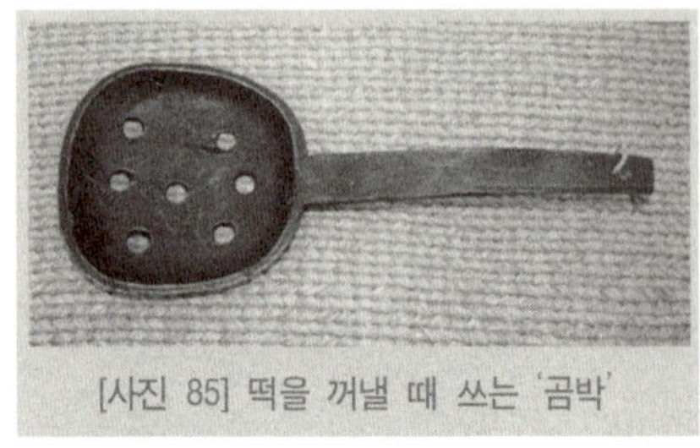

[사진 85] 떡을 꺼낼 때 쓰는 '곰박'

4) 주걱과 남죽

'주걱'과 '남죽'은 오메기떡과 누룩가루를 섞을 때 사용한다. '남죽'은 '죽
젓개'에 해당하는 제주어이다.

5) 남도고리, 도고리, 장탱이

오메기떡을 반죽하거나 오메기떡과 누룩을 섞을 때 이용하는 그릇이다.
'남도고리'는 '함지박'이란 뜻인데 '남-'을 빼고 '도고리'라고도 부른다. '남'
은 '낭'과 함께 나무를 뜻하는 제주어다. '돌'로 만든 '도고리'는 '돌도고리'
라고 한다. '장탱이'는 '장태'의 제주어이다.

6) 체와 ㄱ는체

오메기떡을 만들기 전에 좁쌀가루를 치는 데 사용한다. 'ㄱ는체'는 '좀
진체', '곤체'라고도 하는데 '가는체'를 말한다.

7) 덕석과 ㄱ렛방석

'덕석'은 멍석의 다른 이름이다. 'ㄱ렛방석'은 둥그런 모양으로 짠 멍석
의 일종으로, 맷방석을 뜻하는 제주어다. 'ㄱ레'(맷돌)에 'ㄱ르, ㄱ를'을 빻을
때 맷돌 아래 깔아서 사용한다.

8) 차롱

채롱의 제주어이다. 오메기떡 등을 만들어 넣는 용구이다.

9) 쳇망

'쳇망'은 쳇바퀴를 뜻하는 제주어로서, '쳇망' 헌 것을 이용해 누룩을 만
들 때 사용한다.

10) 새와 대썹

'새'와 '대썹'은 오메기떡을 삶을 때 솥 아래 깔아서 사용한다. '새'는 띠
를, '대썹'은 댓잎을 뜻하는 제주어이다.

11) 나록찍과 산듸찍

누룩을 발효시킬 때 사용한다. '나록찍'은 '볏짚', '산듸찍'은 '밭볏짚'을
뜻힌디.

12) 항과 단지

'항과 단지'는 술을 발효시킬 때 쓰는 용구다. '항'은 항아리의 제주어다.

13) 뒈약세기

'뒈약세기'는 쌀이나 가루 등을 떠 넣을 때 사용하는 나무 그릇으로 표
준어 '식되'에 해당한다. '뒈약세기'보다 조금 큰 것은 '솔박' 또는 '좀팍'이
라 부른다.

2.1.3. 술 빚는 과정과 행위

1) 물ㄱ레와 ᄆ른ㄱ레

방아를 찧을 때 물에 담갔다가 찧는 가루를 '물ㄱ레', 마른상태로 빻는 가루를 'ᄆ른ㄱ레'라 한다. 오메기떡을 만들기 위해서는 '흐린줍쏠ㄱ르'를 '물ㄱ레'로 찧어야 한다.

2) 들이치다

'들이치다'는 솥 등에 떡 따위를 집어넣을 때 쓰는 어휘다. '오메기떡'을 삶을 때 솥 안으로 집어넣을 때 쓰는 어휘이다.

3) 굴라앚다와 청앚다

'굴라앚다'는 가라앉다의 제주어이며, '청앚다'는 음식을 할 때 그릇 밑으로 가루 따위 녹말기가 가라앉거나 눌러 붙다는 뜻이다. 오메기떡을 삶을 때 '청앚지' 않게 남죽으로 잘 저어 주어야 한다.

4) 서끄다

'섞다'의 제주어이다. 오메기떡과 누룩을 섞을 때 발화되는 어휘이다.

5) 꿰우다와 솖다

'꿰우다'는 물을 끓이다는 뜻이고, '솖다'는 삶다의 제주어다. 떡을 삶기 위해 물을 끓일 때, 그리고 떡을 삶을 때 쓰는 어휘이다.

6) 흐랑허다

'흐랑허다'는 늘어지게 무르다는 뜻의 제주어이다. 잘 삶아진 오메기떡에 물을 넣어 반죽하다 보면 그 떡이 늘어지듯이 무른다는 뜻이다. 표준어 늘큰하다에 내응하는 제주어.

7) 달루다

반죽하다의 제주어이다. '달루다'를 지역과 사람에 따라서 '찌다', '뀌다' 등으로 표현한다.

8) 노리스름허다

'노리스름허다'는 노르스름하다에 해당하는 제주어이다. 잘 익은 '오메기술'의 빛깔을 나타낼 때 쓰는 어휘이다.

9) 뱃다

'뱃다'는 빻다의 제주어이다.

10) 틔우다와 몰류다

'틔우다'는 '띄우다', '몰류다'는 말리다의 제주어이다. 누룩을 발효시키는 것을 '틔우다'라 말하고, 말리는 것을 제주어로 '몰류다'로 한다.

11) 뒈다와 얄룹다

'뒈다'는 반죽이나 밥 따위가 물기가 적어 빡빡하다는 뜻인 '되다'의 제주어이고, '얄룹다'는 이와 반대되는 묽다의 뜻이다. 오메기술은 너무 '뒈도' 안 되고, 너무 '얄롸서'도 안 된다.

12) 불솜다

'불솜다'는 솥 밑에 불을 넣어 때다는 뜻이다.

13) 크다

'크다'는 떡을 만들기 위해 좁쌀가루 따위를 물에 담그다는 뜻이다.

14) 눌다

'눌다'는 눋다의 제주어이다. 오메기떡을 삶을 때는 '눌지' 않게 불을 잘 조절하고 잘 저어주면서 삶아야 한다.

2.1.4. 맛 관련 어휘

1) 돌허다

'돌허다'는 단맛이 있다는 뜻의 제주어다. '오메기술'의 맛을 나타낼 때 쓰는 말이다. (맛이) 달다라고 할 때 제주에서는 (맛이) '돌다'라고 표현한다.

2.2. 고소리술

고소리술은 솥 안에 적당히 발효된 오메기술을 넣고 그 위에 소줏고리인 '고소리'를 얹어서 증류해서 만든 제주 전통 소주이다. 제사나 명절, 잔치 등 큰일 때 많이 빚어서 제주(祭酒)로 사용했다. 제주의 제주어는 '지주'이다. '밑술'인 '오메기술'의 재료인 '오메기떡' 대신 술을 빚는 사람에 따라서 '모힌좁쏠'로 고두밥을 지어 넣거나 '감저'(고구마)나 '감저뺏데기'(고구마고지), '지슬'(감자)을 대신 넣기도 한다. '감저뺏데기'로 만든 술을 달리 '감저술'이라 부른다.

2.2.1. 재료

1) 모힌좁쏠

'모힌좁쏠'은 메조를 말한다. 메조로 고두밥을 지어서 고소리술의 밑술 원료로 쓴다.

2) 밀ᄀ르떡

'밀ᄀ르떡'은 밀가루로 만든 떡으로, 고소리술의 밑술 재료이다. 'ᄀ르'는 가루의 제주어다.

3) 고두밥

'고두밥은 좁쌀이나 멥쌀 따위를 물에 불려 시루에 찐 밥인, 지에밥의 제주어이다. 고소리술의 밑술 재료이다.

4) 절간감제

'절간감제'는 고구마고지를 말하는데 '감저뺏데기'라고도 한다. 고소리술의 밑술 재료이다.

5) 누룩

누룩은 술을 발효할 때 없어서는 안 되는 중요한 원료이다.

2.2.2 도구

1) 고소리와 고수리

소주를 내리는데 쓰이는 그릇인 '고소리'는 지역에 따라서 '고수리'로 불린다. 표준어 소줏고리에 대응하는 제주어이다. 술이 나오는 부분을 '고소리줏'이라 하고, 찬물

[사진 86]
고소리술을 다끌 때 쓰는 고소리(오른쪽)와
저장 용구 대배기. 왼쪽은 두벵들이다.

넣은 그릇을 없는 고소리 윗부분을 '고소리 바위'라고 한다.

2) 두들펭, 두벵들이, 술허벅, 술대배기

'두들펭'과 '두벵들이'는 고소리에서 술을 받아낼 때 쓰는 질그릇 병이고, '술허벅'과 '술대배기'는 고아낸 고소리술을 저장하는 도구이다. 술을 보관하는 항아리는 '춘이'라고 부른다.

3) 시리

'시리'는 시루의 제주어이다. 고소리술의 밑술 재료인 '고두밥'을 지을 때 사용한다.

4) 웨말치와 말치솟

　'웨말치'와 '말치솟'은 쌀 한말어치의 밥을 할 수 있는 솥 이름이다. '웨말치'의 '웨 말'은 한 말을 뜻하고, '치'는 어치에 해당하는 제주어이다. '말치'는 '한말어치', '솟'은 솥의 제주어이다.

5) 관뒈, 솔박, 좀팍, 밥뒈, 옥제기

　'관뒈'는 쌀 등을 될 때 쓰는 도구이다. 관뒈로 4개이면 '소두 한 말'이다. '관뒈'를 지역에 따라서는 '되' 또는 '됫박'이라고 한다. '솔박'과 '좀팍'은 나무를 둥그스름하고 납죽하게 파서 만든 바가지 비슷한 그릇이다. 성읍에서는 '솔박', 제주시에서는 '좀팍'이라고 부른다. '밥뒈'와 '옥줴기'는 '솔박' 형태이나 '솔박'보다 작은 나무 그릇으로, 쌀이나 가루 따위를 뜰 때 사용한다. '밥뒈'는 '식되'의 제주어이고, '옥제기'는 식되보다 작은 나무 그릇이다.

6) 장탱이

　'장탱이'는 장태의 제주어다. 술을 빚을 때 '고소리' 위에 얹는 찬물 넣는 질그릇이다.

2.2.3. 행위

1) 거피다

　'거피다'는 보리나 조, 콩 등의 껍질을 벗기다는 뜻의 제주어이다. 고소리술의 밑술 재료인 '고두밥'을 짓기 위하여 좁쌀 따위의 껍질을 벗길 때 사용한다.

2) 물울르다와 둥그다

'고두밥'을 짓기 위하여 좁쌀 따위를 물에 담그는 것을 '둥그다'라 하고, 물에 담가 불리는 것을 '물울르다'라고 한다. '물울르다'는 지역과 발화자에 따라서 '물우르다', '물우찌다'라고도 한다.

3) 찌다

'찌다'는 수증기를 이용해 쌀이나 고구마, 떡 따위를 익힐 때 사용하는 어휘다.

4) 불때다와 다끄다

'불때다'는 아궁이에 불을 넣다는 뜻으로, '고두밥'을 짓거나 고소리술을 고을 때 불을 때는 것을 말한다. '다끄다'는 '술을 고다'는 의미의 제주어이다.

[사진 87] 불 때는 장면.

5) 비우다

'비우다'는 '붓다'의 제주어이다.

6) 서트다

'서트다'는 섞다의 제주어이다.

7) 더프다와 더끄다

'더프다'와 '더끄다'는 '덮다'의 제주어이다.

8) 궤다

'궤다'는 괴다를 뜻하는 제주어이다. 술이 발효되어 익어갈 때 쓰는 표현이다.

9) 앚지다

'앚지다'는 안치다는 뜻의 제주어이다. 소줏고리인 '고소리'를 솥 위에 안칠 때 쓰는 어휘이다.

10) 굴다

'굴다[替]는 갈다의 제주어다. 소줏고리 위에 얹어놓은 물을 갈 때 '물 굴다'라 한다.

2.2.4. 맛 관련 어휘

1) 쓰우룽허다

'쓰우룽허다'는 표준어 '씁쓰레하다'에 대응하는 제주어이다. 고소리술을 빚었던 찌꺼기인 '주시'의 맛을 표현할 때 쓰는 말이다.

2.3. 청주

청주는 오메기술을 가라앉혀 익었을 때 위에 뜬 노르스름하니 맑은 술을 말한다. 오메기술에서 위에 뜬 청주만을 따르는 것을 '청주 똘르다'라 하

고, 청주를 만들기 위해 해 놓은 오메기술을 '청주 앚지다'라 말한다. 청주
는 제사나 명절 등 대소사가 있을 때 제주(祭酒)로 많이 쓰는 고급 술이다.

2.4. 오합주

오합주는 청주에 계란·참기름·생강·꿀 등 다섯 가지 재료를 고루 섞어
따뜻한 곳에서 발효 시킨 술로서, 보신을 위해 만들어 먹었던 '귀한 술이다.

2.4.1. 재료

1) 청

'청'은 꿀의 제주어이다. 꿀벌을 제주에서는 '청벌'이라고 한다.

2) 촘지름

'촘지름'은 참기름의 제주어이다.

3) 청주

'청주'는 오메기술을 가라앉혀 익었을 때 위에 뜬 노르스름하니 맑은 술이다.

4) 생강

생강이다. 오합주의 재료로 쓴다.

5) 둑새기와 '게랄'

'둑새기'는 달걀을 뜻하는 제주어로서 지역에 따라서는 '게랄'이라고 한다. 민속주 주제보자인 김을정은 '게랄', 부제보자인 이옥춘은 '둑새기'라고 말했다.

2.5. 감주

감주는 엿기름을 우린 물에 밥알을 넣어 식혜처럼 삭혀서 끓인 음식으로, 단술이라고도 한다.

2.5.1. 재료

1) 흐린좁썰밥

'흐린좁썰밥'은 차조인 '흐린좁쌀'로 지은 '차조밥'을 말한다. '흐린좁썰'은 차조의 제주어다. 감주를 만들기 위한 밑 재료이다.

2) 골과 골フ를

'골'은 엿기름, '골フ르'는 '엿기름가루'를 뜻하는 제주이다. 감주를 할 때 쌀알을 삭힐 때 쓰는 재료이다.

3) 두줄보리, 맥주보리

'두줄보리'는 맥주보리의 다른 말로써, 엿기름인 '골'의 재료가 된다. '골'은 두줄보리에 물을 넣고 불린 후 싹이 트면 말린 것을 말한다.

2.5.2. 도구

1) 줌진체와 곤체

'줌진체'와 '곤체'는 올이 촘촘하게 짜여진 '가는체'를 말한다. 가루를 칠 때 사용한다.

2.5.3. 행위와 상태 관련어

1) 골놓다와 싹내우다

'골놓다'는 엿기름을 만들기 위하여 '두줄보리'를 싹 틔우기 위하여 물에 불린 것을 말하고, '싹내우다'는 물에 불린 '두줄보리'를 싹 틔우는 것을 말한다.

2) 부그락허다

'부그락허다'는 보각하다의 제주어이다. 흐린좁쌀밥에 '골ㄱ를'을 섞어두면 '보각하게' 괸 상태를 말할 때 쓰는 어휘이다.

3) 줍질다

'줍질대[줍찔대]'는 누르거나 비틀어서 물기를 짜다는 뜻이다. 엿기름가루에 좁쌀밥을 섞어두면 괴어오르는데 그때 그 물을 짤 때 '줍질다'라 표현한다.

4) 딸리다

'딸리다'는 표준어 '달이다'에 대응하는 제주어로서, 좁쌀밥에 엿기름을 넣어 삭으면 물을 짜내어서 달일 때 쓴다.

2.6. 기주와 순다리

기주는 떡을 하기 위해 누룩을 발효시켜 만든 것이고, '순다리'는 쉰밥
에 누룩을 넣어 발효시킨 제주 전통 음료이다. 지역에 따라서는 '신다리,
쉰다리'라고도 부른다.

2.6.1. 맛 관련 어휘

1) 쉬우룽허다

'쉬우룽허다'는 밥 등이 쉰 듯할 때 쓰는 어휘이다. '쉬우룽헌' 밥에 누
룩을 넣고 발효되면 '순다리', '쉰다리'가 된다. '순다리'에 단맛을 나는 '새
탕'(설탕)을 넣어 마시면 여름철 음료로 그만이다.

2) 코시롱허다

'코시롱허다'는 구수하다는 뜻의 제주어다. '순다리'에 미숫가루인 '개역'
을 넣고 마시면 그 맛이 '코시롱허다'고 한다. '코시롱허다'를 지역에 따라
서는 '쿠싱허다'라고도 한다.

2.2.2. 용도

1) 기주떡

'기주떡'은 보릿가루나 밀가루에 기주를 넣어 발효시킨 후 만들어서 찐
떡이다. '기주'는 보릿가루나 밀가루 등을 부풀어 오르게 하는 촉매제로서,

밥 등에 누룩을 넣고 발효시킨 밑술이다. '기주' 대신 순다리를 넣어 떡을
만들기도 한다.

2.7. 누룩 제조

누룩은 전통 민속주를 빚는 데
쓰는 발효제이다.

[사진 88] 누룩

2.7.1. 재료

1) 밀쏠과 보리쏠

'밀쏠'은 '밀쌀, '보리쏠'은 보리쌀에 해당하는 제주어이다. 누룩을 빚을
때 사용하는 쌀이다. 쌀을 으깨서 보릿가루 등과 섞어서 사용한다. 으깨진
자잘한 밀쌀이나 보리쌀 알멩이를 '스레기'라 하는데 표준어 싸라기에 해
당한다. 위의 재료를 띄운 것이 누룩이다.

2.7.2. 도구

1) 솔입과 콩꼬지

'솔입'은 솔가리, '콩꼬지'는 콩깍지를 뜻하는 제주어이다. 누룩을 발효
시킬 때 '솔잎'이나 '콩꼬지' 속에 넣고 틔운다.

2) 험벅

‘험벅’은 헝겊의 제주어로서, 누룩 만들 재료를 싸는 데 사용한다.

2.7.3. 행위

1) 갈르다와 착갈르다, 벌르다

‘갈르다’와 ‘착갈르다’, ‘벌르다’는 단단한 것을 가르거나 쪼갤 때 사용하는 말이다. ‘착갈르다’의 ‘착’은 ‘짝’의 제주어로, ‘착갈르다’는 두 쪽으로 나누는 것을 말한다. ‘갈르다’는 ‘가르다’에 해당하는 제주어이다.

2.7.4. 상태

누룩은 띄울 때 곰팡이가 생긴다. 이 곰팡이는 아밀라아제, 말타아제 따위의 효소를 갖고 있어 녹말을 포도당으로 변화시키는 구실을 하기 때문에 양조(釀造)에 널리 쓴다. 누룩을 띄울 때 나는 곰팡이를 제주에서는 ‘곰펭이’라고 한다. 노란색을 띠거나 붉은색을 띠는 곰팡이는 유익한 균이고, 검은곰팡이는 좋지 않는 균이라고 한다. 누룩에 띄는 곰팡이를 ‘꼿’이라 하는데, ‘노랑곰펭이’는 ‘노란꼿’, ‘붉은곰펭이’는 ‘붉은꼿’이 피었다고 한다.

1) 누룩 틔우다

‘누룩 틔우다’는 누룩을 띄운다는 뜻이다.

2) 노랑곰펭이

'노랑곰펭이'는 누룩을 띄울 때 생기는 노란색 곰팡이이다. '곰펭이'는 표준어 곰팡이에 해당하는 제주어로서, 달리 '곰셍이'라고도 한다.

3) 붉은곰펭이

'붉은곰펭이'는 누룩을 띄울 때 생기는 붉은색 곰팡이다.

4) 검은곰펭이

'검은곰펭이'는 누룩을 띄울 때 생기는 검은색 곰팡이다. '검은곰펭이'가 핀 누룩은 사용하지 못한다.

5) 지짐

'지짐'은 누룩이 발효되면서 저절로 생기는 뜨거운 기운을 말한다. 누룩은 발효되면서 '지짐'으로 단단하게 마른다. '지짐'의 '지'는 '저'를 뜻하고, '짐'은 '김'을 뜻하는 제주어다.

제6장 마무리

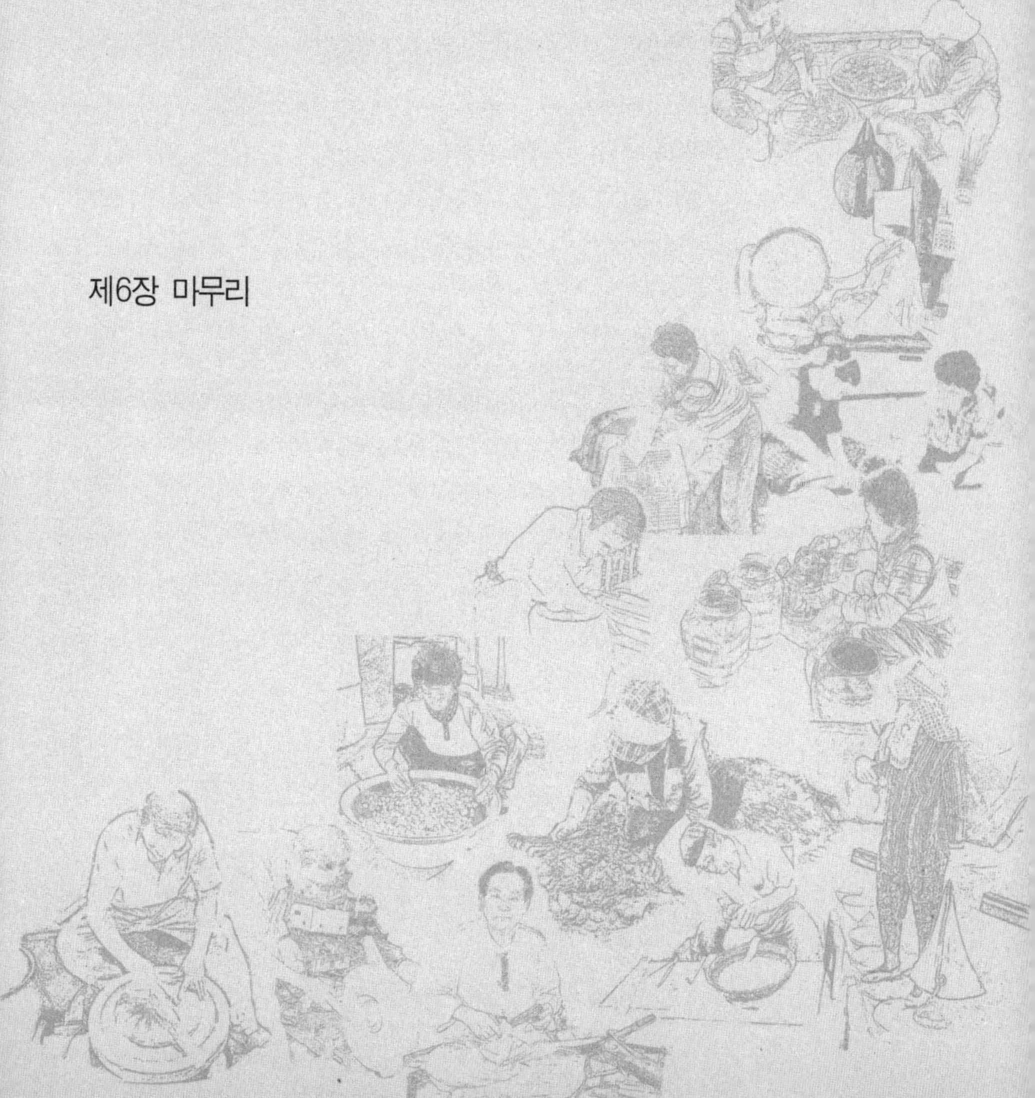

제6장 마무리

민족생활어는 우리 민족이 생활하면서 쓰는 언어이다. 따라서 제주 지역의 민족생활어는 제주 사람들의 삶과 문화 속에서 사용했던 언어로, 제주 사람들의 사상과 감정이 녹아 있다. 그러나 시대의 흐름에 따라 생활 환경이 변모하면서 우리 민족이 살아오면서 썼던 언어도 자연 소멸하고 있는 추세이다. 따라서 민족생활어 조사는 우리 민족이 대대로 이어온 문화와 역사를 언어로 복원해 낸다는 점에서 의미 있는 작업이다.

민족생활어조사의 첫 번째 해인 2007년에는 제주 문화의 고갱이라고 할 수 있는 해녀와 어부 관련어, 그리고 민속주에 관련한 어휘 조사와 구술 채록이 이루어졌다. 어휘 자료는 뜻풀이를 하였고, 표준어로 대역할 수 있는 부분은 표준어로 해석해 놓았다. 구술자료는 제주어에 낯선 독자들을 위하여 일일이 표준어로 대역하였다. 구술자료는 특히 해녀, 어부, 민속주와 관련한 내용 외에도 제주 사람들의 생활상을 엿볼 수 있는 내용까지 채록해 제주문화를 폭넓게 이해할 수 있도록 하였다. 어휘 자료는 물론이고 구술자료 속에는 국어사전에 수록되지 않은 어휘뿐 아니라 제주어에 많이 남아 있는 고어, 독특한 제주어의 말맛을 느낄 수 있는 생생한 어휘들이 담겨 있어 어휘 발굴이란 측면에서도 생활어 조사는 의미있는 작업이다.

이번 조사에서 새롭게 찾아낸 어휘들은 뜻풀이와 용례를 덧붙여 집적하면 언어보존을 위한 기초 자료로서의 가치가 매우 크다. 또 생애구술 자료는 실생활에서 쓰는 생생한 언어자료 확보라는 점에서 국어학적 가치 외에도 생활사를 연구하는 귀중한 자료로 활용될 것이다.

그러나 조사 기간이 짧아 보다 폭넓은 조사를 할 수 없었던 점은 아쉬움으로 남는다. 가령 게를 가리키는 어휘가 제주에서는 지역에 따라서 '궁이, 깅이, 겡이', 바퀴고둥은 '굼셍이, 코트데기, ᄀᆞ메기', 성게는 '성기, 구살, 퀴' 등으로 다양하게 불리는 것을 보면, 조사 지역을 확대할 필요가 있다. 특히 제한된 시간으로 조사 지역과 대상을 1~2명에 국한한 어부 관련어, 민속주 관련어는 조사 지역과 제보자를 늘려 추가 조사를 할 필요가 있다. 앞으로의 과제로 남겨둔다.

〈참고 문헌〉

강영봉, 「제주도방언의 동물 이름 연구」, 경기대 박사논문, 1993.

국립수산진흥원, 『수산동식물사전』, 현대해양사, 1988.

권오길·박갑만·이준상 공저, 『원색한국패류도감』, 현대해양사, 1988.

김순자, 「제주 바다의 소라·고둥·전복 이름」(1), 『영주어문』 제15집, 영주어문학회, 2008, 63~100면.

______, 『와치와 바치』, 도서출판 각, 2006.

김영돈, 『제주의 해녀』, 제주도, 1996.

______, 『한국의 해녀』, 민속원, 1999.

문화공보부문화재관리국편, 『한국민속종합조사보고서 : 제주도』, 1974.

박용후, 『제주방언연구』, 고려대민족문화연구소, 1988.

석주명, 『제주도방언집』, 서울신문사출판부, 1947.

송상조, 『제주말 큰사전』, 한국문화사, 2007.

이정재·백문하, 「'제주연안에 분포하는 해양동식물의 지방명'에 관하여－어패류」, 『연구보고』, 제주대 해양자원연구소, 1982, 53~64면.

제주도, 『제주도지』, 1993·2006.

______, 『제주어사전』, 1995.

______, 『제주의 민속』 4권, 1996.

한글학회, 『우리말 큰사전』, 어문각, 1991.

현평효, 『제주도방언연구』 제1집 자료편, 정연사, 1962.

찾 아 보 기

ㅂ

ㅇ

ㅈ